21世纪应用型本科管理系列规划教材

物流学概论

（第三版）
3rd edition

金婕 主编

Introduction of Logistics

东北财经大学出版社
Dongbei University of Finance & Economics Press
大连

图书在版编目（CIP）数据

物流学概论 / 金婕主编 . —3 版 . —大连：东北财经大学出版社
2023.8（2025.6重印）

（21世纪应用型本科管理系列规划教材）

ISBN 978-7-5654-4946-8

Ⅰ. 物… Ⅱ. 金… Ⅲ. 物流−高等学校−教材 Ⅳ. F25

中国国家版本馆 CIP 数据核字（2023）第 160096 号

东北财经大学出版社出版

（大连市黑石礁尖山街217号 邮政编码 116025）

网 址：http://www.dufep.cn

读者信箱：dufep@dufe.edu.cn

大连东泰彩印技术开发有限公司印刷 东北财经大学出版社发行

幅面尺寸：185mm×260mm 字数：496千字 印张：23.5

2023年8月第3版 2025年6月第3次印刷

责任编辑：石真珍 孟 鑫 责任校对：孙晓梅

周 晗 石建华

封面设计：张智波 版式设计：原 皓

定价：54.00元

教学支持 售后服务 联系电话：（0411）84710309

版权所有 侵权必究 举报电话：（0411）84710523

如有印装质量问题，请联系营销部：（0411）84710711

第三版前言

物流业作为支撑国民经济发展的先导性、基础性、战略性产业，是我国强化现代产业体系、服务构建新发展格局的重要基础保障。随着以"双循环"为代表的国内产业变革纵深推进，产业体系完备的优势持续彰显，我国经济的活力将持续增强，现代物流将延续韧性强、潜力大、活力足，融合创新、高质量发展的升级势头，成为畅通经济增长"主动脉"和"微循环"的重要力量，也是促进国内国际双循环的重要推动力。

当前，经济全球化趋势深入发展，物流业发展面临的机遇与挑战并存。国家层面出台了多项扶持政策，从《关于做好2021年降成本重点工作的通知》到《商贸物流高质量发展专项行动计划（2023—2028年）》《关于做好"十四五"首批国家物流枢纽建设工作的通知》《关于做好2022年国家物流枢纽建设工作的通知》，再到《"十四五"现代物流发展规划》，推动物流行业发展进入量质齐升阶段。

党的二十大报告指出，加快发展数字经济，促进数字经济和实体经济深度融合，打造具有国际竞争力的数字产业集群。伴随着数字经济时代的到来，数字物流基于物联网、云计算、大数据、区块链、人工智能等新兴技术，实现物流服务的可视化、规范化、数字化，物流企业在实现数字化转型的过程中，不断地探索与创新，通过强化技术引领、推动产业融合、完善数字治理、挖掘数据价值，构筑数字发展新优势，通过探索数字化转型、智能化提升等方式助力高质量发展。

本教材第三版的修订工作，正是在国内外社会经济环境发生巨大变化的背景下，结合物流理论与实务的发展和第二版在教学过程中的使用情况展开的。"为广大师生提供一部有价值的、内容与时俱进的、编写得体的物流学教材"是本次修订工作的目标与准则。本次修订，在第二版主要内容的基础上，删除了过时的理论，增加了"物流学说与基本理论""第三方物流""国际物流""生态物流"等新的章节，广泛吸收了物流研究的新成果和物流实践的新案例，更新了数据资料，使全书内容与时俱进，更加丰富、充实。同时，为落实立德树人的根本任务，第三版在每章中融入课程思政元素和党的二十大精神，力争实现知识传授、能力培养和价值塑造的统一，激励读者锐意进取，开拓创新，在我国由"物流大国"迈向"物流强国"的征程中贡献自己的力量。为丰富知识的呈现形式、增强教学互动、帮助读者更好地掌握所学知识，第三版在每一章增加了二维码数字资源（包括知识链接、基础知识测试），读者扫码即可在线阅读和答题。

在本书的编写过程中，编者参阅了国内外众多学者、同行、专家的相关教学和研究成果，在此谨向相关学者、同行、专家表示深深的敬意和由衷的感谢。由于时间仓促，加之编者水平有限，书中难免存在不足之处，敬请广大读者批评指正，以使本书日臻完善。

编　者
2023 年 6 月

目　录

第3篇　系统篇

第1篇　基础篇

第1章　物流概述

学习目标

知识传授目标	能力培养目标	价值塑造目标	建议学时
➢掌握物流的概念 ➢了解物流的功能 ➢掌握物流的分类 ➢了解物流管理的概念、目标和范围	➢掌握物流、商流、信息流之间的联系和区别 ➢掌握物流管理的基础理论	➢激发学生对物流管理专业的兴趣，体验和感受物流在经济社会中的作用	4

思政引入　　　构建现代物流体系，赋能城市高质量发展

打开《"十四五"现代物流发展规划》，"通道＋枢纽＋网络"运行体系跃然纸上。这份我国现代物流领域第一个国家级五年规划，不仅为物流服务构建新发展格局提供了重要遵循，也对促进城市经济高质量发展具有重要意义。

经过多年发展，我国已成为名副其实的物流大国，拥有全球最大的物流市场。2021年，社会物流总额超过330万亿元，物流业总收入近12万亿元。与此同时，我国现代物流"大而不强"问题也较为突出，规模经济效益释放不足，组织化、集约化、网络化、社会化程度不高。解决这些问题，既是国家物流枢纽的重要使命，也需要各城市尤其是国家物流枢纽城市共同努力。目前，国家物流枢纽城市已达到95个，对国家现代物流体系塑造以及城市经济社会高质量发展而言，这些城市能否发挥好现代物流先导性、基础性、战略性作用至关重要。

加快构建现代物流体系，将助力城市实体经济发展。物流兴则产业兴，产业兴则城市兴。研究表明，现代物流的发展涉及运输、配送、仓储、装卸、包装、流通加工及相关信息活动，贯穿生产与流通的各个环节，可带动国民经济32个部门、100多个行业的发展，促进城市经济新增长点的形成。

当前，百年变局与世纪疫情相叠加、俄乌冲突影响广泛深远，全球产业链供应链加速重构，产业链供应链安全稳定成为实体经济的重要生命线。国家物流枢纽城市要以服务实体经济、畅通经济循环为导向，激发制造业释放服务需求带动物流业效率提升，促进物流业以专业服务助力制造业价值链攀升。

加快构建现代物流体系，要适应扩大内需、消费升级趋势。"物流打个喷嚏，城市就要跟着感冒。"疫情防控期间网友的形象比喻，概括出现代物流的重要地位，有物流才能网购，物流不仅是撬动内需的重要杠杆，而且已经成为群众生活密不可分的一部分。当前，社会物流需求扩张与中国制造迈向价值链中高端以及人民群众对美好生活的向往相适应。无论是实现扩大内需战略，还是促进消费升级，都要求国家物流枢纽城市尽快"动起来""活起来""串起来"，充分实现需求同步培育和供需适配发展。

加快构建现代物流体系，要以智慧物流为智慧城市赋能。没有物流业的现代化，就没有城市发展的现代化。放眼实践，无人仓、无人码头、无人配送等技术加快应用；数字货运、数字园区、数字仓库等新基建推广建设；高铁快运动车组、大型货运无人机、无人驾驶卡车等装备设施起步发展……新一代信息技术与传统物流融合，不断推动城市经济社会发展在新的基础设施上重构。这也预示着，只有抓住技术变革和应用的趋势，以数字化转型、智慧化改造、网络化升级为抓手，国家物流枢纽城市才能夯实智慧物流发展基础，助力智慧城市建设升级。

当下，物流行业景气度正在快速恢复。"十四五"时期，是我国由"物流大国"迈向"物流强国"的关键时期，也是国家物流枢纽城市打造高含金量城市名片、发展枢纽经济的战略机遇期。各城市要全力打通"大动脉"、畅通"微循环"，围绕融入构建新发展格局，加快建设现代化物流体系，为城市高质量发展提供坚实支撑。

资料来源　顾佳赞. 构建现代物流体系，赋能城市高质量发展［N］. 现代物流报，2023-02-13（A1）.

问题：

物流对促进城市经济高质量发展具有什么样的意义？结合本章所学，谈谈你对物流和物流学的认识。

案例导读　　　　　拥抱物流发展机遇，筑梦"一带一路"

自2013年"一带一路"倡议提出以来，我国物流业迎来巨大发展机遇。一条大通道贯穿亚欧非大陆，"一带一路"倡议让沿线各国不同的货物流动起来。

1）设施互联互通，物流业迎发展机遇

践行"一带一路"倡议，让中国技术、中国经验和中国速度惠及沿线国家，交通运输是基础和支撑。越织越密的交通网，联通了我国与世界的货物流动。总体来看，物流企业近些年来表现不俗。各大快递企业衔接境外物流体系，构建面向全球的跨境寄递网络，共同编织起一张中国快递国际业务网。不少物流园区（货运枢纽）立足周边，开拓海外市场，搭上中亚班列、中欧班列"顺风车"，为海外客户提供定制化的物流产品和服务，企业品牌深受认可。

2）借东风，产业升级加速度

"渝新欧""渝桂新""渝满俄"等国际物流通道的开通，带动产业聚集和发展，盘活了商流和物流，信息化消弭"一带一路"的空间距离。重庆从昔日的内陆城市，一跃成为铁、水、空三合一的开放口岸，越来越多的物流园区已经融入这个命运共同体，如重庆市两路寸滩保税港区、重庆市西永保税区、郑州国际陆港等，"一带一路"倡议不断从概念走向实践。

3) 发力海外，跨境贸易布局忙

"一带一路"倡议提出后，我国物流企业国际化布局动作频繁，在国际物流与商贸市场中身影活跃。2016年，建立世界电子贸易平台 eWTP 的构想在 G20 杭州峰会上首次被提出。以杭州作为首个国内合作试点，eWTP 把浙江跨境电商的先进模式和经验积极推广到海外试点合作中。截至 2022 年，eWTP 已在全球 3 个大洲开展合作试点，埃塞俄比亚、卢旺达、马来西亚、比利时等和 eWTP 合作紧密，重点推广数字电商生态、完善数字物流网络、搭建数字支付网络、形成数字公共服务平台等。跨境电子商务的蓬勃发展，孕育了巨大的跨境物流市场。我国各大快递企业借力"一带一路"倡议纷纷抢滩海外市场。截至 2022 年，百世集团已建立覆盖全国的物流配送网络，并在美国、泰国、越南、马来西亚等 7 个海外国家开展业务；圆通速递在 18 个国家和地区设立了超过 50 个海外办事处，拥有 2 000 余条国际海空航线，业务范围覆盖超过 150 个国家和地区；中通快递先后在中国港澳台地区、美国、法国、德国、日本、韩国、新西兰、迪拜、马来西亚等国家和地区设立中转仓，同时推出欧盟专线、美国专线、日韩专线、新澳专线、东盟专线、中东专线、非洲专线及其他国家专线的包裹寄递、物流配送及其相关业务；中通快递的国际业务已经拓展至美国、俄罗斯、澳大利亚、加拿大、韩国、日本、新西兰、印度尼西亚、尼泊尔、英国、荷兰、马来西亚、泰国、孟加拉国等国家……快递企业跨境布局如火如荼，提升我国快递产品服务水平。

资料来源　[1] 张英贤. 拥抱物流发展机遇　筑梦"一带一路"[N]. 中国交通报，2017-05-10 (8). [2] 各快递公司官方网站.

问题：

结合本章所学，谈谈"一带一路"倡议对物流业的影响。

1.1　物流的基本概述

物流自古有之。人类社会从有商品交换以来，就存在与生产和交换、分配和消费相适应的物流活动，但是，物流概念真正出现，以及作为社会经济运行和企业经营的基本要素，是 20 世纪 50 年代前后的事情。随着社会的进步，从全社会和全世界范围的角度诠释，现代物流被赋予了新的内容。

1.1.1　物流的概念

物流是一门新兴学科，物流概念经历了早期朴素的储运解释以及长期缓慢的发展。第二次世界大战期间，盟军为保证全球作战，围绕战争供应，需要对军用物资的运输、调配等进行全面管理，为取得胜利提供物资保障。那时的物流主要强调军队在作战时，如何以最快的速度安全无误地将武器装备、弹药以及军人的生活必需品按要求提供给部队。为了做到这一点，必须有一整套科学的军队后勤供应管理系统。第二次世界大战后，军事后勤管理的思想逐渐形成了单独的管理科学，被快速引进到美国的工业和商业领域，这套方法被称为"physical distribution"，意思是"实物分配"或"实物流通"。这时"后勤"一词已经不仅仅是军事上的概念了，它包含生产过程和流通过程的物流，因而是一个范围广泛的物流概念。

随着生产力水平的提高、工业文明的兴起、社会化生产的出现，生产与消费的分离趋势不断扩大，流通的地位初见端倪，物流活动的发展越来越壮大、活跃。轮船、火车、汽车、飞机等运输工具的产生，仓储库房的使用，基础设施的建设，使得物流活动的功能要素逐渐增多。现代化大生产的分工和专业化促使流通领域中的主要职能——商流和物流——进一步分离。政府与企业的重视，使大量条件良好的交通网络与交通枢纽形成，这为物流业的发展提供了很好的物质基础。人们逐渐认识到传统物流活动基本包括物品的运输、储存、搬运、分拣、包装、加工等过程。

本书采用我国 2021 年 12 月 1 日正式实施的国家标准《物流术语》（修订版）（GB/T18354—2021）中对物流概念的表述："根据实际需要，将运输、储存、装卸、搬运、包装、流通加工、配送、信息处理等基本功能有机结合，使物品从供应地向接收地进行实体流动的过程。"

① 物流中"物"的概念是指一切可以进行物理性位置移动的物质资料和物流服务。物质资料包括物资、物料和货物，物流服务包括货物代理和物流网络服务。

② 物流中"流"的概念是指物的实体位移，包括短距离的搬运、长距离的运输和全球运输。现代物流概念的发展，反映了对内、外资源统一和集中调用的新思维，也引导了新的业态的产生。例如，外包业务、企业共同体、专业物流公司等第三方、第四方物流如同"雨后春笋"般出现，使物流形成了庞大的网络，具有更广泛的拓展性。

物流具有非常普遍和广泛的含义，它既包括物资的运动状态（运输），也包括物资的静止状态（储存），还包括物资的静动状态（包装、装卸、流通加工）。静动状态，就是从宏观上看，它是静止的，而从微观上看，它又是动态的。所以，物资无论处在运动状态、静止状态还是静动状态，都是处在物流状态。也就是说，只要物资存在，它就必然处在物流状态。

知识链接 1-1

从镖局到现代物流

1.1.2　物流与流通

现代社会经济活动是一个庞大和复杂的系统，人类为了满足生产和生活的需要，不断消耗各式各样的物质资料，同时也有无数的工厂或其他制造系统不停地生产和制造人类所需要的各种物资。消费者如果不能得到所需要的物资，社会经济秩序将会紊乱。生产者只有将产品转移给消费者才能最终实现产品的价值，使生产者的各种劳动消耗得到补偿，也才能有条件组织再生产。因此，在生产和消费之间必须建立通畅的渠道，这就是流通的任务，所以流通被称为联结生产与消费的桥梁和纽带。

流通作为一种经济形式而存在，它是伴随着商品生产和商品交换的历史产生和发展的。在商品经济发展的初级阶段，由于产品的品种和数量很少，生产者和消费者往往通过比较直接的渠道建立交换关系，流通的形态是初级的。随着生产水平的提高，专业化的工厂越来越多，规模也越来越大，产品的品种和数量都大大增加，生产地和消费地逐渐分离，生产者想要直接和消费者见面销售自己的产品变得相当困难，往往要通过市场这个环节，即流通领域的过渡，才能将产品转移到消费者手中。随着经济水平的提高，流通的桥梁和纽带作用更加重要了。

流通的内容包含商流、物流、资金流和信息流（如图1-1所示）。其中，资金流是在所有权更迭的交易过程中发生的，可以认为从属于商流；信息流则分别从属于商流和物流，属于物流的部分称为物流信息。流通实际上是由商流和物流组成的。商流主要解决对象物所有权的更迭问题；物流主要解决（对象）物（实体）的流转问题。

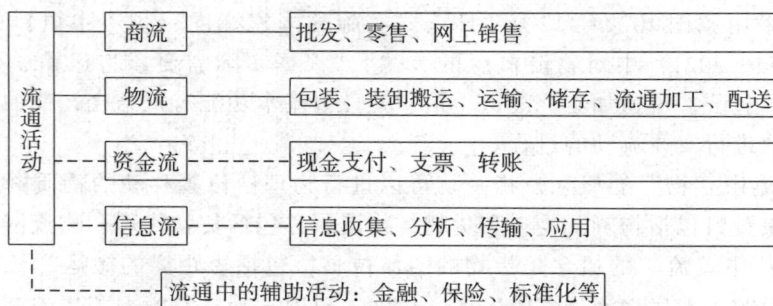

图1-1 流通活动框架结构

① 商流。对象所有权转移的活动称为商流（包含商品交换全过程）。

② 物流。物流是指实物从供给方向需求方的转移，这种转移既要通过运输或搬运来实现空间位置的变化，又要通过存储或保管来调节双方在时间节奏方面的差别。

③ 商流与物流的关系。商流与物流都是流通的组成部分，二者结合才能有效地实现商品从供给方向需求方的转移过程。物流是产生商流的物质基础，在发生次序的先后上商流是物流的先导，二者相辅相成，密切配合，缺一不可。只有在流通的局部环节，在特殊情况下，商流和物流才可能独立发生，从全局来看商流和物流总是相伴发生的。

④ 商物分离。尽管商流和物流的关系非常密切，但是它们各自具有不同的活动内容和规律。在现实经济生活中，进行商品交易活动的地点，往往不是商品流通的最佳路线的必经之处。如果使商品的交易和实物的运动路线完全一致，往往会造成实物运动路线的迂回、倒流、重复等不合理现象，造成资源和运力的浪费。商品

一般要经过一定的经营环节才进入业务活动，物流则不需要受经营环节的影响，可以根据商品的种类、数量、交货要求、运输条件等尽量以最少的环节、最短的路线，按时保质地将商品送到用户手上，以达到降低物流费用、提高经济效益的目的。由于商流活动与物流活动具有不同的规律及特点，在实施过程中，实行商物分离的原则有利于提高社会经济效益。综上所述，在合理组织流通活动的过程中，实施商物分离的原则是提高社会经济效益的客观需要，也是现代企业发展的需要。商流和物流分离的形式如图 1-2 所示。

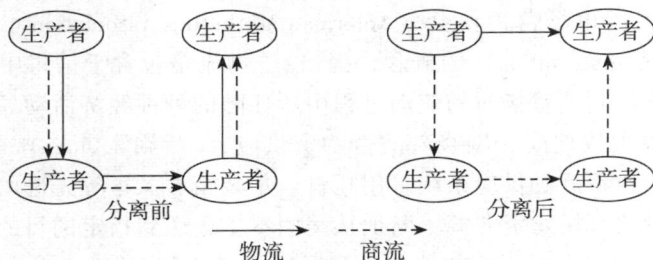

图 1-2　商流和物流分离的形式

边学边议 1-1

（1）结合流通的内容，你认为"物流=商品流通"吗？"物流=商品转移"吗？"物流=商品位移"吗？

（2）结合当前的时代背景，列举几种商流和物流分离的形式。

（3）结合阿里巴巴的发展历程，谈谈流通的四个"流"。

知识链接 1-2

从坐商时代到播商时代

1.1.3　物流的发展

1）美国物流的发展

（1）物流概念的产生阶段（20 世纪初至 20 世纪 50 年代）

人们对物流的认识是一个不断深化的过程。

1901 年，美国学者约翰·F.格鲁威尔（John F. Crowell）在美国政府的《农产品流通产业委员会报告》中第一次论述了影响农产品配送成本的各种因素和费用，填补了对农产品物流研究的空白，拉开了人们对物流理论研究的帷幕。

20 世纪初，西方一些国家出现了生产大量过剩、需求严重不足的经济危机。在此背景下，企业界提出了销售和物流的问题，这一时期的"物流"是指销售过程中的"物流运动"。

1915 年，阿奇·W.萧（Arch W. Shaw）在《市场流通中的若干问题》一书中首次提出了"physical distribution"的概念，并提出"物流是与创造需求不同的一个问题""物资经过时间或空间的转移，会产生附加价值"。此时的物流指的是销售过程中的物流。

1920年，著名的营销专家弗莱德·克拉克（Fred Clark）在他所著的《市场营销的原则》一书中，将物流纳入市场营销的研究范畴，明确指出市场营销是指商品所有权转移所发生的各种活动以及包括物流在内的各种活动。这是迄今为止最早的现代意义上的物流理论研究。

1927年，R.博尔索迪（R. Borsodi）在《流通时代》一文中首次使用"logistics"一词来表述物流，为后来物流概念的形成埋下了伏笔。

1935年，美国市场营销协会（American Marketing Association，AMA）进一步阐述了"physical distribution"的概念，提出："物流是包含于销售中的物质资料和服务在从生产场所到消费场所的流动过程中所伴随的种种经济活动。"

第二次世界大战期间，围绕着战争物资供应，"后勤"（logistics）理论被应用于战争活动中。美军后勤供应系统采用托盘、集装箱、叉车等先进的运输工具和装卸手段，将大量的军用物资源源不断地从美国本土运送到指定的目的地，再有序地配送到各个战场。其间美军有效地创立和运用了"运筹学"（operation research）和"后勤"理论，也使人们认识到，对物流的统筹管理和系统活动，可以提高运输效率，降低运送成本，机动灵活，准时有效。这是人们首次发现物流系统功能的价值。

1954年，在美国波士顿召开的第二十六次波士顿流通会议上，鲍尔·D.康柏斯发表了题为《物流是营销的另一半》的演讲。他指出，无论是学术界还是企业界都应该重视并研究市场营销中的物流管理，真正从战略的高度来管理和发展物流。

这一时期有两种不同的概念，即"physical distribution"和"logistics"。"physical distribution"应直译为"实物分拨"，按照我国的习惯译为"分销物流"，它实际上就是把企业的产品怎么样分送到客户手中的活动。"logistics"是指将战时物资生产、采购运输、配给等活动作为一个整体进行统一布置，以求战略物资补给的费用更低、速度更快、服务更好。它们之所以都能存续下来，是因为它们都分别在各自的专业领域内得到了一定程度的应用和发展。因此，这个阶段可以说是物流概念的产生阶段，是市场营销学和军事后勤孕育了物流概念。

（2）物流管理理论的形成阶段（20世纪60—70年代）

在美国，伴随现代营销观念的形成，物流在为顾客提供服务方面发挥了重要作用。

1960年，美国的雷神（Raytheon）公司建立了最早的配送中心，结合航空运输系统为顾客提供服务。

1961年，爱德华·W.斯马凯伊（Edward W. Smykay）、罗纳德·J.鲍尔索克斯（Ronald J. Bowersox）和弗兰克·H.莫斯曼（Frank H. Mossman）撰写了《物流管理——供应链过程的一体化》一书，这是世界上第一本介绍物流管理的教科书，在理论上为物流学科体系的形成奠定了基础。

美国国家物流管理协会（National Council of Physical Distribution Management，

NCPDM）于1963年成立，该协会将各方面的物流专家集中起来，提供教育培训活动。同期，密歇根州立大学以及俄亥俄州立大学分别在大学部和研究生院开设了物流课程。在这一时期，physical distribution概念从美国走向世界，并被世界公认。

分销物流学主要把物流看成运输、仓储、包装、装卸、加工（包括生产加工和流通加工）、物流信息等各种物流活动的总和，主要研究这些物流活动在分销领域的优化问题，并在各个物流专业理论如系统理论、运输理论、配送理论、仓储理论、库存理论、包装理论、网点布局理论、信息化理论等以及它们的应用技术上取得了很大的发展。此时物流管理学科理论体系已基本形成。

20世纪60—70年代，军事后勤管理的方法逐步被工业部门和商业部门借鉴，当时人们称之为"工业后勤"和"商业后勤"。

鲍尔索克斯在1974年出版的 *Logistics Management* 一书中，将后勤管理定义为"以卖主为起点将原材料、零部件与制成品在各个企业之间有策略地加以流转，最后到达用户，其间所需要的一切活动的管理过程"。

一系列的企业物流管理技术如MRP、JIT和看板技术被开发应用，极大丰富了分销物流理论的内涵，并突破了其外延。因此，1976年美国国家物流管理协会重新修订了物流的定义，认为"物流是以对原材料、半成品及成品从产地到消费地的有效移动进行计划、实施和统管为目的，而将两种或两种以上活动的集成"。

20世纪70年代，由于库存控制技术的应用，零售商的库存大幅度下降，半成品在零售业务和批发业务上与生产厂之间的分布出现比例变化，"以销定产"的市场营销观念要求企业调整生产线，采取多品种、小批量的方式组织生产，传统的分销物流观念也面临空前的冲击，物流功能要素之间的效益背反问题也日益突出，因此产生了物流活动集成化、一体化，物流支持保障系统等一系列新的思想和观念。物流学科的发展迈向变革阶段。

（3）物流管理理论的变革阶段（20世纪80—90年代中期）

20世纪80年代以来，物流实践活动出现飞跃性的发展，物流实践发展的需求推动了物流理论的革命性变化。

首先，1986年美国物流管理协会（Council of Logistics Management，CLM）重新定义了物流的定义，用"logistics"代替"physical distribution"，新的物流定义反映了企业物流活动中的集成化和一体化的时代特征。

其次，提出了供应链管理概念，并开始了对供应链管理的理论研究。有学者认为，供应链管理不仅是企业自身的业务，而且需要供应商、分销商、消费者及第三方物流共同合作才能完成，未来物流发展方向之一是协作化和专业化。从此，物流的系统整合理念取代了传统的分销分解思维方式。

再次，随着企业物流业务的外包，第三方物流业态产生，推动了关于"第三方物流"理论的研究。20世纪80年代中期这个概念被提出来了。

最后，物流活动支撑技术发展迅速。为了满足物流活动集成化和一体化的发展要求，专业人员在 20 世纪 70 年代开发的物资需求计划（material requirement planning，MRP）基础上发展了配送需求计划（distribution requirement planning，DRP）、物流资源计划（logistics resource planning，LRP）、企业资源计划（enterprise resource planning，ERP）、销售终端（point of sale，POS）和电子数据交换（electronic data interchange，EDI）等新技术，并在物流活动中广泛应用。

（4）物流管理理论的全面创新阶段（20 世纪 90 年代中期至今）

20 世纪 90 年代中期以来，电子技术、信息技术、网络技术等高新技术快速发展，在经济生活中被广泛应用。新经济是网络经济、信息经济、虚拟经济，更是知识经济。

创新是新经济发展的内核和本质特征，现代物流是新经济发展的重要支撑力量。新经济的本质特征也给现代物流赋予了新的含义，当今的物流业不论是理论还是实践都充满不断创新的活力。互联网这条信息高速公路使远程电子信息交换技术平民化，催生了电子商务行业，也推动了电子商务物流（e-commerce logistics）的产生和发展，带来了"鼠标加车轮"的流通革命，也使供应链管理不断创新。

美国学者约翰·盖特纳（John Geithner）教授提出了"战略供应链联盟"理论，认为"企业在全球化竞争的趋势下，产业间传统的界限已经被打破。为了顺应这种变化，实现良好的绩效，企业的领导正在推行新的经营模式，促进企业能更好地将新的合作伙伴关系连接得更加紧密，进而迅速地应对市场的变化"。

供应链战略联盟模型强调"战略制定和实施之间的互动，制定有效的战略，要求培育充分理解市场、进行顾客细分以及使各细分市场行为相一致的经营反应能力"。

英国的鲍勃·洛森（Bob Lowsun）、美国的罗塞尔·金（Russel King）和阿兰·亨特（Alan Hunter）提出了"供应链满足客户需求的快速反应（quick response，efficient consumer response）理论"。

美国的大卫·泰勒（David Tailor）博士在《供应链致胜》一书中认为："今天激烈的商业竞争发生在竞争者各自的供应链之间，胜利取决于找到一种比竞争对手更快更有效地交货给客户的方法。"

美国没有集中统一管理物流的专职政府部门，政府依旧按照原职能对物流各基本环节分块管理。美国政府制定了一系列法规，放宽对公路、铁路、航空等运输市场的管制，取消了对运输公司在进入市场、经营线路、联合承运、合同运输、运输代理等多方面的审批与限制条件，通过激烈的市场竞争促进物流发展。同时，企业打破部门界限，实现内部一体化物流管理，结成一体化供应链伙伴，使企业之间的竞争变成供应链之间的竞争，涌现出 Dell、IBM、Cisco 等成功企业的物流与供应链管理模式。

美国物流模式强调，"整体化的物流管理系统"是一种以整体利益为重，冲破按部门分管的体制限制，从整体进行统一规划管理的方式。美国的物流信息化发展走在世界前列，注重企业物流信息化、物流企业信息化、物流信息服务业等方面的建设与研究。比如，美国企业纷纷将物流信息化作为物流合理化的重要途径，主要做法有：普遍采用条形码技术和射频识别技术，广泛应用仓库管理系统和运输管理系统来提高运输和仓储的效率等。

2）日本物流的发展

在日本，"物流"是20世纪50年代后期从美国引进的流通经济概念。到了20世纪70年代，日本已经成为世界上物流业最发达的国家之一。发达的"物流"，是日本在第二次世界大战后迅速崛起的重要因素。

20世纪50—60年代，日本的企业界和政府为了提高产业劳动率，组织了各种专业考察团到国外考察学习，公开发表了详细的考察报告，全面推动了日本生产经营管理的发展。

1956年，日本流通技术考察团考察美国并引入物流观念。1958年6月，日本流通技术国内考察团对日本国内的物流状况进行了调查，这大大推动了日本的物流研究。1961—1963年上半年，日本将物流活动和管理称为PD，即physical distribution的缩写形式。到了1963年下半年，"物的流通"一词开始登场。日通综合研究所《输送展望》杂志1964年6月期刊登了日通综合研究所所长金谷漳的题为《物的流通的新动向》的演讲稿，正式运用"物的流通"概念来取代原来直接从英语中引用过来的PD。在物流概念被导入日本的过程中，物流已被认为是一种综合行为，即"各种活动的综合体"，也就是说，物流既被理解为商品从生产到消费的流通过程，又被认为是流通过程中物理商品的取汲活动。因此，"物的流通"一词包含"运输、配送""装卸""保管""在库管理""包装""流通加工""信息传递"等各种活动。

日通综合研究所1981年在《物流手册》上给物流做了十分简明的定义，认为物流就是物质资料从供给者向需要者的物理性移动，是创造时间性、场所性价值的经济活动。从物流的范畴来看，其包括包装、装卸、保管、库存管理、流通加工、运输、配送等活动。

1992年日本物流管理协会（JLMA）和日本物流管理委员会（JCLM）合并，成立日本物流系统协会（Japan Institute of Logistics System，JILS）后，物流的定义被改为该协会专务理事稻束原树1997年在《这就是"物流"》一文中下的定义："物流"是一种对于原材料、半成品和成品的有效率流动进行规划、实施和管理的思路，它同时协调供应、生产和销售各部门的个别利益，最终达到满足顾客的需求。换言之，"物流"意味着按要求的数量、以最低的成本送达要求的地点，以满足顾客的需要作为基本目标。

日本是最早提出和发展物流园区（又称物流团地）的国家。日本在22个城市已建立20多个布局合理、设施良好的大规模物流园区，集中了多个现代化水平较高的物流企业。日本物流发展的现状主要表现在以下几个方面：①物流信息化技术水平高，形成了以信息技术为核心，以信息技术、运输技术、配送技术、装卸搬运技术、自动化仓储技术、库存控制技术、包装技术等专业技术为支撑的现代化物流装备技术格局，其发展趋势表现为信息化、自动化、智能化和集成化；②物流设施现代化程度高，物流领域均实现了高度的机械化、自动化和计算机化；③厂家物流系统、国际物流企业发展迅速；④物流业社会化、组织化程度高。

3）欧洲物流的发展

欧洲是引进"物流"概念较早的地区之一，也是较早将现代技术用于物流管理的先锋。欧洲物流发展的鲜明特点是服务范围不断扩大，形成不同的物流发展阶段。

（1）工厂物流阶段（20世纪50—60年代）

这一时期，欧洲各国为了降低产品成本，开始重视工厂范围内的物流过程中的信息传递，对传统的物料搬运进行变革，对厂内的物流进行必要的规划，以寻求物流合理化的途径。当时供应链经济（supply chain economics）的主要特点是：从订单中获取需求信息，着眼于抓住信息中所提供的机会；供应链管理和运输是从上到下的垂直式一体化；组织结构是典型的"烟囱式"结构；制造业（工厂）还处于加工车间模式，工厂内的物资由工厂内设的仓库提供；客户的期望是按月供货，信息通过邮件交换；产品跟踪采用贴标签的方式；信息处理的软硬件平台是纸带穿孔式的计算机及相应的软件。这一阶段，储存与运输分离，各自独自经营，是物流的初级阶段。

（2）综合物流阶段（20世纪70年代）

20世纪70年代是欧洲经济快速发展、商品生产和销售进一步扩大的时期。由多个工厂联合组成的企业集团出现，大公司工厂内部的物流已不能满足企业集团对物流的要求，因此出现了综合物流，即基于工厂集成的物流。这时的供应链经济和供应链管理采用具有竞争机制的横向分布式，组织结构从"烟囱式"向"矩阵式"变革。这时的制造业已广泛采用成组技术（GT），对物流服务的需求增多，要求也更高。客户的期望已变成按周供货或服务。服务节奏明显加快，因此仓库已不再是静止封闭的储存设施，而是动态的物流配送中心，需求信息不光来自订单，更主要的是从配送中心的装运情况中获取。供应链经济主要着眼于防止生产和物流的延误而造成经济上的损失。这个时期信息交换采用电话方式，通过产品本身的标记（product tags）实现产品的跟踪。进行信息处理的硬件平台是小型计算机。由于当时还没有功能比较强大的商品化软件问世，所以一般都是企业（工厂）自己开发软件。同时，基于工厂集成的物流和工厂内部物流相比，服务面要大得多，因此物流服务出现了由承运人提供的新模式，从而为物流成本的降低探索了一条新的途径。

（3）供应链物流阶段（20世纪80年代）

随着经济和流通业的发展，不同的企业（厂商、批发业者、零售业者）都在进行各自的物流革新，建立相应的物流系统，其目的是在追求物流系统集成化的过程中，实现物流服务的差别化，发挥各自的优势与特色。流通渠道中各经济主体都拥有不同的物流系统，必然会在经济主体的联结点处产生矛盾。为了解决这个问题，在20世纪80年代欧洲开始应用物流供应链的概念，发展联盟型物流新体系。供应链物流强调的是在商品的流通过程中企业间加强合作，改变原来各企业分散的物流管理方式，通过供应链物流这种合作型的物流体系来提高物流效率，创造的成果由参与企业共同分享。为此，欧洲各国出现了半官方的组织——企业物流委员会（Corporate Logistics Council）——以推动供应链物流的发展。这一时期制造业已采用准时生产（JIT）模式，客户对物流服务的需求已发展到在同一天供货（或服务），因此供应链的管理进一步得到加强，实现供应的合理化，如组织好港站库的交叉与衔接、零售商总库存量的管理控制、产品物流总量的分配等。这时期物流需求信息可直接从仓库出货点获取，通过传真方式进行信息交换，产品跟踪采用条形码扫描，信息处理的软硬件平台是客户/服务器模式和商品化的软件包。值得一提的是，在这一时期欧洲第三方物流开始兴起。

（4）全球物流阶段（20 世纪 90 年代）

20 世纪 90 年代以来，全球经济一体化的发展趋势十分强劲，欧洲企业纷纷在国外，特别是在劳动力比较低廉的亚洲地区建立生产基地，生产零部件，甚至根据市场的预测和区位的优势分析在国外建立总装厂。由于从国外生产基地直接向需求国发送的商品增加，这一趋势大大增加了国与国之间的商品流通量，又由于国际贸易的快速增长，全球物流应运而生。全球物流就是全球消费者（一般指国家）和全球供货源之间的物流和信息流。这一时期，欧洲的供应链着眼于整体提供产品和物流服务的能力。同时，欧洲制造业已发展到精益制造（lean manufacturing）的阶段。客户对物流服务的要求是同一工班供货。因此，这一时期物流中心的建设加速，并建成了一批规模很大的物流中心。例如，荷兰的鹿特丹港物流中心，石油加工配送量为 6 500 万吨/年，汽车分销量为 300 万辆/年，橙汁与水果分销量为 90 万吨/年，已成为欧洲最重要的综合物流中心之一。这一时期，在供应链管理上，采用供应链集成的模式，供应链上的运输方通过交易寻求合作伙伴。由于主导者和主导权是供应链管理的前提条件，主导权模糊不清，就无法维系整个供应链的运转、建立起强有力的管理组织，因此，在 20 世纪 90 年代欧洲提出设立首席物流官（chief logistics officer）作为供应链管理的主导者。这一时期，物流的需求信息直接从顾客消费点获取，信息交换采用 EDI，产品跟踪应用射频标识技术，信息处理广泛应用互联网和物流服务方提供的软件。这一时期是欧洲实现物流现代化的重要阶段。

（5）电子物流阶段（20 世纪 90 年代末至今）

目前，基于互联网和电子商务的电子物流正在欧洲兴起，以满足客户越来越苛刻的物流需求，例如，要求在一小时内供货。物流由电子商务服务供应方提供，并实现供应/运输交易的最优化。供应链管理进一步扩展，可实现物流的协同规划、预测和供应。组织结构采用横向供应链管理模式，需求信息直接从顾客消费点获取，采用在运输链上实现组装的方式，使库存量实现极小化。信息交换采用数字编码分类技术和无线互联网，产品跟踪利用激光制导标识技术（Smart Ink）。

目前，主要欧盟国家的"第三方物流"市场的总体规模越来越大，在运输、仓储、物流信息管理等环节利用专业化物流服务和外部资源的企业所占比例也越来高。很多的欧洲制造业企业认为物流是影响其竞争能力的第一位或第二位的因素，越来越多的企业将资源和能力集中在掌握关键技术、核心业务和市场控制能力方面，而在物流管理等非核心业务和技术方面则采取利用外部资源和服务的方式。通过利用外部的专业化物流服务，制造业企业的组织结构得到优化，这也是企业能够集中资源和能力提高自身的核心竞争能力的保证。

纵观国外物流理论的演变过程可知，一方面，物流概念和理论的研究是一个螺旋上升、不断深入的过程；另一方面，物流理论一开始就附属于市场营销学科，并随之一起传播发展，这说明物流理论的研究相对薄弱。同时，西方物流界着重研究企业物流活动，实务性、操作性强，对物流活动的经济本源性研究不足。目前的理论研究热点主要有精益物流、敏捷物流、区域物流、全球物流、绿色物流、逆向物流、电子商务物流以及高新物流应用技术等方向。

知识链接 1-3

全球物流十强

4）中国物流的发展

经历了 20 世纪的繁荣后，世界文明的发展重心转向古老的东方。960 万平方千米大地上 14 亿人的社会再生产、流通与消费所构成的物流实践是中国物流思想发展和理论研究最广阔的基础。中国物流在改革开放和世界经济一体化的浪潮中不断创新与丰富，中国现代物流初见端倪。

（1）中国古代的物流实践与物流思想

物流的概念由来不久，深深扎根于神州沃土的物流实践却源远流长，中华民族五千年的文明史无处不闪现出物流思想的灵光，一项项伟大的物流工程充分展现出先人的智慧，并为世界范围内的物流理论和物流技术的发展奠定了深厚的基础，提供了良好的借鉴。

知识链接 1-4

中国古代的
物流实践

从中国古代的物流实践可以看出，虽然我们的祖先并没有明确地提出物流或者类似的概念，但是这些伟大的成就闪耀着早期关于物流的智慧。

中国近代民主革命的先行者孙中山先生明确提出"人尽其才，地尽其利，物尽其用，货畅其流"，这是近现代最早的关于物流的著名论述。可见，在中国丰富的历史内涵中，积累了丰富的早期物流实践经验和潜在的物流思想，这也为中国现代物流理论的形成和发展奠定了坚实的基础。

（2）中国现代物流发展历程

当前，我国的物流理论和实践活动均取得了飞跃性的发展，物流概念的内涵和外延也在不断发生变化，物流已经成为企业的重要经营职能，企业物流管理水平显著提高。物流业成为国民经济的重要产业部门，在经济发展中发挥重要作用。自中华人民共和国成立以来，中国物流业的发展大体可以分为四个阶段。

①中国物流发展的 1.0 时期（1949—1978 年）。

1962 年美国著名管理学家彼得·德鲁克在《财富》杂志上发表了题为《经济领域的黑暗大陆》的文章。这个"黑大陆"主要是针对物流领域的，也针对当时作为世界经济领导者的美国的物流领域。也就是说，当时物流在美国还是一片"黑大陆"，可想而知中国的物流发展是一番怎样的情形。中华人民共和国成立之初，中国实行计划经济体制，所有的物资流动靠的是政府的计划分配，物流活动也只能根据各地区的计划，按时按量地依规运作。这也是中国物流最初的形态。

这个时期的主要运输工具是货车、火车和货船，物流设施极度匮乏。物流过程主要是使用汽车、火车或船将货物运输至货运站场，然后进行简单的分拣，之后运输至仓库进行仓储，再根据各地的需求计划进行运输配送。主要的仓库类型是单层仓库和敞篷，仓库内的装卸、搬运活动是通过人力和机械共同完成的，主要的工具是早期的叉车、地牛等。在物流信息记录方面，主要使用五联单据，通过三级手工记账对物流中的商流进行记录，主要的计算工具是算盘及早期的计算机，电算化还没有普及。存货场所，国有仓库居多，从事物流活动的企业，国有企业居多，全国物流的发展处于萌芽阶段。

②中国物流发展的 2.0 时期（1978—2001 年）。

1978 年，由原国家计划委员会、财政部、国家物资总局等的工作人员组成的"中国物资考察团"出访日本。在日本学习和考察后，他们把"物流"的概念引入国内，从此国内对物流的理论研究正式开始。国内相关学者学习并研究物流这个经济形态，在全国相关领域进行科学普及，选择适合我国国情的运作方式，其中王之泰先生做出了卓越的贡献。

2.0 时期的物流发展是从 0 到 1 的过程，很多关于物流的名词都是在这个时期被引进或创造出来的。这一时期，多层仓库和立体仓库开始在国内运用，极大地提高了仓储能力。大量使用机械动力，比如电力叉车、堆垛机、传送带，提高分拣效率和装卸效率。互联网技术的飞速发展，带动了物流信息技术的蓬勃发展，仓储管理系统（WMS）、运输管理系统（TMS）、条码技术、GPS 以及 RFID 技术等物流信息技术相继运用，物流领域不断出现新模式，促进了国内物流的快速发展。

末端的配送中心的出现，专业化的第三方物流企业的诞生，国际物流的保税仓库，供应链金融领域的仓库质押，促使物流向一个多领域综合产业转变。物流思想不断优化，精益物流深入人心。一大批民营物流企业涌入物流市场，快递物流业态萌芽。

这一时期，政府、社会和企业高度重视物流业，积极探索适合国情的发展模式，国内物流发展处于探索阶段。

③中国物流发展的 3.0 时期（2001—2012 年）。

信息技术的不断变革，驱动着各个行业的快速发展，特别是电子商务的发展，民营物流企业的规模不断壮大。2003 年，中国最大的电子商务公司淘宝成立；2004 年，京东开辟电子商务领域，成立京东商城。网上购物催生了电子商务的物流模式，顺丰、"四通一达"等快递企业纷纷成立和发展。

在这种背景下，电子商务物流园区、跨境电商物流园区等新型物流园区在各地政府的扶持下遍地开花。在新形势下，传统的物流作业和物流设施逐渐被淘汰，直拨作业（cross cocking）、自动化作业、电子面单、自动化立体仓库、保税园区等新的物流作业形式和设施不断衍生，促进了中国物流业的发展。同时，大批学校开设物流管理专业，物流教育处于井喷状态。物流工作者也不再一味地强调成本意识，整合和集约的思想被引入国内，供应链管理、供应链金融受到了一大批学者和企业家的热捧，他们开始从产品供给方面寻求资源的整合。从此，物流业受到越来越多人的关注。

④中国物流发展的4.0时期（2012年至今）。

这一时期是技术驱动时期，旧动能不足以支撑物流产业的发展，新动能逐渐替代旧动能；理念创新引领物流发展，智慧物流的提出、多式联运的熟练运用、无车承运人的合法化等创新理念逐步渗透物流的各个环节；物流枢纽的构建，"最后一公里"配送的优化，无人港口（洋山、青岛、厦门）等设计方案不断创新。海尔集团提出"人单合一"概念，推动内部"自组织、自驱动"小微创业。菜鸟网络推动"新物流"革命，提出大数据、智能、协同，服务"新零售"战略。京东物流提出"下一代物流"解决方案，主要呈现短链、智慧、共生三大特征。

2017年，国务院印发《新一代人工智能发展规划》（国发〔2017〕35号），强调大力发展智能物流，"加强智能化装卸搬运、分拣包装、加工配送等智能物流装备研发和推广应用，建设深度感知智能仓储系统，提升仓储运营管理水平和效率。完善智能物流公共信息平台和指挥系统、产品质量认证及追溯系统、智能配货调度体系等"。无人仓、无人车、无人机（UAV）、物流机器人、云仓等各项国际领先技术的应用，都源自大数据和人工智能的科技驱动。2017年5月，物流领域首个国家工程实验室在圆通总部揭牌；7月，顺丰大型物流无人机总部基地项目落户成都双流自贸试验区；10月，京东物流首个全流程无人仓投入使用；11月，菜鸟网络在雄安新区建设"智慧物流未来中心"。

2012—2022年，我国已基本构建了覆盖全国、深入乡村、通达世界的邮政快递网络，快递业务量从57亿件增长到1083亿件，是原来的19倍，已连续8年位居世界第一，快件最高日处理能力近7亿件。

党的二十大报告指出，坚持把发展经济的着力点放在实体经济上，推进新型工业化，加快建设制造强国、质量强国、航天强国、交通强国、网络强国、数字中国。建设物流强国是新时代我国物流业发展的新目标，要以习近平新时代中国特色社会主义思想为指导，不忘初心、牢记使命，务实创新、砥砺前行，大力推动适应新时代经济发展特点和要求的物流业创新发展。

知识链接1-5

我国物流业2022年发展回顾与2023年展望

边学边议 1-2

（1）在当前的时代背景下，谈谈你所知道的物流政策，以及这些政策的意义。

（2）当前，我国现代物流大踏步进入高速发展期，我们取得了哪些方面的重大进展？

（3）我国物流业仍然处于重要的战略机遇期，同样面临着新的挑战，你觉得有哪些机遇和挑战呢？

1.2　物流的主要功能

物流系统的基本要素包括包装、装卸搬运、运输、储存、流通加工、配送、信息等。这些基本要素有效地组合、联结在一起，构成物流系统的功能组成要素，能合理、有效地实现物流系统的总目的。

1.2.1　包装功能（packing）

包装是指为在流通过程中保护产品、方便储运、促进销售，按一定技术方法而采用的容器、材料和辅助物等的总体名称，如图 1-3 所示。包装可分为两种：商品包装和工业包装。商品包装的目的是便于消费者购买，也有利于在消费地点按单位把商品分开销售，并能显示商品特点，吸引购买者的注意和引起他们的喜爱，以扩大商品的销售。工业包装的作用是按单位分开产品，便于运输，并保护在途货物。运输方式的选择将影响包装要求。一般来说，铁路与水路运输因其货损的可能性大，应特别注意包装的产品保护功能，因而需支出额外的包装费用。在选择商品运输方式时，物流管理人员要考虑运输方式的改变而引起的包装费用的变化。

图 1-3　包装

1.2.2　装卸搬运功能（loading and carrying）

任何商品，不管它处于什么状态，当要对它进行包装、入库、运输、储存保管、配送或流通加工时，都需要搬运作业。装卸搬运是接合物流各环节、连接储运的纽带，它贯穿于物流的全过程。因此，装卸搬运是指在同一地域范围内，以改变物品的存放状态和空间位置为主要内容的作业活动，如图 1-4 所示。具体来说　它是对物品进行垂直或水平位移及改变其空间位置或支撑方式的一项作业活动。

图 1-4　装卸搬运

装卸作业包括装车（船）、卸车（船）、堆放拆垛、分拣配货、入库、出库以及连接以上各项动作的短程移送、搬运作业。在物流活动全过程中，装卸搬运活动频繁发生，这是物品损坏的重要原因，因此必须加强对装卸搬运活动的严格管理。对装卸搬运活动的管理，主要是合理选择、配置与使用装卸搬运的方式和装卸搬运机械，努力做到装卸搬运合理化，尽可能减少装卸搬运次数等。装卸搬运在传统的作业中绝大部分是人工操作，作业效率低。在现代化物料搬运中，一般是将货物通过机械设备进行短距离移动，所用机械设备包括传送机、叉车、货物容器等。

1.2.3　运输功能（transportation）

运输是物流系统中非常重要的一部分，它是指使物品发生场所、空间位置移动的物流活动。它的任务是将物品进行较长距离的空间移动。运输包括厂内运输、市内运输、城际运输、省际运输、国际运输等，一般把厂内运输包含在生产物流范畴里，把厂外的运送称为运输。在市内运输中，由生产厂经由物流企业（如配送中心）为用户提供商品时，生产厂到配送中心之间的物品空间移动称为运输，而从配送中心到用户之间的物品空间移动则称为配送。运输的方式主要有公路运输、铁路运输、水路运输、航空运输和管道运输等，如图 1-5 所示。

运输不改变物品的实物形态，也不增加其数量，但它解决了由物品在生产地点和需要地点之间的空间距离带来的供销矛盾，创造出了商品的空间效用，满足了社会需要。因此，运输是物流的中心环节，在某些场合，甚至把运输作为整个物流的代名词。

公路　　　　　　　铁路　　　　　　　水路

航空　　　　　　　管道

图1-5　主要的运输方式

1.2.4　储存功能（store）

储存是指在社会总生产过程中暂时处于停滞状态的那一部分物品。通过对储存物品的保管、保养，克服产品生产与消费在时间上的差异，创造物品的时间效用，能保证流通和生产的顺利进行。储存包括两个既独立又有联系的活动：存货管理与仓储（如图1-6所示）。储存又可分为生产储存和商品储存。前者是指在生产过程中，原材料、半成品、燃料、工具和设备等，在直接进入生产过程之前或在两道工序之间所停留的时间。后者是指商品从生产领域生产出来之后到进入消费领域之前在流通领域停留的时间。

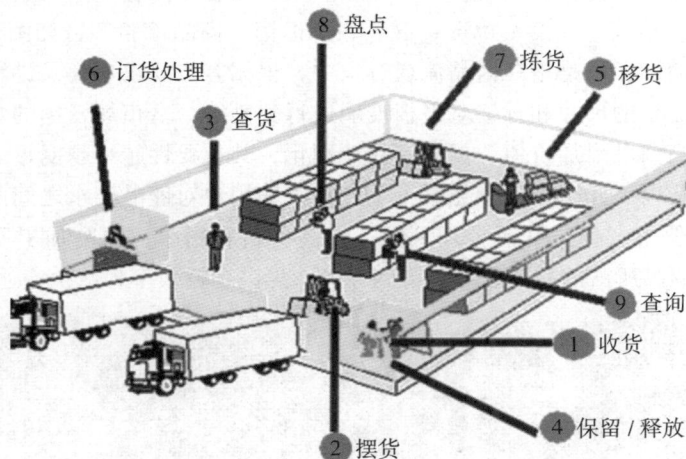
8 盘点
6 订货处理　　　　　　　　　　7 拣货　　5 移货
3 查货
9 查询
1 收货
4 保留/释放
2 摆货

图1-6　仓储作业

当这些物品处于储备过程时，就会出现能否保存其使用价值和价值的问题，这就必须对储存商品进行检验、整理、分类、保管、保养、加工，然后进行集散、转换运输方式等工作。因此，储存在物流活动中具有重要作用，它是物流中的一个重要环节。储存设施（仓库、料棚、储罐等，如图1-7所示）的配置、构造、用途与合理使用，储存方法和保养技术的选择等，都是物流活动的重要职能。

图1-7 典型的仓库设施

储存与运输之间关系密切，运输与存货水平及所需仓库数之间有着直接的关系。例如，如果采用速度较慢的运输方式，企业一般需要保持较高的存货水平和较多的仓库数；反之，如果采用速度较快的运输方式，企业就可以减少仓库数、降低存货水平。因此，存储也与许多重要的决策相关（存货管理与仓储），包括仓库数目、存货量大小、仓库的选址、仓库的大小等。

1.2.5 流通加工功能（distribution processing）

流通加工是指在商品流通过程中，根据用户要求，改变或部分改变商品的形态或包装形式的一种生产性辅助加工活动。流通加工的内容主要包括：装袋、定量化小包装、挂牌子、贴标签、配货、挑选、混装、刷标记、商品检验等，如图1-8所示。生产厂的外延流通加工，是指在商品流通过程中，根据客户要求对商品进行的加工，例如，根据顾客需要的尺寸和规格对平板玻璃进行裁割等。从市场营销的观点来看，流通加工可以提高商品附加价值、促进商品差别化，其重要性越来越明显。流通加工的作用主要表现在以下几个方面：克服了生产加工和用户对商品要求之间的差异，更有效地满足用户要求；促进资源合理利用，提高材料利用率；提高加工质量和加工效率，使用户对商品所需的品质进一步得到保障；提高运输效率，减少流通费用。

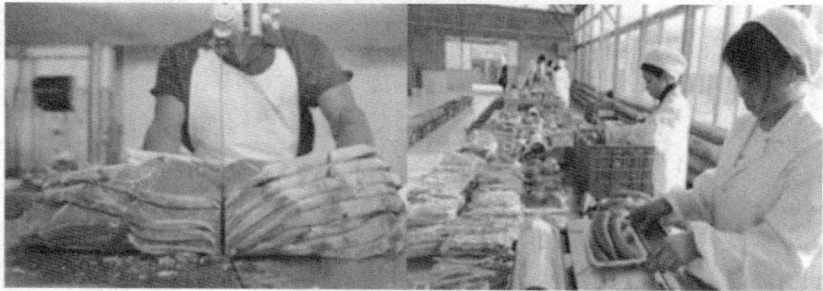

图1-8 流通加工

1.2.6　配送功能（distribution）

　　配送是以配货、送货形式最终完成社会物流并实现资源配置的活动，如图1-9所示。配送活动一直被认为是运输活动中的一个组成部分，是一种运输形式，所以过去未被视为物流系统实现的一种功能，未被看成独立的功能要素，而是被当做运输中的末端。但是，配送作为一种现代流通方式，集经营、服务、社会集中库存、分拣、装卸搬运于一身，已不单单是一种送货运输形式能包含的，所以在本书中将其作为独立功能要素。

图1-9　配送

　　配送是"配"和"送"有机结合的形式。配送与一般送货的重要区别在于，配送利用有效的分拣、配货等理货工作，使送货达到一定的规模，利用规模优势取得较低的送货成本。如果不进行分拣、配货，有一件运一件，需要一点送一点，就会大大增加资源的消耗，使送货并不优于取货。所以，要实现整个配送活动的优势，分拣、配货等工作是必不可少的。配送中心的功能如图1-10所示。

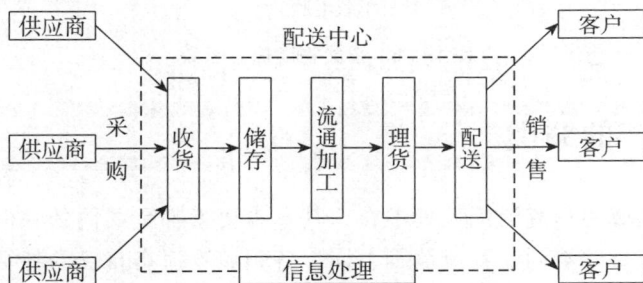

图1-10　配送中心的功能

1.2.7　信息功能（information）

　　物流信息是连接运输、储存、装卸、包装各环节的纽带，没有各物流环节信息的通畅和及时供给，就没有物流活动的时间效率和管理效率，也就失去了物流的整体效率。及时收集与物流活动相关的信息，能使物流活动有效、顺利地进行。

信息包括与商品数量、质量、作业管理相关的物流信息，以及与订货、发货和货款支付相关的商流信息。企业不断地收集、筛选、加工、研究、分析各类信息，并把精确信息及时提供给决策人员，以此为依据判断生产和销售方向，制定企业经营战略，以便做出高质量的物流决策。

与物流信息密切相关的是物流信息系统，即管理人员利用一定的设备，根据一定的程序对信息进行收集、分类、分析、评估，并把精确信息及时提供给决策人员，以便他们做出高质量的物流决策，如图1-11所示。物流信息系统不但要收集尽可能多的信息提供给物流经理，使他们做出更多有效的决策，还要与公司的销售、财务等其他部门的信息系统共享信息，并将有关的综合信息传至公司最高决策层，协助他们形成战略计划。

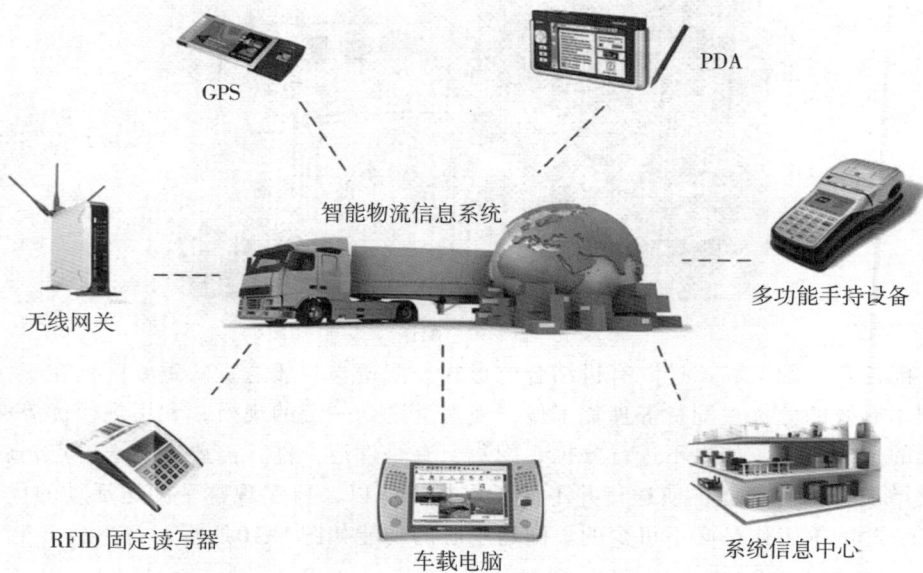

知识链接1-6

"一带一路"倡议背景下我国物流业发展构想

GPS

PDA

智能物流信息系统

无线网关

多功能手持设备

RFID 固定读写器

车载电脑

系统信息中心

图1-11　智能物流信息系统

1.3　物流的分类

社会经济领域中物流活动无处不在，其基本要素都是共同的，但是，由于物流对象不同，物流目的不同，物流范围不同，各领域物流有自己的特征，因而形成了不同类型的物流。既然有不同类型的物流，就必然产生与之相适应的分类标准和方法，以便能区别认识和研究。由于各地区经济发展状况不同，社会对物流的需求不同，人们对物流的分类并没有统一的划分标准。综合现有的论述，大致可将物流按下列标准分类。

1.3.1 按照物流系统的性质分类

按照物流系统的性质可将物流分为社会物流、行业物流和企业物流。

1）社会物流（external logistics）

社会物流是物流的主要研究对象，是指以全社会为范畴、面向广大用户的、超越一家一户的物流，是企业外部物流活动的总称。社会物流涉及在商品的流通领域所发生的所有物流活动，带有宏观性和广泛性，所以社会物流也称大物流或宏观物流。这种社会性很强的物流往往是由专门的物流承担人承担的。伴随商业活动的发生，物流过程通过商品的转移，实现商品所有权的转移，这是社会物流的标志。

2）行业物流（industry logistics）

行业物流是指在一个行业内部发生的物流活动。同一个行业的各个企业往往在经营上是竞争对手，但为了共同的利益，在物流领域中又常常互相协作，建立统一的行业标准和运作规范，以降低整个行业的物流成本，促进行业物流系统的合理化、科学化和标准化。

3）企业物流（internal logistics）

在企业经营范围内，由生产或服务活动所形成的物流叫企业物流，它是企业内部的物品实体流动。企业作为一个经济实体，是为社会提供产品或服务的。从企业角度研究与之有关的物流活动，是具体的、微观的物流活动的典型领域。

案例链接1-1 2023全球物流技术大会上菜鸟斩获四项行业大奖

2023年3月1—3日，"2023全球物流技术大会"在海口举行。会上，菜鸟分别凭借与上汽通用五菱、方太厨具以及某大型航空公司在物流科技方面的合作，斩获三项年度物流技术创新案例奖，菜鸟也再次蝉联物流技术装备推荐品牌。业内人士指出，菜鸟此次获奖的项目涉及多种复杂场景、不同技术应用，可以看出物流行业正加速奔向数字化、自动化、智能化。数智物流能力领先的菜鸟，也已进入技术输出、赋能千行百业的新阶段。

据悉，"2023年物流技术创新案例"评选由中国物流与采购联合会组织，要求入选项目具有一定的创新性，技术或产品要具备实际应用价值，对企业起到促进作用，对物流行业具有推进作用。菜鸟此次获评创新案例的项目，涉及航空运输、生产制造、零售消费等不同行业背景，应用了数字孪生、运输优化、信息系统等不同技术。相关技术与方案不仅为企业带来了降本增效的效果，为行业转型升级插上了"数字化的翅膀"，部分技术能力也达到了国际领先水平。

以此次与菜鸟一同入选物流技术创新案例的上汽通用五菱为例，作为国产品牌汽车中的佼佼者，2022年上汽通用五菱累计销量超过160万辆，众多车型受到消费者欢迎。其旗下M2C业务发展也颇为迅速，销量占比不断提升。为更好地支撑业务增长和模式变革，上汽通用五菱希望进一步提升管理水平，并将供应链系统向数字化转型。上汽通用五菱与菜鸟合作的数字供应链系统为此奠定了基础。

据介绍，由菜鸟向上汽通用五菱提供的整车智慧物流平台，通过使用菜鸟的智能分单算法，将运输分单从人工分单转化为系统自动分单，在提升效率的同时降低了运营成本。双方首次设计打造的基于成本时效的整车物流调度算法，采用系统大数据算法，自动推荐出成本或时效最优的调度路径与承运方，让调度告别了经验主义和人工选择模式。技术的领先性是取得上述成果的重要保障。以运输优化解决方案中内置的菜鸟 VRP 算法为例，该算法不仅曾获得有运筹优化界的"奥斯卡"之称的弗兰兹·厄德曼（Franz Edelman）杰出成就奖，还打破了 57 项世界纪录。

菜鸟相关负责人表示，作为一家客户价值驱动的全球化产业互联网公司，菜鸟正依托自身数智物流能力，帮助包括上汽通用五菱在内的众多合作伙伴实现数据驱动业务，提升企业数字化管理水平和能力。接下来，菜鸟将继续发挥在数字化、自动化、智能化方面积累的实力，凭借数智技术助力企业发展、行业升级。

资料来源　淑妮."2023 全球物流技术大会"海口举行，菜鸟斩获四项行业大奖［N］.扬子晚报，2023-03-09.

1.3.2　按照物流活动的空间和范围分类

按照物流活动涉及的空间和范围不同，可以将物流分为地区物流、国内物流和国际物流。

1）地区物流（regional logistics）

地区有不同的划分原则。按自然地理区域划分，我国有七个大区，即东北、华北、西北、西南、华南、华东、华中。按行政区域划分，我国有 34 个省级行政区，包括 23 个省、5 个自治区、4 个直辖市、2 个特别行政区。按经济圈划分，我国有环渤海经济圈、长江三角洲经济圈和珠江口环形经济圈等。党的十八大以来，我国推出了一系列重大区域发展战略和倡议，已形成"一带一路"倡议、长江三角洲区域一体化、京津冀协同发展、长江经济带发展、粤港澳大湾区建设和淮河生态经济带建设六大跨区域协调发展的总体格局。我国经济发展进入新常态后，区域发展已从过去的单个区域发展转向推进多区域、跨区域协调发展，深化区域合作，在更大范围内进行资源的优化配置，提高经济发展效率和质量，激发区域发展活力。

知识链接 1-7

六大区域发展
战略、倡议
齐头并进

2）国内物流（national logistics）

在国家的领土范围内开展的物流活动称为国内物流。国内物流为国家的整体利益服务。作为国民经济的一个重要方面，国内物流应该被纳入国家总体规划之中。我国的物流事业是社会主义现代化建设的重要组成部分，因此国内物流的建设、投资和发展必须从全局着眼，清除部门和地区分割所造成的物流障碍，尽早建成一些大型物流项目，为国民经济服务。

边学边议 1-3

2019年2月18日，九市两区热切关注的《粤港澳大湾区发展规划纲要》正式印发，为这一国际一流湾区及世界级城市群的发展走向定调，这一规划是国家重要战略布局。

1）物流大通道建设提速

规划中16处提到关键词"物流"，涉及国际交通物流枢纽、空海港口群之间内河航道与疏港铁路公路物流、多式联运现代物流体系、第三方物流、冷链物流、物流与供应链管理技术等层面；建设粤港澳大湾区九市两区的物流大通道，香港、澳门、粤东、粤西互补式发展，香港着重发挥国际航运中心功能，广州和深圳提升国际航运综合服务功能；在港口、航道基础设施建设方面着力发展，多式联运代码共享，提升香港国际航空枢纽地位，强化航空管理培训中心功能，提升广州和深圳机场国际枢纽竞争力；大湾区内将推行"一票式"联程和"一卡通"服务，打通城际客运交通，提升客货运输服务水平等。

2）三地贸易将受益

从2009—2016年三地贸易数据来看，广东与香港间的进出口贸易在2012—2013年有一次小高峰，随后几年下降较快。2013年广东出口至香港的峰值为2 739.57亿美元，广东自香港进口额于2012年达到峰值，为140.21亿美元。广东与澳门间贸易与香港相差较多，2015年广东出口至澳门的峰值为29.05亿美元，2009年广东自澳门进口额达到峰值，为2.35亿美元。在大湾区建设推动下，粤港澳三地贸易将会受到积极影响。

3）深圳盐田区发力

深圳市盐田港是全球集装箱年吞吐量最大的单一港区。近些年，盐田区着力建设成为全球航运物流枢纽城区，推动港口物流产业向高端化发展，大力发展保税展示交易等新型业态，提升国际贸易综合功能，建设世界服务贸易重要基地和国际性枢纽港。预测未来几年，深圳盐田将在粤港澳大湾区发展机遇下，发挥港口优势，承接海运枢纽功能。

4）三地通关便利化

粤港澳大湾区规划发布之前，三地已经针对互通做了许多铺垫工作，其中，"跨境一锁"于2016年3月开始运作，主要针对粤港两地通过多模式联运转运的货物，如外地经空路到香港再经陆路转运至内地的货物，或内地经陆路到香港再经空路转运至外地的货物。粤港海关应用同一把电子锁及全球定位系统监控货物运输过程，减少重复检查，简化清关手续，加快货物转关流程。2018年，港珠澳大桥全线通车。2019年，珠海首次设立清关点，进一步提高香港与内地之间的货物通关便利程度。随着贸易自由化，以及人员、货物跨境往来便利化的举措不断出台，粤港澳三区海关层面必将做进一步对接，将通关数据打通，跨境贸易时效将大幅提升，成本大幅降低。

资料来源　佚名. 粤港澳大湾区：珠三角物流企业的重大跃升机遇［EB/OL］.［2023-06-19］. http://www.cinn.cn/gyyq/201902/t20190225_207312.html.

问题：

（1）你知道世界上著名的大湾区吗？

（2）结合案例分析，谈谈大湾区对物流业发展的影响。

3）国际物流（international logistics）

不同国家或地区之间以及世界各大洲之间的物流称为国际物流。国际物流是伴随国际投资、贸易活动和其他国际交流所发生的物流活动。由于第二次世界大战后国际投资和贸易壁垒减少，国际分工日益深化，国际贸易规模迅速扩大，经济全球化和区域经济一体化速度加快，国际物流成为现代物流系统中发展最快、规模最大的一个物流领域。随着互联网这种无国界的信息媒介的扩展和电子商务的推广应用，国际物流的效率和规模将得到进一步提高和扩大。

知识链接1-8

跨境物流
发展史

1.3.3　按照物流业务活动的性质分类

按物流业务活动的性质可以将物流分为供应物流、销售物流、生产物流、回收物流、废弃物物流等。

1）供应物流（supply logistics）

生产企业、流通企业或消费者购入原材料、零部件及其他物品的物流过程称为供应物流，也就是物品在提供者与需求者之间的实体流动。对于一个企业而言，流动资金十分重要，其大部分是被购入的物品和原材料及半成品等所占用的，因此，供应物流的合理化管理对于企业的成本管理有重要影响。

2）销售物流（distribution logistics）

销售物流是指生产企业或流通企业出售商品时，商品在供方与需方之间的实体流动。企业通过销售物流，可以进行资金的回收并组织再生产活动。销售物流的效果关系到企业的存在价值是否被社会承认。销售物流的成本在商品的最终价格中占有一定的比例，因此销售物流的合理化有助于在市场经济中增强企业的竞争力。

3）生产物流（production logistics）

生产物流包括从工厂购进的原材料入库起到把工厂成品库的成品发送出去为止的物流活动的全过程。生产物流和工厂企业的生产流程同步，在生产过程中，原材料、半成品等按照工艺流程在各个加工点之间不停地移动、流转，形成了生产物流，如果生产物流中断，生产过程也将随之停顿。概括起来，生产物流是指在生产过程中，原材料、在制品、半成品、产成品等在企业内部的实体流动。生产物流的重要性体现在：如果生产物流均衡稳定，则可以保证在制品的顺畅流转，缩短生产周期；如果生产物流的管理和控制合理，则可以使在制品的库存得到压缩，使设备负荷均衡化。因此，生产物流的合理化对工厂的生产秩序和生产成本有很大影响。

4）回收物流（returned logistics）

回收物流是指不合格物品的返修、退货以及周转使用的包装容器从需方返回到供方所形成的物品实体流动。在商品生产及流通活动中有许多要回收并加以利用的物资，例如作为包装容器的纸箱、塑料筐，建筑业的脚手架，旧报纸和书籍，金属废弃物等。

5）废弃物物流（waste material logistics）

在商品的生产和流通系统中所产生的无用的废弃物，如开采矿山时产生的土石、炼钢时产生的钢渣、工业废水以及其他各种无机垃圾等，已没有再利用的价值，如果不妥善加以处理，就会妨碍生产甚至造成环境污染。在对这类物资的处理过程中便产生了废弃物物流。废弃物物流是指将经济活动中失去原有使用价值的物品，根据实际需要进行收集、分类、加工、包装、搬运、储存等，并分送到专门处理场所的过程中形成的物品实体流动。为了更好地保障生产和生活的正常秩序，对废弃物资进行研究也显得十分重要。废弃物物流虽然没有经济效益，但是具有不可忽视的社会效益。

案例链接 1-2　　　　　　　　**"无废城市"建设提速**

近年来，开展"无废城市"建设，已经成为我国固体废物治理的重要抓手。2018 年，国务院办公厅印发《"无废城市"建设试点工作方案》和《"无废城市"建设指标体系》。2019 年，生态环境部确定"11＋5"试点。2022 年，生态环境部公布"十四五"时期"无废城市"建设名单。"无废城市"建设成为新时期的重要课题和建设重点。

专家表示，建设"无废城市"，城市及其周边生态环境会得到显著改善。固体废物是高密度污染排放源，不仅污染土壤，长期来看对大气、水体以及人群健康都会产生负面影响。伴随"无废城市"建设，城市产业、消费和末端处理以及周边地理生态环境之间将会形成良性互动，推动高效、循环、集约和生态环境友好的技术创新，并辐射城市的生产、生活和生态相关领域，催生新型绿色产业。推动"无废城市"建设的过程，也有助于实现城市碳减排，助推"双碳"目标的实现。此外，推进"无废城市"建设，也有助于智慧城市技术的应用，对固体废物产生、转运、处理等全过程进行信息化管理，最终提升整个城市的现代化管理水平。

为建设"无废城市"，2020 年《北京市生活垃圾管理条例》出台实施。双井街道通过与第三方服务单位合作，促进辖区垃圾分类发展，目前，为辖区内 18 个社区建立了 8 座生活垃圾分类驿站，同时整合地区资源，设立 7 个再生资源流动回收点配合使用。为解决大件回收难题，双井街道还与第三方服务单位签订相关协议，在各社区至少建立 1 处大件垃圾暂存点，累计清运大件垃圾 100 余车。

此外，为保障各品类垃圾有单位收集、有迹可循、去向明确，双井街道督促物业公司签订各品类垃圾清运合同；同时，配合朝阳区环卫中心建立辖区有害垃圾暂存点，将辖区内难以处理的有害垃圾如灯管、硒鼓等统一回收处理。统计显示，2019 年至今，仅在"井点 2 号"就回收纸张 453.9 吨、织物 74.3 吨、金属 13 吨、塑料 54.9 吨、废旧电子电器 406 件，相当于减少了 9 956 棵树的砍伐，减少了 1 373 吨碳的排放，节约了 760 吨石油的开采，节约了 2 512 立方米的填埋土地。

"无废城市"建设给生态环境带来改变的同时，也给固体废物处理市场带来了巨大发展空间。面对广阔的市场，不少公司已摩拳擦掌。

盈峰环境是一家环境服务企业，在固体废物处理领域有不少布局。该公司有关负责人表示，企业通过提供市场化服务和咨询等方式与政府相关部门合作，承担区域垃圾分类收集、分类运输任务，助力实现固体废物源头减量目标。在固体废物资源化、无害化方面，企业聚焦餐厨垃圾，直接或间接为国家餐厨垃圾资源化、无害化处理提供了近113万吨的年处理能力。

专家表示，建设"无废城市"的潜力和潜在效益巨大，预计到2030年，我国固体废物分类资源化利用产值规模将达7万亿元至8万亿元。总体来看，作为一个长期的探索过程，我国"双碳"目标的推进，让"无废城市"建设不断提速，"无废城市"正成为地方绿色经济、循环经济的标识。

资料来源　杨秀峰. "无废城市"建设提速〔N〕. 经济日报，2023-03-19.

1.3.4　按照物流管理模式分类

按照物流管理模式，物流可以分为自营物流、第三方物流、物流联盟和第四方物流等。第三方物流、物流联盟和第四方物流同属于物流的外包业务，第四方物流是由第三方物流和物流联盟发展而来的一种新的物流模式。

1）自营物流

从历史的角度看，企业对物流服务的需求最初是以自我提供的方式实现的，自营物流是企业早期物流的重要特征，企业为了提高物流效率和服务水平，需要对物流进行管理，于是在经营过程中，物流管理成为一项重要内容。

自营物流实际上是企业物流的纵向一体化行为，企业通过自营物流直接支配物流资产，控制物流职能，保证货物畅通和客户服务质量，从而有利于保持企业和客户的长期合作关系。此外，企业通过自营物流可以更好地防止商业秘密外泄和扩散。

尽管如此，对于自营物流，企业仍然应该审慎对待，因为企业需要投入大量的资金购买物流设备、建设物流仓库和构建物流网络，这不仅会分散企业的资金，影响核心能力的构建，而且这些资金一般占用率较高、投资回收期较长，所以对于缺乏资金的企业尤其是中小型企业来说，自营物流必然带来沉重的财务负担。此外，对于中小企业而言，由于其自身的物流需求有限，为了谋求规模经济，需要向市场提供物流服务，这必然给企业带来一定的市场风险。

企业在选择自营物流模式时，需要权衡其利弊：一方面需要考虑资金状况、人才储备和市场风险；另一方面需要考虑企业物流活动的重要程度、对渠道和客户的控制力要求以及商业秘密的保护程度等。只有在综合分析的基础上才能做出科学的决策。

对于自营物流的改造和发展，企业应该根据实际情况区别对待：对于那些已经成为包袱的物流业务，完全可以外包给专业公司来经营；对于那些与自身业务关联性非常强、必须由自己来经营的物流业务，则必须考虑到如何以先进的物流管理理念、技术、硬件来降低成本、优化流程。

2）第三方物流

竞争优势理论指出，企业要获得竞争优势，必须从企业与环境特点出发，培育自己的核心竞争力。现代企业管理强调的是把主要精力放在企业的关键业务（核心竞争力）上，充分发挥其优势，同时与全球范围内的合适企业建立战略合作关系，将企业中的非核心业务交由合作企业完成，即"业务外包"（outsourcing）。企业通过业务外包可以获得比单纯利用自有资源进行自营更多的竞争优势。企业在将资源集中于自身核心业务的同时，可以利用其他企业的资源来弥补自身的不足，增强竞争优势。

20世纪90年代以来，第三方物流作为一个新兴的产业形态得到了高速发展，引起企业界和理论界的广泛关注。

（1）第三方物流的基本含义

第三方物流的概念源自管理学中的"外包"。外包指企业动态地配置自身和其他企业的功能和服务，利用外部的资源为企业内部的生产经营服务。将外包引入物流管理领域，就产生了第三方物流的概念。

对于第三方物流的定义有不同的理解。有美国学者把第三方物流定义为"用外部公司去完成传统上由组织内部完成的物流功能，这些功能包括全部物流功能或所选择的部分物流功能"。也有学者把第三方物流定义为"外协所有或部分公司的物流功能，提供复杂、多功能物流服务，以长期互益的关系为特征"。国家标准《物流术语》中对"第三方物流"的表述是"由独立于物流服务供需双方以外且以物流服务为主营业务的组织提供物流服务的模式"。第三方物流与传统的企业物流模式有很大的不同。

（2）第三方物流的基本特征

第一，第三方物流是提供多种服务功能的物流活动。传统的外协模式只限于一项或一系列分散的物流功能，如运输公司提供运输服务，仓储公司提供仓储服务；第三方物流一般提供多功能、全方位的物流服务，它注重的是客户物流体系的整体运作效率。

第二，第三方物流要求建立长期战略合作伙伴关系。第三方物流不是传统意义上的运输，其业务触及客户的销售计划、库存管理、生产计划等各个环节，远远超过了与客户一般意义上的买卖关系，而是紧密地结合成一体，形成一种战略合作伙伴关系。

第三，第三方物流是富有个性化的物流服务。第三方物流是一种长期的合作关系，第三方物流系统有时甚至成为客户营销战略体系的一部分。因此，第三方物流提供商应尽可能地满足客户的个性化需要，按照客户的业务流程来定制，帮助客户提升竞争力。

第四，第三方物流企业既是战略投资人，又是风险承担者。与传统的运输服务相比，第三方物流提供商的利益与客户的利益是一致的，第三方物流服务的利润不是来自运费、仓储费用等直接收入，而是来源于与客户一起在物流领域创造的新价值。换句话说，第三方物流企业追求的不是短期的经济效益，而是以一种投资人的身份为生产经营企业服务，这是它身为战略同盟者的一个典型特点。

（3）第三方物流的演变

近20年来，随着科学技术尤其是信息技术的发展，第三方物流发生了巨大的变化，由过去简单的契约式物流向集成式供应链管理发展。按照第三方物流服务涉及范围的广度和深度以及与客户的关系密切程度，第三方物流的演变过程可以分为运输/合同分销阶段、物流外包阶段以及供应链管理的集成阶段三个阶段。

①运输/合同分销阶段（20世纪70年代末到80年代末）。此阶段，第三方物流服务以简单的契约式为主，服务主要面向本地或局部区域的单项功能，诸如干线运输、仓储、货运代理等。

这种模式的特点在于：第三方物流服务一般只具有单项或一系列分散的物流功能，如运输公司提供的合同运输、合同仓储服务等；这种物流服务往往带有客户的一些附带要求，如临时保管、装卸、配送、交付、收款等；物流服务提供者通过与客户之间的长期合同或非一次性交易实现物流服务，兑现对客户的承诺。

这种物流服务模式可以涵盖从初级产品（诸如制糖原料等产品）到高级产品（诸如电器产品等）的运输、仓储等服务，对通用或专用技术、网络组织能力的要求都不高。

②物流外包阶段（从20世纪80年代末到90年代末）。此阶段，严格意义上的第三方物流开始出现：外部组织通过合同方式向客户提供带有大量定制特点的系列服务。

这种物流服务模式的特点是物流业务量大，按客户要求提供定制化服务。在第三方物流服务供需企业之间建立了基于长期合同的战略联盟关系。大量定制服务模式的规模效益比较明显，所以第三方物流服务提供商的客户总数较少，甚至只以一家客户为主就足以维持生存与发展。这类物流服务商一般为主要客户服务的时间可长达数年，这一点明显异于早期的契约式物流。

③供应链管理的集成阶段（20世纪90年代末至今）。此阶段，第三方物流企业充分运用互联网或局域网作为电子商务、物流运营与控制的技术平台，采用与客户签订长期合同的方式，提供客户所需的全过程集成的物流服务。

此模式强调了基于互联网或局域网平台的电子信息技术支持的面向客户全过程的集成物流服务，如利用电子商务功能在网上受理物流业务，实现客户需要的全过程实时货物跟踪、车辆跟踪服务以及其他可视化物流服务需求的能力。在此种模式下，第三方物流服务商与客户的关系已经上升到战略伙伴的高度。

3）物流联盟

联盟是介于独立的企业与市场交易关系之间的一种组织形态，是企业间由于自身某些方面发展的需要而形成的相对稳定的、长期的契约关系。物流联盟是以物流为合作基础的企业战略联盟，是两个或多个企业之间，为了实现自己的物流战略目标，通过各种协议、契约而结成的优势互补、风险共担、利益共享的松散型网络组织。

在现代物流中，是否组建物流联盟，是企业制定物流战略的决策之一，其重要性是不言而喻的。物流联盟有狭义和广义之分：狭义的物流联盟存在于非物流企业之间，广义的物流联盟涵盖整个物流外包业务，包括第三方物流、狭义的物流联盟和第四方物流。本节所讲的物流联盟指的是狭义的概念。

（1）物流联盟的优势

物流联盟具有以下优势：大企业可以通过物流联盟迅速开拓全球市场，完成其全球物流配送，从而使其业务在全球范围内展开。许多企业在进军国外以及全球市场时都会遭遇渠道问题，投资和风险较大，如果能与具备该市场渠道的公司合作并结成联盟，则可以很好地解决这一问题。

长期供应链关系发展成为物流联盟形式，有助于降低企业的风险。单个企业的力量是有限的，它对一个领域的探索失败了，损失会很大，如果几个企业联合起来，在不同的领域分头行动，就会减少风险。联盟企业在行动上有一定协同性，对于突如其来的风险，能够共同分担，这样便提高了各个企业抵抗风险的能力。企业（尤其是中小企业）与物流服务提供商结成联盟，能有效地降低物流成本，强化运作管理，提高企业竞争能力。

企业之间恰当的联盟可以通过降低系统成本和资源周转次数来改善运作过程，从而使得设备和资源都得到更有效的使用。例如，生产季节性互补产品的公司合作可以更有效地使用仓库和运输车辆。物流联盟的建立可以增进联盟内企业之间的组织学习，增强各自的技术力量。例如，某供应商需要一种特殊的加强型信息系统来接洽某些消费者，如果与已经具备这种系统和经验的企业结成联盟，则会使该供应商更容易解决技术难题。

（2）物流联盟的方式及其不足

物流联盟的方式可分为以下几种：

① 纵向联盟，即垂直一体化。这种联盟方式是在供应链管理一体化的基础上形成的，即从原材料到产品生产、销售、服务形成一条龙的合作关系。纵向联盟能够按照最终客户的要求为其提供最大价值，同时实现联盟总利润最大化。但是，这种联盟一般不太稳固，主要是因为在整个供应链上不可能每个环节都能同时达到利益最大化，这会打击一些企业的积极性，使它们有随时退出联盟的可能。

② 横向联盟，即水平一体化。这种联盟方式是由处于平行位置的几个企业结成物流联盟。这种联盟能使分散的物流获得规模经济和集约化运作，降低物流运营成本，并且能够减少社会重复劳动。但它也有不足的地方，如它必须有大量的商业

企业加盟，并有大量的商品存在，才能发挥它的整合作用和集约化的处理优势。此外，这些商品的配送方式的集成化和标准化也不是一个可以简单解决的问题。

③ 混合联盟，即加入物流联盟的既有处于上下游位置的企业，也有处于平行位置的企业。这种形式的物流联盟除了具有纵向联盟和横向联盟的优势外，一般均会在不同程度上带有上述两个联盟的缺点。

以上主要从联盟方式的角度分析了物流联盟的不足，除此之外，无论是纵向联盟、横向联盟还是混合联盟，均存在以下问题（从联盟内的企业角度出发）：担心被置于物流管理之外，失去对物流渠道的控制能力；担心风险提高并导致物流失败，从而影响企业经营效益；难以衡量共营物流所获得的收益，很难判断联盟是否实现了成本节约；担心企业核心技术和商业机密外泄，从而可能影响并削弱企业未来的市场地位。

（3）物流联盟的注意事项

联盟要给成员带来实实在在的利益，联盟采取的每一项措施都要考虑每个成员的利益，使联盟的每个成员都是受益者，并能协调处理成员间的摩擦，从而提高客户服务能力并有效地降低物流运营成本。

合作伙伴必须具有相容的企业文化、共同的战略远见和相互支持的运作理念。企业文化并不必须是一致的，而战略意图和理念必须是相容的，以保证核心能力和力量是互补的。比如，制造商和物流服务供应商建立联盟，可能是为了改进仓库运作效率和提高运输可靠性，以及增加联合项目，以支持并增强它们特殊的市场战略竞争优势。

联盟应该从小的规模开始，这样能够降低风险并较早取得合作经验，以便为今后扩大规模做好准备并对联盟绩效树立起信心。

联盟成员的领导层要相对稳定。如果联盟成员经常更换领导层，后一任领导可能不认同前一任领导的决策，导致联盟不稳定，因此领导层的相对稳定是决定联盟长期稳固发展的重要因素。

联盟要有双向的绩效衡量方法以及正式和非正式的绩效反馈机制。为了便于连续地追踪和评定绩效，联盟必须将所定的目标转换成为绩效指标，这些绩效指标及其测量的频率应该由联盟各方共同决定，并且应该是双向的。绩效的反馈可以通过正式的或非正式的方式进行，正式的方式主要指年度、季度和月度审计，主要目的在于检查和更新战略目标、追踪和审视战略目标及物流运作绩效；非正式方式主要指每周和每日的跟踪测试和检查，主要目的在于解决实际的物流问题和确认潜在的改进机会。

4）第四方物流

（1）第四方物流的产生

第三方物流由于缺乏对企业物流系统的决策规划，缺乏对整个物流系统及供应链进行整合规划所需的技术战略知识，而无法有效解决电子商务环境下的物流瓶颈，所以需要发展一种新的，能够为物流系统提供战略决策的，由服务商参与、规划并整合的物流系统，于是第四方物流便应时而出。

第四方物流最早由安盛咨询公司提出，它是"一个供应链集成商，能调集和管理组织自己的以及具有互补性的服务提供商的资源、能力和技术，以提供一个综合的供应链解决方案"，从而为客户创造更大的价值。显然，第四方物流是在解决企业物流需求的基础上，整合社会资源，以实现物流信息充分共享、社会物流资源充分利用的物流方案提供商。

（2）第四方物流的特点

第四方物流不仅控制和管理特定的物流服务，而且对整个物流过程提出策划方案，并通过电子商务将这个过程集成起来，为客户提供最佳的增值服务，即迅速、高效、低成本和人性化服务等。具体来说，它具有以下特点：

① 第四方物流为客户提供了一个综合的供应链解决方案，并且集成了管理咨询和第三方物流服务提供商的能力。它通过供应链再建、功能转化和业务流程再造，将客户与供应商的信息和技术系统一体化，使整个供应链规划和业务流程能够有效地贯彻实施。

② 第四方物流通过影响整个供应链来获得价值，因而能够为整条供应链上的客户带来利益。由于第四方物流关注的是整条供应链，而非仓储或运输单方面的效益，所以通过基于整个供应链的物流规划和设计，可以有效地降低物流运营成本，提高各方（第三方物流、网络工程、电子商务、运输企业及客户等）的资产利用率，实现多方共赢。

③ 第四方物流可以实现供应链过程协作和供应链方案的再设计。第四方物流最高层次的目标就是实现对原供应链方案的再设计，而要达到这一目标，就需要第四方物流来协调供应链过程的各个环节以及各方利益。供应链方案的再设计就是基于传统的供应链管理咨询技巧，使得客户的业务策略和供应链策略协调一致。

（3）第四方物流的工作方式

与第三方物流不同，第四方物流由第四方物流服务提供商运用自身的特长，为客户提供物流系统的规划决策，因此，企业可以将物流规划工作外包给第四方物流服务提供商，而自己则专注于核心竞争力。按照安盛咨询公司的设计和说明，第四方物流的工作方式主要包括正向协作、解决方案整合和行业革新。

正向协作的工作方式依赖第四方物流服务提供商和第三方物流服务提供商之间的工作联系。在该工作方式中，第四方物流服务提供商和第三方物流服务提供商通过合作对物流系统的解决方案进行规划与整合，这样的解决方案利用了双方的能力和市场。第四方物流服务提供商可以为第三方物流服务提供商提供广泛的服务，包括技术、供应链战略技巧、进入市场的能力和项目管理专家等。第四方物流服务提供商将在第三方物流服务提供商内部工作，他们之间的关系由合同确定或者以联盟的形式加以构建。

在解决方案整合的工作方式中，第四方物流服务提供商为客户管理和运作综合供应链解决方案。这种工作方式将整合第四方物流和补充服务提供商的资源、能力、技术，并且第四方物流服务提供商需要对多个补充服务提供商的能力进行整合，形成一个综合的供应链解决方案，该方案能够实现客户供应链各个组成部分的价值传递。

在行业革新工作方式中，第四方物流服务提供商为同一行业中的多个客户发展和执行一套聚焦于同步化和合作的供应链解决方案，该方案将为各方带来极大的收益，但是，这种工作方式十分复杂，对任何一个组织包括第四方物流服务提供商来说，都是一种挑战。

案例链接1-3　　　　　　　京东物流发展历程

京东物流的发展经历了从企业内部物流部门到独立运营的物流企业再到全面对外开放的一体化供应链服务商三个阶段。

第一阶段（2007—2016年）：以对内服务为主，高效履约构建京东商城竞争优势

2007年，京东物流正式成立，作为京东集团内部物流部门，在北京、二海、广州三个城市建立起物流履约体系；2010年，推出"211"限时达服务，刷新电商履约行业服务标准；2011年，正式注册为物流公司，上线商品物流配送全链条信息管理系统；2013年，自建物流体系实现全国1 000个区县覆盖；2014年，上海"亚洲一号"仓库投入运营，能够实现高度智能化、自动化的作业流程，是国内最先进的电商物流中心之一；2016年，京东物流成立X事业部，打造智慧仓储物流系统，并以品牌化运营的方式初步尝试对外开放。

高效履约体系成为京东商城的竞争优势之一。从2012年开始，尽管京东集团库存单位（SKU）数量显著增长，但京东物流协助京东集团将存货周转天数稳定在40天以下。2020年，京东集团通过京东物流网络处理的在线订单总数口，约90%可于下单当日或次日送达。

第二阶段（2017—2018年）：独立运营，对外开放，完善产品矩阵

2017年4月，京东物流子集团成立，开始独立运营，并对外部客户开放，完成从企业内部物流部门向独立物流企业的初步转型。同年，京东物流大件和中小件物流体系完成对中国所有行政区县覆盖。

2018年，京东物流完成25亿美元A轮融资，并正式推出快递、快运、冷链、跨境、云仓等产品体系，上线个人寄递业务。

与此同时，京东集团也调整了履约费用报表披露口径，将物流对京东平台上的第三方商家、供应商以及其他业务合作伙伴的成本从整体履约费用中剔除，计入营业成本。2018年起京东集团披露的物流及其他服务收入（包括物流、达达、科技服务等）开始显著提升，从2017年的51亿元增长至2020年的405亿元，复合增速超过100%。

第三阶段（2019 年至今）：战略升级，迈向一体化供应链服务

2018 年底，京东物流发布全球化战略，共建全球智能供应链基础网络（GSSC）。2019 年，京东物流确定核心发展战略"体验为本，效率至上"，从用户体验至上进化为兼顾企业运营效率，同年发布了供应链产业平台（OPDS），持续提升供应链服务业务重要性。

2020 年，京东物流核心战略升级为"体验为本，效率至上，技术驱动"，技术能力被纳入核心战略，企业愿景升级为"成为全球最值得信赖的供应链基础设施服务商"，直接明确未来发展方向。3 月，京东物流推出加盟制快递——众邮快递，8 月全面收购跨越速运，进一步补齐供应链服务能力短板。

资料来源 华创证券. 京东物流深度研究报告 [R]. 贵阳：华创证券，2021.

1.4 物流管理概述

物流管理是管理科学的重要分支。随着生产技术水平和管理技术水平的提高，企业之间的竞争日趋激烈，人们逐渐发现，企业在降低生产成本方面的竞争似乎已经走到了尽头，竞争的焦点开始从生产领域转向非生产领域，转向过去那些分散、孤立的、被视为辅助环节而不被重视的，诸如运输、存储、包装、装卸、流通加工等物流活动领域。人们开始研究如何在这些领域里降低物流成本，提高服务质量，创造"第三个利润源泉"。从此，物流管理从企业传统的生产和销售活动中分离出来，成为独立的研究领域和学科范围。物流管理科学的诞生使得原来在经济活动中处于潜隐状态的物流系统显现出来，它揭示了物流活动的各个环节的内在联系，它的发展和日臻完善是现代企业在市场竞争中制胜的法宝。

1.4.1 物流管理的概念

物流管理（logistics management）是在社会再生产过程中，根据物质资料实体流动的规律，应用管理的基本原理和科学方法，对物流活动进行计划、组织、指挥、协调、控制和监督，使各项物流活动实现最佳的协调与配合，以降低物流成本，提高物流效率和经济效益。现代物流管理是建立在系统论、信息论和控制论的基础上的。

1.4.2 物流管理的目标

物流管理最基本的目标就是以最低的成本向用户提供满意的物流服务。无论是制造企业还是流通企业，生产经营活动自始至终都包含物流活动。工商企业是物流服务的需求者，同时也需要向产品的用户提供物流服务，尽管对外提供的物流服务不一定全部要由企业自己来承担。无论是企业自己承担的物流活动，还是由专业物

流企业承揽的物流活动,与其他生产活动一样,都需要投入物质资源和人力资源,这部分投入也要计入产品成本。同时,作为物流活动的产出,物流服务必须符合用户的需求。对现代物流服务的要求可以用这一句话来表达,即在需要的时间将所需要的物品按照指定的时间送达需要的场所。

1.4.3 物流管理的范围

从企业经营的角度讲,物流管理是以企业的物流活动为对象,为了以最低的成本向用户提供满意的物流服务,对物流活动进行计划、组织、协调和控制。根据企业物流活动的特点,企业物流管理可以从以下3个方面展开:

1)物流战略管理

管理者要站在企业长远发展的立场上,就企业物流的发展目标、物流在企业经营中的战略地位以及物流服务水准和物流服务内容等问题做出整体规划。

2)物流系统设计与运营管理

企业物流战略确定后,为了实施战略,必须有一个得力的实施手段或工具,即物流运作系统。物流战略制定后,物流管理的下一个任务是设计物流系统和物流网络,规划物流设施,确定物流运作方案和程序等,形成一定的物流能力,并对系统运营进行监控,及时根据需要调整系统。

3)物流作业管理

企业要根据业务需求制订物流作业计划,按照计划要求对物流作业活动进行现场监督和指导,对物流作业的质量进行监控。

1.4.4 物流管理的发展历史

物流管理的发展经历了五个阶段:

1)物流功能个别管理阶段

在物流管理的初期,真正意义上的物流概念和物流管理意识还没有出现,降低成本不是以降低物流总成本为目标,而是分别停留在降低运输成本和保管成本等个别环节上。降低运输成本的途径也局限在要求降低运价或者寻求价格更低的运输业者上,物流受生产和销售部门的影响极大。物流在企业中的位置较次要,企业内对于物流的认识还较欠缺。

2)物流功能系统化管理阶段

进入物流管理的第二阶段,物流概念开始形成,企业内设置了专门的物流管理部门。这类物流管理部门一般设置在企业总部,其管理对象不是现场的作业活动,而是作为企划部门的一部分,站在企业整体立场上整合企业的物流,运用系统的思考方法将整个企业的物流看作一个整体,实现物流各个功能的最佳组合。但是,这种物流合理化仅局限在物流部门内部,是不涉及生产和销售部门的合理化。

3)管理领域扩大阶段

这一阶段,物流部门的基本业务是接收生产出来的产品进行保管,按照销售部门的指示向客户运送产品。生产什么，什么时候生产，生产多少，销售多少，都由生产和销售部门决定，物流的工作在很大程度上受到生产和销售部门的影响。

物流部门可以出于物流合理化的目的向生产和销售部门提出自己的看法和建议，生产和销售部门可根据物流部门的建议重新考虑生产、销售的计划或方式。对生产部门的建议包括：从产品的设计阶段就考虑物流效率，实现包装的标准化，生产计划要具备柔性等。对销售部门的建议包括：尽可能按计划接受订货，提高批量订货效率，规定送货日期并严格遵守等。物流部门对生产和销售部门提出的合作要求在具体实现上也有一定限度，特别是在销售竞争非常激烈的情况下，企业会将"物流"置于销售之后。

4）企业内物流一体化管理阶段

20世纪80年代，许多企业将仓储、运输、装卸搬运、采购、包装、流通加工、配送及信息处理等物流活动的一部分或全部分离出来进行集中管理，通过对物流业务进行统一协调并实行独立核算、自负盈亏，进一步降低了物流成本，提高了物流效率和劳动生产率，而且，企业多余的物流能力也可参与社会经营，避免了物流能力的闲置和浪费。实现企业内物流一体化管理，便于企业准确把握每一种商品的市场销售动向，尽可能根据市场销售动向来安排生产和采购，改变了过去那种按预测进行生产和采购的方法。

5）供应链管理阶段

20世纪90年代以来，企业的物流系统更加整合化，互联网技术为供应链管理取得成功提供了有力的支持。如果仅仅根据商品的市场销售动向决定商品的生产和采购，而缺乏对于市场动向的把握，依旧可能出现与市场需求不相吻合的情况。如果是以虚假需求作为销售乃至生产组织的依据，物流管理也不可能真正发挥应有的作用。供应链物流系统是一个将交易关联企业加以整合的系统，即将从制造商到零售商等供应链上的所有关联企业作为一个整体来看待，形成一个合理的系统结构。供应链管理是传统物流管理的逻辑延伸，是物流管理在发展过程中顺应企业管理的需要而产生的，是物流管理的一个最理想、最完整的阶段。物流管理进入了更高级的阶段，使物流从作业功能的整合提升到渠道关系的整合，从战术层次提升到战略高度。

1.4.5 现代物流管理的发展趋势

现代物流管理的科学化、健全化能够有效促进企业降低经营成本，提高市场竞争力，能够为企业经营与发展提供盈利点。

现代物流管理的发展趋势主要体现在以下几个方面：

1）现代物流管理系统的网络化

完善、健全的物流网络体系是实施现代物流管理的重要条件。借助于先进的计算机技术、互联网通信技术以及物流管理技术，现代物流管理的网络化系统将处于不同位置的成员要素连接起来，突破传统物流在空间与时间上的限制，实现及时的沟通与信息传递，有效提升现代物流管理的工作效率。现代物流管理系统能够较为直接和全面地获取销售信息与反馈，充分了解消费者的兴趣、需求与特征等信息，并实现实时信息共享，为生产企业的生产经营规划与决策提供支持。

2）现代物流管理各主体的合作化

合作、共赢是现代物流管理的另一发展趋势。不同于以往物流管理体系中不同成员相互独立、各负其责的关系，以及分散的、碎片化的管理机构，现代物流管理系统兼顾工作效率与工作质量，这就对系统中各个主体的互动性和协作性提出了新的要求。现代物流管理系统中的各个成员必须基于一定的方式构建彼此间相互帮助、相互合作、相互需要与相互分享的一体化合作机制，使时间成本降低、工作效率提高，更好地满足客户的需求。

3）现代物流管理设备的智能化与自动化

随着我国科学技术的不断进步，包括物流业在内的各行各业的生产设备愈加自动化、智能化，这也是现代物流管理发展的内在要求。电子商务的拓展成为我国现代物流发展的良好契机。随着物品种类的增多，物流服务的复杂化和精细化要求也不断提高。现代物流管理积极引入计算机技术、自动化技术，采用自动化设备完成打包、搬运、储存以及订单处理等工作，提升工作效率与准确度。

4）现代物流管理方式的信息化

信息化时代的物流管理方式发生了翻天覆地的变化。信息技术的诞生与发展不仅变革了相关产业的发展模式与发展路径，而且推动了市场经济整体的变化。现阶段的物流管理行为多以信息技术为基础，数据库、条码、电子数据、卫星定位系统、物联网，乃至 AI、VI 等技术都已在物流领域得到应用，不仅有效提升了物流运送环节的整体速度，降低了人力与时间等资源成本，还有效地强化了客户对企业的认可度，提升了企业的市场占有率与竞争力。今后，大量的新兴信息化技术将会得到愈加广泛的应用。

本章小结

物流科学是一门新兴的学科，它以物的动态流转过程为主要研究对象，揭示了物流活动（包装、装卸搬运、运输、储存、流通加工、配送、信息等）的内在联系，使物流活动从经济活动中凸显出来，成为独立的研究领域和学科。

复习思考题

（1）举例说明日常生活中你看到了哪些物流活动。
（2）什么是物流？物流的功能有哪些？
（3）按物流业务活动的性质，物流应如何分类？
（4）什么是商流？举例说明商流和物流的关系，并说明商物分离的意义。
（5）简述现代物流管理的内容和目标。

第1章
基础知识测试

案例分析题

京东物流的 AB 面

1）京东物流，不是快递公司

京东物流是一家什么样的公司？我们先看看京东人自己的定位："目前在整个中国范围内，有资格称得上覆盖全国物流体系的，只有京东物流一家，没有第二家。"正如京东物流官方资料所展示的，它是全球唯一拥有中小件、大件、冷链、跨境、B2B、众包六大物流网络的公司。无论是大件物流还是中小件物流，从冷藏冷链物流到短距配送 O2O 物流，再到跨境物流，京东物流全部覆盖，而且覆盖能力遍及全国。

在京东物流 2019 年展望大会上，京东物流 CEO 王振辉表示：京东物流从成立之初起，以仓配一体模式奠定了自身的供应链服务优势，以客户体验为中心、以技术为驱动进行网络、服务模式和产品设计，使得体验和效率成为京东物流的核心竞争力。

可以看出，京东以及京东物流高层，更多的是把京东物流定位为一家供应链服务公司，而不是一家快递公司。事实上，在京东 2016 年的一次大会上，京东高层给出的定位也已经很明确：百度是信息的链接，阿里是商户的链接，腾讯是人的链接，小米是设备的链接……而京东是供应链的链接。

这句话点出了京东物流过去包括现在与普通快递企业最大的不同之处，也被业内很多人公认是京东物流的竞争力所在，即以仓配一体化为代表的供应链能力。

2）快递之外，京东物流真正的竞争力

从消费者角度谈论京东物流，更多的感受可能是"速度快"与"服务好"，这所依赖的正是京东物流的仓配体系。

截至 2022 年底，京东物流在全国范围内拥有包括"亚洲一号"大型智能物流园区在内的 1 500 多个仓库，管理的仓储总面积（含云仓）超过 3 000 万平方米，全国 94% 的区县、84% 的乡镇实现当日达和次日达。与此同时，京东物流自营运输车辆、分拣中心、航空货运航线及铁路路线构成的综合运输网络，将仓储基础设施紧密串联、高效流通。在"最后一公里"配送中，京东物流的 29 万多名自有配送人员，将优质服务交付至千家万户。这些基础设施与六大网络，以及其长期积累的包括大数据等在内的科技能力，正是京东物流的竞争力所在。事实上，如果我们复盘京东物流在宣布开放后的一系列举措可以发现，京东物流能力的提升与输出也正是围绕这一竞争力所展开的：

2016 年，京东集团宣布物流全面开放时表示：希望将过去 10 年所积累的物流基础设施、经验和价值向全社会开放，服务中国商业社会，帮助数以百万计的商家降低供应链成本、提升流通效率。

按照规划，其将为合作伙伴提供包括仓储、运输、配送、客服、售后在内的正逆向一体化供应链解决方案，物流云和物流科技服务，商家数据服务（销售预测、库存管理等），跨境物流服务，快递与快运服务等全方位的产品和服务，还将联合京东商城共享线上线下渠道资源，并联手京东金融推出创新性的供应链金融产品和保险产品。

在 2018 年全球智能物流峰会上，京东物流首次发布了涵盖京东供应链、京东快递、京东冷链、京东快运、京东跨境、京东云仓在内的六大产品体系。

3）京东物流的 B 面

2017 年，中国智慧物流研究院与京东物流共同提出了以"3S"——短链（short-chain）、智慧（smartness）、共生（symbiosis）——为特征的新一代物流的发展方向。

在京东物流看来，随着消费者的需求越来越分散，需求场景越来越即时化、碎片化，产业端需要建立起一套灵活的物流和供应链体系。小批量、定制化的生产和供应体系，也要求物流服务商的网络能够直达线上线下多个渠道，以及广大的终端消费者，需要物流服务商能够承接仓储、运输、配送等一体化的服务需求，还需要整个链条上信息透明、共享、快速决策和反应。

在过去一个时期，围绕"3S"理论，京东物流在其他领域也多有进展。比如，针对不同行业特性制定的行业解决方案，包括消费品、服饰、3C 产品、汽车后市场等。就在近期，当媒体聚焦于京东快递的时候，京东物流在家电、鲜花、图书、医药等领域，以仓配一体化为代表的供应链能力输出上也多有举措。

举例来讲，就在 2019 年 4 月，京东物流首个家电产地仓在浙江宁波的慈溪市落地。产地仓是京东物流基于多年技术和经验推出的一种创新性的物流模式，主要应用于产业集中度高、单一品类规模巨大、销售网络遍及全国的地区。家电产业的规模化、集群化，是京东物流将首个家电产地仓的地点选在慈溪的关键原因。此前，飞龙集团作为慈溪家电产业的排头兵，已经在产地仓试运营期间，将全系列商品入驻其中。以往，飞龙家电的货物要长途运输 300 千米，进入京东物流位于江苏省江阴市的大件仓库，才能完成上架存储。如今，从飞龙家电到慈溪产地仓，直线距离只有 30 多千米，货物入仓的时间和成本大大降低。数据显示：飞龙电器的商品入驻慈溪产地仓 1 个月内，其旗舰店的用户访问量增长了 10 倍以上，用户网购转化率增长了 104%。

以上这些，依托的正是京东物流长期积累的供应链能力，根据京东物流发布的数据，在服务商家上，其进展不逊于个人快递业务：开放业务商家订单收入占比大约为 30%，服务商家数量已经超过 20 万家，开放业务增速一直保持 3 位数的增长。

事实上，如今几乎所有品牌商甚至电商平台的配送环节都是外包的，任企业自主建仓的比例很高，而且体量越大，企业越发现自己运营仓库的成本远高于外包的成本。行业现状注定仓配一体化客户的比例小于纯配客户，国内客户外包仓的比例也远低于国外，而这正是京东物流所擅长的，也是其机会所在。

2019 年京东物流重点围绕三大必赢之战，即提升网络效率和标准服务能力、健全全面供应链服务能力、强化科技领先和平台化能力，全面推进企业高质量发展。其中，除了toC，围绕toB，京东物流提供全面的产品和服务，通过EDI、SaaS化，使客户的库存达到全面的共享，真正通过供应链能力给企业带来价值。京东物流3S理论，其中一个很关键的点是短链，减少搬运次数，缩短搬运距离，这就需要大量的技术储备与供应链能力的提升。对于企业客户来说，京东物流整个能力的提升，不仅给它们带来物流成本的节约、收入的增加和品牌的提升，最后还会带来整个效率的提升。

可见，围绕toB进行供应链能力的建设和输出，京东物流接下来将有更多举措。

资料来源　叶帅. 透视：京东物流的AB面［EB/OL］.［2023-06-18］. https://www.head-scm.com/Fingertip/detail/id/4333.html.

问题：

仓配一体化是大势所趋，京东做了哪些布局？

第2章
◀▶

物流学说与基本理论

学习目标

知识传授目标	能力培养目标	价值塑造目标	建议学时
➤了解物流学产生的过程、学科性质和属性 ➤了解物流科学的发展过程及主要特征 ➤理解物流的基本理论和学说	➤掌握物流发展的变化趋势 ➤掌握物流学说和理论的核心思想	➤通过小组研究性学习，培养学生的观察能力和分析能力	4

思政引入　　我国如何实现"十四五"物流业高质量发展

2021年3月12日，《中华人民共和国国民经济和社会发展第十四个五年规划和2035年远景目标纲要》（以下简称《纲要》）正式发布。《纲要》作为指导今后5年及15年国民经济和社会发展的纲领性文件，明确指出要建设现代物流体系，为物流行业高质量发展指明了方向。

《纲要》对物流发展、供应链创新高度重视，提出要"强化流通体系支撑作用""提升产业链供应链现代化水平""深化流通体制改革""建设现代物流体系"。此外，《纲要》在制造业优化升级、产业数字化、企业数智化等方面提出的任务，也将更进一步推动物流业发展。

《纲要》第十二章"畅通国内大循环"第三节"强化流通体系支撑作用"指出："建设现代物流体系，加快发展冷链物流，统筹物流枢纽设施、骨干线路、区域分拨中心和末端配送节点建设，完善国家物流枢纽、骨干冷链物流基地设施条件，健全县乡村三级物流配送体系，发展高铁快运等铁路快捷货运产品，加强国际航空货运能力建设，提升国际海运竞争力。优化国际物流通道，加快形成内外联通、安全高效的物流网络。完善现代商贸流通体系，培育一批具有全球竞争力的现代流通企业，支持便利店、农贸市场等商贸流通设施改造升级，发展无接触交易服务，加强商贸流通标准化建设和绿色发展。加快建立储备充足、反应迅速、抗冲击能力强的应急物流体系。"

《纲要》的上述内容是我国在"十四五"期间发展现代物流产业的指导方针，对推动我国物流产业高质量发展将会发挥重要的作用。

资料来源　依据《纲要》及相关资料改写。

思考：

（1）《纲要》为什么多次提到"现代物流"与"供应链"？

（2）当前物流发展的趋势是什么？

案例导读　　　　　　　　　智慧物流发展驱动因素

1）国家大力推进"互联网+"物流

2015年迄今，国家对于智慧物流行业发展给予了高度重视：大力推进"互联网+"物流发展，并鼓励物流模式创新，重点发展多式联运、共同配送、无车承运人等高效现代化物流模式；同时，加强物流信息化和数据化建设。

2）新商业模式涌现，对智慧物流提出要求

目前，在电商快速发展、新零售兴起，以及C2M（客户到工厂）兴起的大背景下，消费者需求也从单一化、标准化逐渐转向差异化、个性化，这些变化都对物流服务提出了更高的要求。智慧物流发展概貌已然展开。

3）物流运作模式革新，推动智慧物流需求提升

物流行业与互联网的结合，改变了物流行业原有的市场环境与业务流程，推动出现了一批新的物流模式和业态，如车货匹配、众包运力等。与之相适应的智慧物流在快速增长。

4）大数据、无人技术等智慧物流相关技术日趋成熟

无人机、机器人与自动化、大数据等技术已相对成熟，并逐渐商用；可穿戴设备、3D打印、无人卡车、人工智能等技术在未来10年左右将逐步成熟，并广泛应用于仓储、运输、配送、末端等各物流环节。

资料来源　德勤中国物流与交通团队. 中国智慧物流发展报告［R/OL］.［2023-06-19］. http://www.100ec.cn/index/detail--6435873.html.

问题：

请分析智慧物流未来发展的升级点。

2.1 物流学简介

2.1.1 物流学的产生与发展

1）物流学的产生背景

物流活动具有悠久的历史，从人类社会开始有产品的交换行为时就存在物流活动，物流科学的历史却很短，是一门新学科，而采用系统的观点来研究物流活动则是第二次世界大战末期从美国军方后勤部门的科学研究开始的。

在20世纪50年代，由于机械化生产的发展，产品数量急剧上升，生产成本相

对下降，从而刺激了消费，使得市场繁荣、商品丰富，在流通领域出现了超级市场、商业街等大规模的物资集散场所。在这种背景下，流通成本相对于生产成本而言有上升的趋势，即流通费用在商品总销售价格中的比重逐渐增加，影响了商品的竞争能力。因此，人们不得不对各种物流活动的规律进行认真的研究，试图找出降低流通费用的途径，开始着眼于流通费用的整体而不是局部来考察运输、保管、装卸搬运等物流活动，这样就结束了各种物流活动处于孤立、从属地位的历史，使得原来在社会经济活动中处于潜隐状态的物流系统显现出来，并且以此为中心开展研究活动，现代物流学科形成并日臻完善。

2）物流学产生和发展的动因

物流学产生和发展的动因主要有以下几个方面：

（1）物流功能在商品经济时代的附属性使然

运输、仓储、装卸搬运等是在生产活动和社会经济活动中产生的，最初它们被作为辅助环节来完成特定的功能，彼此没有发生联系，相互孤立地处于从属地位。到了生产高度发展、产品较为丰富的20世纪80年代，流通成本相对上升的矛盾突出以后，物资流通学说的重要性才被人们所认识，从而促进了物流学的研究和产生。也就是说，物流学是在生产高度发展之后为适应社会的需要才产生的。

（2）物流学的综合性特征使然

物流学是在融合了许多相邻学科的成果以后逐渐形成的，诸如运筹学、技术经济学、系统工程等都是物流学形成的重要基础。现代物流学对实践的指导作用，对社会经济和生产发展的价值体现，也必须依赖电子计算机技术才能得以实现。因此，物流学在这些科学技术发展之后才得以诞生和发展。了解这一点，人们就不会由于物流学的新颖性而对其望而却步，也不会因为物流学所研究的对象是久已熟悉的客观事物而对其不予重视。

（3）物流的服务特性使然

物流的本质特征是服务，但在没有充分认识和理解物流服务是一种产品，并具有价值和使用价值之前，物流服务不可能被作为一种战略来考虑，也不可能作为企业核心竞争能力的重要组成部分，更缺乏在各个领域、各个层面对物流服务进行更加深入和广泛的理论研究与实践。

随着物流服务竞争的日趋激烈，任何短期行为都会招致企业的损失。面对激变的环境、多样化的需求，物流服务作为企业经营的一个重要方面，企业自然也就必须对其服务战略进行策划，即分析物流服务环境、选择细分市场，进而确定物流服务的战略。

（4）经济体制的改革使然

对物流理论和实践问题的研究往往受产业部门和行业自身局限的影响，因而只是孤立地研究某一范围、某一方面的问题。例如，对密切相关的生产与流通问题分别进行研究；把商品流通中的商流、物流、资金流、信息流割裂开来进行研究；对同属于物流系统要素的储存、运输、装卸搬运、包装、流通加工等，也各自研究自身的问题。这样就不可能实现整体优化的目标，也不可能进行积极、富有成果的具有中国特色的物流理论与实践的研究，尤其是在国家这个层面上，更缺乏对物流学研究的统筹规划、指导和具体的举措。随着社会主义市场经济体制的建立，现代物流学的研究日益受到人们的重视。

（5）企业经营的市场定位使然

企业作为社会经济活动的细胞，是市场交换的主体，在完全竞争的市场状态下，其经营行为受竞争和供求关系的调节，但由于垄断、信息不对称等原因，市场不可能是完全自由竞争状态。从计划经济向市场经济过渡时期，我国企业都是以产品销售额进行市场定位，以生产产值作为衡量企业绩效的最高指标。在采用以美国福特汽车为代表的"以量取胜"的大批量生产方式时代，在精益生产、准时制以及个性化定制时代，物流的规模与速度、适时与适量如何相适应？为保证生产连续、准时、高效，企业物流如何发挥重要的作用？这些来自市场的现实问题促使现代物流学的理论与实践研究日益深化。

3）物流学发展及名称来由

物流的概念是随着时代的发展而变化的，随着物流的英语名称由PD变为logistics，对"物流"概念及其发展也应该发展地看待。物流学发展及名称来由见表2-1。

表2-1　　　　　　　　　　　　**物流学发展及名称来由简表**

时期	PD	logistics	物流
物流学产生以前	1935年作为分销的定义，未明确提及物流活动，未涉及物流作为独立的系统概念	该单词已有很长的历史，用于表述军事后勤活动，有兵站含义	未出现"物流"之类的词语，但是作为物流活动的运输、仓储、搬运等是存在的
物流学萌芽期		第二次世界大战后期，应用运筹学、预测科学、计算技术解决美军后勤问题	
物流学形成期	大批量生产，物流成本相对上升，形成物流系统概念，物流学诞生。因主要解决流通领域问题，以PD作为新学科的代名词，和PD的原意已不相同		日本引进PD概念，译为"物的流通"，后来又简化为"物流"（PD），用语及概念被中国引进
物流学发展期	根据本来意义将"PD"译为"分销"，和物流有所区别	进入个性化消费时代。物流系统范围不限于流通领域，包括生产和供应的全物流系统，重视服务水平。用"logistics"代替"PD"作为物流科学的代名词	日文"物流"对应PD概念不变，"logistics"另用音译的外来语表达。我国于1989年决定将"物流"和"logistics"对应
供应链管理时代		"logistics"新定义引进供应链概念，物流是供应链的一部分	国家标准《物流术语》中，对"物流"进行了定义

2.1.2　物流学的学科性质和属性

物流学是以社会科学和自然科学发展为基础，伴随科学技术和社会生产力高度发展而发展和完善的。物流学以物的动态流转过程作为研究对象，揭示了物流活动的内在联系，已成为一个独立的研究领域和学科。物流学应用了系统科学、运筹学、经济学、统计学、管理学、计算机网络等方面的最新成果和内容，也应用了现代科学方法论，是社会科学与自然科学、经济科学与技术科学的交叉。

物流学是在现代科学技术基础上，研究社会经济活动和人们日常生活中各类物质资料生产、流通、消费过程的流动及综合集成规律，以及相应的系统规划、设计、运营、组织与管理规律的综合性、应用性的学科。

1）物流学的性质

（1）物流学是综合性交叉学科

物流就其本质而言是一种客观存在的社会现象，物流学的产生就是从"解决社会经济活动中的矛盾——流通成本上升"而开始的。研究物流的目的是要有效地管理、控制物流的全过程，在保证服务质量的前提下，使其消耗的总费用最小。因此，经济指标是衡量物流系统的基本尺度，研究物流学必然涉及经济学的有关内容，特别是近代兴起的技术经济学和数量经济学都和物流研究有密切的关系。

对作为物流要素的对象物的研究以及使对象物产生时间维和空间维物理性变化的方法、手段的研究，又涉及工程技术的许多领域。在运输技术、仓储技术、搬运和包装技术中，也融合了机械、自动化等学科的成果。物流系统的有序运行离不开有效的管理，物流系统中的管理方法、管理手段、管理思想也是现代管理科学的重要应用领域。对物流系统进行定性和定量的分析，必须以数学特别是应用数学为基础，也要以计算机作为手段，实现分析研究、管理、自动控制的现代化。

互联网技术的出现使得物流学进入了一个全新的阶段。当前物流现代化最突出的成果是互联网技术在物流领域中应用的结果。

物流学可以说是自然科学和社会科学之间的交叉学科，或是工程技术科学和管理科学之间的交叉学科。它的研究范围极为广泛，必须应用多学科的成果，综合性地解决问题。

（2）物流学具有系统科学的特性

系统性是物流学的基本特性。物流学产生的基础就是发现了各物流环节之间存在相互关联、相互制约的关系，并且它们是作为统一的有机整体的一部分而存在的，这个有机整体就是物流系统。这一概念的确定，使得现代系统科学的理论、观点和方法在物流领域中得到广泛应用。例如，系统分析方法、系统综合方法，全局观念、发展和变化的观念，以及环境对系统的影响和制约等。物流学和系统科学的融合，使物流学很快形成了完整的理论研究体系，这是物流学能在短期内迅速壮大并走向成熟的重要因素。

（3）物流学属于应用科学范畴

物流研究内容丰富多彩，就其性质而言，绝大多数属于相关学科的成果在物流领域中的应用，如物流系统计算机模拟、运输规划、库存控制理论等。物流学的强大生命力在于它的实践性。它的产生和发展与社会经济实际和生产实际密切相关，其研究的出发点和归宿都在于社会实践需要。只有从实战中提出问题，紧密结合具体研究范围内的自然资源、经济基础、社会条件和技术水平，提出正确的方法和结论，有效地改善物流系统，取得应有的经济效益和社会效益，物流学的价值才能为人们所认识和重视。物流正是以它在实际应用中所体现出的巨大的经济意义而受到人们高度评价的。

2）物流学的属性

（1）经济学属性

物流学研究物流资源配置优化、物流市场的供给与需求、政府对物流的管理、物流的发展与增长等问题，而解决这些问题依赖经济学原理与方法的应用等。

（2）管理学属性

物流活动离不开计划、组织、协调、指挥与控制等管理的基本职能。企业的物流战略规划、物流业务运作、物流作业控制、物流绩效管理等，需要管理学理论与方法的指导。物流与许多管理类专业有关，如工程管理、工业工程、信息管理、工商管理、市场营销、会计学、财务管理等。

（3）工学属性

物流系统的分析、设计和管理都涉及大量的工程技术原理与方法，因此物流学涉及工学类的许多专业知识，比如机械、建筑、电子、信息、材料、交通等。

（4）理学属性

物流的对象是物品，各种物品的物理、化学、生物特征差异大。商品的检验、养护、鉴定、流通加工等作业环节都需要诸如数学、物理、化学等相关原理与方法的指导。

综上所述，物流学是具有以上多种属性的交叉型学科。

3）物流学的理论体系

物流学的理论体系框架分为4个层次：

第一层：物流学体系的核心。物流学体系的核心是基本概念，这是由一组重要的核心概念组成的。这些概念可能还需要经过很长一段时间才能完善，但是它们是存在的，比如物流、配送、物流中心、配送中心等。要理解物流，必须借助这些概念，物流学体系的其他组成部分都是通过这些概念来表达并由此而展开的。因此，这一层次是物流学体系的基本内核。

第二层：物流学体系的四大支柱，即物流学体系的基本假设、基本原理、基本技术和基本方法。物流的核心概念和这四大支柱组成了物流学的理论体系，因而这一层次是物流学体系的基本内涵。

第三层：物流学体系的理论基础。物流学是以其他已经成熟的学科作为自己的理论基础的，物流理论就是在这些学科理论的基础上发展起来的，这也是物流学与其他相关学科相联系的具体反映。不过，与物流学相联系的学科有很多，它们本身分成不同的层次。与物流学联系最紧密的理论主要有四类：经济学、管理学、系统科学及计算机与信息科学。这些理论对于物流学体系的建立是最为重要的，因而是物流学体系的理论基础。

第四层：物流学研究与实践的主要领域。物流学研究与实践的主要领域包括生产领域、流通领域、消费领域及其他社会领域（如应急物流、军事物流等）。这些领域紧密联系，构成物流学研究与实践应用的社会经济系统。

2.2 物流学说与物流基本理论

2.2.1 物流学说

1）"黑暗大陆"学说

彼得·德鲁克在《经济的黑暗大陆》一文中将物流比作一块处女地，强调应高度重视流通及流通过程中的物流管理。彼得·德鲁克曾经讲过"流通是经济领域的黑暗大陆"，虽然他泛指的是流通，但由于流通领域中物流活动的模糊性特别突出，是流通领域中人们认识不清的领域，所以"黑暗大陆"学说主要针对物流而言。

"黑暗大陆"主要是指尚未认识、尚未了解。如果理论研究和实践探索照亮了这块黑暗大陆，那么摆在人们面前的可能是一片不毛之地，也可能是一片宝藏之地。"黑暗大陆"学说是对20世纪经济学界存在的愚昧认识的一种批驳和反对，其指出在市场经济繁荣和发达的情况下，无论是科学技术还是经济发展，都没有止境。"黑暗大陆"学说也是对物流本身的正确评价，即这个领域未知的东西还很多，理论与实践皆不成熟。

2）"物流冰山"学说

1970年，日本早稻田大学的西泽修教授提出了"物流冰山"学说。他发现通过当时的财务会计制度和会计核算方法都不可能掌握物流费用的实际情况，在企业经营过程中消耗的大量的物流成本，由于混在了制造成本、销售成本和管理成本等成本之中，很难进行统计，因而人们对物流费用的了解一片空白，甚至有很大的虚假性。

他认为，企业的物流成本就像一座漂浮在水上的冰山，浮出水面的小部分人们可以看到，而沉在水面下的大部分是人们看不到的区域，人们过去之所以轻视物流，正是因为只看见了冰山的一角，而没有看见冰山的全貌。"物流冰山"学说的出现对企业认识物流成本和对物流进行管理起到了很好的指导作用。

3）"第三利润源"学说

1970年，日本早稻田大学的西泽修教授把其著作《流通费用》的副标题写作

"不为人知的第三利润源泉"，认为物流可以为企业提供大量直接或间接的利润，是形成企业经营利润的主要活动。

从经济发展历程来看，能够大量提供利润的领域主要有两个：第一个是资源（生产）领域；第二个是人力（消费）领域。

在生产力相对落后、社会产品供不应求的历史阶段，由于市场商品匮乏，制造企业无论生产多少产品都能销售出去，于是就大力进行设备更新改造、扩大生产能力、增加产品数量、降低生产成本，以此来创造企业剩余价值，即"第一利润源"。

当产品充斥市场、供大于求，销售产生困难时，也就是第一利润达到一定极限、很难持续发展时，企业便采取扩大销售的办法寻求新的利润源泉。在人力领域，最初是依靠廉价劳动力，其后则是依靠科技进步提高劳动生产率，降低人力消耗或通过机械化、自动化来降低劳动耗用，从而降低成本，增加利润，即"第二利润源"。

然而，在这两个利润源潜力越来越小、增加利润越来越困难的情况下，物流领域的潜力被人们重视。"第三利润源"学说是对物流价值（或物流职能）的理论评价，它从一个侧面反映出当时人们重视物流管理和深化理论研究的实际情况。

知识链接 2-1

"第三利润源"
学说的提出

边学边议 2-1

结合西泽修教授的观点，谈谈中国改革开放以来经济发展的历程。

4）"效益背反"学说

"效益背反"，又称为"二律背反""交替损益"，表明物流系统中的功能要素之间存在损益的矛盾，也即物流系统中的某一个功能要素的优化和利益发生的同时，必然会存在系统中的另一个或另几个功能要素的利益损失，这是一种此消彼长、此盈彼亏的现象，往往导致整个物流系统效率的低下，最终会损害整个物流系统的利益。"效益背反"是物流领域中很普遍的现象，是物流领域中内部矛盾的反映和表现。物流系统的效益背反包括物流成本与服务水平的效益背反和物流各功能活动之间的效益背反。

这种思想在不同的国家、不同的学者中有不同的表述，如美国学者用"物流森林"的概念来表述物流的整体观点，指出对物流的认识不能只见树木不见森林，物流的总体效果是森林的效果，即使是和森林一样多的树木，如果各个孤立存在，那也不是物流的总体效果，这可以用一句话表述为："物流是一片森林而非一棵棵孤立的树木。"

边学边议 2-2

你能举例说明物流中的"二律背反"现象吗？

5）"服务中心"学说

1974年，鲍尔索克斯在其著作《物流管理——供应链过程的一体化》中指出，"物流活动存在的唯一目的是要向内外顾客提供及时而又精确的产品递送。因此，顾客服务是发展物流战略的关键要素""当物流活动发展到顾客合作的程度时，就能以增值服务的形式开发更高水准的服务"。

"服务中心"学说代表了美国和欧洲国家等一些学者对物流的认识，这种认识认为，物流活动最大的作用并不在于为企业节约了资源、降低了成本或增加了利润，而在于提高了企业对用户的服务水平进而增强了企业的竞争能力。因此，他们在使用描述物流的词语上选择了"后勤"一词，特别强调其服务保障的职能。通过物流的服务保障，企业以其整体能力来压缩成本、增加利润。

6）"物流战略"学说

鲍尔索克斯在《物流管理——供应链过程的一体化》中指出，"物流的战略整合是一个企业成功的基础""为了实现领先优势，管理重点应从以预估为基础转移到以反应为基础的运作理念上来。具有领先优势的地位和成就通常意味着一个企业能够同时使用各种物流战略去满足特定的主要客户的要求"。

马士华教授则从供应链管理的角度提出了物流管理战略全局化的观念。

美国物流管理协会在1998年、2002年的物流管理定义中把"物流"定义为"供应链过程的一部分"（1998）和"供应链运作的一部分"（2002）。

"物流战略"学说是当前非常盛行的说法，实际上学术界和企业界已逐渐认识到，物流会影响企业的生存和发展，更具有战略性，应是企业一项发展战略而不是具体的操作性任务。

2.2.2 物流基本理论

1）系统工程的一般基础理论

在物流系统的研究分析中，应用和发展了应用数学、信息论、控制论以及大系统理论等学科成果。这些理论的进步又为物流系统的发展打下了坚实的基础。例如，运筹学的具体理论和方法用于寻求物流的最优方案；规划论解决物流系统中的物资运输设施规划、计划优化等问题；库存论解决物流系统中的最优订货量、订货间隔等库存问题；排队论解决物流系统中的流程概率性问题，按随机过程的到达概率处理各种现象；决策论解决物流系统中多目标、多方案的决策问题；控制论解决物流系统中技术装备与管理的控制问题；信息论解决物流系统中的规划、组织、控制、管理问题，达到信息的共同沟通与传输；大系统理论解决物流系统中的整体与部分、整体与环境之间的相互关系问题，使物流系统各个环节都处于最优状态；数量经济学解决物流系统中的物质资源最优利用、数学分析、预测技术以及物流系统合理化等问题。

2）系统理论

系统理论的基本原则包括：整体的原则，相互联系的原则，有序的原则，动态的原则。它是从整体概念来研究分析问题的，对建立物流学理论有深刻的启发意义。因此，物流学将系统理论作为自己的基础理论之一。

3）协同学理论

协同学理论是研究和比较不同领域中多元素间协调合作效应的理论，揭示出不同系统间存在的深刻的相似的特征，如从无序走向有序，从不稳定走向相对稳定、平衡等。在物流系统中，协同学理论用于研究不同子系统间的相互关系、相互影响，尤其是在经济体制改革和政府机构改革背景下，对我国总体物流规划和运作具有特殊的意义。

4）系统动力学理论

系统动力学理论是在总结运筹学理论的基础上，为适应现代社会系统管理需要而发展的。它在基本观点上不进行抽象的数学假想，不单纯追求最优解，而是以现实存在为前提，寻求改善系统行为的机会和途径；在基本技巧上，不是依据数学逻辑的推理而获得借鉴，而是依据对系统实际观测的数据建立动态仿真模型，通过计算机模拟实验获得系统行为的描述，达到改进和完善系统的目的。在物流系统中，系统动力学理论用于研究分析系统与子系统以及不同子系统间的发展变化趋势、相互关系和相互影响。

5）耗散结构理论

物流系统是一个非平衡的开放系统，系统内部各元素的联系是非线性的，存在有规律的波动和无规律的随机扰动，是一个耗散结构。它的整体化、多因素、多过程的相互作用是非加法性的，要采用耗散结构理论进行分析研究。耗散结构理论是物流学的重要基础理论之一。

本章小结

虽然物流活动在人类历史上早已存在，但是物流学是一门新兴的学科，它的产生和发展不足百年，研究理论和研究方法也主要来源于其他学科。通过本章的学习，我们能够了解物流学产生的过程及其学科性质和属性，了解物流科学的发展过程及其主要特征，理解物流的学说和基本理论。

复习思考题

（1）物流学的发展经历了哪几个阶段？每个阶段中物流的定义有什么变化？
（2）如何理解物流学发展的滞后性？
（3）物流学的研究内容主要有哪些？
（4）什么是"黑暗大陆"学说和"物流冰山"学说？
（5）"第三利润源"学说、"效益背反"学说、"服务中心"学说及"物流战略"学说的核心思想分别是什么？

第2章
基础知识测试

案例分析题

新时期现代物流发展的基本逻辑与要点

新时期我国开启中国式现代化建设新征程，积极推进高质量发展成为现代物流发展的重要任务和使命。现代物流既是产业链供应链协同发展的重要基础，又是提质增效降本的重要手段和创新载体，因此，其发展背景和逻辑均发生了重要变化。

1) 新时代现代物流发展的基本逻辑

新时代现代物流发展的基本逻辑是按照价值体现的理论支点和发展方向形成的逻辑，这个逻辑不是纯学理性的，而是实践性和学理性的结合。现代企业扩张发展的目标是提高效率和扩大规模，需要围绕效率和规模进行创新，要改变过去仅仅围绕规模来进行创新的惯性思维，要把效率尤其是全要素生产率纳进来。区域经济持续发展的目标是增加税收和扩大就业，也是围绕效率和规模进行创新。企业扩张发展的目标和区域经济持续发展的目标，有了基于效率和规模创新的共同点。在高质量发展的背景下，就是追求高质量的效率和规模，布局产业是如此，营造政策环境是如此，引进企业也是如此。我们必须进行发展模式的创新，就是产业链、供应链协同。物流枢纽经济很好地体现了这两者的共同诉求，也体现了产业组织对要素聚集的需求。所以，发展物流枢纽经济、通道经济、平台经济、门户经济成为现代物流发展的核心点和创新发展方向。我们要从物流的供应链理论、管理理论进行宏观提升，向服务区域经济增长转型，而以现代产业链为特征的组织方式，对物流枢纽提出的要求就是"现代技术+要素聚集+效率规模"，形成产业新的生态系统，而非简单的要素堆积的产业集群。所以，即便要有产业集群，也要是纵向分工的组织中心或头部企业的组织平台，否则引进一些传统的企业，互相之间没有太多内在联系。这种集群化发展模式应该由新的模式来替代。

2) 新发展阶段产业发展的主要特征及演变规律

按照新时代现代物流发展的基本逻辑，我们需要在把握新发展阶段、贯彻新发展理念、构建新发展格局、实现高质量发展方面，真正把高质量发展点找到，把握好现代产业发展真正的演变方向和规律，这样才能真正推动现代化产业体系的建设和发展。

中国和世界均进入了产业运行方式变革的关键时期，要在"产业运行方式+布局调整"双重重大变革中，找到运行模式变革下的新发展机遇。例如运动服产业，我国应充分发挥国内市场强大的优势，将运动服从面料研发、版型设计、生产到销售组织形成一个具有生产和销售规模的全链条，打造世界上最大的运动服平台，创造更大的市场和更高的价值。所以，"产业布局+组织创新"叠加现代物流服务，将带给中国第二次发展机会即价值扩张机会，现代物流要发挥更为重要的作用。

产业运行方式变革下经济发展的基本要求是全力打通生产、分配、流通和消费等国民经济循环中的堵点和梗阻。最近两三年，堵和梗就是因为生产、分配、流通、消费没能有机地串接起来。网购确实把物流过程和消费有机地串接起来了，但是与生产的串接还不够，还不利于生产方的积极参与和实现共同价值创造。生产不能获得应有的利益，就没有办法投入更多的资金研发新产品和保持更好的商品品质，这是我国在产业链供应链构建和创新发展中必须解决的产业发展生态问题。因此，要对现代产业组织方式的作用和影响进行深刻的研究，为产业组织数字化、网络化运行赋能，形成由数字化和网络化赋能业态的趋势，实现产业运行方式的根本变革。枢纽经济、通道经济成为变革的重要体现，这也是建设国家物流枢纽、发展枢纽经济的重要原因。

在当前我国重视现代物流体系建设的政策环境下，必须加大力度加快物流发展模式的整体性创新，特别是依托物流枢纽打造现代资源要素的组织中心，创造新价值，如图2-1所示。所以，要建设大通道、大平台、大网络、全链条和新模式，集成运作主体，实现现代信息技术串接，物流、金融、贸易等供应链服务，枢纽运行及产业发展生态圈，形成枢纽组织中心和枢纽经济发展中心，实现整个国家经济运行方式、产业运行模式的大变革，最终实现产业链、供应链在价值创造基础上的大协同、大融合。

图2-1　依托枢纽打造现代资源要素组织中心

3）构建新发展格局下区域经济发展和产业布局特征

综上所述，必须加大现代物流与生产、流通紧密结合的学理研究和实践总结，提升对物流创新发展的指导能力，从载体类型、网络形态、要素聚集、产业培育、空间拓展等方面，深刻认识物流枢纽经济的发展规律。从政和研两个角度做深化研究，要研究产业环境，上升到产业生态层面，研究怎样的生态更加适合现代化产业体系的建设和现代物流体系的培育。比如，近年来各级政府出台的关于多式联运的文件很多，但是多式联运为什么串接不起来呢？问题就在于，在运输企业的现状基础上让大家合作，仅仅是既有成本的简单叠加，在运输服务方处于议价被动地位的情况下，有一方赚不到钱就干不下去了。所以，要研究能够让各种运输方式串接起来的生产、流通生态，或者是消费生态，或者是生产和消费结合的生态，就如同快递与电商一样的供应链价值链关系，这样全链条的企业和产业环节才能成为利益共同体，愿意为这个生态服务，多式联运才能真正发展起来。

资料来源 [1] 汪鸣. 新时期现代物流发展的基本逻辑与要点（上）[N]. 现代物流报，2023-03-20（A2）. [2] 汪鸣. 新时期现代物流发展的基本逻辑与要点（下）[N]. 现代物流报，2023-03-23（2）.

问题：

（1）新物流变革的底层逻辑究竟是什么？

（2）请介绍一下你所熟知的国家物流枢纽。

第 2 篇　功能要素篇

第3章 包装管理

第3章

学习目标

知识传授目标	能力培养目标	价值塑造目标	建议学时
➤掌握包装的概念、功能和分类 ➤掌握包装合理化、标准化和绿色包装的内容 ➤了解包装材料和包装技术	➤熟悉主要的包装材料和技术 ➤掌握包装标志的知识 ➤了解产品包装基本流程	➤通过小组合作包装，培养严谨务实的工作作风	6

思政引入 买椟还珠

楚人有卖其珠于郑者，为木兰之柜，薰以桂椒，缀以珠玉，饰以玫瑰，辑以翡翠。郑人买其椟而还其珠。此可谓善卖椟矣，未可谓善鬻珠也。（《韩非子·外储说左上》）

问题：

在市场经济越来越发达的今天，结合本章所学，谈谈你对"买椟还珠"的看法。

案例导读 一个价值600万美元的玻璃瓶

说起可口可乐的玻璃瓶包装，至今仍为人们所称道。1898年鲁特玻璃公司一位年轻工人亚历山大·山姆森在同女友约会时，发现女友穿着一条筒型连衣裙，显得臀部突出、腰部和腿部纤细，非常好看。约会结束后，他突发灵感，根据女友穿的这条裙子的形象设计出一个玻璃瓶。

经过反复的修改，亚历山大·山姆森不仅将瓶子设计得非常美观，很像一位亭亭玉立的少女，还把瓶子的容量设计成刚好一杯水的大小。瓶子试制出来之后，获得大众交口称赞。有经营意识的亚历山大·山姆森立即到专利局申请专利。

当时，可口可乐的决策者坎德勒在市场上看到了亚历山大·山姆森设计的玻璃瓶后，认为非常适合作为可口可乐的包装。于是他主动向亚历山大·山姆森提出购买这个瓶子的专利。经过一番讨价还价，最后可口可乐公司以600万美元的天价买下此专利。要知道在 100 多年前，600 万美元可是一项巨大的投资。然而，实践证明可口可乐公司这一决策是非常成功的。

　　亚历山大·山姆森设计的瓶子不仅美观，而且使用起来非常安全，易握且不易滑落。更令人叫绝的是，其瓶子的中下部是扭纹形的，如同少女所穿的条纹裙子；而瓶子的中段则圆满丰硕，如同少女的臀部。此外，由于瓶子的结构是中大下小，当它盛装可口可乐时，给人的感觉是容量很多的。采用亚历山大·山姆森设计的玻璃瓶作为可口可乐的包装以后，可口可乐的销量飞速增长，在两年的时间内，销量翻了一番。从此，采用山姆森玻璃瓶作为包装的可口可乐畅销美国，并迅速风靡世界。600 万美元的投入，为可口可乐公司带来了数以亿计的回报。

资料来源　佚名. 十大经典创意包装营销案例［J］. 时代经贸，2010（1）.

问题：

从可口可乐的成功案例分析包装的作用。

3.1　包装概述

　　包装是流通领域物流的起点，也是出产物流的终点，它是生产领域、流通领域及消费领域对物流活动提出的客观要求，是物料运输、保管、仓储等活动得以安全顺利进行的基本保证，也是保持甚至增加产品价值的必要手段。产品在从生产者的仓库到消费者手中的过程中，需要经过不同方式、不同程度的包装。包装不但可以改变流通物的外在形态与价值，还可以通过包装尺寸的标准化实现单元化的运输和储存，并在此基础上实现集装化，从而将各项作业连贯起来，提高运输与仓储作业的效率。

3.1.1　包装的概念

　　包装（packaging）在国家标准《包装术语第 1 部分：基础》（GB/TGB/T4122.1—2008）中被定义为："为在流通过程中保护产品，方便储运，促进销售，按一定技术方法而采用的容器、材料及辅助物等的总体名称。也指为了达到上述目的而采用容器、材料和辅助物的过程中施加一定方法等的操作活动。"

　　包装的内涵具有阶段性变化的特点。包装最原始的功能是对其内在物进行保护，以防止其破损、变形或发生泄漏。随着人类社会的进步和科学技术的发展，以及人们消费行为的变化，包装的作用不再仅仅是保护商品，而被赋予了新的内涵，即美化商品、促进销售，这直接促进了商品包装这一独立于商品生产之外的行业的产生与发展。

知识链接 3-1

产品包装的
缘起

3.1.2　包装功能

　　包装功能是指包装物的作用和效应，商品一般要经过生产领域和流通领域才能到达消费者手中，在这个转化过程中，包装起着非常重要的作用。包装功能主要包括保护功能、便利功能和促销功能三个方面。

1）保护功能

保护被包装物是包装制品的最基本功能。被包装物品的复杂性决定了它们具有各样的质地和形态，有固体的、液体的、粉末的或膏状的等。这些物品一旦成为商品，就要经过多次搬运、贮存、装卸等过程，最后才能到达消费者手中。在以上流通过程中，商品都要经历冲撞、挤压、受潮、腐蚀等不同程度的损毁。如何使商品保持完好状态，将各类损失降到最低点，是生产包装制品之前首先要考虑的问题，也是选材设计乃至结构设计的理论依据。其具体表现在以下几个方面：

（1）防止震动、挤压或撞击

商品在运输过程中要经历多次装卸、搬运，震荡、撞击、挤压及偶然因素极易使一些商品变形、变质。因此，必须选取那些具有稳定保护性能的材料，设计结构合理的盛装制品，才能充分发挥包装的功能。

（2）防干湿变化

过于干燥、过分潮湿都会影响某些被包装物品的品质，在这一类物品的包装选材上，就应选取那些通透性良好的材料。

（3）防冷热变化

温度、湿度的高低会影响某些商品的性质。适宜的温度、湿度有利于保质保鲜，不适宜的温度、湿度往往造成商品干裂、污损或霉化变质。因此，包装在选材上要考虑温度、湿度变化对包装的适应性的影响。

（4）防止外界对物品的污染

包装能有效地阻隔外界环境与内装物品之间的联系，形成一个小范围的相对"真空"地带，这样可以阻断不清洁环境产生的微生物对内装物品的侵害，防止污物接触物品而使其发生质变。

（5）防止光照或辐射

有些商品不适于紫外线、红外线或其他光照直射，如化妆品、药品等，光照后容易产生质变，使其降低功效或失去物质的本色，所以需要选择合适的包装物予以保护。

（6）防止酸碱的侵蚀

一些商品本身具有一定的酸碱度，如果在空气中与某些碱性或酸性及具有挥发性的物质接触，就会发生潮解等化学变化，影响被包装物质的本质，如油脂类产品，如果用塑料制品包裹时间过长，就会产生化学变化而影响品质。

（7）防止挥发或渗漏

许多种液态商品的流动性极易使其在储运过程中受损，如碳酸饮料中溶解的二氧化碳膨胀流失，某些芳香制剂和调味品挥发失效等，而对包装物的合理选择能够避免其特性的改变。

案例链接 3-1　　　　　　包装不当付出昂贵学费

2004 年，绩溪县人民医院通过德国政府贷款项目购买了一套进口医疗设备，包括进口电子计算机断层扫描（Computed Tomography，CT）机、500mA X 光机、C 形臂 X 光机，均为德国某公司生产。

2005 年 7 月 11 日，这批货物由中外运安徽分公司的两辆厢式货车从上海运出，车厢外用雨布防潮。货物运输途中突遇暴雨，到达目的地时，德国公司、运输公司、医院三方同时在场监视卸货，当场发现一辆货车的货物外包装被雨水淋湿。当日，检验检疫人员赶到现场，勘查后发现，这个车厢装有 4 个包装箱：2 个木箱、2 个纸箱。纸箱被雨水淋湿变形，内部设备可以窥见。其中一个纸箱内无任何防潮保护设施，另一个只有塑料膜保护。

随后安徽检验检疫局人员对这批货物开箱检验，确认木质包装中的 500mA X 光机、C 形臂 X 光机外包装虽然受潮，但内部有塑料真空包装并添加防潮剂，真空包装内还有两层密封包装，设备保护完好，可以进入安装检验程序。而纸箱包装箱内均为 CT 机的核心部件，价值占整套设备的 1/3，恰恰是最重要的部分，由于严重受潮，这些部件已经无法安装。

这是一起因包装使用不当导致货物受损的事件。外方违反了双方签订的合同中关于包装"能适应气候变化、防潮、抗震及防粗鲁搬运"的规定。

鉴于通过德国政府贷款项目购买德国医疗设备的医院在全国尚有多家，为帮助德国公司改进包装，防止此类事件再次发生，安徽检验检疫局立即将此事向国家质检总局报告，建议对德国该公司的 Emotion 型 CT 机的包装进行风险预警通告。同时，依法出具对外索赔证书，支持进口单位对外索赔。

谈判并不轻松。德国公司坚持认为导致货物残损的原因是天灾，而不是人祸，损失应当由保险公司赔偿。为此，检验检疫人员从维护贸易各方合法权益的立场出发，多次与德国公司相关人员交流，宣传我国的法律和相关惯例，说明检验检疫部门出具证书的依据，坚持应由德国公司承担全部责任。外方终于认赔。

2005 年 10 月 2 日，更换后全新的 CT 机全部到货，价值 290 万元人民币。经检验发现，此次货物的外包装全部更换为木质包装，内包装增加了防潮防湿保护。德国公司从这次事件中汲取了深刻的教训。

资料来源　郝向东，缪传真. 包装不当付出昂贵学费［N］. 中国国门时报，2005-10-24.

2）便利功能

一件良好的包装，从生产厂商到消费者手中，再到废弃回收，无论从生产者、仓储运输者、代理销售者，还是消费者的立场来看，都应该让人感到包装所带来的便利。由于包装与被包装物都属于商品，商品在流通领域中存在运输、储存等客观因素，而且各类商品大小形态不一，这样会给运输或储存带来许多不便，而包装恰恰能够解决这一问题。它可以统一商品的大小规格，以方便在储存、运输或流通过程中进行搬运或清点数量。

（1）便于储存作业

从搬运、装卸角度来看，物资出、入库时，在包装的规格、重量、形态上适合仓库内的作业，为仓库提供了搬运、装卸的方便。从物资保管角度来看，物资的包装为保管工作提供了方便条件，便于维护物资本身的原有使用价值。包装物上的各种标志，使商品易于识别、存取、盘点，有特殊要求的物资易于引起注意。从物资的验收角度来看，易于开包、重新打包的包装方式为验收提供了方便。包装的各种方法结合运用，对于节约验收时间、加快验收速度也会起到十分重要的作用。

（2）便于装卸搬运作业

物资经适当包装后为装卸作业提供了方便。物资的包装便于各种装卸、搬运机械的使用，有利于提高装卸、搬运机械的效率。包装袋规格的标准化能为集合包装提供条件，从而能极大地提高装载效率。

（3）便于运输作业

包装袋的规格、形状、重量等与货物运输关系密切。包装尺寸与运输车辆、船舶、飞机等运输工具的箱、舱容量相吻合，可以大大方便运输，提高运输效率。

3）促销功能

包装特别是销售包装，是无声的推销员，在商品和消费者之间起媒介作用，其通过美化商品和宣传商品，使商品具有吸引消费者的魅力，引起消费者对商品的购买欲，从而促进销售。包装的促销功能是由包装具有传达信息功能、表现商品功能和美化商品功能而引起的。包装的传达信息功能主要通过包装上的文字说明，向消费者介绍商品的名称、品牌、产地、特性、规格、用途、使用方法、价格、注意事项等，起到宣传商品、指导消费的作用。包装的表现商品功能主要是依靠包装上的图案、照片，以及开窗包装、透明包装所显露的商品实物，把商品的外貌表达给消费者，使消费者在感性认识的基础上加深对商品的了解，刺激消费者的购买欲望，并导致购买行为。包装的造型、装饰等艺术性内容对商品起到加强、突出、美化的作用，造型别致的容器、印刷精美的装饰，不但能促进商品销售，还可以作为艺术鉴赏品供收藏。有些包装还具有潜在价值，如内装物用完后还可以用来盛装其他物品。随着市场经济的发展，包装的促销功能越来越被人们所重视，得到了不断开发和利用。

边学边议 3-1

人们常说"酒香不怕巷子深""一等产品、二等包装、三等价格"，只要产品质量好，就不愁卖不出去。你同意这种说法吗？请举例说明。

案例链接3-2　　　　　从酒鬼酒看包装设计的情感传达

在琳琅满目的白酒酒瓶中，我们总是能一眼就看到中国名酒——酒鬼酒——的酒瓶。它造型独特、鹤立鸡群，淡定傲然地立在那里。麻袋瓶身好似随性一扎，再如收藏封印一般，打上"酒鬼酒"与"无上妙品"的红色标签。这样古朴的民俗造型，实属"大俗"。拿起瓶身细细把玩，湘西土陶工艺使得其手感敦实而细腻，质朴典雅，不拘一格，极具文化品位，也确实可与"无上妙品"这一称号相映相成，又确是"大雅"。

实际上，酒鬼酒这一绝妙的包装设计背后，有着和大师说不尽的故事。

湘西，古老而神秘，几千年来演绎着无数山水传奇和文化传奇。素有"画坛鬼才""艺术顽童"之称的黄永玉大师就是湘西的一位传奇人物，他一生自由洒脱，凭借着天地精神和独来独往的传奇经历，成为著名的木刻家、画家、雕塑家与作家。他与酒鬼酒谱写了一段段佳话。

1985年，对于吉首酿酒厂而言，是不平凡的一年，因为其费尽心力所研创的美酒终于获得成功。正当大家为酒的包装和命名为难的时候，天公作美，恰逢黄永玉大师回乡省亲，吉首酿酒厂领导立刻邀请黄老来到酒厂为新酿制的美酒设计包装和题名。黄老欣然来到酒厂，谈话间，黄老灵感突发，出门在路边顺手捡起一块麻袋布，用粗针大线缝成口袋，填满锯末，袋口用麻绳一扎，就完成了他天才般的设计，并题名为"酒鬼酒"，誉之为"无上妙品"。图3-1为酒鬼酒包装。之后，他又挥毫画出了"酒鬼背酒鬼"图。"酒鬼"包装，虽然是大师写意式地一挥而就，但立意孤绝，妙手天成，大拙大雅，返璞归真，别有风趣。大师的写意赋予了酒鬼酒丰富的文化内涵和高妙境界，也使得酒鬼酒具有了不居庙堂、浑然天成的气质。

除此之外，一直关注酒鬼酒的黄永玉还为该厂另一款高档酒——内参酒——设计了包装，如图3-2所示。"内参"的酒瓶造型及纹理来源于旧时流行于民间送礼之用的油皮包纸，但贴上了"内参"红标，体现了"雅源于俗、美藏于凡"的艺术境界；"内参"外盒画有民间金色"长寿锁"，盒盖印有酱棕色火漆封章，与古时官府言机密事之章奏皆以皂囊封章相契，亦称"封事"，为秘密、封存、贵重、珍藏、长久之意。2004年，黄老为内参酒设计了小楷作为产品说明，上面写道："此酒窖藏数量有限，只供给领牌照之酒仙酒鬼欣赏品尝，不做市场推销活动，正所谓'喝一瓶少一瓶，喝一口少一口'之义，庶几近之，深望向隅之各路瘾君子原谅"。

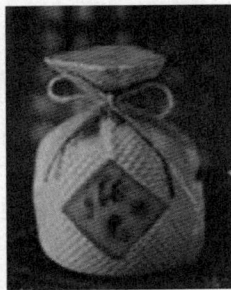

图3-1　酒鬼酒包装

图3-2　内参酒包装

　　除了独特包装，黄永玉题写的"不可不醉，不可太醉"之妙语也颇具禅机，让人玩味无穷。此语道出了资深酒民的处世真谛，也折射了湘西人知酒善饮、朴实无华的民风，堪称华夏白酒文化又一经典妙语。与其说"酒鬼"酒是一件商品，还不如说它更是一件精美的艺术品！

　　酒鬼酒、湘泉酒、内参酒是中国白酒包装典范之作，均出自美术大师黄永玉先生之手，俗中见雅，雅中显奇。这些经典之作是中国传统设计方式的延续，是在民族文化积淀基础之上的厚积薄发，大师写意式地一挥而就，开创了中国酒类陶瓷包装的新时代。

　　资料来源　佚名. 独特的包装设计——开启中国白酒陶瓷包装时代 [EB/OL]. [2023-06-19]. http://www.jiuguijiu000799.com/detail/45.html.

3.1.3　包装分类

　　为适应各种物资性质差异和不同运输工具等的要求，现代包装门类繁多，品种复杂，在设计、材质、技法、形态方面越来越多样化。具体来说，对包装可以从以下几个不同角度进行分类：

　　1）按包装功能不同分类

　　（1）商业包装

　　商业包装又称销售包装或内包装，是以促进销售为主要目的的包装。这种包装的特点是外形美观，有必要的修饰，包装上有关于商品的详细说明，包装单位适于顾客的购买量以及商品陈设的要求。

边学边议 3-2

　　"美丽垃圾"为何大行其道？

　　（2）运输包装

　　运输包装又称工业包装、大包装或外包装，是指为了在商品的运输、存储和装卸过程中保护商品所进行的包装。运输包装不像商业包装那样注重外表的美观，它更强调包装的实用性和费用的低廉性。工业包装的特点是，在满足物流要求的基础上使包装费用越低越好，并在包装费用和物流损失两者之间寻找最佳结合点。在有些情况下，工业包装同时又是商业包装。例如，装橘子的纸箱子（15千克）应属工业包装，在连同箱子出售时，也可以认为是商业包装。为使工业包装更加合理并为促进销售，在有些情况下，也可以采用商业包装的办法来做工业包装，例如，家电用品用的就是兼有商业包装性质的工业包装。

　　按包装功能不同分类如图3-3所示。

图 3-3　按包装功能不同分类

案例链接 3-3　　　　　　　　"长兴海"轮货损纠纷案

　　1994 年 4 月 14 日，深圳市宝安大龙贸易公司（以下简称大龙公司）与广州凯达船务有限公司（以下简称凯达公司）签订一份沿海运输协议，约定：由凯达公司承运大龙公司的玉米和黄豆从营口港到黄埔港。5 月 8 日，海南长海轮船公司（以下简称长海公司）所属的"长兴海"轮在营口港埠公司三码头装上大龙公司的黄豆 1 333.08 吨、玉米 1 654.42 吨，5 月 12 日起航，5 月 20 日抵烟台。在烟台港，"长兴海"轮根据香港森豪国际有限公司（以下简称森豪公司）的指示，在未进行严格隔舱的情况下，在 1 舱加载鱼粉 681.36 吨，在 2 舱加载鱼粉 501 吨。5 月 31 日靠广州黄埔新港卸鱼粉，6 月 2 日抵广州芳村三码头卸黄豆、玉米，6 月 13 日卸毕。"芳村港务公司港航内部记录"记载：开卸时发现 1、2 舱货物上均有鱼粉，并有异味。卸货过程中，发现有 360 包黄豆发霉，其中 50 包水湿，该批货物破烂包和开口包较多。6 月 8 日至 13 日，广州市芳村区公证处受大龙公司委托，到码头和"长兴海"轮、顺德市大良粮油综合贸易公司（以下简称大良公司）伍沙粮仓对正在卸货中的该批货物进行现场勘验，其出具的保全证据公证书记载：船舱内少量散装黄豆中有二分之一变质，袋装黄豆变软变质占二分之一，少量已发霉结块，并有腐烂气味，有部分包装表面有散落粉状物质，有鱼腥味；存放在芳村港务公司三码头仓库内的黄豆共查验 13 袋，3 袋基本完好，余下均有不同程度的变质；存放在伍沙粮仓的黄豆可分为 A、B、C、D 四类，A 类 180 吨比较完好，B 类 45 吨二分之一变质，C 类 85 吨大多数已变质，D 类 40 吨已完全变质。另查，该案该航次发生在森豪公司期租长海公司"长兴海"轮开展经营期间。

　　大龙公司向海事法院起诉，请求判令凯达公司、长海公司、森豪公司赔偿货损及相关搬运费和人工分选、翻晒黄豆用工费等费用。

　　海事法院认为：凯达公司作为合同规定的承运人，未尽将货物安全运往目的港的义务，应负赔偿责任；长海公司是"长兴海"轮期租合同的出租人，也是实际承运人，其所派船长应当知道鱼粉属于易燃、有异味的危险品，不能与黄豆等食物混载，却听从承租人的不合理指令，在未严格隔舱的情况下，将鱼粉与黄豆混载，应对违反有关积载规定的行为负责，赔偿因此而导致的损失；森豪公司期租"长兴海"轮从事国内沿海运输，严重违反法律规定，租船合同无效，同时应对其安排鱼粉与黄豆混载的过失行为负责，赔偿因此而导致的损失。据上，海事法院判决凯达公司、长海公司、森豪公司承担连带赔偿责任，赔偿大龙公司货损及相关费用230多万元。

资料来源　佚名."长兴海"轮货损纠纷案［EB/OL］.［2023-06-19］. http://www.law51.net/trade/model/suit8.htm.

2）按包装层次不同分类

（1）个包装

个包装是指一个商品为一个销售单位的包装形式。个包装直接与商品接触，在生产中与商品装配成一个整体。它以销售为主要目的，一般随同商品销售给顾客，因而又称销售包装或小包装。个包装起着直接保护、美化、宣传商品和促进商品销售的作用。

（2）中包装

中包装（又称内包装）是指若干个单体商品或包装组成一个小的整体包装。它是介于个包装与外包装之间的中间包装，属于商品的内层包装。中包装在销售过程中，一部分随同商品出售，另一部分则在销售中被消耗掉，因而被列为锴售包装。在商品流通过程中，中包装起着进一步保护商品、方便使用和销售的作用，便于商品分拨和销售过程中的点数和计量，同时方便包装组合。

（3）外包装

外包装（又称运输包装或大包装）是指商品的最外层包装。在商品流通过程中，外包装起着保护商品，方便运输、装卸和储存等方面的作用。

按包装层次不同分类如图3-4所示。

图3-4　按包装层次不同分类

3）按包装容器质地不同分类

（1）硬包装

硬包装（又称刚性包装），是指充填或取出包装的内装物后，容器形状基本不发生变化，材质坚硬或质地坚牢的包装。

（2）半硬包装

半硬包装（又称半刚性包装），是介于硬包装和软包装之间的包装。

（3）软包装

软包装（又称挠性包装），是指包装内的充填物或内装物取出后，容器形状会发生变化，且材质较软的包装。

按包装容器质地不同分类如图3-5所示。

图3-5　按包装容器质地不同分类

4）按包装使用范围分类

（1）专用包装

专用包装是指针对被包装物品的特点专门设计、专门制造，只适用于某一专门物品的包装。

（2）通用包装

通用包装是指根据包装标准系列尺寸制造的包装容器，用于无特殊要求的或符合标准尺寸的物品。

按包装使用范围分类如图3-6所示。

图3-6　按包装使用范围分类

5）按包装使用次数分类

（1）一次用包装

一次用包装，是指只能使用一次，不再回收复用的包装。

（2）多次用包装

多次用包装，是指回收后经适当加工整理，仍可重复使用的包装。

（3）周转用包装

周转用包装，是指工厂和商店用于固定周转、多次复用的包装。

按包装使用次数分类如图3-7所示。

图3-7　按包装使用次数分类

6）按包装大小不同分类

（1）单件包装

单件包装，是指在物流过程中作为一个计件单位的包装。常见的有：箱（如纸箱、木箱、条板箱、夹板箱、金属箱）；桶（如木桶、铁桶、塑料桶、纸桶）；袋（如纸袋、草袋、麻袋、布袋）；包（如帆布包）。此外，还有篓、筐、罐、捆、玻璃瓶、陶缸、瓷坛等。

（2）集合包装

集合包装又称组化运输包装，是指将一定数量的包装件或商品，装入具有一定规格、强度和适宜长期周转使用的重大包装器内，形成一个合适的装卸搬运单位的包装，例如集装箱、集装托盘、集装袋等。集合包装的出现一方面提高了物流效率和为顾客服务的水平，另一方面也是对传统储运的改革，使传统的物流发生了较大的变化。

按包装大小不同分类如图3-8所示。

图3-8　按包装大小不同分类

7）其他分类方式

（1）按运输方式不同分类

按运输方式不同分类，包装可以分为铁路运输包装、卡车货物包装、船舶货物包装、航空货物包装、零担包装和集合包装等。

（2）按包装防护目的不同分类

按包装防护目的不同分类，包装可分为防潮包装、防锈包装、防霉包装、防震包装、防水包装、遮光包装、防热包装、真空包装、危险品包装等。

（3）按包装操作方法不同分类

按包装操作方法不同分类，包装可分为罐装包装、捆扎包装、裹包包装、收缩包装、真空包装和缠绕包装等。

3.2　包装材料、容器与标志

3.2.1　包装材料

包装材料是指构成包装实体的主要物资。由于包装材料的物理性能和化学性能千差万别，所以包装材料的选择对保护产品有着非常重要的作用。包装的性能，一方面取决于包装材料本身的性能，另一方面取决于各种材料的加工技术。

1）纸

它主要包括牛皮纸、玻璃纸、植物羊皮纸、沥青纸、板纸、瓦楞纸等，如图 3-9 所示。运输用大型纸袋可用 3~6 层牛皮纸叠合而成，也可用牛皮纸和塑料薄膜做成复合多层构造。纸箱的原材料是各种规格的白纸板和瓦楞纸板，具有一定的强度和耐压能力，在选材和尺寸设计时应多加注意。

图 3-9 纸材料

2）塑料

塑料制品的应用日益广泛，塑料袋及塑料编织袋已成为牛皮纸袋的代用品。塑料制品还用作酒、食用油等液体的运输容器。现代科技已经开发出纸塑复合袋，用于代替传统的玻璃瓶、金属罐、木桶等，而塑料成型容器如塑料瓶、塑料桶、塑料箱等，也得到了广泛应用，如图 3-10 所示。

图 3-10 塑料容器

3）木材

由各种木材制成各种形状的容器，包括木箱、木桶等，应用在运输包装或商业包装中，具有抗破裂、耐压、能承受较大负荷等优点，如图 3-11 所示。

图 3-11　木制容器

4）金属

金属材料包括镀锡薄板、涂料铁、铝合金等。输送用金属容器有罐、桶等，材料有镀锌铁板等，如图 3-12 所示。罐用于装食品、化学药品、油类物品等，而桶主要用于装以石油为主的非腐蚀性的半流体及粉体、固体。

图 3-12　金属容器

5）玻璃、陶瓷

玻璃、陶瓷也常常作为包装材料，它们的保护性能较好，不透气、不透湿，原料资源丰富、便宜，化学稳定性好，耐温度剧变，易回收再生，不会造成公害。玻璃、陶瓷材料如图 3-13 所示。

图 3-13　玻璃、陶瓷材料

6）包装用辅助材料

用于包装的辅助材料（如图 3-14 所示）主要有：

图 3-14　包装用辅助材料

（1）黏合剂

黏合剂用于材料的制造、制袋、制箱及封口作业，有水型、溶液型、热熔型和压敏型等。

（2）黏合带

黏合带有橡胶带、热敏带、黏结带三种。橡胶带遇水可直接溶解，结合力强，黏结后完全固化，封口很结实；热敏带一经加热活化便产生黏结力，一旦结合，不好揭开且不易老化；黏结带是在带的一面涂上压敏型黏合剂，如纸带、布带、玻璃纸带、乙烯树脂带等，也有两面涂胶的双面胶，这种带用手压紧便可结合，十分方便。

（3）捆扎材料

捆扎的作用有打捆、压缩、缠绕、保持形状、提高强度、封口防盗、便于处置和防止破损等。如今的捆扎材料多为聚乙烯绳、聚丙烯绳、纸带、聚丙烯带、钢带、尼龙布等。

3.2.2　包装容器

包装容器是包装材料和造型结合的产物，列入现代物流包装行列的主要有瓦楞纸箱、木箱、托盘集合包装、集装箱和塑料周转箱，它们在满足商品运输包装功能的要求方面各具特点，必须根据实际需要合理地加以选用。

1）瓦楞纸箱

瓦楞纸箱是采用具有空心结构的瓦楞纸板，经过成型工序制成的包装容器。瓦楞纸箱采用单瓦楞、双瓦楞、三瓦楞等各种类型的纸板作包装材料，大型纸箱所装载货物重量可达 3 000 千克，如图 3-15 所示。瓦楞纸箱的应用范围非常广泛，几乎涵盖所有的日用消费品，包括水果、蔬菜、加工食品、针棉织品、玻璃陶瓷制品、化妆品、医药用品、自行车、家用电器、精美家具等。

从各国瓦楞纸箱的发展来看，它已经取代或正在取代传统的木箱包装。据有关文献统计，瓦楞纸箱的产值在整个包装材料生产行业所占的比重在 20%～25%，占第一位。国外有的文献指出，估计瓦楞纸箱至少在 30 年内不可能被其他包装材料取代。

图3-15　瓦楞纸箱

下面就运输包装的功能来评判瓦楞纸箱的优缺点：

从保护的功能来看，瓦楞纸箱的设计可使它具有足够的强度，富有弹性，具有良好的防震缓冲功能，且其密封性好，能防尘，可以保持产品清洁卫生等。

从方便流通的功能来看，瓦楞纸箱便于实现集装箱化；它本身重量轻，便于装卸堆垛；空箱能折叠，体积能大大缩小，便于储存；其箱面光洁，印刷美观，标志明显，便于传达信息。

从降低流通费用的功能来看，纸箱耗用资源比木箱要少，其价格自然比木箱低；它的体积和重量比木箱要小要轻，有利于节约运费；其经过废品回收还可造纸，可节省资源。

当然，瓦楞纸箱也有一些不足之处，主要是抗压强度不足和防水性能不好，这两项都会影响瓦楞纸箱的基本功能——保护功能——的实现。近年来，由于纸箱设计中抗压强度的提高以及物流环境的变化，如装卸次数减少、存放时间缩短、堆码高度降低、自动化立体仓库的应用、集装箱和托盘包装对纸箱形成保护等，对纸箱的这两项性能要求相应降低，使纸箱的不足得到弥补，从而使纸箱得以在更大范围内应用。

2）木箱

木箱是一种传统包装容器，虽然在很多情况下，其已逐步被瓦楞纸箱取代，但在某些方面仍有其优越性和不可取代性，加上目前木箱还比较适合我国包装生产和商品流通的现状，所以木箱在运输包装容器中仍占有一席之地。常见的木箱有木板箱、框板箱和框架箱三种。

（1）木板箱

木板箱用木质条板制作而成，是一种小型运输包装容器。

木板箱在满足运输包装的各种功能要求方面具有以下特点：

从保护功能来看，木板箱具有较高的抗戳穿强度和抗压强度，能较好地抵抗外物碰撞和承受较高的堆垛负荷，尤其在受潮的情况下，不会因强度下降而变形导致倒垛事故。同时，木板箱具有弹性小、缓冲抗震性能差、受潮后不易干燥和拼缝留有孔隙而难以密封等特点，如果不增加其他附加保护措施，在受到较大冲击，以及受潮气和雨淋，或受灰尘、虫害时，容易使内装产品受到损伤或变质。

从方便流通的功能来看，木板箱易做到就地取材、就地加工，不需要太复杂的加工设备，制作方便，因此，木板箱对于那些批量小或者体积小重量大的特殊产品来说，较易制作合适的包装，有较大的优越性。但是，木板箱重量、体积大，空箱储存占地面积大，给使用和储运带来种种不便，如装卸、堆垛都较纸箱费力，也会使运费增多，导致流通费用增加。同时，一般木板箱表面粗糙，印刷文字和标志容易模糊不清。另外，木板箱的制作机械化水平低，生产效率不高，加上我国木材原料价格较高，因此木板箱的成本较高。

木板箱可以做成一种稀疏的木条箱，称为花格木箱。它能通风透气，可减少木材用量，降低成本，减轻重量，减少流通费用，适合用作鲜活商品和不需要防尘的商品的运输包装容器。

（2）框板箱

框板箱是采用条木与人造板材制成箱框板，再经钉合装配而成的一种小型包装容器。从框板箱整体来看，其框架为条木，而箱面则通常为整块的胶合板、纤维板和纸板等。

框板箱是条木框架结构，承载能力强，堆码层数多；箱面为整块人造板材，防尘防潮性强；箱内尺寸相同时，与木板箱相比自重较轻，还有框架结构，便于搬运；人造板材较木板光滑，印刷标记清晰；采用胶合板、纤维板、纸板，有利于节省木材资源。框板箱的缺点是其抗戳穿强度低于木板箱，箱体不宜过大；框架在箱外，使其体积增大；箱面较易损坏，降低了回收复用率；增设加强木撑时，加工也比较困难。

（3）框架箱

框架箱是由一定截面的条木构成箱体骨架，然后根据需要在骨架外面加装板材覆盖的大型包装容器。框架箱的箱体通常由六块框架组合而成，组装方式分为用钉子和用螺栓两种，货物轻者采用钉子，货物重者则采用螺栓。

框架箱结构坚固，强度高，保护能力强，适用于包装笨重物资或脆弱精细的电子设备；能承受较大的堆积负荷，可装载1 000千克以上、15 000千克以下的较大物资和设备。但是，框架箱设计制作比较复杂，自重较大，大型框架箱搬运比较困难。

木箱如图3-16所示。

图 3-16　木箱

3）托盘

托盘是为适应装卸和搬运作业机械化而产生的一种包装容器，如图 3-17 所示。

图 3-17　托盘

托盘集合包装是一类重要的集合包装，是把若干件货物集中在一起，堆叠在运载托盘上，构成一件大型货物的包装形式。它区别于普通运输包装件的特点，是它在任何时候都处于可转入运动的状态，使静态的货物变成动态的货物。从不同角度看，托盘集合包装既是包装方法，又是运输工具，还是包装容器。从小包装单位的集合来看，它是一种包装方法；从其适合运输的状态来看，它是一种运输工具；从其对货物所起的保护功能来看，它又是一种包装容器。

4）集装箱

集装箱是密封性好的大型铁制包装箱，如图 3-18 所示。用集装箱可实现最先进的运输方式，即"门对门"运输，将货物从发货人仓库门送到收货人门前。

图 3-18　集装箱

集装箱属于大型集合包装，具有既是运输工具，又是包装方法、包装容器的特点。在适应现代化物流方面，它比托盘集合包装更具有优越性。

5）周转箱

周转箱是一种适合短途运输，可以长期重复使用的运输包装。同时，它是一种敞开式的、不进行捆扎、用户也不必开包的运输包装。一切产销挂钩、快进快出的商品，如饮料、肉类、豆制品、牛奶、糕点、禽蛋等食品，都可采用周转箱运输。

过去的周转箱都采用木箱，近年来新型塑料周转箱陆续投入市场，逐步取代了木箱，如图3-19所示。塑料周转箱在保护商品、节约费用、提高服务质量等方面取得了很大成功，应用范围逐步扩大。

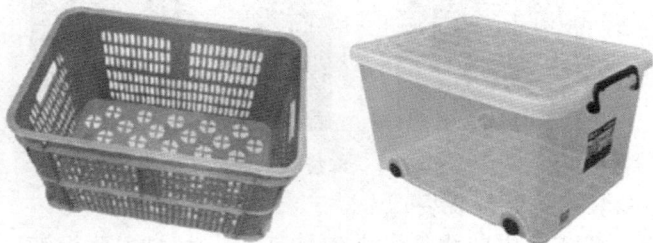

图3-19　塑料周转箱

塑料周转箱重量轻、体积小、费用低、搬运方便，可提高安全度，不会发生箱底脱落现象，使玻璃瓶的破损率大大降低，还可以节约宝贵的木材资源。但是，塑料周转箱的一次性投资大、成本高；空箱要占用运输储存费用；密封性差，在某些情况下不卫生；缺少标志，给物流管理带来了一定困难。

6）包装袋

包装袋属于软包装技术，一般采用纸、塑料和复合材料制作，具有较高的韧性、拉伸强度和耐磨性。包装袋用途比较广泛，按照内装容量的大小一般分为集装袋、一般运输包装袋和小型包装袋。

（1）集装袋

集装袋近年发展较快，是一种大容积的包装袋，一般盛装内装物重量在1吨以上，多用聚丙烯、聚乙烯等聚酯纤维纺织而成。在集装袋的顶部一般装有金属吊架或吊环等，便于铲车或起重机进行吊装、搬运。卸货时可打开袋底的卸装孔进行卸货，装卸货物、搬运都非常方便，效率可明显提高。其主要用于装运颗粒状、粉状、小型块状和球状的货物。典型的集装袋如图3-20所示。

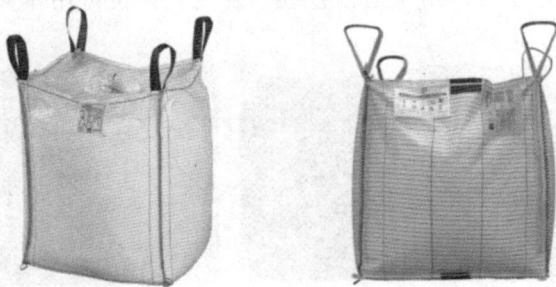

图3-20　集装袋

（2）一般运输包装袋

这种包装袋一般盛装内装物重量在0.5～100千克，主要为植物纤维、合成树脂纤维纺织而成的织物袋以及由几层挠性材料构成的多层材料包装袋，例如麻袋、水泥袋等，如图3-21所示。它主要包装粉状、颗粒状和体积小的货物。

图3-21　麻袋和水泥袋

（3）小型包装袋（普通包装袋）

这种包装袋一般盛装内装物重量小于10千克，材料主要为纸、塑料等。常见结构为信封式袋、平袋、角撑袋、购物袋等，如图3-22所示。其包装范围较广，液体、粉状、块状和异形物等均可采用这种包装。

图3-22　小型包装袋

以上几种包装袋中，集装袋适用于运输包装，一般运输包装袋适用于外包装及运输包装，小型包装袋适用于内包装、个包装及商业包装。

7）包装罐（桶）

包装罐是刚性包装的一种，罐身各处横截面形状大致相同，包装材料强度较高，罐体抗变形能力强，可用作运输包装、外包装，也可用作商业包装、内包装，如图3-23所示。

图3-23　包装罐

包装罐可以分为：

（1）小型包装罐

其可用纸、塑料等材料制造，容量不大，一般用作商业包装、内包装。

（2）中型包装罐

中型包装罐较大，一般用作化工原材料、腌渍食品等的外包装，起运输包装作用。

（3）集装罐

它是一种大型罐体，外形有圆柱形、圆形、椭圆形等，分卧式、立式等。集装罐采取灌填式作业，灌填作业和排出作业往往不在同一灌口进行，另设有卸货出口。集装罐是典型的运输包装，适合包装液体、粉状及颗粒状货物。

8）包装瓶

包装瓶是瓶颈尺寸有较大差别的小型容器，是刚性包装中的一种，包装材料有较强的抗变形能力，刚性、韧性要求一般也较高。个别包装瓶介于刚性与柔性材料之间，在遭受外力时可发生一定程度的变形，外力一旦撤除，仍可恢复原来瓶形。包装瓶的结构是瓶颈远小于瓶身，且在瓶颈顶部开口，如图3-24所示。其包装操作是灌填操作，然后将瓶口用瓶盖封闭。包装瓶包装量一般不大，适合美化装潢，主要作为商业包装、内包装使用。其主要包装液体、粉状货物。包装瓶按外形可分为圆瓶、方瓶、高瓶、矮瓶、异形瓶等。包装瓶瓶口的封盖方式有螺纹式、凸耳式、齿冠式、包封式等。

图3-24 包装瓶

3.2.3 包装标志

包装标志是为了便于货物交接、防止错发错运，便于识别，便于运输、仓储和海关等有关部门进行查验等工作，也便于收货人提取货物，在进出口货物的外包装上标明的记号。包装标志主要分为运输标志、指示性标志和警告性标志三种类型。

1）运输标志

运输标志，即唛头，是贸易合同、发货单据中有关标志事项的基本部分。它一般由一个简单的几何图形以及字母、数字等组成。唛头的内容包括：目的地名称或代号，收货人或发货人的代用简字或代号，件号（每件标明该批货物的总件数），体积（长×宽×高），重量（毛重、净重），以及生产国家或地区等，如图3-25所示。

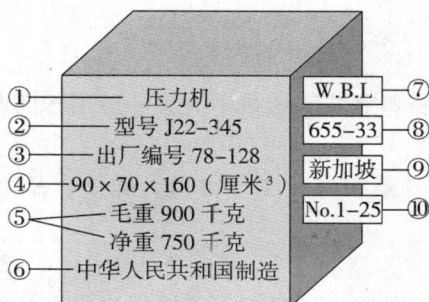

①品名　②商品型号　③编号　④商品包装尺寸　⑤商品重量（毛重、净重）
⑥产地名称　⑦收货人标志　⑧贸易合同编号　⑨目的地　⑩货件编号

图3-25　运输标志

案例链接3-4　　　　　一张快递单，两个收货地址

市民曾女士在网店购买五个轮胎，卖家发货后上传了韵达快递的单号。三天后，曾女士发现，本应寄往北京的快递却在浙江被签收。对此，卖家和快递员分别给出两张单号一样但收件地址不同的快递单，这让曾女士疑惑不解，不知损失谁来负责。

据曾女士讲，2016年9月8日，她在淘宝网一家位于广东的"银兴汽配城"店内购买了五个轮胎，共计2 800元，当晚网店发货并上传了韵达快递的单号。9月11日，求货心切的曾女士查看物流进展发现，物流信息显示货物被签收。对此，卖家和快递员的回答更让曾女士大跌眼镜，"双方出示的快递单上，填写的地址完全不同"。北京晨报记者通过她提供的照片看到，网店提供的收货地为北京，而浙江地区送货快递员手中的单据上收货地却是浙江湖州市，但记者发现，双方快递单尾号均为2355，通过韵达官网查询，发货地为广东。曾女士说，事后双方各执一词。

"韵达怎么会有两张同样单号的快递单？网店卖家是不是在别人的运单上填写了我的地址？货被别人签收，我的损失谁负责？"曾女士疑惑不解。带着疑问，记者和淘宝网介入，韵达快递配合调查后，事情水落石出。原来，卖家发货时确实使用了尾号为2355的快递单，但由于每单货物不得超过15千克，所以快递收件后需将五个轮胎分别寄出并重新填写单号。"韵达不存在两张同样单号的快递单，我们通过监控看到，工作人员在重新为每个轮胎贴快递单时，误将当天在该网店取件的另一单地址填写在该单上，导致货物送错，对此我们深表歉意。"广东韵达客服部负责人陈女士为此多次道歉。

陈女士表示，现已联系浙江公司看能否将货品收回，如不能收回，公司也不会推卸责任，会进行赔偿。此外，淘宝网客服告诉记者，网店卖家已同意先将轮胎全款退给曾女士。

资料来源　郭丹. 一张快递单两个收货地址［N］. 北京晨报，2016-09-18（A06）.

2）指示性标志

指示性标志是根据商品的特性提出应注意的事项，在商品的外包装上用醒目的图形或文字表示的标志，故又称为安全标志或注意标志。例如，在易碎商品的外包装上标以"小心轻放"，在受潮后易变质的商品外包装上标以"防止受潮"，并配以图形指示。为了统一各国运输包装指示性标志的图形与文字，一些国际组织，如国际标准化组织、国际航空运输协会，分别制定了包装储运指示性标志，并建议各成员方予以采纳。常见的指示性标志如图3-26所示。

图3-26　常见的指示性标志

3）警告性标志

警告性标志，又称为危险货物包装标志或危险品标志，是指在易燃品、爆炸品、有毒品、腐蚀性物品、放射性物品等危险品的包装上清楚而明显地刷制的标志，以示警告，使装卸、运输和保管人员按货物特性采取相应的防护措施，以保护物资和人身安全，其通常采用特殊的彩色或黑色菱形图示。对于危险物品，例如易燃品、有毒品或爆炸品等，在外包装上必须醒目标明，以示警告。常见的警告性标志如图3-27所示。

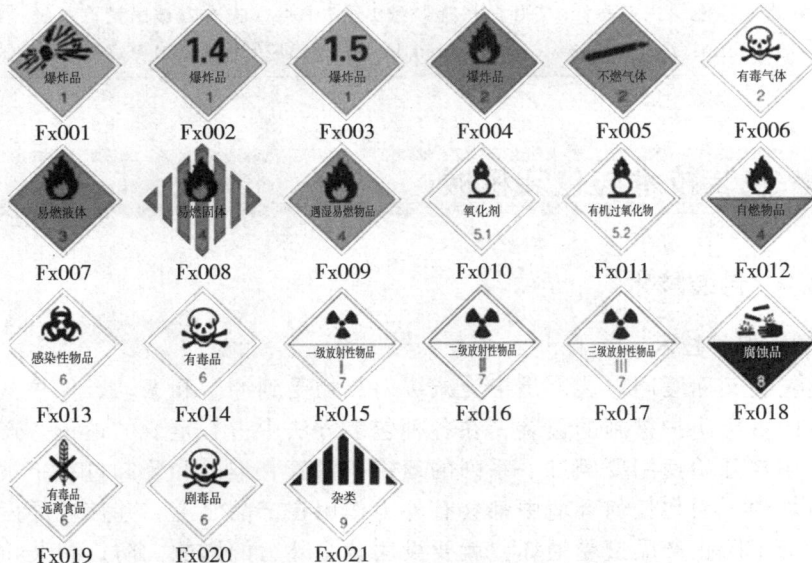

图3-27　常见的警告性标志

案例链接3-5 "夺命快递"

2013年11月29日，家住东营广饶县大王镇的居民刘兴亮在收到网购的一双鞋子几小时后出现了呕吐、腹痛等症状，后因抢救无效死亡。据医院诊断，刘兴亮死于有毒化学液体氟乙酸甲酯中毒。

山东省邮政管理局市场监管处副处长陈晓对此事件进行了通报。2013年11月28日23时15分，潍坊捷顺通快递有限公司（圆通网络）工作人员在卸载由武汉发往潍坊的快件时，发生化学品泄漏，在48小时内先后导致5名工作人员中毒。运输车上的1 844件快件中，包括污染源在内共154件快件沾上氟乙酸甲酯。该车从武汉出发后潍坊是第一站。

据湖北省邮政管理局通报，收寄快件的当地快递公司由于收寄验视不规范，将被依法吊销快递业务经营许可证。对潍坊捷顺通快递有限公司在责任事故发生后的迟报行为，山东省邮政管理部门也依据《中华人民共和国邮政法》和《快递市场管理办法》相关规定对其罚款两万八千元，并在全省通报批评，同时责令山东圆通速递有限公司在全省开展安全整顿，严格落实收寄验视制度，强化安全生产意识，提高识别违禁物品的能力，坚决杜绝类似事件的发生，确保寄递渠道安全畅通。

此次泄漏的化学品为氟乙酸甲酯，是一种在制药领域广泛应用的有毒液体。该物体虽然不属于《危险化学品名录》（2002版）中的危险化学品，但具有易燃特性，刺激人的眼睛、呼吸系统和皮肤，出现过致人死亡的极端案例。该化学品由湖北某化工厂经当地圆通快递收寄点寄往山东省潍坊市某制药厂，邮寄过程中多种原因造成外包装破损，致使液体泄漏。

资料来源 马俊骥，尹海洋. "夺命快递"致1死7中毒 收寄方被吊销许可证［EB/OL］.［2023-06-19］. http://www.dzwww.com/dldc/dmkd/zyxw/201312/t20131220_9379307.htm.

3.3 包装技术与包装机械

3.3.1 包装技术

1）防震保护技术

防震包装又称缓冲包装，是指为减缓内装物受到冲击和振动、保护其免受损坏所采取的一定防护措施的包装，在各种包装方法中占有重要的地位。产品从生产出来到用户开始使用要经过一系列的运输、保管、堆码和装卸过程，被置于一定的环境之中，而在任何环境中都会有外力作用在产品之上，并使产品发生机械性损坏。为了防止产品遭受损坏，就要设法减小外力的影响。防震包装主要有以下三种方法：

（1）全面防震包装方法

全面防震包装方法是指内装物和外包装之间全部用防震材料填满进行防震的包装方法。

（2）部分防震包装方法

对于整体性好的产品和有内装容器的产品，仅在产品或内包装的拐角或局部地方使用防震材料进行衬垫即可。所用包装材料主要有泡沫塑料防震垫、充气型塑料薄膜防震垫和橡胶弹簧等。

（3）悬浮式防震包装方法

对于某些贵重易损的物品，为了有效地保证其在流通过程中不被损坏，应保证外包装容器比较坚固，然后用绳、带、弹簧等将被装物悬吊在包装容器内，无论处于物流中的哪个操作环节，内装物都被稳定悬吊而不与包装容器发生碰撞，从而减少损坏。

2）防破损保护技术

缓冲包装有较强的防破损能力，因而是防破损包装技术中有效的一类。此外还可以采取以下几种防破损保护技术：

（1）捆扎及裹紧技术

捆扎及裹紧技术的作用，是使杂货、散货形成一个牢固整体，以增强整体性，便于处理及防止散堆来减少破损。

（2）集装技术

利用集装技术，减少与货体的接触，从而防止破损。

（3）选择高强度保护材料

通过高强度的外包装材料来防止内装物受外力作用而破损。

3）防锈包装技术

（1）防锈油包装技术

大气锈蚀是空气中的氧、水蒸气及有害气体等作用于金属表面引起电化学作用的结果。如果使金属表面与引起大气锈蚀的各种因素隔绝（将金属表面保护起来），就可以达到防止金属被大气锈蚀的目的。防锈油包装技术就是根据这一原理将金属涂封防止锈蚀的。

用防锈油封装金属制品，要求油层有一定厚度，连续性好，涂层完整。不同类型的防锈油要采用不同的方法进行涂刷。

（2）气相防锈包装技术

气相防锈包装技术就是用气相缓蚀剂（挥发性缓蚀剂），在密封包装容器中对金属制品进行防锈处理的技术。气相缓蚀剂是一种能减慢或完全停止金属在侵蚀性介质中的破坏过程的物质，其在常温下即具有挥发性，在密封包装容器中，在很短的时间内挥发或升华出的缓蚀气体就能充满每个角落和缝隙，同时吸附在金属制品的表面，从而起到抑制大气对金属锈蚀的作用。

4）防霉腐包装技术

在运输包装内装运食品和其他碳水化合物产品时，货物表面可能生长霉菌，在流通过程中如遇潮湿环境，霉菌生长繁殖极快，甚至伸延至货物内部，使其腐烂、发霉、变质，因此要采取特别防护措施。

防霉烂变质的包装措施，通常是采用冷冻包装、真空包装或高温灭菌方法。冷冻包装的原理是减慢细菌活动和化学变化的速度，以延长储存期，但不能完全避免食品变质。高温杀菌法可消灭引起食品腐烂的微生物，可在包装过程中用高温处理防霉。有些经干燥处理的食品包装，应防止水汽浸入以防霉腐，可选择防水汽和气密性好的包装材料，采取真空或充气包装。

5）防虫包装技术

防虫包装技术中常用的是驱虫剂，即在包装中放入有一定毒性和溴味的药物，如对二氯苯、樟脑精等，通过药物在包装中挥发杀灭和驱除各种害虫；也可采用真空包装、充气包装、脱氧包装等技术，使害虫无生存环境，从而防止虫害。

6）危险品包装技术

危险品有上千种，按危险性质，《危险货物分类和品名编号》（GB6944—2012）将其分为九大类：爆炸品；气体；易燃液体；易燃固体、易于自燃的物质、遇水放出易燃气体的物质；氧化性物质和有机过氧化物；毒性物质和感染性物质；放射性物质；腐蚀性物质；杂项危险物质和物品，包括危害环境物质。有些物品同时具有两种以上危险性能。

对有毒商品的包装要明显地标明有毒的标志。防毒的主要措施是包装严密不漏、不透气。例如，重铬酸钾（红矾钾）和重铬酸钠（红矾钠）为橘红色结晶性粉末，有毒，应用坚固铁桶包装，桶口要严密不漏，制桶的铁板厚度不能小于1.2毫米。对有机农药一类的商品，应装入沥青麻袋，缝口严密不漏；如用塑料袋或沥青纸袋包装，外面应再用麻袋或布袋包装。用作杀鼠剂的磷化锌有剧毒，应用塑料袋封严后再装入木箱中，箱内用两层牛皮纸、防潮纸或塑料薄膜衬垫，使其与外界隔绝。

对有腐蚀性的商品，要避免商品和包装容器的材质发生化学变化。金属类的包装容器，要在容器内壁涂上涂料，防止腐蚀性商品对容器的腐蚀。例如，包装合成脂肪酸的铁桶内壁要涂有耐酸保护层，防止铁桶被商品腐蚀，商品也随之变质。再如，氢氟酸是无机酸性腐蚀物品，有剧毒，能腐蚀玻璃，因而不能用玻璃瓶作包装容器，应装入金属桶或塑料桶，然后再装入木箱；甲酸易挥发，其气体有腐蚀性，应装入品质良好的耐酸坛、玻璃瓶或塑料桶中，严密封口，再装入坚固的木箱或金属桶中。

对黄磷等易自燃商品，宜将其装入壁厚不少于1毫米的铁桶中，桶内壁须涂耐酸保护层，桶内盛水，并使水面浸没商品，桶口严密封闭，每桶净重不超过50千克。对遇水易引起燃烧的物品，如碳化钙（遇水即分解并产生易燃气体乙炔），应用坚固的铁桶包装，桶内充入氮气，如果桶内不充氮气，则应装置放气活塞。

对于易燃、易爆商品，例如有强烈氧化性、遇有微量不纯物或受热即急剧分解引起爆炸的产品，防爆炸包装的有效方法是采用塑料桶包装，然后将塑料桶装入铁桶或木箱中，每件净重不超过50千克，并应安装自动放气的安全阀，当桶内达到一定气体压力时，能自动放气。

7）特种包装技术

（1）充气包装

充气包装是采用二氧化碳或氮气等不活泼气体置换包装容器中空气的一种包装方法，因此也称为气体置换包装。这种包装方法是根据好氧性微生物需氧代谢的特性，在密封的包装容器中改变气体的组成成分，降低氧气的浓度，抑制微生物的生理活动、酶的活性和鲜活商品的呼吸强度，达到防霉、防腐和保鲜的目的。

（2）真空包装

真空包装是将物品装入气密性容器后，在容器封口之前将其抽成真空，使密封后的容器内基本没有空气的一种包装方法。

一般的肉类商品、谷物加工商品以及某些容易氧化变质的商品都可以采用真空包装。真空包装不但可以避免或减少脂肪氧化，而且可以抑制某些霉菌和细菌的生长。同时，由于容器内部气体已排除，在对其进行加热杀菌时，可以加速热量的传导，提高高温杀菌效率，也可避免由于气体的膨胀而使包装容器破裂。

（3）收缩包装

收缩包装就是用收缩薄膜裹包物品（或内包装件），然后对薄膜进行适当加热处理，使薄膜收缩而紧贴于物品（或内包装件）的包装方法。

收缩薄膜是一种经过特殊拉伸和冷却处理的聚乙烯薄膜。薄膜在定向拉伸时产生残余收缩应力，这种应力受到一定程度加热后便会消除，从而使其横向和纵向均发生急剧收缩，同时使薄膜的厚度增加，收缩率通常为30%～70%，收缩力在冷却阶段达到最大值，并能长期保持。

（4）拉伸包装

拉伸包装是20世纪70年代开始采用的一种包装技术，它是由收缩包装发展而来的。拉伸包装是依靠机械装置在常温下将弹性薄膜围绕被包装件拉伸、紧裹，并在其末端进行封合的一种包装方法。由于拉伸包装不需要进行加热，所以消耗的能源只有收缩包装的1/20。拉伸包装可以捆包单件物品，也可用于托盘包装之类的集合包装。

（5）脱氧包装

脱氧包装是继真空包装和充气包装之后出现的一种新型除氧包装方法。脱氧包装是在密封的包装容器中，使用能与氧气起化学反应的脱氧剂与之反应，从而除去包装容器中的氧气，以达到保护内装物的目的。脱氧包装方法适用于某些对氧气特别敏感的物品，主要用于那些即使有微量氧气也容易变质的食品。

知识链接 3-2

包装技术趋势
变化

3.3.2 包装机械

包装机械就是完成全部或部分包装过程的机器。包装过程包括充填、裹包、封口等主要包装工序以及与其相关的前后工序，如清洗、堆码和拆卸等。此外，包装机械还包括盖印、计量等附属设备。真空包装机、贴体包装机、粉末包装机等都属于包装机械。

1）包装机械的作用

（1）提高劳动生产率，确保包装质量

机械包装代替手工包装，使产品不与人体直接接触，减少了产品暴露在空气中的时间，这为食品和药品的清洁卫生及金属制品的防锈蚀等提供了可靠的保证。机械包装计量准确，包装紧密，外形整齐美观，包装质量稳定，包装规格化、标准化，能适应标准化的集装箱、托盘、火车、轮船等各种运输条件和装卸方式。

（2）降低劳动强度，改善劳动条件

用机械包装来代替手工包装，可以使包装工人从繁重的体力劳动中解放出来，降低了劳动强度，改善了劳动条件。

（3）降低包装成本，减少流通费用

有些松泡商品，如棉花、羽毛和某些服装、针棉织品等，经采用压缩包装机械预压包装可以大大缩小包装件的体积，节省包装材料，降低包装成本。其在诸存时可节省仓容，增加仓库的储存量，减少保管费用，在运输时也可缩小运输空间，节省运输费用。

2）包装机械的分类

包装机械常用的分类方法是按包装工序进行分类，可以分为主要包装机械和辅助包装机械。完成裹包、灌装、充填等包装工序的包装机械称为主要包装机械或包装主机；完成洗涤、烘干、检测、盖印、计量、输送和堆垛等工作的包装机械称为辅助包装机械。

（1）裹包包装机械

裹包包装机械用于包装块状产品，按照裹包的不同工艺可分为扭结式包装机、端折式包装机、枕式包装机、信封式包装机、拉伸包装机等。

（2）充填包装机械

充填包装机械用于包装粉状、颗粒状的固态物品。充填包装机械包括直接充填包装机和制袋充填包装机两类。直接充填包装机是利用预先成型的纸袋或塑料袋进行充填，也可直接充填入其他容器。制袋充填包装机是完成袋容器成型、将产品充填入容器内这两道工序的包装机械。

（3）灌装包装机械

灌装包装机械用于包装流体和半流体物品，按照灌装产品的工艺可分为常压灌装机、真空灌装机、加压灌装机等。灌装包装机械通常与封口机、贴标机等连接起来成为一条机械化灌装流水线。

（4）封口机械

封口机械用于各种包装容器的封口，按封口的不同工艺可分为玻璃罐加盖机械（压盖、旋盖等）、布袋口缝纫机械、封箱机械、塑料袋和纸袋的各种封口机械。

（5）贴标机械

贴标机械是用于将商标纸或标签粘贴于包装件上的机械。

（6）捆扎机械

捆扎机械有带状捆扎机、线状或绳状捆扎材料的结扎机等。

（7）热成型包装机械

热成型包装机械根据包装容器成型工艺的不同分为泡罩包装机与贴体包装机。泡罩包装是目前应用最广泛的一种包装工艺，是指将产品封合在预成型的泡罩与底板之间进行包装。贴体包装可使产品固定不动，在流通过程中不因互相碰撞而受损。贴体包装与泡罩包装相似，两者的区别是贴体包装将产品自身作为成型模，而泡罩包装由专用模具来成型。

（8）真空包装机械

真空包装机械按其抽成真空后能否充入不活泼气体分为真空包装机和充气包装机。

（9）收缩包装机械

收缩包装机械就是用经过拉伸定向的热收缩薄膜包装物品（或内包装件），然后对薄膜进行适当的加热处理，使薄膜收缩而紧裹物品（或内包装件）的包装机械。收缩薄膜由上下两个卷筒张紧，产品由机器部件推向薄膜，薄膜包裹产品后，由封口部件将薄膜的三面封合，随后由输送带输送，通过加热装置，紧裹产品，冷却形成收缩包装件。

（10）其他包装机械

除以上几类包装机械外，还有洗瓶和烘干机，包装材料和规格的检测机、盖印机、计量机等。这些单机一般和其他包装机联合组成包装机组。

3.4　包装合理化、标准化和绿色包装

包装在物流系统中具有十分重要的作用，它在很大程度上制约着物流系统的运行情况。能否对产品按一定数量、形状、重量、尺寸配套进行包装，并且按产品的性质采用适当的材料和容器，不仅制约着装卸搬运、堆码存放、计量清点是否高效，而且关系着运输工具和仓库的利用效率。随着经济的迅速发展，环境日渐恶化，资源过度消耗，实施绿色包装是一项迫在眉睫的任务。可以说，包装无处不在，因此必须使用好包装，其合理化、标准化和绿色化都很重要。

3.4.1 包装合理化

1）包装合理化的概念

包装合理化是指在包装过程中使用适当的材料和适当的技术，制成与物品相适应的容器，节约包装费用，降低包装成本，既要满足包装保护商品、方便储运、有利销售的要求，又要提高包装的经济效益的包装综合管理活动。

大部分商品在通过综合物流系统时需要保护。包装不仅有助于防止商品遭盗窃和损坏，也有助于推销商品，使顾客得知商品信息。包装还与生产有关，因为生产工人经常包装商品，包装的大小、形状和材料极大地影响着生产效率。尽管包装的成本不像运输那样昂贵，但包装成本占了综合物流成本的10%。

2）影响商品包装的因素

第一，被包装商品本身的体积、重量以及其在物理和化学方面的特性。

第二，被包装商品在流通过程中需要哪些方面的保护，即商品包装的呆护性（冲击、碰撞、虫害及天气）。

第三，消费者的易用性。易用性指的是产品对用户来说有效、易学、好记、少错和令人满意的程度，即用户能否用产品完成他的任务，效率如何，主观惑受怎样，它实际上是从用户角度所看到的产品质量，是产品竞争力的核心。

第四，商品的商业包装讲究外表美观，吸引顾客；工业包装讲究保护的性质，同时也要科学，减少浪费。

3）包装合理化三要点

（1）防止包装不足

① 包装强度不足，使得包装防护性不足。

② 包装材料选择不当，不能起到防护商品和促进销售的作用。

③ 包装容器的层次和容积不足，易造成被包装物损失。

④ 包装成本过低，不能保证达到必要的包装要求。

（2）防止包装过剩

① 包装材料选择标准过高，包装物强度设计过高。

② 包装技术过高，包装层次过多，包装体积过大。

③ 包装成本过高。一方面，超过因减少损失而可能获取的收益；另一方面，在商品成本中比重过大，损害消费者利益。

> **边学边议 3-3**
>
> 举例说明生活中包装不足和包装过剩的现象。

（3）从物流总体的角度出发，用科学的方法确定最优包装

对包装产生影响的第一因素是装卸，不同的装卸方法决定着不同的包装。目前

我国铁路运输、公路运输等，有的仍采用手工装卸，因此，包装的外形和尺寸就要适合人工操作。另外，如果装卸人员素质低、作业不规范也会直接引发商品损失。因此，引进装卸技术、提高装卸人员素质、规范装卸作业标准等都会相应地促进包装、物流的合理化。

对包装有影响的第二个因素是保管。在确定包装时，应根据不同的保管条件和方式而采用与之相适应的包装强度。

对包装有影响的第三个因素是运输。运送工具类型、输送距离长短、道路情况等对包装都有影响。我国现阶段存在多种不同类型的运输方式，如航空的直航与中转，铁路的快运集装箱、包裹快件、行包专列等，汽车的篷布厢车、密封厢车等，对包装都有着不同的要求和影响。

4）包装合理化的主要表现

（1）包装的轻薄化

由于包装主要起保护作用，对产品使用价值没有任何意义，因此在强度、寿命、成本相同的条件下，更轻、更薄、更短、更小的包装，可以提高装卸搬运的效率。

（2）包装的单纯化

为了提高包装作业的效率，包装材料及规格应力求单纯化，包装规格还应标准化，包装形状和种类也应单纯化。

（3）符合集装单元化和标准化的要求

包装的规格与托盘、集装箱关系密切，应考虑到其与运输车辆、搬运机械的匹配性，从系统的观点出发制定包装的尺寸标准。

（4）包装的机械化与自动化

为了提高作业效率和包装现代化水平，对各种包装机械的开发和应用是很重要的。

（5）注意与其他环节的配合

包装是物流系统的组成部分，需要和装卸搬运、运输、仓储等环节一起综合考虑、全面协调。

（6）有利于环保

包装是产生大量废弃物的环节，处理不好可能造成环境污染。包装材料最好可反复多次使用并能回收再生利用；在包装材料的选择上，还要考虑对人体健康不产生影响，对环境不造成污染，即讲究"绿色包装"。

边学边议 3-4

知识链接 3-3

近几年，快速发展的外卖行业给人们生活带来便利的同时，产生的外卖垃圾也随之快速增长。2020 年全国外卖垃圾中塑料垃圾重量约 160 万吨，而无害化处理 160 万吨塑料垃圾，大约需花费 24.5 亿元。最终，消费者为外卖包装"埋单"。在当前外卖行业中，外卖包装究竟还存在哪些问题？如何进一步推动外卖垃圾问题的解决？

外卖垃圾
不容小觑

3.4.2 包装标准化

1）包装标准化的概念

包装标准化是以物流包装为对象，对包装类型、规格、容量、使用材料、包装容器的结构类型、印刷标志、产品的盛放、缓冲措施、封装方法、名词术语、检验要求等制定统一的政策和技术措施。

包装标准化是提高物流包装质量的技术保证和物质保证，同时它也是供应链管理中核心企业与节点企业间及节点企业与节点企业间无缝衔接的基础。物流包装的标准化可以保证资源和原材料的合理利用，并提高包装制品的生产效率，保证物流在整个供应链中的畅通。我国包装标准与国际接轨，可以减少技术性贸易壁垒引起的国际物流争端，降低损耗，减少运输费用，提高运输效率，进而提高产品在国际市场上的竞争能力。

2）包装标准化的内容

（1）包装材料标准化

商品包装材料应尽量选择标准材料，少用或不用非标准材料，以保证材料质量和材料来源的稳定。企业要经常了解新材料的发展情况，结合自身生产的需要，有选择地采用。

包装材料主要有纸张、塑料、金属、木材、玻璃、纤维织物等。相关企业对这几大类包装材料的强度、伸长率、每平方米重量、耐破度、水分等技术指标应制定标准，以保证包装材料制成包装容器后能够承受流通过程中各种损害商品的外力和其他条件。

（2）包装容器标准化

包装容器的外形尺寸与运输车辆的内部尺寸和包装商品所占的有效仓库容积有关，因此应对包装外形尺寸做严格规定。运输包装的内尺寸和商品包装的外尺寸也有类似的关系，因此对运输包装的内尺寸和商品包装的外尺寸也应做严格规定。为了节约包装材料和便于搬运、堆码，一般情况下，包装容器的长与宽之比应为3∶2，高与长应相等。

（3）包装工艺标准化

凡是包装箱、桶等，必须规定内装商品数量、排列顺序、合适的衬垫材料，并防止包装箱、桶内空隙太大、商品游动。如木箱必须规定箱板的木质、箱板的厚度、装箱钉子的规格、相邻钉子的距离、包角的技术要求及钉子不得钉在夹缝里等；纸箱必须规定如何封口、腰箍的材料、腰箍的松紧及牢固度等；布包则要规定针距及捆绳的松紧度等。对回收复用的木箱、纸箱及其他包装箱也都必须制定标准。

（4）装卸作业标准化

在车站、码头、仓库等处装卸货物时，要制定装卸作业标准，进行文明操作。机械化装卸要根据商品包装特点选用合适的机具，如集装袋、托盘等。工业、商业、交通运输部门交接货物时，要实行验收责任制，做到责任分明。

（5）集合包装标准化

集合包装既适合机械化装卸，又能保护商品安全。我国集合包装近几年有较快的发展，并制定了部分国家标准，其中，20吨以上的集装箱采用国际标准。托盘的标准应和集装箱标准规定的尺寸相配套。

案例链接3-6　　　　京东物流谋变"无界零售"

京东物流位于杭州的仓储基地已经辐射浙江全省，成为京东物流在浙江省的枢纽，随着标准化物流试点项目的不断深入，这一枢纽作用还将更加凸显。京东物流还引进第三方托盘服务商来提供托盘的租赁、回收、维修服务，以达到不同区域托盘的供需平衡，同时进行集中管理。

1）50 000个标准化托盘齐上阵，有望每年节省物流成本约5 000万元

在京东物流大江东仓储基地，一列列的货架整齐排列。在这些货架上摆放着京东物流即将发往浙江省内各地的商品，而承载这些商品的就是一个个1.2米×1米的标准化托盘。这些标准化托盘在京东位于杭州的基地里总共有50 000个。京东物流标准化试点项目负责人透露，京东物流早期的木托盘规格种类较多，通用性比较差，了解到目前我国1.2米×1米规格托盘的使用最为普遍，相应的叉车、横梁式等堆存货架的标准也多与此规格托盘相匹配的情况后，自2010年起，公司逐步选用1.2米×1米托盘为主流型号，并对原有型号托盘进行汰换，确保全国各分公司、各单仓库房的统一性。

通过改造，京东物流也将达到降低成本的效果。京东物流标准化托盘相关负责人介绍，项目建成后，所有库房都使用统一标准规格的托盘、货架、叉车等设备，并通过不断优化，将所有非标准设备进行整合，最终实现同类设备种类减少、物流作业效率提升、物流设施利用率提高、加快企业库存与资金的周转等目的。该项目建成后每年将节约成本约5 000万元。

此外，随着企业内部物流单元化作业、上下游供应商之间的托盘循环使用工作的推进，京东物流的托盘租用占比从20%大幅调高到40%，这使得物流作业效率进一步提升，其中装卸效率提升50%。物流标准化项目将进一步加快企业库存与资金的周转，库存总量将降低10%。

2）让标准化物流深入供应链上下游，用智慧物流缔造"无界零售"

以标准化托盘为起点，京东物流围绕"标准化"引入了更多的标准化工具。不仅有标准化货架，还有标准化叉车、标准化货车等。以叉车为例，目前京东使用的叉车为四轮电动平衡重叉车、站驾式电动托盘搬运车、电动前移式叉车等类别，而这些叉车全部使用电动驱动。在叉车选型上，京东物流以标准通用为依据，规范了叉车的承载能力、货叉长宽与间距、行驶速度等，并以所有标准托盘为中心，对叉车的货叉长度、宽度进行标准化限定。这些围绕着标准化托盘而配制的工具也让京东物流在提升运输效率上大步前行。2017年，京东物流干支线运输线路近500条，体系内运输车辆超过25万辆。

京东物流标准化试点项目负责人介绍，京东物流在推行物流标准化的过程

中，通过上下游供应链的共同参与，成为行业物流标准化操作的先行者，起到较好的行业示范作用。通过与政府相关部门、供应链上下游企业、同行企业等的交流，京东物流积极参与和推进行业标准规范和制度的研究、制定和发布。

通过一系列资金、技术、设备等的投入，优化企业内外部及供应链上下游的物流作业，京东希望在降低企业内部及供应链上下游的物流成本和提高物流效率的同时，进一步降低社会物流的成本、提高整个社会物流的效率。

在物流效率提升的基础上，凭借京东集团在品牌运营、仓储物流、信息技术、售后服务、人才培养等方面的优势，京东物流在华东地区的业务取得了突飞猛进的发展。京东专业的配送队伍能够为消费者提供一系列专业服务，如211极速达、京准达、京尊达、快速退换货以及家电上门安装等服务，保障用户享受到卓越、全面的物流配送和购物体验。

如今，在京东物流仓储基地里，除了标准化物流相关元素以外，还活跃着一台台小小的机器人，它们拖动托盘在仓库区域内快速移动，智慧物流正是京东物流努力的方向。

2018年2月8日，在京东物流华东区第三届合作伙伴大会上，京东集团方面的代表在致辞中表示，京东物流在过去和未来不断把自己的智慧型物流开放给各类商家和全社会。在这次大会上，京东物流华东区域分公司与商家代表启动了"无界零售、智慧物流、京东华东区合作联盟"，双方约定利用京东物流的能力，进一步降低供应链成本、提升流通效率，共同打造极致的客户体验。

资料来源　王宏，朱光函. 50 000个标准化托盘齐上阵　京东物流谋变"无界零售"[N].每日商报，2018-03-26.

3.4.3　绿色包装

1）绿色包装的概念

绿色包装（green package）又可以称为无公害包装和环境友好包装（environmental friendly package），指对生态环境和人类健康无害，能重复使用和再生，符合可持续发展目标的包装。它的理念有两个方面的含义：一个是保护环境；另一个是节约资源。这两者相辅相成，不可分割。其中，保护环境是核心。节约资源与保护环境又密切相关，因为节约资源可减少废弃物，其实也就是从源头上对环境的保护。

从技术角度讲，绿色包装是指以天然植物和有关矿物质为原料研制成对生态环境和人类健康无害，有利于回收利用，易于降解、可持续发展的一种环保型包装。也就是说，其包装产品从原料选择、产品制造到产品使用和废弃的整个生命周期，均应符合生态环境保护的要求。我们应从绿色包装材料、包装设计和大力发展绿色包装产业三方面入手实现绿色包装。

绿色包装有利于保护自然环境，避免废弃物对环境造成损害。包装材料本身包含的化学成分有可能会对周围环境造成一定影响，如以前使用的泡沫快餐盒中的乙烯等成分严重超标，长期置于环境中将对周围的生态环境造成严重的破坏，形成一道白色污染带。采用绿色包装，对包装材料进行严格的把关，可以避免废弃物对环境的不良影响。另外，采用绿色包装可对包装材料进行重复利用，有利于增加相对资源，缓解资源紧张的现状。因此，绿色包装既有经济效益，又有社会效益，是二者的有机统一。绿色包装是一个动态的概念，随着科学技术的进步，总的趋势是在保护环境的基础上将包装使用周期总成本逐步最小化。

知识链接3-4

绿色环保化
包装推广
任重道远

2）绿色包装的内涵

（1）实行包装减量化（reduce）

绿色包装在满足保护商品、方便运输、促进销售等功能的条件下，应是用量最少的适度包装。欧洲和美国将包装减量化列为发展无公害包装的首选措施。

（2）包装应易于重复利用（reuse）或易于回收再生（recycle）

包装通过多次重复使用或回收废弃物生产再生制品，焚烧利用热能，堆肥改善土壤条件等措施，可达到再利用的目的。这样做既不污染环境，又可充分利用资源。

（3）包装废弃物可以降解腐化（degradable）

为了不形成永久的垃圾，不可回收利用的包装废弃物要能分解腐化，进而达到改善土壤条件的目的。世界各工业国家均重视发展利用生物或光降解的包装材料。

reduce、reuse、recycle和degradable是现今世界公认的发展绿色包装的"3R1D"原则。

（4）包装材料对人体和生物应无毒无害

包装材料中不应含有有毒物质或有毒物质的含量应控制在有关标准以下。

（5）包装产品在整个生命周期中，均不应对环境产生污染或造成公害

包装产品在从原材料采集、材料加工、产品制造、产品使用、废弃物回收再生直至最终处理的全过程中，均不应对人体及环境造成公害。

以上绿色包装的含义中，前四点应是绿色包装必须满足的要求，最后一点是依据生命周期评价，用系统工程的观点，对绿色包装提出的理想的、最高的要求。基于以上的分析，绿色包装可定义为：能够循环复用、再生利用或降解腐化，而且在产品的整个生命周期中对人体及环境不造成公害的适度包装。

3）绿色包装的实现途径

绿色包装的实现途径主要有：促进生产部门采用尽量简化的以及由可降解材料制成的包装；在流通过程中，应采取措施实现包装的合理化与现代化。

（1）包装模数化

确定包装基础尺寸的标准，即包装模数化。包装模数标准确定以后，各种进入流通领域的产品便需要按模数规定的尺寸包装。模数化包装利于小包装的集合，利用集装箱及托盘装箱、装盘。包装模数如能和仓库设施、运输设施尺寸模数统一化，也利于运输和保管，从而实现物流系统的合理化。

（2）包装的大型化和集装化

包装的大型化和集装化，如采用集装箱、集装袋、托盘等集装方式包装，有利于装卸、搬运、保管、运输等过程的机械化，加快这些环节的作业速度，有利于减少单位包装，节约包装材料和包装费用，有利于保护货体。

（3）包装多次、反复使用和废弃包装的处理

采用通用包装，不用专门安排回返使用；采用周转包装，可多次反复使用，如饮料瓶、啤酒瓶等；梯级利用，即一次使用后的包装物，用毕转作他用或简单处理后转作他用；废弃包装物经再生处理，转化为其他用途或制作新材料。

（4）开发新的包装材料和包装器具

其发展趋势是包装物的高功能化，即用较少的材料实现多种包装功能。

边学边议 3-5

对大多数人而言，网购已是生活中必不可少的环节。与此相应，近年来，快递包装废弃物数量急速增长，成为城市生活垃圾的首要增量和环境污染的重要来源。经初步估算，我国快递业每年消耗的纸类废弃物超过900万吨、塑料废弃物约180万吨，并呈快速增长趋势。在特大型城市中，快递包装的垃圾增量已占到生活垃圾增量的93%，且增势不减。在未来一段时间内，我国快递业仍将保持高速增长态势，快递包装废弃物产量也将不断增加，给城市生活垃圾治理带来严峻挑战。请你谈谈快递包装如何实现绿色转型。

本章小结

大部分商品在通过综合物流系统时需要保护。包装不仅有助于防止商品遭盗窃和损坏，也有助于推销商品，使顾客得知产品信息。

包装还与生产有关，因为生产工人经常包装商品，包装的大小、形状和材料极大地影响着生产效率。尽管包装的成本不像运输那样昂贵，但包装成本占了综合物流成本的10%。

面对个性化商品需求的发展，如何采用更新、更环保的包装材料，运用高效率的包装工具提高企业效益是现代企业物流关心的重点。

学习本章旨在了解包装的发展和现状，为企业选择合适的包装方式打下理论基础。

复习思考题

第3章
基础知识测试

（1）什么是包装？它在物流中有什么地位？

（2）什么是包装标志？常见的包装标志有哪些？

（3）常用的包装材料有哪些？包装材料应具备什么样的特性？

（4）物流中常用的包装技术有哪些？

（5）包装合理化的要求是什么？

（6）绿色包装的定义是什么？当今世界公认的发展绿色包装的"3R1D"原则是什么？

案例分析题

菜鸟网络、京东、苏宁、小米、顺丰绿色包装解决方案大比拼

在首届中国电子商务与物流绿色包装大会上，菜鸟网络、京东、苏宁、小米、顺丰相关负责人分别阐释了各自企业在电商绿色包装方面的举措。它们分别从减量包装、环保包装材料以及供应链角度着手，通过工艺与技术相结合，打造各具特色的电商绿色包装解决方案。

1）菜鸟网络：考虑行业相关方的整体普及性与接受度

由于企业定位的关系，菜鸟网络作为一个平台，在开展绿色包装工作时更侧重考虑行业相关方的整体普及性、接受度。菜鸟网络遵循减量化、再利用、再循环、可降解来推进绿色包装，提出到 2020 年要实现从阿里巴巴电商平台发出的所有包裹中有 50% 的绿色化包装，并且要实现碳减排 362 万吨。

菜鸟网络在绿色包装及绿色物流方面的主要举措有：

① 联合 32 家物流合作伙伴成立菜鸟绿色联盟，发起菜鸟绿色行动计划，成立菜鸟绿色联盟公益基金，推进绿色物流相关的工作。

② 在减量化方面，主要在考虑提升物流运作效率的前提下，通过智能打包算法，根据消费者订单包含的产品推荐包装解决方案，进而实现减量包装，提升整个纸箱空间利用率，减少塑料填充物的使用。目前该算法平均可以减少 5% 的包装量。2017 年"双十一"发货量超过 10 亿件，可节省 4 500 多万个箱子。

③ 推行菜鸟电子面单替代传统三联面单。阿里巴巴电商平台上的商家对电子面单的使用率已经达到 80%，每年节约纸张费用达 12 亿元。

④ 推出全生物降解袋、无胶带纸箱，联合天猫企业购共同开设绿色包裹的采购专区。

⑤ 与蚂蚁森林开展深度的合作，消费者收到绿色快递之后，在蚂蚁森林上自动获得绿色的能量，达到种树条件之后，公益组织会在敦煌为消费者种下一片专属的"绿色包裹"森林。

⑥ 设计标准化绿色回收专区，在 10 个城市开启纸箱回收，并在厦门打造第一个绿色物流城市……

2）京东：携手上下游推动供应链 B2B2C 绿色环保

京东在绿色包装方面的探索主要包括减量化包装、推行生物降解和循环包装以及联合供应链上游推行供应链包装。

其主要措施包括：推行 400g 的三层纸箱，通过完善物流体系、规范操作，减少包装使用；在自营物流上 100% 推广电子面单；降低胶带宽度、启动纸箱回收，

对包装缓冲物进行减量；推行电子签收，并在部分业务上使用免胶带纸箱；举办电商物流包装大赛，启动绿色供应链的行动，推行"青流计划"，携手上下游企业来推动整个供应链的 B2B2C 绿色环保。

从供应链角度来看，京东与品牌商合作推行简约包装、直发包装，通过消费大数据和物流大数据来告诉品牌商，包装哪里有问题，应该怎么解决；推行芎板运输，减少商品搬运次数，降低商品破损率。

在重复利用方面，京东要求包装产品能够用初始的包装形式被反复利用。现在京东平台上的很多电商在打包环节使用二次纸箱。

3）小米科技：精细化管理，全程参与

小米既有上游的生产物流，也有 2B、2C 的物流，需要供应链从源头到末端的全程参与，通过工艺改进和精细化管理，利用多运作场景，在保护好商品的前提下，尽可能做到减量化、轻量化、标准化和可循环化。

小米的绿色包装举措主要有：

① 不同的产品使用不同的包装和电子面单，根据客户订单的长度以及内容的多少，使打印购物清单的纸张大小达到最佳。推行电子发票，不浪费任何一块地方。

② 用水溶性胶带代替透明胶带，推行可循环包装和简约包装。利用前端生产供应商的原箱包装发货，使用循环纸箱二次发货时，告知客户；让产品设计人员参与物流包装设计，利用大数据以及数据模型算出订单的组合，推荐最优的产品箱型。

4）苏宁物流：遵循国际 3R 标准，呼吁上下游合作

苏宁在绿色包装的推行上，主要是遵循目前国际上的 3R 标准，即包装轻量化、重复利用以及回收。

苏宁的绿色包装举措主要有：

① 推出胶带和面单瘦身计划，极大降低相关包材的使用量，减少对环境的污染。推出纸箱回收系统，快递员为客户现场讲解回收办法，在现场处理面单信息，带回包装箱进行筛选，返回仓库贴上专有环保标签，进行再次利用。2016 年苏宁共回收了 200 万个包装箱。

② 在重复利用方面，推出可循环的共享快递盒，收货人在签收之后，快递员会把箱子直接回收。截至 2017 年 10 月份，苏宁一共投放 5 万个共享快递盒，累计节约了纸箱 650 万个。

③ 针对天天快递，苏宁将原来网点之间用于交接的编织袋更换成 RFID 环保袋。环保袋有内置芯片，拥有定位、追踪功能，可以识别目的地，达到自动分拣的目的，可实时在线查询各种信息，不仅可以循环利用，还可以节省员工作业时间。

④ 在回收方面，苏宁要求生产出来的包装物就是可利用的资源，减少不可回收的垃圾。例如，苏宁采用牛皮纸胶带，可大大提高纸箱回收再利用的价值。

⑤ 在智能化方面，苏宁推出包装推荐系统，可以对商品各类信息以及尺寸、

重量进行精准的评估。通过大数据计算，将商品与纸箱尺寸进行匹配，并且计算出商品在纸箱里面如何摆放最节省耗材，从而减少耗材使用量，提升员工的作业效率。

⑥ 针对不同产品类别、客户的接受度情况，制订不同的包装方案。比如，对手机以及一些高价值的商品，因为客户接受度较低，可少使用二次回收纸箱；对日常用品，大米、粮油等产品，客户的接受度较高，则可以推广使用回收纸箱。

5）顺丰：注重包装标准化，玩起包装魔术

《中国冷链物流发展报告（2017）》显示，我国冷冻产品损坏率高达20%～30%，而发达国家的损耗量约为5%。生鲜产品从田间地头到餐桌要经过采收、分解、预冷、包装、运输中转、派送，最后到达客户的手中。每一个环节做不好都会影响产品品质，导致耗损增加。

顺丰的包装解决方案，不是把生鲜产品放到箱子里这么简单，而是在全流程中对所有环节进行控制。

预冷环节是水果保鲜的第一步。水果从树枝上采摘下来带有田间热，这个热量占总热量的52%，预冷工作就是把52%的热量去掉。实验证明，预冷越及时，货架保鲜能力越强。传统的冷库造价成本高，也很难进入田间地头，顺丰在2016年做了移动预冷库，既可以灵活运用，又可以达到资源利用最大化。

包装是水果保鲜最关键的一步。生鲜包装不同于传统的包装，多加了一个保鲜技术，而要发挥温控的作用，就需要保温箱和冷媒。EPP循环保温箱是顺丰在冷链方面使用的循环保温箱，有独立的冰盒卡槽，可避免货物挤压，可以循环使用，避免了白色泡沫箱的浪费。顺丰使用的冷媒主要有可循环使用的冰盒以及一次性冰袋。不同颜色代表不同的冷媒，派送员可以针对不同的产品放置不同颜色的冷媒，从而提高工作效率。

顺丰的包装设计除了考虑产品的安全性之外，还考虑产品在流通环节与各类设备、容器的匹配度与适应性，注重包装的标准化。例如，单品包装与托盘的尺寸、车辆的尺寸、机舱的尺寸、自动化中转、包装工具的匹配，涉及一系列的操作。顺丰呼吁，绿色包装必须要考虑包装在各个环节的匹配度，考虑标准化的问题。

资料来源　佚名. 菜鸟、京东、苏宁、小米、顺丰绿色包装解决方案大比拼［EB/OL］. ［2023-06-16］. https://baijiahao.baidu.com/s?id=1585137649315243040&wfr=spider&for=pc.

问题：

试分析菜鸟、京东、苏宁、小米、顺丰推行绿色包装的途径及特点。

第4章 ◀▶ 装卸搬运

知识传授目标	能力培养目标	价值塑造目标	建议学时
➤了解装卸搬运的概念、主要内容、特点、作用和意义 ➤了解装卸搬运的分类 ➤掌握装卸搬运合理化的内容	➤能够分清装卸与搬运的使用习惯、区别 ➤认识各种装卸搬运工具 ➤掌握如何实现装卸搬运流程的优化	➤培养学生的安全意识，以及确保物品完好无损和无差错的工作能力	4

思政引入 冰道运石

关于嘉峪关"冰道运石"的传说是这样的：

当初，修建嘉峪关关城时，需要成千上万块长2米、宽0.5米、厚0.3米的石条，工匠们在黑山将石条凿好后，却人抬不起、车拉不动，且山高路远，无法运输。大伙儿边凿石条边发愁，眼看隆冬季节就要到了，石条还没有从山里运出一块。如果耽误工期，按照当时的刑律，那可是要掉脑袋的。

正在大家长吁短叹时，忽然山顶一声闷雷，从白云中飘下一幅锦绸，众工匠赶紧接住，只见上面若隐若现有几行字，大家看后恍然大悟，按其行事。等到冬季到来后，众人从山上往关城修一条路，在路面上泼水，让其结成一条冰道，然后把石条放在冰道上滑行运输，结果非常顺利地把千万块石条运到了嘉峪关城下，这座著名的"天下第一雄关"就此诞生！

资料来源　吕宁. 嘉峪关传说"冰道运石"之考证 [EB/OL]. [2019-07-03]. http://www.sohu.com/a/156202881_459657.

问题：

中国古代还有哪些运输方式？

案例导读 联华江桥物流中心装卸搬运系统

作为持续领先的中国零售巨头，联华超市的物流体系一直是业界标杆。2016年，联华江桥物流中心建成并投入使用，它是业内第一座服务于超市、卖场、便利店、社区型网点以及电商等多个业态的全温带共同配送中心，通过开放的信息系统、标准的作业流程、可视化的运作管理模式、先进高效的物流装备，实现了全方位的高质量物流服务，为联华超市的业务发展提供了强有力的支撑。

联华江桥物流中心以"高效、节能、共享"为目标，在商品、资产、设备、人员管理等方面广泛应用了条码技术、无线射频技术，强化资产、设备、作业的跟踪管理；强制推广外箱码的规范使用，以规范物流运作管理、提高作业效率；使用标准托盘、标准周转箱、标准笼车等载运工具，实现载运工具的双向互换和社会化流转使用，提高作业效率；规范配送车辆车型，在自有车辆以及签约运输车辆上均配置装卸尾板，实现货物的快速装卸和交接。高度的标准化、规范化、可视化，保障了物流顺畅、高效。

联华一个物流中心的运营系统中，装卸搬运设备的选用不仅关系到作业效率，也关系到作业人员的劳动强度，特别是联华江桥物流中心，总体面积广、单体跨度大，对于搬运设备的选择必须慎之又慎。除了稳定可靠、高效耐用等特性之外，响应速度快、售后服务完善等也是重要参考因素。经过层层的预筛选和公开招标评选，第三方评标专家最终选择了在业内有良好口碑的林德叉车等一批优秀搬运设备。经过一年多的使用，这些设备完全融入了联华江桥物流中心的系统运作，有力保障了货物的安全、快速、高效移动。

针对通过型货品，作业人员驾驶叉车搬运至一层的通过型货品暂存区；对于存储型货品，则由叉车作业人员搬运至自动升降机，自动升降机自动提升至指定楼层，再由该楼层作业人员驾驶叉车搬运到指定货位，完成存储。

联华江桥物流中心道路环通、场地宽敞，装卸货码头、停车泊位富足，可以确保任何货运车辆的平均装、卸货时间不超过半小时，作业效率极高。

资料来源　王玉. 联华江桥物流中心：全温带多业态共同配送典范［J］. 物流技术与应用，2017（10）：102−105.

问题：

（1）试分析该物流中心装卸搬运系统装卸搬运作业的具体内容，并说明应如何实现装卸搬运作业。

（2）调查某家物流中心，分析其装卸搬运系统是否有改进的余地；假如有，请为这家物流中心提出改进的具体方案。

4.1　装卸搬运概述

4.1.1　装卸搬运的概念

装卸是指在指定地点以人力或机械方式将物品装入运输设备或卸下。装卸是改变"物"的存放、支撑状态的活动，主要指物体上下方向的移动。

搬运是指在同一场所内，对物品进行水平移动为主的物流作业。搬运是改变"物"的空间位置的活动，主要指物体横向或斜向的移动。

装卸搬运是指在同一地域范围内（如车站、工厂、仓库内部等），以改变物的存放状态和空间位置为主要内容和目的的活动，具体包括装上、卸下、移送、拣选、分类、堆垛、入库、出库等活动。

习惯上，物流领域（如铁路运输）常将装卸搬运这一整体活动称为"货物装卸"，生产领域常将这一整体活动称为"物料搬运"。实际上，其活动内容都是一样的，只是领域不同，叫法不同而已。

在实际操作中，装卸与搬运是密不可分的，两者是伴随发生的。因此，在物流学中并不过分强调两者的差别，而是将其作为一种活动来对待的。搬运与运输的区别之处在于，搬运是在同一地域的小范围内发生的，而运输则是在较大范围内发生的，两者是量变和质变的关系，中间并无一个绝对的界限。

边学边议 4-1

装卸和搬运有哪些不同？

案例链接 4-1　　　　　一粒沙子的 3 000 千米奥运之旅

2008 年，北京奥运会沙滩排球的比赛场馆设在北京朝阳公园，球场的用沙来自中国海南省东方市的八所石英砂矿。这是中国沙首次登上奥运舞台。

八所石英砂矿离三亚市 200 千米，矿场面积为 1 000 平方米左右，四周没有围墙，奥运会比赛用沙是从八所石英砂矿 7 号矿体的沙矿里选出的，选用了两种沙子：一种类似白色，另一种是浅黄色。沙子全部来自离地面 2 米深的地下。被选中的沙子就是从这里开始了长达 3 000 千米的奥运之旅。

从矿场地下采出的原沙，必须经多道工序才能完成筛选和清洗。标准沙选出后，重新使用螺旋洗沙机将黄沙和白沙按照 6∶4 的比例机械勾兑色度，混合以后的沙子将作为北京奥运会沙滩排球比赛专用沙。2007 年 6 月 18 日，八所填沙场为奥运会沙滩排球场地用沙进京装车做最后的准备。奥运会用沙从海南运抵北京，经周密研究和比较，最终确定从海南海运到天津、再车运至北京、分两批运输的方案。

2007 年 6 月 28 日，首批被选中的 1 万吨（总共 1.7 万吨）"奥运沙"将被运往码头，等待它们的专用船舶是"力鹏 3 号"。此船抵达码头后，十几个工人用高压水枪 48 小时不间断地冲洗，分别装载过 3 000 多吨煤炭的三段船舱一尘不染。在"奥运沙"正式上船前，受国际奥委会和国际排联委托的加拿大专家托德戴着白手套在对装沙船进行最后的检测，达标后才准许装船。

八所石英砂矿离八所港 6 000 米，为将 1 万吨沙子快速装船，厂方找来了

16辆卡车，每辆卡车装有3个料斗，每个料斗可以装载8吨沙子。到达港口后，3辆吊车直接吊起车上料斗将沙子倒入船舱。这种"无缝对接"有效避免了沙子在装船过程中可能受到的污染。经过48小时、16辆车每辆往返26次后，首批万吨沙子顺利上船。

装船后，每段船舱都上了盖，并专门做了铅封，以防止任何杂质进入船舱。经过8天的海上航行，2007年7月6日，首批1万吨比赛场地用沙抵达天津港；经过卸货、装车，由40吨载重汽车259车次的连续运输，终于顺利运抵北京朝阳公园沙滩排球场馆工地。7月15日，加拿大专家托德来到奥运会沙滩排球场施工现场，通过取样机、天平、振动机等测试装置，对抵京的首批万吨奥运用沙再次进行了检验，最终认定首批奥运会用沙全部合格。7月23日，第二批"奥运沙"7 000吨，也经同样的历程运达北京。

沙子运达场馆施工现场后，并没有直接铺入场地，而是选择在主赛场西侧的水泥平地前存放。在此期间，为了避免任何杂质的混入，对沙子进行了全方位防护，安排专人全程监控车辆卸载，严格清理所有可能混入的杂质；卸毕后，奥运沙被严实地包裹上绿色高密度双层毡布。同时，专家定期要对沙子的含水量进行检测，如果发现10厘米以下没有湿沙，还会喷洒净水为沙子补水。奥运会前夕，国际排联专家对场地和沙子进行审核，随后开始铺装沙子，先铺主比赛场，再是2块热身场和6块训练场。为有效地降低铺装工具对沙子的污染，沙子铺设过程主要使用传送带运送。传送带共有19节，最远距离达到170多米。在"奥运沙"铺设完毕后，它们受到24小时的监控守护。

资料来源 易蓉蓉. 一再筛选：奥运沙的故事［N］. 科学时报，2008-08-13.

4.1.2　装卸搬运的作业内容

装卸搬运主要由装卸、搬运、堆码、取出、分类和理货六个动作组成。

装卸——将物品装上运输机具或由运输机具卸下。

搬运——使物品在较短的距离内移动。

堆码——对物品或包装货物进行码放、堆垛等相关作业。

取出——将物品从保管场所取出。

分类——对物品按品种、顾客需求、发货方向、类别等进行分类。

理货——将物品装备备齐，以便随时装货、方便提货。

4.1.3　装卸搬运的特点

1）装卸搬运是附属性、伴生性的活动

装卸搬运是物流每一项活动开始及结束时必然发生的活动，因而有时会被人忽视，但大多数时候其都被看成进行其他操作不可缺少的组成部分。例如，一般而言

的"汽车运输"就实际包含相随的装卸搬运,仓库作业中泛指的保管活动也含有装卸搬运活动。

2)装卸搬运是支持性、保障性的活动

装卸搬运的附属性不能被理解成被动的活动,实际上,在一定程度上装卸搬运对其他物流活动有决定性作用。装卸搬运会影响其他物流活动的质量和速度,例如,装车不当会引起运输过程中的损失,卸放不当会造成货物难以进入下一流程。许多物流活动只有在有效的装卸搬运的支持下,才能实现高水平的运作。

3)装卸搬运是衔接性的活动

各种物流活动互相过渡时,都是以装卸搬运来衔接的,因而,装卸搬运往往成为整个物流的"瓶颈",是物流各功能之间能否形成有机联系和紧密衔接的关键,而这又是整个系统的关键。能否建立一个有效的物流系统,关键看这一衔接是否有效。

4.1.4　装卸搬运的作用和意义

物流活动离不开装卸搬运,它贯穿于各个物流阶段,因此装卸搬运是物流系统中重要的子系统之一。装卸活动是影响物流效率、决定物流技术经济效果的重要环节。

对装卸搬运的管理,主要是对装卸搬运方式、装卸搬运机械设备的选择和合理配置与使用,以及实现装卸搬运合理化,尽可能减少装卸搬运次数,以节约物流费用,获得较好的经济效益。列举几个数据如下:

· 据我国统计,火车货运以500千米为分界点,运距超过500千米,运输在途时间多于起止的装卸时间;运距低于500千米,装卸时间则超过实际运输时间。

· 美国与日本之间的远洋船运,一个往返需25天,其中运输时间13天,装卸时间12天。

· 据我国对生产物流的统计,机械工厂每生产1吨成品,需进行252吨次的装卸搬运,其成本为加工成本的15.5%。

· 以我国为例,铁路运输的始发站和到达站的装卸作业费大致占运费的20%,船运的这一比例为40%左右。因此,为了降低物流费用,合理装卸是个重要环节。

装卸搬运的作用表现在如下三方面:

第一,装卸搬运是物流各阶段之间相互转换的桥梁。物流的各阶段(环节、功能)的前后或同一阶段的不同活动之间,都必须进行装卸搬运作业。如运输过程结束,货物要进入仓库,就必须进行装卸搬运作业。正是装卸搬运把物的运动的各个阶段联结成为连续的"流",使物流的概念名实相符。

第二,装卸搬运(换装)连接各种不同的运输方式,使多式联运得以实现。通常经联合运输的货物,要经过4次以上装卸搬运与换装(多则经过十几次),其费用占运输费用的25%左右。

第三,在许多生产领域和流通领域,装卸搬运已经成为生产过程的重要组成部

分和保障系统。例如，采掘业的生产过程实质上就是装卸搬运；再如，在加工业和流通业，装卸搬运是生产工艺过程中不可缺少的组成部分。

做好装卸搬运工作的重要意义在于：①加速车船周转，提高港、站、库的利用效率；②加快货物送达，减少流动资金占用；③减少货物破损，减少各种事故的发生。

总之，改善装卸搬运作业能显著提高物流的经济效益和社会效益。社会效益还包括在获得装卸搬运系统本身的效益的同时，使整个生产系统获得更大的经济效益。

边学边议 4-2

于女士在某淘宝店购买了一个塑料收纳盒。3天后于女士收到包裹，可是打开包裹后发现里面的收纳盒是碎的。于女士向淘宝店主申请退货，可店主拒绝，说寄出的商品是无质量问题的，商品损坏是由物流公司的失误造成的。

问题：

你觉得这是物流公司的失误吗？你如何看待快递行业的"暴力搬运"？

案例链接 4-2　　天津港引领世界港口智能化升级和低碳发展

在天津港北疆港区C段智能化集装箱码头，一台台七彩涂装的自动化轨道桥和岸桥巍然耸立。作为全球首个智慧零碳码头，这里已经实现了全流程无人自动化作业，76台智能水平运输机器人在场地内往来穿梭，两座巨大的风力发电机组能够满足整个码头的清洁能源利用需要。

智慧和绿色是C段智能化集装箱码头与生俱来的基因。天津港第二集装箱码头副总经理孙彪表示："2022年以来，'智慧零碳'码头生产作业效率稳步提升，各项指标屡创新高，累计船舶作业量已经超过300余艘次，船时效率也由原来的80多箱/小时提升到了122箱/小时。7月份，码头作业量创历史新高，进出口超11万标准箱（TEU），环比提升25.53%；陆运收提箱60分钟完成比例达99%，车辆平均滞场时间少于13分钟。未来，我们还将继续发挥集成创新优势，开创更多'中国智慧'在港口应用的先河。"

"C段码头构建的'风光储荷一体化'绿色能源系统，可以实现绿电100%自主供应、全程零碳排放。2台4.5兆瓦风力发电机组和总装机1.43兆瓦光伏系统，自去年（2021年）12月15日并网发电以来，已经安全运行了249天，累计发电量1725万千瓦时，节约标煤约5200吨，减少二氧化碳排放超过1.8万吨。"国网天津电力滨海供电公司营销部副主任汪宗达说。

资料来源　陈汝宁. 港口雄开万里流　引领世界港口智能化升级和低碳发展的"中国范例"［EB/OL］.［2023-06-20］. http://news.enorth.com.cn/system/2022/08/24/053040779.shtml.

4.2　装卸搬运的分类

4.2.1　按装卸搬运作业的场所分类

根据装卸搬运作业场所的不同，流通领域的装卸搬运基本可分为车船装卸搬运、港站装卸搬运、库场装卸搬运三大类。

1）车船装卸搬运

车船装卸搬运是指在载运工具之间进行的装卸、换装和搬运作业，主要包括汽车在铁路货场和站台旁的装卸搬运、铁路车辆在货场及站台的装卸搬运、装卸搬运时进行的加固作业，以及清扫车辆、揭盖篷布、移动车辆、检斤计量等辅助作业。

2）港站装卸搬运

港站装卸搬运是指在港口码头、车站、机场进行的各种装卸搬运作业，主要包括码头前沿与后方之间的搬运，港站堆场的堆码、拆垛，以及分拣、理货、配货、中转作业等。

3）库场装卸搬运

库场装卸搬运通常是指在货主的仓库或储运公司的仓库、堆场、物品集散点、物流中心等处进行的装卸搬运作业。库场装卸搬运经常伴随物品的出库、入库和维护保养活动，其操作内容多以堆垛、上架、取货为主。

在实际运作中，这三类作业往往是相互衔接、难以割裂的。例如，码头前沿的船舶装卸作业与港口和船舶都有联系，而这两者分别对应港站装卸搬运和车船装卸搬运，所以作业的内容和方式十分复杂，在具体组织实施的过程中，必须认真对待。

4.2.2　按装卸搬运作业的内容分类

根据装卸搬运作业内容的不同，装卸搬运可分为堆放拆垛作业、分拣配货作业和挪动移位作业。

1）堆放拆垛作业

堆放（装上、装入）作业是指把物品移动或举升到装运设备或固定设备的指定位置，再按所要求的状态放置的作业；而拆垛（卸下、卸出）作业则是前者的逆向作业。例如，用叉车进行叉上叉下作业，将物品托起并放置到指定位置场所，如卡车车厢内、集装箱内、货架或地面上等；又如，利用各种吊车进行吊上吊下作业，将物品从轮船货舱、火车车厢、卡车车厢吊出或吊进。

2）分拣配货作业

分拣是在堆垛作业前后或配送作业之前把物品按品种、出入先后、货流进行分类，再放到指定地点的作业；而配货则是把物品从所在的位置按品种、下一步作业种类、发货对象进行分类的作业。一般情况下，配货作业多通过人工进行，但是由于多品种、小批量的物流形态日益发展，对配货速度要求越来越高，以高速分拣机为代表的机械化作业逐渐增多。

3）挪动移位作业

挪动移位作业即狭义的装卸搬运作业，包括水平、垂直、斜行搬送，以及几种组合的搬送。在水平搬运方式中，广泛应用辊道输送机、链条输送机、悬挂式输送机、皮带输送机以及手推车、无人搬运车等设备。按搬运方式分类，有连续式和间歇式；对于粉状和液体物质，也可以用管道进行输送。

4.2.3 按装卸搬运的机械及其作业方式分类

根据装卸搬运的机械及其作业方式的不同，装卸搬运可分为吊上吊下、叉上叉下、滚上滚下、移上移下、散装散卸五大类。

1）吊上吊下方式

吊上吊下方式是采用各种起重机械从物品上部起吊，依靠起吊装置的垂直移动实现装卸，并在吊车运行的范围内、回转的范围内实现搬运或依靠搬运车辆实现搬运。吊起及放下属于垂直运动，这种装卸方式属于垂直装卸。

2）叉上叉下方式

叉上叉下方式是采用叉车从底部托起物品，并依靠叉车的运动进行物品位移，搬运完全靠叉车本身，物品可不经中途落地直接放置到目的处。这种方式通常垂直运动幅度不大，主要是水平运动，属水平装卸。

3）滚上滚下方式

滚上滚下方式主要是指在港口对船舶中的物品进行水平装卸搬运的一种作业方式。在装货港，用拖车将半挂车或平车拖上船舶，完成装货作业，待载货车辆（包括汽车）连同物品一起由船舶运到目的港后，再用拖车将半挂车或平车拖下船舶，完成卸货作业。

4）移上移下方式

移上移下方式是指在两车（如火车及汽车）之间进行靠接，然后利用各种方式，不使物品垂直运动，而靠水平移动从一种车辆推移到另一种车辆上的装卸搬运方式。这种方式需要使两种车辆水平接靠，因此，对站台或车辆货台需进行改造，并配合移动工具实现装卸。

5）散装散卸方式

散装散卸方式是指对散装物品不加包装直接进行装卸搬运的作业方式。在采用散装散卸方式时，物品在从起始点到终止点的整个过程中不再落地，它是将物品的装卸与搬运作业连为一体的作业方式。

4.2.4 按装卸搬运的作业特点分类

根据作业特点的不同，装卸搬运可分为连续装卸搬运与间歇装卸搬运两大类。

1）连续装卸搬运

连续装卸搬运是指采用皮带机等连续作业机械，对大批量的同种散状物品或小型件杂货进行不间断输送的作业方式。在采用连续装卸搬运方式时，作业过程中间不停顿、散货之间无间隔、小型件杂货之间的间隔也基本一致。在装卸量较大、装卸对象固定、物品对象不易形成大包装的情况下适合采取这一方式。

2）间歇装卸搬运

间歇装卸搬运是指作业过程包括重程和空程两个部分，即在两次作业之间存在一个空程准备过程的作业方式。间歇装卸搬运有较强的机动性，装卸地点可在较大范围内变动，广泛适用于批量不大的各类物品，对于大件或包装物品尤其适合。如果配以抓斗或集装袋等辅助工具，也可以对散状物品进行间歇装卸搬运。

4.2.5 按装卸搬运对象分类

根据装卸搬运对象不同，装卸搬运可分为单件作业、集装作业、散装作业三大类。

1）单件作业

单件作业指的是对非集装的、按件计的物品逐个进行装卸搬运的作业方法。单件作业对机械、装备、装卸条件要求不高，因而机动性较强，可在很广泛的地域内进行而不受固定设施、设备的限制。单件作业可采取人力装卸搬运、半机械化装卸搬运及机械装卸搬运。由于其逐件处理，装卸速度慢，且装卸搬运要逐件接触货体，因而容易出现货损；反复作业次数较多，也容易出现货差。单件作业的装卸搬运对象主要是包装杂货，多种类、小批量物品及单件大型、笨重物品。

2）集装作业

集装作业是对集装货载进行装卸搬运的作业方法，每装卸一次就是一个经组合之后的集装货载，在装卸时对集装体逐个进行装卸。它和单件作业的主要区别在于，虽然都是按件处理，但是集装作业的每"件"远远大于单件作业的每件。集装作业一次装卸量大，装卸速度快，且在装卸时并不逐个接触货体，而仅对集装体进行作业，因而货损较小，货差也小。集装作业由于集装单元较大，不能进行人工装卸，虽然在不得已时，可用简单机械偶尔解决一次装卸，但对大量集装货载而言，只能采用机械进行装卸，同时也必须在有条件的场所进行这种作业，其不但受装卸机具的限制，也受集装货载存放条件的限制，因而其机动性较差。

3）散装作业

散装作业指对大批量粉状、粒状物品进行无包装的散装、散卸的装卸搬运方法。其装卸搬运可连续进行，也可采取间断方式，但是，都需采用机械化设施、设备。在特定情况下，货物批量不大时，也可采用人力装卸搬运，但是劳动强度会很大。

4.2.6　按被装物的主要运动形式分类

根据被装物的主要运动形式,装卸可分为垂直装卸和水平装卸两大类。

1) 垂直装卸

垂直装卸采取提升和降落的方式进行,这种装卸需要消耗较大的能量。垂直装卸是采用比较多的一种装卸形式,所用的机具通用性较强,应用领域较广,如吊车、叉车等。

2) 水平装卸

水平装卸对装卸物采取平移的方式实现装卸的目的。这种装卸方式不改变被装物的势能,因此比较节能,但是需要有专门的设施,例如和汽车水平接靠的高站台、汽车与火车车厢之间的平移工具等。

4.3　装卸搬运的设备

在物流系统中,装卸搬运作业的工作量和所花费的时间、人力、物力,占有很大的比重。为了高效、及时、安全地完成装卸搬运作业,必须合理地配备、选择装卸搬运机械设备。

4.3.1　装卸搬运设备的概念

装卸搬运设备是指用来搬移、升降、装卸和短距离输送物料或货物的机械。它是重要的物流机械设备,不仅用于完成船舶与车辆的装卸,也用于完成库场的堆码、拆垛、运输,以及舱内、车内、库内货物的起重输送和搬运。

装卸搬运设备是实现装卸搬运作业机械化的基础。合理配置和应用装卸搬运设备,充分发挥装卸搬运机械的效能,安全、迅速、高效地完成货物装卸、搬运、码垛等作业任务,是实现装卸搬运机械化、提高物流现代化水平的一项重要内容。

4.3.2　装卸搬运设备的作用

大力推广和应用装卸搬运设备,不断更新装卸搬运设备和实现现代化管理,对于加快物流现代化发展、促进国民经济发展均有十分重要的作用。

其主要表现在以下几个方面:

第一,改善劳动条件,提高装卸效率。广泛运用装卸搬运设备可节约劳动力,降低装卸工人的劳动强度,提高装卸搬运效率。

第二,缩短作业时间。运用装卸搬运设备可加速车辆周转,加快货物的送达和发出。

第三,提高装卸质量,保证货物的完整和运输安全。体积大且笨重货物的装卸,如果仅依靠人力,一方面难以完成,另一方面保证不了装卸质量,容易发生货物损坏或偏载,甚至危及行车安全。若采用机械作业,则可避免这种情况发生。

第四，降低装卸搬运单位作业成本。装卸搬运设备的应用，势必会提高装卸搬运作业效率，而效率的提高会使每吨货物分摊的作业费用相应减少，从而使单位作业成本降低。

第五，充分利用货位，加速货位周转，减少货物堆码的场地面积。采用机械作业，由于堆码可达到一定的高度，因而可以加快装卸搬运的速度，能及时腾空货位，还能减少货物堆码占用的场地面积。

随着物流现代化的不断发展，装卸搬运设备将得到更广泛的应用。发展多类型的、专用的装卸搬运设备来适应货物的装卸搬运作业要求，是今后装卸搬运设备的发展方向。

案例链接4-3　　　菜鸟国内首个无人车未来园区在成都启用

菜鸟成都未来园区有近20万平方米，设有无人车基地，搭建了基于物联网的车联网系统，通过云端可以调度无人车，让它们自动完成园区内多个仓库、分拨中心之间的包裹运输、物资调拨。

据悉，目前在成都未来园区投放的是菜鸟最新一代无人车，为行业领先水平。每辆车一次可搭载数百个天猫消费者的包裹。

行车过程中，菜鸟无人车能感知周边环境，自主进行决策，可以对行人、车辆等各类动态、静态障碍物进行避让，还能调度园区内的红绿灯，对社会车辆发出提醒。

菜鸟ET物流实验室无人车应用技术高级专家褚浩然介绍，菜鸟在行业内最早研发物流自动驾驶技术，包括高速干线运输和末端配送等场景，多项核心算法在全球知名技术榜上位居榜首，研发的无人车已经在雄安、杭州等地使用。菜鸟成都未来园区是国内首个无人车运行的未来园区。

此外，菜鸟在物联网（IoT）战略下打造的电子面单、智能仓储管理系统、物流天眼、智能语音助手等智能产品，都已经在成都使用，可为商家提供商品存储、发货、补货等智能支持；为物流企业提供场站实时运行监测服务，以便及时应对异常状况；帮助快递员自动给消费者拨打电话，降低劳动强度；为消费者提供一键寄件、2小时上门取件等智能、便捷服务。

随着IoT战略的快速推进和落地，菜鸟此前已经在无锡推出首个未来园区，实现用一部手机管理园区，仓内还上线700多台AGV机器人，是亚洲最大的机器人仓库。

菜鸟网络CTO谷雪梅表示，IoT已经成为物流业最重要的技术趋势，这将决定未来十年的物流业竞争格局。为此，菜鸟将与中国快递物流业一起，加快行业数字化、智能化步伐，推动技术成果大规模落地使用，让传统物流插上数字化升级的翅膀，迎来新的"黄金十年"。

资料来源　孙冰．菜鸟物联网战略落地　国内首个无人车未来园区落户成都［EB/OL］．［2023-06-20］．http://app.ceweekly.cn/?action=show&app=article&contentid=250497&controller=article.

4.3.3　装卸搬运设备的分类

1）按作业性质分类

装卸搬运设备按装卸及搬运两种作业性质不同可分成装卸机械、搬运机械及装卸搬运机械三类。

在这个领域中，有些机械功能比较单一，只能满足装卸或搬运其中一种功能。这种机械结构较简单，几乎没有多余功能，专业化作业能力强，因而作业效率高，作业成本较低，但使用上受限制。从这种机械的单独操作来看，其效率确实很高，但由于其功能单一，作业前后需要很烦琐的衔接，因而会降低大系统的效率。

单一功能的装卸机具种类不多，手动葫芦最为典型，固定式吊车如卡车吊、悬臂吊等虽然也有一定的移动半径，也有一些搬运效果，但基本上还是被看成单一功能的装卸机具。

单一功能的搬运机具种类较多，如各种搬运车、手推车及斗式输送机、刮板式输送机等。在物流领域很注重装卸、搬运两种功能兼具的机具。这种机具可将两种作业操作合二为一，因而有较好的系统效果。这类机具最主要的有叉车、港口用的跨运车、车站用的龙门吊以及气力装卸输送设备等。

2）按机具工作原理分类

装卸搬运设备按机具的工作原理可分为叉车类、吊车类、输送机类、作业车类和管道输送设备类，具体内容见表4-1。

表4-1　　　　　　　　　　　　常见的装卸搬运设备

图片展示	内容简介
装卸搬运车辆：是指依靠本身的运行和装卸机构功能，实现货物的水平搬运、短距离运输和装卸的各种车辆。装卸搬运车辆包括固定平台搬运车、升降机、牵引车和起升车辆等	
	固定平台搬运车 采用进口速度控制器实现无级调速，高效、可靠、静音；具有按顺序操作、过电压及欠电压保护功能，实现故障自动检测、诊断并在线自动显示
	剪叉式升降机 它的剪叉式机械结构，使升降台起升后有较高的稳定性；宽大的作业平台和较强的承载能力，使高空作业范围更大，并适合多人同时作业。它使高空作业效率更高、更安全，是用途广泛的高空作业升降设备

续表

图片展示	内容简介
	曲臂式升降机 是折臂式升降机的更新换代产品，能悬伸作业、跨越一定的障碍或在一处升降，也可进行多点作业；可360度旋转，平台载重量大，可供两人或多人同时作业并可搭载一定的设备；升降平台移动性好，转移场地方便；外形美观，适用于车站、码头、商场、体育场馆、小区物业、厂矿车间等大范围作业
	固定式升降机 升降稳定性好，不能移动，只能固定作业，使高空作业变得轻而易举。其主要用于生产流水线间或楼层间的货物运送，物料上线、下线，工件装配时调节工件高度，高处给料机送料，大型设备装配时部件举升，大型机床上料、下料，在仓储装卸场所与叉车等搬运车辆配套进行货物快速装卸等
	固定式液压登车桥 是实现货物快速装卸的专用辅助设备，它的高度调节功能使货车与库房的货台之间架起一座桥梁，叉车等搬运车辆通过它能直接驶入货车内部进行货物的批量装卸；仅需单人作业即可实现货物的快速装卸。它使企业节省大量劳动力，提高工作效率，获取更大的经济效益
	移动式液压登车桥 是与叉车配合使用的货物装卸辅助设备，可根据汽车车厢的高低调节高度，叉车可以直接通过本设备驶入车厢内部批量作业；设备采用手动液压方式，无须外接电源，省时省力，提高二作效率
	叉车 是指对成件托盘货物进行装卸、堆垛和短距离运输作业的各种轮式搬运车辆。国际标准化组织ISO/TC110称其为工业车辆，常用于仓储大型物件的运输，通常使用燃油机或者电池驱动

图片展示	内容简介
	堆高车 结构简单，操控灵活，微动性好，防爆，安全性高；可广泛应用于石油、化工、制药、轻纺、军工、油漆、颜料、煤炭等工业，以及港口、铁路、货场、仓库等含有爆炸性混合物的场所，并可进入船舱、车厢和集装箱内进行托盘货物的装卸、堆码和搬运作业；适用于狭窄通道和有限空间内的作业，是高架仓、车间装卸托盘化的理想设备
	双驱牵引车半挂车 前面有驱动能力的车头叫牵引车，后面没有驱动能力的车叫挂车，挂车是被牵引车拖着走的。牵引车和挂车的连接方式有两种：第一种是挂车的前面一半搭在牵引车后段上面的牵引鞍座上，牵引车后面的桥承受挂车的一部分重量，这就是半挂；第二种是挂车的前端连在牵引车的后端，牵引车只提供向前的拉力，拖着挂车走，但不承受挂车向下的重量，这就是全挂
	自动式龙门吊（跨车） 是车体跨在货物的上方，利用专用的工作装置装卸堆垛和短距离搬运物料的起升车。通用跨车用于港口、车站和冶金、建筑等企业搬运木材、钢材、混凝土制品等长形货物，也可搬运金属板和装在托盘上的单元货物，装上隔热罩后还可搬运高温钢坯和铸件
	单立柱堆垛机 其节省材料从而节省投资，简单实用，故障率低，维护方便。在超长超高巷道满载运行时，运行和升降速度最快分别可达到150米/分和45米/分，货叉叉取速度最快达到30米/分。人机操作界面（HMI）采用电子触摸屏；取消大部分按钮、旋钮和表示灯，仅保留电源开关和急停按钮。操作非常简单和方便：多重冗余操作模式；联机自动/单机自动（地面设置操作站时可在地面操作）/手动（自动定位）/维修（点动），且在操作界面上一键切换；HMI帮助功能可指导用户轻松完成各部件的日常维护工作

续表

图片展示	内容简介
	双立柱堆垛机 比单立柱堆垛机更适合大负载（大于1 500千克）、超高度（高于20米）、长大件（长度大于2米）的应用场合。可配置多货叉，同时搭载两个单元负载，从而提高储存和出货效率
	混合动力叉车 在行驶过程中根据转向所需供油量由液压变量泵提供所需的油量；在提升过程中通过操作系统根据提升速度的快慢，由发动机及液压变量系统提供所需的油量；控制系统同时担负着对发动机、发电机、电瓶及操作系统的管理；油电混合动力叉车可以全天候、全方位工作
起重机械：是用来垂直升降货物或兼作货物的水平移动，以满足货物的装卸、转载等作业要求的机械。起重机适用于装卸大件笨重货物，借助各种吊索具也可用于装卸其他货物，同时，起重机也是唯一以悬吊方式装卸搬运货物的设备。最常用的起重机有门式起重机、桥式起重机和汽车起重机等	
	电动单梁悬挂起重机 LX型电动单梁悬挂起重机与CDMD型电动葫芦配套使用，成为一种有轨运行的起重机，主要用于机械装配及仓库等场所。该起重机为地面操纵，工作环境为无易燃、易爆及腐蚀性介质环境，额定起重量为0.5～16吨
	双梁吊钩桥式起重机 其结构特点是具有起升及运行结构的小车位于桥架上运行，金属结构为箱形双主梁形式，主要用于矿山、工厂、码头及仓库等作业频繁的物料搬运场站。采用现代科技手段，可使起重机的任何一个结构具备调速性能，还可配备旋转吊钩用于高层堆放作业

图片展示	内容简介
	门式起重机 是货场、码头、工厂、仓库等物资转运作业中的理想设备，功能全面，效率较高
	履带起重机 是将起重作业部分装在履带底盘上，依靠履带装置行驶的流动式起重机，可以进行物料起重、运输、装卸和安装等作业。履带起重机具有起重能力强、接地比压小、转弯半径小、爬坡能力强、不需支腿、带载行驶、作业稳定性好以及桁架组合高度可自由更换等优点，在电力、市政、桥梁、石油化工、水利水电等行业应用广泛
	轮胎起重机 车身短，作业移动灵活，轮距较宽，稳定性好，转弯半径小，可在 0~360 度范围内工作。但其行驶时对路面要求较高，行驶速度较汽车式起重机慢，不适合在松软泥泞的地面上工作。利用轮胎式底盘行走的动臂旋转起重机由上车和下车两部分组成：上车为起重作业部分，设有动臂、起升机构、变幅机构、平衡重和转台等；下车为支承和行走部分。上、下车之间用回转支承连接。吊重时一般需放下支腿，增大支承面，并将机身调平，以保证起重机的稳定
	防爆葫芦桥式起重机 简称"防爆起重机"，是以防爆电动葫芦为起升结构的双梁桥式起重机；符合中华人民共和国机械行业标准《JB/T10219-2011 防爆梁式起重机》的规定，技术成熟、可靠，结构简单，体积小，重量轻，安装、使用、维修方便，广泛用于化工单位的工厂、仓库、料场；设有地面和司机室两种形式，司机室分为开式、闭式两种，安装形式分为左、右，入门方向分侧面、端面，供用户根据各自的使用情况进行选择

续表

图片展示	内容简介
连续运输机械：是以连续方式沿着一定的线路从装货点到卸货点均匀输送散装货物和成件包装货物的机械。仓储中运用的主要连续运输机械有悬挂输送机、胶带输送机、网带输送机、链式输送机和辊筒输送机	
	悬挂输送机 可以自由选择输送线路，能有效地利用空间、节省人力、提高工作效率；其主要是由链条、轨道、吊具、支架、传动座和调整座等组件组成的，采用变频调速控制系统。其广泛适用于工件的远距离输送，楼层提升，空中储存、送料等工艺，以及自动化涂装生产线。悬挂输送机适用于工厂的烤漆、金属涂装；在生产组装线上，其适用于家具厂、自行车厂、电子厂、电镀厂、五金厂、牛皮制品厂、汽车厂等。悬挂输送机分为分提式、推式和拖式
	胶带输送机 也叫皮带输送机，是组成有节奏的流水作业线不可缺少的经济型物流输送设备。胶带输送机按其输送能力可分为重型胶带输送机，如矿用胶带输送机；轻型胶带输送机，如用在电子、塑料、食品、轻工、化工、医药等行业的胶带输送机。胶带输送机具有输送能力强、输送距离远、结构简单、易于维护、能方便地实行程序化控制和自动化操作等优点。其通过输送带的连续或间歇运动来输送100千克以下的物品或粉状、颗粒状物品，运行高速、平稳，噪声低，并可以上下坡传送
	网带输送机 可以根据客户现场实际情况设计制作，例如，倾斜式输送机、转弯机、垂直输送机、升降机械、装卸货机械等；可根据不同作业环境设计生产；可在室内、室外，不同楼层间、不同楼房间使用。其耐酸碱、耐高温，在食品行业等各种特殊环境都可使用

续表

图片展示	内容简介
	链式输送机 以链条作为牵引和承载体输送物体，链条可以采用普通的套筒滚子输送链，也可采用其他各种特种链条。其输送能力强，可承载较大的载荷；输送速度稳定，能保证精确的同步输送；易于实现积放输送，可用作装配生产线或储存输送物料。链条的结构和种类丰富多样，还可采用多种附件，能满足各种不同的要求
	辊筒输送机 按其输送形式可以分为自由辊筒（无动力辊筒）输送机、动力辊筒输送机、积放辊道输送机、摩擦带输送机。辊道输送机具有输送能力强、输送距离远、拆装方便、结构简单、易于维护、能方便地实行程序化控制和自动化操作等优点。其适用于电子、五金、机械、化工、食品等行业，可根据客户要求进行非标设计、定制生产

① 叉车类，包括各种通用和专用叉车；

② 吊车类，包括各种门式、桥式、履带式、汽车式、岸壁式、巷道式吊车；

③ 输送机类，包括各种辊式、轮式、皮带式、链式、悬挂式输送机；

④ 作业车类，包括各种手车、手推车、搬运车、无人搬运车、台车等作业车辆；

⑤ 管道输送设备类，包括液体、粉体的装卸搬运一体化的以泵、管道为主体的设备。

3）按有无动力分类

装卸搬运设备按有无动力可分为三类：

① 重力式装卸输送机。辊式、滚轮式等输送机属于此类。

② 动式装卸搬运机具。其有内燃式及电动式两种，大多数装卸搬运机具属于此类。

③ 人力式装卸搬运机具。靠人力操作，主要是小型机具和手动叉车、手车、手推车、手动升降平台等。

4.4 装卸搬运合理化

4.4.1 装卸搬运合理化的概念

装卸搬运合理化是指以尽可能少的人力和物力消耗，高质量、高效率地完成装卸搬运任务，保证供应任务的完成。装卸搬运合理化，是针对装卸搬运不合理而言的。合理与不合理是相对的，由于各方面客观条件的限制，不可能达到绝对合理。

4.4.2　装卸搬运合理化的标志

第一，装卸搬运次数最少。
第二，装卸搬运距离最短。
第三，各作业环节衔接良好。
第四，库存物品的装卸搬运活性指数较高、可移动性强。

4.4.3　装卸搬运合理化的基本途径

1）消除无效作业

无效作业是指在装卸搬运作业活动中超出必要的装卸、搬运量的作业。显然，防止和消除无效作业对提高装卸搬运作业的经济效益有重要作用。为了有效地防止和消除无效作业，可从以下几个方面入手：

（1）尽量减少装卸次数

装卸作业本身并不产生价值，但是，如果进行了不适当的装卸作业，就可能造成商品的破损，或使商品受到污染。因此，尽力消除无意义的作业是理所当然的。尽量减少装卸次数，以及尽可能地缩短搬运距离等，所起的作用也是很大的，因为装卸作业不仅要花费人力和物力、增加费用，还会使流通速度减慢。如果多增加一次装卸，费用也就相应地多支付一次，同时还增加了商品被污损、破坏、丢失、消耗的风险。因此，装卸作业的经济原则就是"不进行装卸"。应当考虑如何才能减少装卸次数、缩短移动距离的问题。

（2）提高被装卸物料的纯度

物料的纯度是指物料中含有水分、杂质以及与物料本身使用无关的物质的多少。物料的纯度越高，装卸作业的有效程度就越高；反之，则无效作业就会越多。

（3）包装要适宜

包装是物流中不可缺少的辅助作业手段。包装的轻型化、简单化、实用化会不同程度地减少作用于包装上的无效劳动。

（4）缩短搬运作业的距离

物料在装卸、搬运当中，要实现水平和垂直两个方向的位移，选择最短的路线完成这一活动，就可避免无效劳动。

2）提高搬运活性指数

搬运活性指数是指搬运某种状态（散放、装箱、支垫和装车）下的物品所需要进行的四项作业（集中、搬起、升起、运走）中已经不需要进行的作业数目，如图4-1所示。在堆放货物时，事先要考虑到物料装卸作业的方便性。如果很容易转换到下一步的装卸搬运而不需过多做装卸搬运前的准备工作，则搬运活性就高；如果难以转换到下一步的装卸搬运，则搬运活性低。

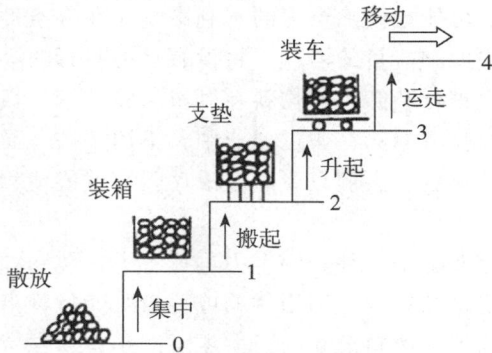

图 4-1　搬运活性指数的组成关系

　　为了使活性有所区别，并能有计划地提出活性要求，使每一步装卸搬运都能按一定活性要求进行操作，需要对处于不同放置状态的物品进行不同的活性规定，这就是"搬运活性指数"。日本物流专家元滕建民教授根据物料所处的状态，即物料装卸、搬运的难易程度，把搬运活性指数分为 0～4 共 5 个等级，见表 4-2。搬运活性指数越高，物品越容易进入装卸搬运状态。

表 4-2　　　　　　　　　　　　　　　搬运活性指数表

搬运活性指数	物品状态	作业说明	作业种类				还需要的作业数	已不需要的作业数
			集中	搬起	升起	运走		
0	散放在地上	集中、搬起、升起、运走	要	要	要	要	4	0
1	集装在箱中	搬起、升起、运走（已集中）	否	要	要	要	3	1
2	托盘上	升起、运走（已搬起）	否	否	要	要	2	2
3	车中	运走（不用升起）	否	否	否	要	1	3
4	运动中	不要作业（保持运动）	否	否	否	否	0	4

　　从理论上讲，搬运活性指数越高越好，但也必须考虑到实施的可能性。例如，物料在储存阶段，搬运活性指数为 4 的状态和搬运活性指数为 3 的状态，在一般的仓库中很少达到，这是因为大批量的物料不可能保持运动的状态或存放在车辆上，而搬运活性指数为 2 的状态具有广泛的实用价值。总之，搬运活性指数越高，所需人工就越少，但设备投入就越多。在进行搬运系统设计时，不应机械地认为搬运活性指数越高越好，而应综合考虑。

3）实现省力化

　　装卸搬运要使物料发生垂直和水平位移，必须通过做功才能实现，因此为了提

知识链接 4-1

"六不"
改善法

高效率，要尽力实现装卸搬运作业的省力化。

在装卸作业中应尽可能地消除重力的不利影响。在有条件的情况下利用重力进行装卸，可降低劳动强度和能量的消耗。将设有动力装置的小型运输带（板）斜放在货车、卡车或站台上进行装卸，使物料在倾斜的输送带（板）上移动，这和装卸就是靠重力的水平分力完成的。在搬运作业中，不用手搬，而是把物资放在一台车上，由器具承担物资的重量，人们只要克服滚动阻力就能使物料水平移动，这无疑是十分省力的。

利用重力式移动货架也是一种利用重力进行省力化装卸的方式。重力式移动货架的每一层格均有一定的倾斜度，利用货箱或托盘可使货物沿着倾斜的货架层板自动滑到输送机械上。为了使物料滑动的阻力尽可能小，通常货架表面均处理得十分光滑，或者在货架层上装有滚轮，也有在承重物资的货箱或托盘下装上滚轮的，这样将滑动摩擦变为滚动摩擦，物料移动时所受到的阻力会更小。

4）提高机械化程度

物资装卸搬运设备的运用和组织是以完成装卸搬运任务为目的，以提高装卸搬运设备的生产率、装卸搬运质量和降低装卸搬运作业成本为中心的技术组织活动。它包括下列内容：

第一，确定装卸搬运的任务量。根据物流计划、经济合同、装卸搬运作业不均衡程度、装卸搬运次数、装/卸车时限等，确定作业现场年度、季度、月、旬、日平均装卸搬运任务量。确定装卸搬运的任务量时既要考虑事先确定的因素，也要考虑临时变动的可能。因此，要合理地运用装卸搬运设备，就必须把计划任务量与实际装卸搬运作业量两者之间的差距缩小到最低水平。同时，装卸搬运作业组织工作还要对装卸搬运作业的物资对象的品种、数量、规格、质量指标以及搬运距离等做出尽可能详细的规划。

第二，根据装卸搬运任务量和装卸搬运设备的生产率，确定装卸搬运设备需用数量和技术特征。

第三，根据装卸搬运任务量、装卸搬运设备生产率和需用数量，编制装卸搬运作业进度计划。它通常包括装卸搬运设备的作业时间表、作业顺序、负荷情况等详细内容。

第四，下达装卸搬运进度计划，安排劳动力和作业班次。

第五，统计和分析装卸搬运作业成果，评价装卸搬运作业的经济效益。

随着生产力的发展，装卸搬运的机械化程度不断提高。此外，装卸搬运的机械化能把工人从繁重的体力劳动中解放出来，尤其对于危险品的装卸搬运作业，机械化能保证人和货物的安全，这也是装卸搬运机械化程度不断得以提高的动力。

案例链接4-4　　　　形似"蚂蚱"的AGV　搬运靠"腿"

德国弗劳恩霍夫物流研究院（Fraunhofer IML）设计了一款形似"蚂蚱"的AGV（无人搬运车），名为FLIP，原型于2019年德国斯图加特国际物流展览会（Logi MAT 2019）首次亮相。该产品的推出再次证明了Fraunhofer IML的创新能力。

FLIP机器人最大的亮点有：

1）更紧凑，更灵活

FLIP机器人的宽度为560毫米，几乎与其拾取的容器一样窄。在现有技术水平下，可比较的车辆明显比FLIP机器人更宽。这也是设计者的初衷。紧凑的设计让机器人即使在狭窄的空间中也可以实现位置转移，适应了工业4.0下工厂及内部物流的高灵活度要求。

2）机器人作业时不需要运转中心

FLIP机器人不需要转运中心，可以在任何位置随时卸载和取出货物（这是通往无基础设施的内部物流的又一进步）。

3）高精度传感器

FLIP机器人配备了市场上最新的传感器技术——荷兰初创公司的创新型高精度导航传感器，可确保FLIP机器人确切地知道它在哪个角度。传感器在驾驶时测量地面特性并提供运动和位置数据。因此，即使在没有额外基础设施的变化环境中，其也可以实现非常高的精度。

FLIP机器人不仅形似"蚂蚱"，搬运物体也和蚂蚱一样，需要依靠两条"腿"来移动货物。FLIP机器人在作业场景中，需要先移动到装载货物的单元容器具旁边，通过承重来提醒它将货物移动到"蚂蚱"的腿上，然后FLIP机器人直接从地面捡起容器和堆叠的容器，再朝着目的地行驶。行驶时FLIP机器人将货物用自己的"双腿"包裹住，抬起或移动货物时都需要"踩腿"，这一动作与"蚂蚱"移动的动作相似。

FLIP机器人目前设计用于60千克的有效载荷。原型配备磷酸铁锂电池（原则上，可以使用任何其他电池）。车辆设计的最长运行时间为9小时，在实践中具体运行时间则因负载拣选操作的次数和负载重量的不同而不同。

资料来源　罗戈小薇. 形似"蚂蚱"的AGV　搬运靠"腿"！［EB/OL］.［2023-06-20］. https://www.sohu.com/a/308880952_168370.

5）推广组合化

在装卸搬运作业过程中，要根据不同物料的种类、性质、形状、重量来确定不同的装卸搬运作业方式。处理物料装卸搬运的方法有三种：将普通包装的物料逐个进行装卸，即"分块处理"；将颗粒状物资不加小包装保持原样装卸搬运，即"散装处理"；将物料以托盘、集装箱、集装袋为单位组合后进行装卸搬运，即"集装处理"。对于包装好了的物料，应尽可能进行"集装处理"，实现单元化装卸搬运，这样可以充分利用机械进行操作。组合化装卸搬运具有很多优点：

第一，装卸搬运单元体积大，作业效率高，可大量节约装卸搬运作业时间。

第二，能提高物料装卸搬运的灵活性。

第三，操作单元大小一致，易于实现标准化。

第四，不用手去触及各种物料，可达到保护物料的效果。

6）合理规划装卸搬运方式和装卸搬运作业过程

合理规划装卸搬运作业过程是指对整个装卸搬运作业的连续性进行合理的安排，以缩短运距并减少装卸次数。装卸搬运作业现场的平面布置是直接关系到装卸次数、搬运距离的关键因素。装卸搬运机械要与货场长度、货位面积等互相协调；要有足够大的场地集结货物，并满足装卸搬运机械工作面的要求；场内的道路布置要为装卸搬运创造良好的条件，有利于加速货位的周转。使搬运距离达到最小的平面布置是缩短搬运距离的最理想的方法。

装卸搬运的连续性是指两处以上的装卸搬运作业要配合好。进行装卸搬运作业时，为了不使连续的各种作业中途停顿，能互相协调地进行，整理其作业流程是很有必要的。因此，对物品的流动过程进行分析，使相关的作业配合在一起，也是很有必要的，如把物品装到汽车或火车上或者把物品送往仓库进行保管时，考虑合理取卸、出库的方便。因而，在进行某一次装卸搬运作业、某一个装卸搬运动作时，有必要考虑下一步的装卸搬运，从而使整个作业流程有计划地进行。要使一系列的装卸搬运作业顺利地进行，作业动作的顺序、组合以及装卸搬运机械的选择及运用是很重要的。

知识链接4-2

十大科学物流
搬运方法

本章小结

装卸搬运虽然都是辅助性的物流活动，都是为运输、储存和生产三项主物流活动服务的，但是必不可少的。三项主物流活动的前后以及相互间的过渡都必须经过装卸搬运活动才能够完成，因此，合理的装卸搬运是整个物流实现顺畅化、高效率化、合理化的必要条件。提高装卸搬运的效果、采用合理有效的装卸搬运方式和装卸搬运机械不仅能够保证物流过程的顺畅，还是降低企业内外部物流成本的重要渠道之一。

复习思考题

第4章
基础知识测试

（1）装卸搬运的含义和基本内容是什么？

（2）简述装卸搬运的意义和作用。

（3）简述装卸搬运的分类。

（4）什么是装卸搬运合理化？装卸搬运合理化的标志有哪些？

（5）简述实现装卸搬运合理化的途径。

（6）装卸搬运是物流的重要衔接环节，也是最难以实现标准化的瓶颈环节，有哪些手段可以提高装卸搬运的效率？请举例。

桂峰村优化装卸搬运设备降低物流成本

在位于广东省广州市从化区吕田镇东部的桂峰村，360多个农户种植着三华李。凭借着特别的红土质、适合的气温、丰沛的雨水，这里的三华李比较优势明显。农户们凭借着互联网电商交易平台，以农村淘宝服务站作为集中运输点，实现三华李外销。经过5年的经营，三华李的销售额突飞猛进，同时，发展迅速的电商经营环境对平台物流效率提出了更高的要求。调查发现，桂峰村面临的主要问题是装卸搬运无效作业时间约为物流总时间的一半，因此，改进装卸搬运系统是当务之急。

桂峰村农产品物流体系属于传统模式，传统模式影响桂峰村的整体物流成本。其卸搬运作业环节主要存在以下问题：

（1）装卸搬运作业单纯依靠人工，机械化程度低。人工作业效率在工作时长内不确定性因素多、变化大，造成整体作业效率低。

（2）未对仓库的库位进行合理的规划，采用按区域随机存储的策略，导致货物出入库时间较长。

（3）没有使用托盘，货物无序地散放于地上，更容易受到环境影响而损坏，无形中增加了装卸搬运的管理费用。

为解决以上问题，改进装卸搬运系统，桂峰村主要采取以下措施：

（1）利用搬运设备进行仓储作业，引进手动液压搬运叉车。在出入库作业较为集中，以及生产计划和到货计划有变动时，使用手动液压搬运叉车搬运，结合木制托盘来降低劳动强度。为了更好地进行装车，利用月台与托盘进行货物转移，最大化节省装卸搬运时间。

（2）结合当地环境以及仓储具体情况，基于物流作业量、作业时间等因素，根据数据模型计算出装卸搬运设备的购置数量：1台手动液压叉车、20个托盘。

（3）引入装卸搬运设备后优化整体布局。通过划分储位、划分作业区、划分工具摆放区等方法，将区域规划合理利用最大化：

① 仓储一层增加了叉车通道，同时划分了仓储库位，使得仓库整体合理有序，方便人员进行货物拣货作业与出库作业。

② 设置了安全通道，方便核对每箱的数量、进行质量控制等。

③ 规划出分拣区、打包区、装卸搬运区、出库区，为标准化作业提供有利环境。

④ 叉车作业通道为2.6米，位于仓储区中心，可以缩短作业距离。

引进设备后，三华李的运输装车作业时间明显缩短，由原来的190.75分钟缩短至49.05分钟。同时，每个装卸人员的总成本由57.23元降低至14.72元，降低幅度为74.3%。根据运输经验，工人数量为7人，则109筐（5吨）的三华李装卸搬运成本降低297.57元，即每吨三华李运输成本降低59.51元。通过调查得知，购进设备费用为8 800元。从一年的总成本来看，以桂峰村2019年三华李销量（1 500吨）为例，一年装卸搬运费用降低了8 926.5元。

可见，桂峰村一年省下来的装卸搬运成本完全有能力支付物流设备的引进费用，每装一辆5吨的货车可以减少297.57元装卸搬运成本，缩短装卸搬运时间166分钟。这体现了引进叉车和托盘对提高作业效率、降低物流成本的必要性。

资料来源　陈立，李链敏，吴海杰，等. 农村电商物流装卸搬运设备优化研究——以广州从化桂峰村为例〔J〕. 中国储运，2021（6）：102–104.

问题：

（1）结合本案例分析桂峰村在销售三华李的物流环节采取了哪些降低装卸搬运成本的措施。

（2）面对桂峰村的现状，你还能提出哪些改进措施？

第5章

仓储管理

◀▮▶

学习目标

知识传授目标	能力培养目标	价值塑造目标	建议学时
➤理解仓储的含义、作用和功能 ➤掌握仓库的含义、分类和功能 ➤掌握仓储管理的业务流程 ➤理解仓储合理化	➤能进行仓库选址和仓库布局的设置 ➤能结合具体的工作要求高效完成仓储作业任务	➤培养人身和货物安全意识，强化货物管理的社会责任感和工作责任心	6

思政引入　　　　　中国古代"物流"仓储保管之大任

现代物流的仓储系统也可以在历史长河中找到蛛丝马迹。

仓储制度自夏朝成为国家的一项重要制度开始，历朝对其都十分重视。仓是存粮之所，贮粮以备不时之需，被视为"天下之大命"。春秋时期的管仲精辟论述了建立国家仓储之制的重要性、必要性——"积于不涸之仓者，务五谷也；藏于不竭之府者，养桑麻育六畜也"。

我国古代仓库有储存、储备两大基本功能。储存是将通过漕运运来的粮食保管起来，供皇室、吏官及人民日常消费；储备是为应对战争、灾荒及突发事件之需。同时，仓储还有平抑物价之功能。粮丰时收进入仓，粮歉时出仓赈灾，不至于使粮价飞涨，影响市场稳定。

汉初营建新都长安，首批重点建设工程就包括太仓。中国最大的古代粮仓——洛阳含嘉仓，始建于隋大业元年（605年），用作盛纳京都以东州县所交租米之皇家粮仓，历经隋、唐、北宋3个王朝，沿用500余年，后来废弃。唐人杜佑所撰《通典》中说："隋氏资储遍于天下……西京太仓，东京含嘉仓、洛口仓，华州永丰仓，陕州太原仓，储米粟多者千万石，少者不减数百万石。天下义仓，又皆充满。京都及并州库，布帛各数千万，而锡赉勋庸，并出丰厚，亦魏晋以降之未有。"

关于仓储管理思想，秦代就有专门的仓律，汉代倡立的常平仓制度，设有专门的会计簿册，详细记录仓储谷物数量、品种、出入、经手人、核验等，成为后世封建王朝沿用的主要仓储制度。宋代以后，有关仓储的规章更多、更细、更严。

清代的仓储系统更加发达和完善，京师有 15 个仓，通州有 2 库，德州、临青、淮安、徐州各有 1 库，凤阳有 2 库，以上为国家级仓库，省、府、州、县也各设仓库。

资料来源　佚名. 中国古代"物流"仓储保管之大任［EB/OL］.［2023-06-20］. http://biz.ifeng.com/finance/special/gudaiwuliu/cangchulist.shtml.

问题：

粮仓在我国古代经济发展过程中起到什么作用？

案例导读　　　　　　　　　X仓储大脑

京东物流推出"X仓储大脑"，该系统不仅具备商品预测、智能排产、数据分析、自主决策等多种能力，还可以自我感知，实现机器人健康自检、系统云端管理和海量物流场景的自动适应，目前已经迈入对外开放阶段。

"X仓储大脑"通过物联网和人工智能技术的交叉融合，使规划、运营监控及维护保养效率提升了 80%，节约了 50% 以上的运营成本。

目前在京东无人仓中，"X仓储大脑"利用商品销量预测、订单量预测、商品关联度聚类等辅助决策技术，辅助仓库运营管理人员实时监控订单；将运筹优化算法、物流仿真技术和机器学习技术用于智能排产和智能布局，充分调度自主研发的地狼、天狼、飞马等近 20 种不同场景机器人高效运转，大大提升了运营效率并缓解了订单暴涨带来的压力。

除了订单数据的监控、预警和资源配置建议，"X仓储大脑"还可以进行仓内机器人健康程度诊断，针对不同产品仓储环境规划算法，自动化建模，此外还可以自动适配 PC、移动端等不同的终端平台，实现云端管理，成为真正的自感知、自适应、自驱动的"大脑"级产品。

除了物流行业之外，"X仓储大脑"工厂级的设备监控、分析、可视化、预测性、动态建模等多种前沿技术也可为其他行业提供参考，利用机器学习算法帮助设备进行故障预测，应用到其他工业设备平台，利用大数据、云计算、物联网的技术融合，帮助其他行业进行探索创新。

2018 年 10 月，京东 X 事业部正式公布对外开放战略。通过自身场景的反复应用，目前京东 X 事业部具备了支撑数字化智能物流解决方案的 7 大核心能力，包括丰富的场景经验、物流仿真服务、系统集成、工程实施、物流算法设计、数据分析与机器学习、机器人选型及自研等，在引领物流行业实现智能升级的同时，为电商、零售、仓储物流、3C、制造业、快消品、机场物流等诸多行业效率提升提供个性化的解决方案。

资料来源　佚名. 京东物流"X仓储大脑"厉害在哪里？［EB/OL］.［2023-06-20］. http://security.asmag.com.cn/news/201904/98356.html.

问题：

"X仓储大脑"有哪些特点？

5.1　仓储概述

在现代社会中，仓储的作用越来越重要；除了原先的储存货物的功能外，仓储慢慢地具备了更多的功能，为物流业和相关企业的发展提供更有力的支持。

5.1.1　仓储的含义

"仓"即仓库，为存放、保管、储存物品的建筑物和场地的总称，可以是房屋建筑、洞穴、大型容器或特定的场地等，具有存放和保护物品的功能。

"储"即储存、储备，表示收存以备使用，具有收存、保管、交付使用的意思。

仓储就是指通过仓库对商品与物品的储存与保管。仓储是产品生产、流通过程中因订单前置或市场预测前置而使产品、物品暂时存放。仓库是集中反映工厂物资活动状况的综合场所，是连接生产、供应、销售的中转站，对促进生产、提高效率起着重要的辅助作用。同时，围绕着仓储实体活动，生成了清晰准确的报表、单据、账目，会计核算也同时进行着，因此仓储是物流、信息流、单证流的合一。

边学边议 5-1

《礼记·檀弓下》中有这样一个故事：晋文子修了一栋大宅子，修完了之后，邀请晋国大夫张老去看，当时张老就这样形容："美哉，轮焉！美哉，奂焉！""美轮美奂"中的"轮"是指什么？

从物流管理的角度看，可以将仓储定义为：根据市场和客户的要求，为了确保货物没有损耗、变质和丢失，调节生产、销售和消费活动以及确保社会生产、生活的连续性，而对原材料等货物进行储存、保管、管理、供给的作业活动。对仓储概念的理解要抓住以下要点：

第一，满足客户的需求，保证储存货物的质量，确保生产、生活的连续性是仓储的使命之一。

第二，当物品不能被即时消耗，需要专门的场所存放时，就形成了静态仓储。对仓库里的物品进行保管、控制、存取等作业活动，便产生了动态仓储。

第三，储存的对象必须是实物产品，包括生产资料、生活资料等。

第四，要根据货物的性质选择相应的储存方式。例如，食品、生物药品等对温度有特殊要求的货物需要采用冷藏库储存；液体性的原油或成品油就需要使用油品库储存。

知识链接 5-1

仓储活动的
产生

5.1.2 仓储的作用和功能

1）仓储的作用

（1）仓储是物流的主要功能要素之一

在物流中，运输承担了改变"物"的空间状态的重任，而另一个重任，即改变"物"的时间状态，则是由仓储来承担的。所以，在物流系统中，运输和仓储是并列的两大主要功能要素，被称作物流的两根支柱。物流还有一根支柱为配送，而一般说来，配送活动是必须要将仓库作为配送平台的。

（2）仓储是社会物质生产的必要条件之一

仓储作为社会再生产各环节之中以及社会再生产各环节之间的"物"的停滞，构成了上一步活动和下一步活动衔接的必要条件。例如，在生产过程中，上一道工序生产与下一道工序生产之间免不了有一定的时间间隔，上一道工序的零件总是要达到一定批量之后，才能经济合理地送给下一道工序加工，而下一道工序为了保持生产的连续性，也总是要有必备的最低的半成品储备保证，于是，仓储无论对哪一道工序来说，都是保证顺利生产的必要条件。

（3）仓储可以创造"时间效用"

时间效用的含义是同种物品由于使用时间不同，其效用即使用价值也不同。在物品的最佳使用时间内，其使用价值可发挥到最佳水平，从而最大限度地提高投入产出比。通过仓储，物品在效用最大的时间发挥作用，就能充分发挥物品的潜力，实现时间上的优化配置。从这个意义上来讲，也就相当于通过仓储提高了物的使用价值。

（4）仓储是"第三利润源"的主要部分之一

仓储是"第三利润源"的主要部分之一，这是因为仓储存在逆作用。对于任何一个企业来讲，仓储作为一种停滞，必然会冲减企业经营利润，但是很多企业经营业务又离不开仓储，既然是这样，那么，哪个企业能将库存成本控制得当，哪个企业就能大大地节约物流成本，仓储成本的降低便成为物流的一个重要的利润来源。另外，现代化大生产不需要每家企业都设立仓库，其仓储业务可交予第三方物流管理，或者采用供应链管理环境下的供应商管理库存等方式，而这些合作方式的普及，必然会极大地体现出仓储作为"第三利润源"的主要部分之一的作用。

边学边议 5-2

在古代，仓储的作用是什么？结合历史知识，请你讲讲仓储在战争中的作用。例如，退避三舍、官渡之战中仓储的作用。

2）仓储的功能

从整个物流过程看，仓储是保证这个过程正常运转的基础环节之一。仓储的价值主要体现在其具有的基本功能、增值功能以及社会功能三个方面。

（1）基本功能

基本功能指为了满足市场的基本储存需求，仓库所具有的基本的操作或行为，包括储存、保管、拼装、分类等基础作业。其中，储存和保管是仓储最基础的功能。通过基础作业，货物得到了有效的、符合市场和客户需求的仓储处理，例如，拼装可以为进入物流过程中的下一个物流环节做好准备。

（2）增值功能

通过基本功能的实现而获得的利益体现了仓储的基本价值。增值功能则是指通过仓储高质量的作业和服务，使经营方或供需方获取除这一部分以外的利益，这个过程称为附加增值。这是物流中心与传统仓库的重要区别之一。增值功能的典型表现方式包括：

一是提高客户的满意度。当客户下达订单时，物流中心能够迅速组织货物，并按要求及时送达，提高了客户对服务的满意度，从而提高了潜在的销售量。

二是信息的传递。在仓库管理的各项事务中，经营方和供需方都需要及时而准确的仓库信息。例如，仓库利用水平、进出货频率、仓库的地理位置、仓库的运输情况、客户需求状况、仓库人员的配置等信息。这些信息为用户进行正确的商业决策提供了可靠的依据，加快了用户对市场的响应速度，提高了经营效率，降低了经营成本，从而带来了额外的经济利益。

（3）社会功能

仓储的基础作业和增值作业会对整个社会物流的运转产生不同的影响，良好的仓储作业与管理会带来多方面的积极影响，例如，保证了生产、生活的连续性，反之会带来负面的效应。

这些功能被称为社会功能，主要包括三个方面：

第一，时间调整功能。一般情况下，生产与消费之间会产生时间差，通过储存可以克服货物产销在时间上的隔离（如季节性生产但需全年消费的大米）。

第二，价格调整功能。生产和消费之间也会产生价格差，供过于求、供不应求都会对价格产生影响，因此通过仓储可以克服货物在产销量上的不平衡，达到调控价格的效果。

第三，衔接商品流通的功能。商品仓储是商品流通的必要条件，为保证商品流通过程连续，就必须有仓储活动。通过仓储，可以防范突发事件（如运输被延误、卖主缺货），保证商品顺利流通。对供货仓库而言，这项功能是非常重要的，因为原材料供应的延迟将导致产品的生产流程的延迟。

知识链接 5-2

一个城市开多少个前置仓能全覆盖

边学边议 5-3

如何区分现代仓储业与传统仓储业？

5.2 仓库概述

《小雅·甫田》有"乃求千斯仓"句,可知仓库的历史源远流长。现代仓库更多考虑经营上的收益而不仅为了贮存。这是现代仓库同古代仓库的区别所在。因此,现代仓库在运输周转、贮存方式和建筑设施上都重视通道的合理布置、货物的分布方式和堆积的最大高度,并配置经济有效的机械化、自动化存取设施,以提高贮存能力和工作效率。

5.2.1 仓库的功能

仓库作为物流服务的据点,在物流作业中发挥重要的作用。它不仅具有储存、保管等传统功能,具有拣选、配货、检验、分类、信息传递等功能,还具有多品种小批量、多批次小批量等配送功能,以及附加标签、重新包装等流通加工功能。一般来讲,仓库具有以下功能:

1)储存和保管的功能

这是仓库最基本的传统功能。仓库有一定的空间,用于储存物品,并根据物品的特性配有相应的设备,以保持物品的完好性,如储存精密仪器的仓库需要防潮、防尘、恒温等,应配置空调、恒温器等控制设备。

2)配送和加工的功能

现代仓库的功能已由保管型向流通型转变,即仓库由原来的储存、保管货物的中心向流通、销售货物的中心转变。仓库不仅有仓储、保管货物的设备,还增加了分袋、配套、捆装、流通加工、移动等设施。这样,既扩大了仓库的经营范围,提高了物资的综合利用率,又方便了消费者,提高了服务质量。

3)调节货物运输的功能

各种运输工具的运输能力差别较大:船舶的运输能力很强,运货量一般都在万吨以上;火车的运输能力次之,每节车厢能装 10 ~ 60 吨货物,一列火车的运量高达几千吨;汽车的运货量相对较小,一辆汽车的运货量一般在 10 吨以下。根据这些运输工具之间运输能力的差异进行调节、衔接,这一功能也是由仓库来完成的。

4)信息传递的功能

信息传递功能总是在以上三项功能的实现过程中发生的。在处理有关仓库管理的各项"事""物"时,需要及时而准确的仓库信息,如仓库利用水平、进出货频率、仓库的地理位置、仓库的运输情况、顾客需求状况,以及仓库人员的配置等,这对仓库管理取得成功至关重要。

案例链接 5-1　　　　　　基于柔性自动化的菜鸟无人仓

　　柔性自动化物流系统需要应用大量机器人以及人工智能技术。人工智能为智慧物流带来了多样化的技术，同时智慧物流给人工智能提供了广阔的应用场景。菜鸟无人仓应用了无人叉车、拣选 AGV、分拨 AGV、自动封箱机、码垛机器人等多种物流设备，在入库、拣选、打包、分拨等物流全链路都体现了柔性自动化的特点。

　　随着物流逐渐成为电商核心竞争力，阿里巴巴集团对物流愈加重视。2017 年 9 月，阿里巴巴集团宣布以 53 亿元人民币增资旗下菜鸟网络的股份，并将在之后 5 年内继续投入 1 000 亿元建设菜鸟网络物流体系。在 2018 年 5 月底召开的 2018 全球智慧物流峰会上，阿里巴巴集团董事局主席再次强调，上千亿元投资仅仅只是开始，未来还将持续投入，全力以赴打造中国智能物流骨干网（China Smart Logistic Network，CSN）。其中，推进智能仓库的建设便是重点之一。

　　在此背景下，菜鸟不断加大对无人仓技术的研发与应用，从打造高度自动化的流水线，实现仓库拣选环节的自动化开始，逐步引入各种类型的机器人，如 AGV 搬运机器人、拣选机器人、缓存系统等，建成智能无人拣选仓。随后，能够实现全流程无人化作业的无人仓也最终建成。

　　菜鸟无人仓（如无锡仓）主要分为四大功能区域，即立体存储仓、机器人拣选仓、机械臂拣选仓及机器人分拨区域。

　　立体存储仓：采用自动仓储系统（AS/RS），商品由机器人自动码放在托盘上，并由无人叉车送至输送线，堆垛机按指令实现商品自动入库存储以及自动出库。

　　机器人拣选仓：分为 A、B 两大区域，A 区与 B 区中间设置播种工作站，即货物合流区，通过"货到人"和"车到人"两种方式并行，配合人工完成订单商品拣选作业。订单商品拣选完毕后，包裹被送上输送线完成面单的全自动张贴以及全自动封箱。

　　机械臂拣选仓：主要针对中型包裹，通过无人叉车将货物送上传送带，3D 相机完成箱体的自动识别，机械臂从托盘上准确抓取包裹，逐一将其投入传送带，通过交叉带分拣机实现包裹自动分拣。

　　机器人分拨区域：主要针对小件商品，通过高效的调度算法系统，结合工业相机快速读码技术和机器人智能调度系统，实现机器人自主运行、读码、分拣包裹等作业，并将包裹送往指定格口，包裹经螺旋升降机等设备装入集包袋。

　　最后，包裹通过无人叉车等设备装车后发运。

　　在无人仓的整个作业区域，对各种物流设备的状态可实时监控，一旦遇到突发问题就及时处理，以确保整个物流系统的高效、可靠运行。

　　资料来源　任芳. 基于柔性自动化的菜鸟无人仓［J］. 物流技术与应用，2018（10）：134；136-137.

5.2.2　仓库的分类

1）根据运营形态分类

（1）营业仓库

营业仓库是一些企业专门为了经营储运业务而修建或租赁的仓库。例如，保管杂货的仓库，保管玻璃、瓷砖的仓库；保管水泥、缆线的露天仓库；保管危验物品的危险品仓库；保管农产品、水产品和冷冻食品的冷藏仓库等。

（2）自备仓库

自备仓库是各生产或流通企业为了满足本企业物流业务的需要而修建的附属仓库。

（3）公用仓库

公用仓库属于公用服务的配套设施，是为社会物流服务的仓库。

2）根据保管类型分类

（1）普通仓库

普通仓库是常温下的一般仓库，用于存放一般的物资，对于仓库没有特殊要求。

（2）冷藏仓库

冷藏仓库是具有冷却设备并隔热的仓库（10℃以下）。

（3）恒温仓库

恒温仓库是能够调节温度（一般在10℃~20℃之间）、湿度的仓库。

（4）露天仓库

露天仓库是露天堆码、保管的室外仓库。

（5）储藏仓库

储藏仓库是保管散粒谷物、粉体的仓库，以简仓为代表。

（6）危险品仓库

危险品仓库是保管危险品、高压气体的仓库，以油罐仓库为代表。

（7）水上仓库

水上仓库是漂浮在水上的储藏货物的泵船、趸船、浮驳或其他水上建筑，或把木材放在划定水面保管的室外仓库。

（8）简易仓库

简易仓库是没有正式建筑，如使用帐篷等简易构造的仓库。

3）根据功能分类

（1）贮藏仓库

贮藏仓库主要对货物进行保管，以解决生产和消费的不均衡问题，如将季节性生产的大米储存到下一年销售。

（2）流通仓库

流通仓库除具有保管功能外，还能进行流通加工、装配、包装、理货以及配送，具有周转快、附加值高、时间性强的特点。

（3）专用仓库

专用仓库是保管钢铁、粮食等某些特定货物的仓库。

（4）保税仓库

保税仓库是经海关批准，在海关监管下，专供存放未办理关税手续而入境或过境货物的场所。

（5）其他仓库

其他仓库包括制品仓库、物资仓库、零件仓库、原材料仓库等。

4）根据建筑形式分类

（1）平房仓库

平房仓库，也称单层仓库，适于贮存金属材料、建筑材料、矿石、机械产品、车辆、油类、化工原料、木材及其制品等。水运码头仓库、铁路运输仓库、航空运输仓库多用单层建筑，以加快装卸速度。单层仓库的总平面设计要求道路贯通，用于装运货物的汽车、铲车能直接进出仓库。这种仓库一般采用钢筋混凝土结构，柱距一般为 6 米，跨度为 12 米、15 米、18 米、24 米、30 米、36 米不等。地面堆货荷载大的仓库，跨度宜大。库内吊车的起重能力根据贮存货物单件的最大重量确定。起重量在 5 吨以下的可用单梁式吊车或单轨葫芦，起重量大于 5 吨的可用桥式吊车。仓库要求防潮。如供贮存易燃品之用，应采用柔性地面层防止产生火花。屋面和墙面均应不渗水、不漏水。

（2）多层仓库

多层仓库一般贮存日用百货、电子器材、食品、橡胶产品、药品、医疗器械、化学制品、文化用品、仪器仪表等。底层应有卸货装货场地，装卸车辆可直接进入。货物的垂直运输一般采用载重 1.5 ~ 5 吨的运货电梯。应考虑装运货手推车或铲车能开入电梯间内，以加快装卸速度。多层仓库常用滑梯卸货。滑梯多用钢筋混凝土结构，水磨石打蜡作面层；也可用金属骨架、钢板面层，但要防止钢板生锈或用不锈钢板作面层。多层仓库如单位荷载大于 500 千克，可用无梁楼盖。仓库内一般不粉刷，原浆勾缝刷白即可；贮存日用百货、药品、食品、服装的仓库内要粉刷，以防缝中藏虫。多层仓库中的“立体仓库”的存储和提货应用电子计算机，实现机械化。这种仓库占地面积小，节省人力，但对贮存货物的类别有一定范围要求。

（3）圆筒形仓库

圆筒形仓库一般贮存散装水泥、干矿渣、粉煤灰、散装粮食、石油、煤气等。圆筒形仓库的建筑设计根据贮存物品的种类和进卸料方式确定。库顶、库壁和库底必须防水、防潮，库顶应设吸尘装置。为便于日常维修，要设置吊物孔、人孔（库壁设爬梯）、量仓孔和起重吊钩等。圆筒形仓库一般用现浇预应力钢筋混凝土结构，用滑模法施工。贮油库和贮气库则用金属结构。要注意仓库的通风，每层仓库的外墙上应设置百叶窗，百叶窗外加金属网，以防鸟雀。危险品库如贮油（气）或贮化工原料的仓库必须防热防潮，在屋面上加隔热层或按防爆屋面设计，出入口设置防火隔墙，地面用不产生火花的材料，一般可用沥青地面。贮油库要设置集油坑。食品仓库要防蚁防蜂。

案例链接5-2　　　　　　　　普洛斯中国

普洛斯中国2022年财务报告显示，合并利润表范围内2022年公司实现营业收入12.05亿美元，同比下滑4.29%；归属于公司股东净利润为12.90亿美元，同比下滑8.83%。截至2022年12月31日，公司总负债为202.59亿美元，负债率为52.67%。合并现金流量表范围内2022年公司期末现金及现金等价物为20.70亿元，同比增长114.95%。

普洛斯中国的资产由10处普洛斯仓储物流园组成，可租赁面积达116万平方米，覆盖京津冀、长三角、环渤海经济区、粤港澳大湾区和成渝经济圈。截至2022年末，10个园区平均出租率为91.55%。

普洛斯中国表示，凭借领先的资产规模以及运营管理的经验优势，将进一步发挥全球资源优势，专注于投入中国基础设施建设以服务实体经济发展，提高零碳化、智慧化运营水平，实现经济高效绿色增长。

资料来源　黄一灵.普洛斯：进一步发挥全球资源优势专注于投入中国基础设施建设以服务实体经济发展［EB/OL］.［2023-06-20］. https://www.cs.com.cn/ssgs/gsxw/202306/t20230616_6350757.html.

5.2.3　仓库的规划

1）仓库的数量决策

确定仓库的数量一般要考虑三个因素：存货成本、仓库成本以及运输成本。由于存货成本将随着设施数目的增加而增加，更多的仓库意味着拥有或租用更多空间，仓库成本也增加，但仓库数达到一定数量后，其成本增加趋势将会减缓。如果仓库太多，将会导致进出运输成本的综合增加。

2）仓库的规模和选址

与仓库数量决策密切相关的是仓库的规模与选址。

仓库的规模通常是用仓库面积来衡量的，它忽略了现代仓库的垂直存储能力，因此现在提倡使用较为科学的立体空间（仓库设施可用的空间容积）来衡量。企业在确定仓库的规模时，一般根据其存货速度（用周转率来衡量）来计算所需的仓库面积，再在主要产品的基本储存空间基础上增加通道、站台以及垂直和水平存储占用的场地面积。通过计划销售量、存货周转率可精确计算出所需的仓库空间大小。

仓库选址是指在一个具有若干供应点及若干需求点的经济区域内，选一个地址设置仓库的规划过程。合理的选址方案应该使商品通过仓库的汇集、中转、分发到达需求点的全过程的效益最好。因为仓库的建筑物及设备投资太大，所以要对成本进行权衡，在选址时应根据仓库在分销渠道中的作用来确定仓库的具体位置。如果选址不当，损失将不可弥补。

仓库的选址主要应考虑以下因素：

（1）自然环境因素

① 气象条件。在仓库选址过程中，主要考虑的气象条件有温度、风力、降水量、无霜期、冻土深度、年平均蒸发量等指标。例如，选址时要避开风口，因为在风口建设会加速露天堆放商品的老化。

② 地质条件。仓库是大量商品的集结地，某些容重很大的建筑材料堆码起来，会对地面造成很大压力。如果仓库地面以下存在淤泥层、流砂层、松土层等，在这种不良地质条件下，受压地段可能会发生沉陷、翻浆等严重后果，为此，仓库地面要求土壤承载力要强。

③ 水文条件。仓库选址须远离容易泛滥的河川流域与上溢的地下水区域。要认真考察近年的水文资料，地下水位不能过高，绝对禁止选择洪泛区、内涝区、故河道、干河滩等区域。

④ 地形条件。仓库应选择地势较高、地形平坦之处，且应具有适当的面积与外形。选在完全平坦的地形上是最理想的；其次可选择稍有坡度或起伏的地方；对于山区陡坡地区则应该完全避开。在外形上宜选择长方形，不宜选择狭长或不规则形状。

（2）经营环境因素

① 政策环境背景。选择建设仓库的地方是否有优惠的政策对物流产业进行扶持，这将对物流业的效益产生直接影响。当地的劳动力素质的高低也是需要考虑的因素之一。

② 商品特性。经营不同类型商品的仓库最好能分别布局在不同地域，如生产型仓库的选址应与产业结构、产品结构、工业布局紧密结合进行考虑。

③ 物流费用。物流费用是仓库选址的重要考虑因素之一。大多数仓库选择接近物流服务需求地，如接近大型工业、商业区，以便缩短运距、降低运费等物流费用。

④ 服务水平。服务水平是仓库选址的考虑因素之一。在现代物流过程中，能否实现准时运送是衡量仓库服务水平高低的重要指标，因此，在仓库选址时，应保证客户无论在何时向仓库提出物流需求，都能获得快速满意的服务。

（3）基础设施状况

① 交通条件。仓库必须具备方便的交通运输条件，最好靠近交通枢纽进行布局，如紧邻港口、交通主干道枢纽、铁路编组站或机场，有两种以上运输方式相连接。

② 公共设施状况。仓库的所在地要求城市的道路、通信等公共设施齐备，有充足的供应电、水、热、燃气的能力，且场区周围有污水、固体废物处理能力。

影响仓库选址的因素可以划分为成本因素和非成本因素。成本因素是指与成本直接有关的、可以用货币单位度量的因素；非成本因素主要是指与成本无直接的关系，但能够影响成本和企业未来发展的因素。常见的成本因素和非成本因素见表5-1。

表5-1　　　　　　　　　　　影响仓库选址的因素

成本因素	非成本因素
运输成本	社区环境
原材料供应成本	气候和地理条件
动力和能源供应成本	政治稳定性
劳动力成本	当地文化习俗
建筑成本和土地成本	当地政府政策法规
利率、税率和保险费率	扩展机会
各类服务和保养服务的成本	当地竞争者
⋮	⋮

3）仓库选址方法

在仓库选址过程中，目前被认为最好的方法就是由美国区域经济学家埃德加·M.胡佛（Edgar M. Hoover）提出的传统的分类方法，即将仓库的选址划分为以市场营销定位的仓库选址、以生产制造定位的仓库选址、以快速配送定位的仓库选址等。

① 以市场营销定位的仓库选址。该方法以充分满足市场营销需要为前提，在最靠近顾客的地方选择仓库地址，追求为顾客提供最高水平的的服务，缩短将产品配送给顾客的时间。同时，这可以在一定程度上获得仓库运输方面的规模经济效益。

② 以生产制造定位的仓库选址。该方法选择最靠近原材料产地或生产加工地点的位置建造仓库，这种选址决策是专门为方便原材料的运输和集结以及产成品加工而设定的，它能够给公司带来生产制造方面的便利。对于那些生产多种产品的公司来说，运输的经济效益主要源自从原材料产地到产成品流通过程中的批量优势和整合装运优势。

③ 以快速配送定位的仓库选址。该方法主要强调快速的配送，在最终顾客和生产厂商之间进行适当的权衡，从而进行仓库选址。一般来讲，它综合了以上两种方法的优点，快速的配送使得为最终顾客提供的服务水平大大提高，增强了原材料的及时供给能力和产成品的及时配送分销能力，缩短了产品投入市场的周期。

5.2.4　仓库内部区域布局

现代仓库总平面规划一般可以划分为生产作业区、辅助作业区和行政生活区三大部分。现代仓库为适应商品快速周转的需要，在总体规划布置时应注意适当增大生产作业区中收发货作业区面积和检验区面积。

1）生产作业区

生产作业区是现代仓库的主体部分，是商品仓储的主要活动场所，主要包括储货区、道路、铁路专用线、码头、装卸平台等。

储货区是储存保管、收发整理商品的场所，是生产作业区的主体区域。储货区主要由保管区和非保管区两大部分组成。保管区是主要用于储存商品的区域，非保管区主要包括各种装卸设备通道、待检区、出入库收发作业区、集结区等。现代仓库已由传统的储备型仓库转变为以收发作业为主的流通型仓库，其各组成部分的构成比例通常为：合格品储存区占总面积的 40%～50%；通道占总面积的 8%～12%；待检区及出入库收发作业区占总面积的 20%～30%；集结区占总面积的 10%～15%；待处理区和不合格品隔离区占总面积的 5%～10%。

2）辅助作业区

辅助作业区是为仓储业务提供各项服务的设备维修车间、车库、工具设备库、油库、变电室等。值得注意的是，油库应远离维修车间、宿舍等易出现明火的场所，且油库周围须设置相应的消防设施。

3）行政生活区

行政生活区是行政管理机构办公和职工生活的区域，具体包括办公楼、警卫室、化验室、宿舍和食堂等。

| 案例链接5-3 | 京东物流开放云仓服务 |

京东云仓是京东物流最新推出的仓储服务模式，京东物流与符合京东物流服务要求的第三方仓储资源商强强联手，为资源商提供京东强大的库内管理系统和库内操作标准，以更多的仓储资源选择，为商家提供一体化的物流解决方案。

1）整合优质社会化仓储资源，实现高效库存利用

张建新的家居用品工厂位于浙江宁波，近年来电商兴起，张建新也开起了网店，商品畅销全国。伴随着订单越来越多，库房也越建越大，并租赁给其他家居厂商使用。2017年，张建新再次大手笔投入，扩建库房。同时，由于新建仓资金投入巨大，张建新面临融资以及库房管理等难题。一次偶然的机会，张建新了解到京东物流正在全国范围内招募云仓合作伙伴，便果断递交了合作申请。

在进行合作资质的系列审核后，京东云仓随即对张建新的库房进行了实地考察，在仓库内部署了京东操作系统，并按照京东操作要求，对张建新家居用品工厂的库内操作人员进行了相关培训。

京东物流负责人表示，京东云仓对入仓商家的操作质量负责。一方面，京东物流必须确保合作商仓内的操作标准和京东自营仓内操作标准一致。京东物流也开放了培训体系，按照京东标准对合作方库内作业人员进行操作培训。另一方面，针对目前仓储企业数量众多、系统服务能力参差不齐的现状，京东统一提供的仓储管理和订单系统将有效提升京东云仓内的系统能力。

2）强强联手助推仓配一体化下沉，实现与合作商融合共赢

2017年"6·18"期间，与京东商城合作试水成功后，一个主营清洁用具的商家决定扩展网络销售业务。为了更快地将产品推向全国，该商家与京东物流达成合作，由京东物流负责其品牌在全国的备货、配送业务。借力于京东云仓在全国各区的布局，仅一个月内，该商家产品就完成了在全国五地的仓库部署，快速进入新市场。同时，该品牌商入仓后，其全平台订单由京东云仓统一处理。

京东物流有效利用大数据平台，对各类商品在不同区域、不同时间段的销量做提前预判，将相应数量的商品提前备货到距离消费者最近的仓库。京东云仓有效整合各地仓储及人力资源，通过仓库下沉，在消费者下单后，实现就近的高效配送。

京东集团时任董事局主席兼首席执行官刘强东强调零售业将迎来第四次零售革命。改变的不是零售，而是零售的基础设施。零售的基础设施将变得极其可塑化、智能化和协同化，推动"无界零售"时代的到来，实现成本、效率、体验的升级。京东云仓的推出，不只是资源的集成，还将发挥京东强大的基础设施能力，协助合作商提升物流服务能力。京东云仓也将协同京东金融，为云仓合作商及入仓商家提供融资租赁、仓单质押等金融服务。

目前，已有数万品牌商、商家、第三方优质仓储资源方与京东物流展开了深入合作，2020年在全国范围合作完成数千万平方米仓网建设。截至2017年6月30日，京东物流已经在全国运营335个大型仓库，总面积约710万平方米。

资料来源　佚名. 京东物流携手三方仓储资源商，打造京东云仓新模式［EB/OL］.［2023-06-20］. https://www.50yc.com/information/hangye-cangchu/9908.

知识链接 5-3

秦汉两朝的"仓储"制度

知识链接 5-4

智能挂装式仓储系统

知识链接 5-5

常平仓思想的经济学原理与实践应用

5.3　仓储管理概述

仓储管理是一门经济管理科学，同时也涉及应用技术科学，故属于边缘性学科。仓储管理的内涵随着其在社会经济领域中的作用不断扩大而变化。

5.3.1　仓储管理的含义

仓储管理就是对仓库及仓库内的物资进行的管理，是仓储机构为了充分利用其所拥有的仓储资源提供高效的仓储服务而进行的计划、组织、控制和协调过程。

5.3.2　仓储管理的业务内容

仓储管理活动主要是在商品流通过程中的货物储存环节的经营管理，其管理的内容有技术上的，也有经济上的，主要包括以下几个方面：

1）仓库选址与布点

仓库选址与布点的内容包括：仓库选址应遵循的基本原则、仓库选址时应考虑

的基本因素以及仓库选址的技术方法，多点布置时还要考虑网络中仓库的数量和规模大小、相对位置和服务的客户等问题。

2）仓库规模的确定和内部合理布局

仓库规模的确定和内部合理布局的内容包括仓库库区面积及建筑物面积的确定，库内道路和作业区的平面和竖向布置，库房内部各作业区域的划分和作业通道布置的方式。

3）仓储设施和设备的选择和配备

仓储设施和设备的选择和配备的内容包括根据仓库作业的特点及储存商品的种类和理化特性，合理地选择、配备、使用和管理仓库设施、作业机械。

4）仓储作业活动管理

仓储作业的范围和功能不同，其活动的复杂程度也不尽相同。仓储作业活动管理是仓储管理的重要内容，它涉及仓储作业组织的结构与岗位分工、作业流程的设计、仓储作业中的技术方法和作业手段，以及仓储活动中的信息处理等。

5）库存控制

库存是仓储的最基本功能，企业为了及时满足客户的需求，必须经常保持一定数量的商品库存，存货不足会造成供应断档，存货过多会造成商品积压、仓储成本上升。库存控制是仓储管理中最为复杂的内容，是仓储管理从传统的存货管理向高级的存货系统动态控制发展的重要标志。

此外，仓库业务考核、新技术及新方法在仓库管理中的运用、仓库安全与消防、仓储成本管理和仓储经营效果评价等问题都是仓储管理所涉及的内容。

案例链接5-4　　　　　　　乐高公司的"绿色"仓库

当大多数仓库开始考虑环境管理标准ISO14000的认证工作时，LEGO（乐高）公司的配送中心早已奏响了环境管理的乐章。LEGO的仓库占地22 500平方米，建于2000年，坐落于美国康涅狄格州的恩菲尔德镇，它为LEGO提供了环境与设施相融合的机会。

LEGO的工作人员正在制订配送中心的噪声控制计划，他们与哈佛大学声音工程系的学生一起研究，测量配送中心的噪声水平，并且设计了一个降低噪声的方案。该配送中心通过改变搬运的速度和在搬运现场周围设置隔离物，最终使噪声降低了6~7分贝。这足以使LEGO员工不必再使用保护耳朵的装备。

LEGO的仓库会产生大量的瓦楞纸板，员工将这些纸板和其他制品一起进行再生产利用，同时通过在地下修建排水管道，设置分离器和抽水泵来防止排泄物溢出而污染环境，并且控制蓄水池中的污水以适当速度流出。通过种种环保的做法，LEGO的仓库成为"绿色"仓库。

资料来源　佚名.《仓储管理》案例［EB/OL］.［2023-06-20］. https://doc.mbalib.com/view/42a5cd685245e2330de3518298384e72.html.

5.3.3 仓储管理的业务流程

仓储管理是指从商品入库到商品发送的整个仓储管理过程，其业务主要包括入库业务、保管业务、出库业务等内容。

1) 入库业务

货物入库业务是仓储业务的开始，它包括货物的接运、卸货、搬运、清点数量、验收、整理、堆码、办理入库手续等一系列的操作过程，是根据货主提供的货物储存计划和入库凭证来安排的，仓库按照规定的程序进行收货的业务。在收货过程中，仓库要做到手续简便、操作敏捷、点数准确、保证质量。

货物入库的业务程序可以分为货物入库前的准备、货物的接运、货物的验收、货物的入库、办理入库手续等几个环节。货物入库的基本作业流程如图5-1所示。

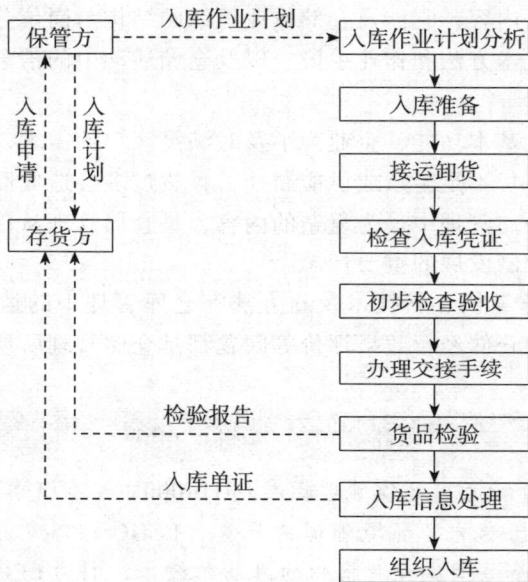

图 5-1 货物入库的基本作业流程

（1）货物入库前的准备

货物入库前的准备工作主要包括：编制仓储计划，做好入库准备；安排仓容，确定堆放位置；合理组织人力、装卸机具；准备验收设备，保证货物验收；备齐需要的其他相关用品。

（2）货物的接运

货物的接运包括以下几种方式：铁路专用线接车；存货人送货到库；到车站、码头提运；仓储人自提入库。

（3）货物的验收

货物的验收主要包括对货物数量、质量和包装的验收，即复核货物数量是否与入库凭证相符，规格、牌号等有无差错，货物的质量是否符合规定的要求，货物包装能否保证在储存和运输过程中的安全等内容。

边学边议 5-4

（1）某供应商于 2023 年 5 月 8 日将一批冷冻猪肉（数量 500 块，总重量 21 856 千克）送至某企业冷冻仓库。

任务要求： 对该货物进行数量验收时应采用何种验收方式？

（2）伊利公司于 2023 年 1 月 30 日送来一批伊利酸牛奶，送货单标明数量为 50 件，规格为 1×24 盒（250ml），价格 2 元/盒，金额 48 元/件，生产日期是 2023 年 1 月 20 日，保质期为 21 天。

任务要求： 如果你是某超市收货员，这批货你能不能收？为什么？

（4）货物的入库

收货保管人员对经过验收合格的产品进行分类搬运，即按每批入库单开制的数量将同一品种集中、分批送到预定的货位，做到进一批清一批，严格防止品种互串和数量短溢。对于货物的堆垛，要考虑未来送货的情况，尽可能地一次搬运到位，避免重复劳动。

（5）办理入库手续

入库手续主要是指交货单位与库管员之间所办理的交接工作，包括商品的检查核对，事故的分析、判定，双方认定，在交库单上签字。仓库一面给交货单位签发接收入库凭证，并将凭证交给会计、统计人员入账、登记；一面安排仓位，提出保管要求。

边学边议 5-5

（1）某供应商于 2023 年 3 月 8 日发运一批旺旺食品至华达配送中心所在城市的某铁路货运站，根据协议，由华达配送中心自行派车至铁路货运站接运并送至华达配送中心仓库，铁路运输单上标明：旺旺雪饼数量 50 箱，规格 1×20 袋（500 克），价格 22 元/袋，金额 440 元/箱，生产日期是 2023 年 1 月 6 日；旺旺烧米饼 80 箱，规格 1×20 袋（500 克），价格 32 元/袋，金额 640 元/箱，生产日期是 2023 年 1 月 10 日。这两种食品的保质期都为 9 个月。

任务要求： ①画出入库作业流程图。②描述作业步骤。

（2）某供应商于 2023 年 1 月 8 日送来一车旺旺食品，送货单上标明：旺旺雪饼数量 50 箱，规格 1×20 袋（500 克），价格 22 元/袋，金额 440 元/箱，生产日期是 2022 年 12 月 6 日；旺旺烧米饼 80 箱，规格 1×20 袋（500 克），价格 32 元/袋，金额 640 元/箱，生产日期是 2022 年 12 月 10 日。这两种食品的保质期都为 9 个月，在收货时，发现其中有 4 箱旺旺雪饼外包装破损，3 箱旺旺烧米饼外包装有水渍。

任务要求：你作为配送中心的收货员，打算怎样处理这批有问题的货物？

2）保管业务

保管业务的主要内容包括：货物的储存规划；货物的堆码与垫盖；货物的检查、盘点与保管损耗等。

（1）货物的储存规划

货物的储存规划主要指储存区域的合理布局，即将各种产品合理地布置到仓库的平面和空间，以利于提高仓库的利用率。

对储存区域合理布局的要求包括：要尽量扩大存放货物的面积，同时也要合理安排作业通道、货垛间距、收发货场等非保管面积；库内平面布局要保证仓库作业的连续性，使货物的收发保管作业互不干扰；要合理利用仓库地坪承载能力；要注意保证货物的存放安全。

在对货物储存进行规划时，还要对商品存放进行分区分类，也就是在性能一致、养护措施一致、消防方法一致的前提下，把库房、货棚、货场划分为若干保管区域，将储存商品根据货物大类和性能等划分为若干类别，以便分类集中俣管。

在不同类型的仓库，分区分类方法各不相同，大致有以下三种分法：

① 按商品种类和性质进行分区分类。这是大多数仓库普遍采用的方法，它按照商品的自然属性，把怕热、怕潮、怕光、怕冻、怕风等各种不同性质的商品按类别集中起来分区存放，安排在适宜储存的场所。

② 按不同货主的商品经营分工进行分区分类。这通常是承接不同存货人储存业务的综合性仓库采用的方法，其目的是方便与货主对口衔接，防止不同货主的货物相混，也便于联系、核对。在具体存放时，也要按照商品的性能划分为若干货区，以保证商品储存的安全。

③ 按商品流转方式或发往地区进行分区分类。这种分区分类方法主要适用于商品存放时间较短的中转仓库或口岸仓库，尤其是集装箱货运站的仓库。它的具体做法是先按不同的运输方式如铁路、水路、公路划分，再按货物到达港、站的路线划分。这种方法虽然不区分商品种类，但对危险品、性能相互抵触以及运价相差悬殊的商品须分别堆放。

（2）货物的堆码与垫盖

货物堆码必须满足合理、安全、定量、整齐、低耗和方便的要求。货物堆码方式主要由货物的性能、形状、包装、仓储设备、存放场所和季节、气候等条件决定。

常用的堆码方式主要有散堆、货架、成组和垛堆几种。

① 散堆方式。散堆方式是指将无包装的散货在仓库或露天货场上堆成货堆的存放方式。这种方法适用于不用包装的颗粒状、块状的大宗散货，如煤炭、矿砂、散粮、海盐等。这种堆码方式简便，便于采用机械设备装卸、堆垛，可节省包装费用、仓容和运费。

② 货架方式。货架方式是使用通用和专用的货架进行货物堆码的方式，主要适用于不宜堆高、需特殊保管存放的小件包装的货物，如小百货、小五金、绸缎、医药品等。这种堆垛方式能够提高仓库的利用率，减少差错，加快存取，但其适用范围较狭窄。

③ 成组方式。成组方式是指采用成组工具先将货物组成一组，使其堆存单元扩大，可以用装卸机械成组搬运、装卸、堆码。常见的成组工具有托盘、网绳等。这种堆码方式，可以提高仓库、货场的利用率，实现货物机械化操作，保证货物的安全，也有利于提高货物进出库的劳动效率，加快货物的流转。

④ 垛堆方式。垛堆方式是指直接利用货物或其包装外形进行堆码，适用于有外包装和不需要包装的长、大件货物，如箱、桶、筐、袋装的货物，以及木材、钢材等。这种堆码方式能够增加货垛高度，提高仓库利用率，能够根据货物的形状和特性及货位的实际情况，把货垛堆码成各种样式，以利于保证货物的质量。

货物在堆码时，要根据货物保管的要求和堆放场所的条件进行垫垛或遮盖，目的是减少或避免货物因恶劣天气等自然因素影响而受到损害。

（3）货物的检查、盘点与保管损耗

① 检查内容。货物的检查内容包括数量检查、质量检查、安全检查、保管条件检查等。

② 货物的盘点。货物的盘点是指定期或临时对库存商品进行清点的操作。

③ 货物的保管损耗。在一定的期间内，保管这种货物所允许发生的自然损耗，一般以货物保管损耗率来表示。

边学边议 5-6

（1）长沙市某仓库新进一批茶叶，仓储管理员将茶叶储存于一日化仓库。

问题：他这样操作是否正确？茶叶的储存应注意哪些方面？

（2）GKL 连锁超市集团租用了 XY 公司的库房存放方便面、饼干等纸箱装干货，货物存储现状描述如下：货物外包装箱上有灰尘；温度控制表记录的温度最高为 45℃，最低为 -7℃；湿度计显示相对湿度为 75% 左右；在仓库日常检查中发现一些小虫子，并发现老鼠痕迹；仓库的窗户很多，阳光能够直接照射到存储的货物上面。

问题：

（1）请根据以上描述，说出该仓库中影响产品质量的因素。

（2）针对这些现象提出解决方法。

3）出库业务

货物出库业务是仓库根据业务部门或存货单位开出的货物出库凭证（提货单、调拨单），按其所列商品编号、名称、规格、型号、数量等项目，组织货物出库的一系列工作的总称。

货物出库是仓储业务的最后一个环节，出库程序主要包括核单备料、复核、包装、点交、登账、现场和档案的清理。

（1）核单备料

发放货物必须有正式的出库凭证，严禁无单或白条发料。保管员接到出库凭证后，应仔细核对，这就是出库业务的核单（验单）工作。首先，要审核出库凭证的合法性和真实性；其次，要核对货物品名、型号、规格、单价、数量、收货单位、到站、银行账号；最后，要审核出库凭证的有效期等。如属自提货物，还须检查有无财务部门准许发货的签章。

在对出库凭证所列项目进行核查之后，才能开始备料工作。出库货物应附有质量证明书或抄件、磅码单、装箱单等。机电设备等配件产品，其说明书及合格证应随货同到。备料时应本着"先进先出、易霉易坏先出、接近失效期先出"的原则，根据领料数量下堆备料或整堆发料。备料的计量实行"以收代发"制，即利用入库检验时的一次清点数，不再重新过磅。备料后要及时变动料卡余额数量，填写实发数量和日期等。

（2）复核

为防止差错，备料后应立即进行复核。出库的复核形式主要有专职复核、交叉复核和环环复核3种。除此之外，在发货作业的各个环节上，都贯穿着复核工作。例如，理货员核对单、货，守护员（门卫）凭票放行，账务员（保管会计）核对账单（票）等。这些分散的复核形式起到分头把关的作用，有助于提高仓库发货业务的工作质量。

复核的主要内容包括品种、数量是否准确，外观质量和包装是否完好，配套是否齐全，技术证件是否齐备等。复核后保管员和复核员应在出库凭证上签名。

（3）包装

出库的货物如果没有符合运输方式所要求的包装，应进行包装；应根据货物外形特点，选用适宜的包装材料，其重量和尺寸应便于装卸和搬运。

出库货物包装，要求干燥、牢固。如有破损、潮湿、捆扎松散等不能保障货物在运输途中安全的情况，仓库应负责加固整理，做到破包破箱不出库。此外，各类包装容器，若外包装上有水渍、油迹、污损，均不许出库。另外，在包装中，严禁将互相影响或性能互相抵触的货物混合包装；包装后，要写明收货单位、到站、发货号、本批总件数、发货单位等。

（4）点交

货物经复核后，如果是本单位内部领料，则将货物和单据当面点交给提货人，办理交接手续；如系送料或将货物调出本单位办理托运的，则与送料人员或运输部门办理交接手续，当面将货物交点清楚。交点清楚后，提货人员应在出库凭证上签章。

（5）登账

点交后，保管员应在出库单上填写实发数、发货日期等内容，并签名，然后将出库单连同有关证件资料，及时交给货主，以便货主办理货款结算。保管员把留存的一联出库凭证交给实物明细账登记人员登记做账。

（6）现场和档案的清理

现场清理是指清理库存货物、库房、场地、设备和工具等。

档案清理是指对收发、保养、盈亏数量和垛位安排等情况进行分析。

在整个出库业务过程中，复核和点交是两个最为关键的环节。复核是防止差错的重要措施，而点交则是划清仓库和提货方两者责任的必要手段。

边学边议 5-7

某物流公司仓库由于备货时不够仔细，导致发错货，将货主计划近期只在 B 地区销售的品种发送至异地，从而打乱了货主的整个营销计划，使货主的预期目标不能实现。根据合同中的有关条款，该物流公司将赔付高达 10 万元的罚款，后经与货主多次协商，对方做出了较大让步。

问题：

（1）该仓库问题出在哪些环节上？

（2）商品出库时有哪些要求？

5.4 仓储管理技术

5.4.1 库存管理与库存控制

库存管理问题是企业运营中的重要问题，越来越受到企业经营管理者特别是物流经营管理者的关注。由于它对于经营管理者来说，既涉及满足用户存取商品的各种需要，又与增加企业收入、降低成本以提高盈利、扩大市场等问题密切相关，而且库存商品会占用大量的人、财、物等资源，因此减少库存量、降低库存成本是库存管理追求的目标。有的学者甚至把物流管理描述为静止的或运动的库存管理，由此可见库存管理在物流管理中的重要地位。

1）库存和库存管理

库存并不是只存在于现代社会。一般来说，只要有物质生产活动，库存就会随之存在。比如在古代，人们在春夏进行粮食的耕种工作，秋季进行收获，然后将收获的粮食存储起来用以维持基本生存需要直至第二年的收获季节，这个过程就是一个典型的生产与库存过程。由于生产技术的不断发展，现代社会的物质生产方式比古代更为复杂，体现出高度的专业化和信息化特征。库存涉及的方面也越来越广泛，无论在生产领域，还是在流通领域，乃至关系国民经济发展的各个领域，库存都普遍存在。

（1）库存的概念

库存（inventory），是指用于满足未来需求而暂时闲置的一切有经济价值的资源。这里需要注意的是：

① 库存是资源，且是有价值的资源。库存资源可以是人、财、物等有形实物，也可以是无形物质。库存必须是有价值的资源。一些能够满足未来需求的资源不一定具有经济价值，如阳光、空气等，在获取这些资源时，不需要支付相应的成本，因而其不构成库存。

② 资源的闲置就是库存，与这种资源是否存放在仓库中没有关系，与资源是否处于运动状态也没有关系。比如，存储在仓库中的物质资源无论存储时间长短，都是库存，而在超市货架上未销售完的少量存货也可称为库存。

（2）库存的功能

库存被称为"必要的恶魔"。也就是说，库存的存在有利有弊。库存的作用主要是能有效缓解供需矛盾，尽可能均匀地保持生产，甚至还有"奇货可居"的投机功能。

库存的主要功能如下：

① 平衡客户资源。为了保护企业免受无法预料的顾客需求变化的冲击，防止因商品短缺而遭受损失，企业必须持有一定的库存，它就像一个调节阀。但顾客的需求总是难以预测的，并且随着产品寿命周期的不断缩短及新的竞争性产品的不断出现，顾客需求的不确定性也不断增强。持有一定量的库存有利于调节供需之间的不平衡，防范由于不稳定的物流引起人员与设备的停工，保证企业按时交货，避免或减少由于库存短缺或供应延迟带来的损失，对于企业提供为顾客提供的服务的质量具有重要作用。

② 平衡生产资源。在许多情况下，产品供应的数量、质量、成本和交货期存在着很大的不确定性，而库存具有保持生产过程连续性、分摊订货费用、决速满足客户订货需求的作用。库存有助于缓解具有不同生产速率的生产制造环节之间的矛盾，协调生产资源在时间和空间上的衔接。批量库存不仅降低了企业生产调整的频率，而且提高了机器设备的利用率。库存对于提供良好的客户服务，通过保持生产速率以合理的规模安排生产，从而保持企业的竞争力具有重要的意义。

③ 平衡运输资源。运输企业为实现规模经济鼓励企业运输大量产品，因而持有大量库存。实际上，许多承运人通过向托运人提供各种折扣来鼓励大批量运输。

面对复杂的市场环境，库存并不是一种必然的祸害，而是一种非常有用的减震器。库存的存在，有利于平衡客户资源、生产资源和运输资源，规避资源供求振荡带来的风险。

2）库存的分类

库存是一项代价很高的投资，无论是生产企业还是物流企业，正确认识和建立一项有效的库存管理计划都是很有必要的。依据生成的原因不同，可以将库存分为以下六种类型：周期库存、在途库存、安全库存（或缓冲库存）、投资库存、季节性的库存、闲置库存。

（1）周期库存

周期库存是指在补货过程中产生的库存。周期库存用来满足确定条件下的需求，其生成的前提是企业能够正确地预测需求和补货时间。

（2）在途库存

在途库存是指从一个地方到另一个地方处于运输路线中的物品。在没有到达目的地之前，可以将在途库存看作周期库存的一部分。需要注意的是，在进行库存持有成本的计算时，应将在途库存看作运输出发地的库存，因为在途的物品还不能使用、销售或随时发货。

（3）安全库存（或缓冲库存）

安全库存（或缓冲库存）是指为了应对生产需求的不确定性，企业持有的周期库存以外的库存。人们普遍认为企业的平均库存水平应等于订货批量的一半加上安全库存。

（4）投资库存

投资库存是指持有库存不是为了满足目前的需求，而是出于其他原因，如预防价格上涨、物料短缺等。

（5）季节性的库存

季节性的库存是投资库存的一种形式，指的是在生产季节开始之前累积的库存，目的在于保证稳定的劳动生产率和稳定的生产运转。

（6）闲置库存

闲置库存是指在具体的时期内不存在需求的库存。

3）库存成本的构成

库存成本一般包括以下三个主要部分：

（1）库存持有成本

库存持有成本即为保有和管理库存而需承担的费用开支，具体可分为运行成本、机会成本和风险成本三个方面。

① 运行成本主要包括仓储成本。自营型仓库的运行成本体现为建造仓库的固定投资成本，外包型仓库的运行成本则体现为仓库的租金，库存量越大，仓储面积越大，仓储成本也越高。此外，运行成本还包括仓库中的设备投资成本和日常运作费用（水、电、人工等）。

② 机会成本主要是库存所占用的资金的机会成本。库存作为企业的资产是通过占用企业的流动资金而获得的，而任何企业都要求一定的资金投资回报率，即库存占用的资金如果用于其他投资所能获得的平均收益率，投资回报率因行业的不同和企业的不同而有所不同，一般为 $10\% \sim 16\%$。企业因为要持有一定的库存而丧失了流动资金所能带来的投资收益，这种收益即为库存的机会成本。如果企业通过借款来获得库存，这时的机会成本还应包括借款的利息支出。

③ 风险成本，顾名思义，是从风险的角度来考虑的，首先它包括保险费用。

为了减少库存的损失，大多数的企业会为其库存购买保险，其费用就是库存的风险成本。同时，企业库存可能会因为不合理存放而造成损耗或报废，例如食品过期、存放过程中破损、产品滞销、失窃等，这些损失同样是库存的风险成本。

（2）库存获得成本

库存获得成本是指企业为了得到库存而需承担的费用。抛开库存的本身价值，如果库存是企业直接通过购买而获得的，则获得成本体现为订货成本，包括与供应商之间的通信费用、货物的运输费用等，订购或运输次数越多，订货成本就越高；如果库存是企业自己生产的，则获得成本体现为生产成本，即企业为生产一批货物而发生的费用。

（3）库存缺货成本

库存缺货成本，简而言之就是由于库存供应中断造成的损失，包括原材料供应中断造成的停工损失、产成品库存缺货造成的延迟发货损失、销售机会丧失带来的损失、企业通过紧急采购来补充库存而承担的额外采购成本等。

4）库存控制

（1）库存控制的概念

库存控制又称库存管理，是对制造业或服务业生产、经营全过程中的各种物品、产成品以及其他资源进行管理和控制，使其储备保持在经济合理的水平上。

边学边议 5-8

仓储管理与库存管理的区别有哪些？

（2）库存控制的重要性

① 库存控制的作用。库存控制的作用是：在满足企业生产、经营需求的前提下，将库存量保持在合理的水平上；掌握库存量动态，适时、适量提出订货，避免超储或缺货；减少库存空间占用，降低库存总费用；控制库存资金占用，加速资金周转。

② 库存不合理的危害。库存量过大的危害：增加仓库面积和库存保管费用，从而提高产品成本；占用大量的流动资金，造成资金呆滞，既会加重贷款利息等负担，又会影响资金的时间价值和机会收益；造成产成品和原材料的有形损耗和无形损耗；造成企业资源的大量闲置，影响其合理配置和优化；掩盖企业生产、经营全过程的各种矛盾和问题，不利于企业提高管理水平。

库存量过小的危害：造成服务水平的下降，影响销售利润和企业信誉；造成生产系统原材料或其他物料供应不足，影响生产过程的正常进行；使订货间隔期缩短、订货次数增加，从而使订货（生产）成本提高；影响生产过程的均衡性和装配时的成套性。

边学边议 5-9

库存控制就是仓储管理，你认为这种说法对吗？

5.4.2 库存控制模型及其分类

库存控制是指企业根据供应和需求规律确定生产和流通过程中经济合理的物资存储量的管理工作。库存控制应起缓冲作用，使物流均衡通畅，既保证正常生产和供应，又能合理压缩库存资金，以得到较好的经济效果。

1915年，美国的 F.W.哈里斯提出了关于经济订货批量的模型，开创了现代库存理论研究的先河。在此之前，意大利的维尔弗雷多·帕累托在研究世界财富分配问题时曾提出帕累托定律。将帕累托定律用于库存管理方面的方法即 ABC 分类法。随着管理工作的科学化，库存管理的理论有了很大的发展，形成许多库存控制模型，将其应用于企业管理中已得到显著的效果。

针对不同的生产和供应情况，采用不同的库存控制模型。

1）按订货方式分类

按订货方式分类，有5种订货模型：

① 定期定量模型：订货的数量和时间都固定不变。

② 定期不定量模型：订货时间固定不变，而订货的数量依实际库存量和最高库存量的差别而定，如图5-2所示。

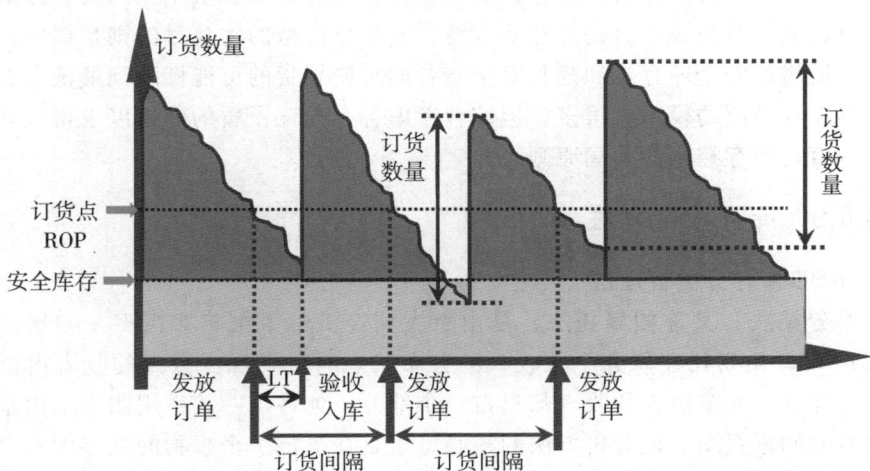

知识链接 5-6

影响制造业库存的六个因素

图5-2 定期不定量模型图

③ 定量不定期模型：当库存量低于订货点时就补充订货，订货量固定不变，如图5-3所示。

④ 不定量不定期模型：订货数量和时间都不固定。

⑤ 有限进货率定期定量模型：货源有限制，需要陆续进货。

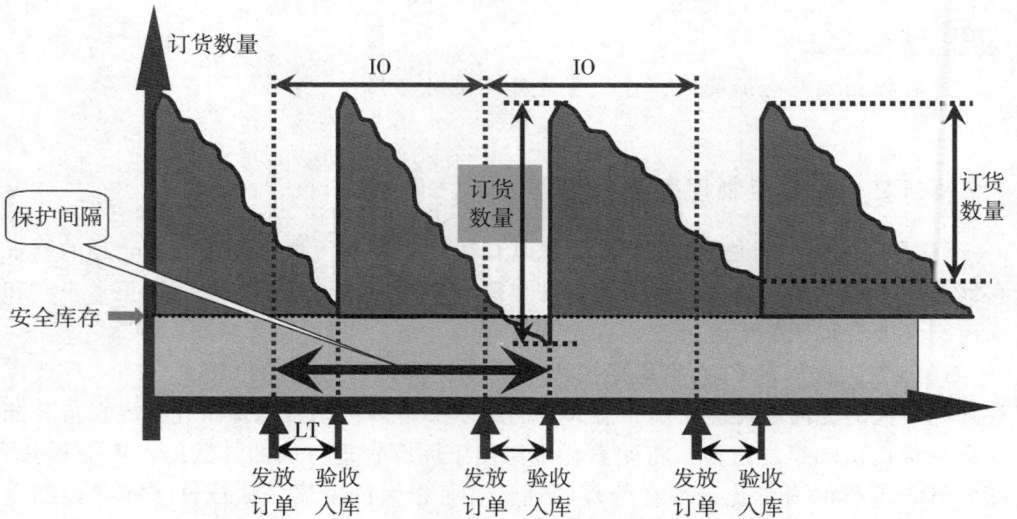

图 5-3　定量不定期模型图

以上 5 种模型中的前 4 种都属于货源充足、随时都能按需求量补充订货的情况。

2）按供需情况分类

按供需情况分类，库存控制模型可分为确定型和概率型两类。确定型模型的主要参数都已确切知道；概率型模型的主要参数有些是随机的。

3）按库存管理的目的分类

按库存管理的目的分类，库存控制模型可分为经济型和安全型两类。经济型模型的主要目的是节约资金，提高经济效益；安全型模型的主要目的则是保障正常的供应，不惜增加安全库存量和延长安全储备期，使缺货的可能性降到最低。

虽然库存控制的模型有很多，但综合考虑各个相互矛盾的因素以求得较好的经济效果一直是库存控制的共同原则。

5.4.3　库存控制方法

1）ABC 库存分类管理法

ABC 分类法，又称帕累托法，是由意大利经济学家维尔弗雷多·帕累托首创的。1879 年，帕累托在研究个人收入的分布状态时，发现少数人的收入占全部人收入的大部分，而多数人的收入却只占一小部分，他将这一关系用图表示出来，这就是著名的帕累托图。该分析方法的核心思想是在决定一个事物的众多因素中分清主次，识别出少数的但对事物起决定作用的关键因素和多数的但对事物影响较小的次要因素。1951 年，管理学家戴克（H.F.Dickie）将其应用于库存管理，命名为ABC 法。

（1）ABC 库存分类管理法的含义

仓库保管的货物品种繁多，有些物品的价值较高，对企业的发展影响较大，或者对保管的要求较高，而多数被保管的货物价值较低，对保管的要求不是很高。如果我们对所有的货物都采取相同的管理方法，则可能投入的人力、资金很多，而效果却不佳。在管理中突出重点，做到事半功倍，这是应用 ABC 库存分类管理法的目的。

ABC 库存分类管理法是指将库存物品按品种和占用资金的多少分为特别重要的库存（A 类）、一般重要的库存（B 类）和不重要的库存（C 类）三个等级，然后针对不同等级分别进行管理与控制。这样的分类管理法可以发挥的作用有：压缩库存总量，释放占压资金，实现库存合理化与节约管理投入等。

20-80 原则是 ABC 分类的指导思想。20-80 原则，简单地说，就是 20% 的因素带来了 80% 的结果。如 20% 的客户提供了 80% 的订单，20% 的产品赢得了 80% 的利润，20% 的员工创造了 80% 的财富。当然，这里的 20% 和 80% 并不是绝对的，还可能是 25% 和 75% 等，总之，20-80 原则作为统计规律，是指少量的因素带来了大量的结果。它告诉人们，不同的因素在同一活动中起着不同的作用，在资源有限的情况下，注意力显然应该放在起着关键性作用的因素上。ABC 分类法正是在这种原则指导下，对库存物品进行分类，以找出占用大量资金的少数库存货物，并加强对它们的控制与管理，对那些占用少量资金的大多数货物，则实行较简单的控制与管理。

如表 5-2 所示，一般地，人们将年消耗金额比率在 60%～80%、品种累计比率在 10%～20% 的物品划为 A 类；将年消耗金额比率在 15%～25%、品种累计比率在 20%～30% 的物品划为 B 类；将年消耗金额比率在 5%～15%、品种累计比率在 50%～70% 的物品划为 C 类。

表 5-2　　　　　　　　　　　　　ABC 分类表

类别	品种累计比率（%）	年消耗金额比率（%）
A	10～20	60～80
B	20～30	15～25
C	50～70	5～15

（2）ABC 库存分类管理的步骤

ABC 库存分类管理法的实施，需要企业各部门的协调与配合，并且建立在库存品各种数据完整、准确的基础之上。

其主要操作步骤如下：

① 收集数据。在对库存品进行分类之前，首先要收集有关库存品的年需求量、单价以及重要程度的信息。这些信息可以从企业的车间、采购部、财务部、仓库管理部门获得。

② 处理数据。利用收集到的年需求量、单价信息，计算出各种库存品的年耗用金额。

③ 编制ABC分析表。把各种库存品按照年耗用金额从大到小的顺序排列，并计算累计百分比。

④ 确定分类。按照ABC分类法的基本原理对库存品进行分类。一般说来，各种库存品所占实际比例由企业根据需要确定，并没有统一的标准。

⑤ 绘制ABC分析图。以累计数量百分数为横坐标，以累计价值百分数为纵坐标，按ABC分析表所列示的对应关系，在坐标图上取点，并连接各点成曲线，即绘制成ABC分析图。除利用直角坐标系绘制曲线图外，也可绘制直方图。

根据ABC分类结果，权衡管理力量和经济效果，制定ABC分类管理标准表，对三类对象进行有区别的管理。

（3）ABC库存分类管理法的管理策略

在对库存品进行ABC分类后，依据各企业的经营策略，需要对不同等级的库存品采用不同的管理方法，见表5-3。

表5-3　　　　　ABC库存分类管理法的管理策略

项目 ＼ 级别	A类物品	B类物品	C类物品
控制程度	严格控制	一般控制	简单控制
库存量计算	依库存模型详细计算	一般计算	简单计算或不计算
进出记录	详细记录	一般记录	简单记录
存货检查频率	密集	一般	很低
安全库存量	低	较大	大量

A类物品：在品种数量上仅占10%左右，是关键的少数，要进行重点管理。管理好A类物品，就能管理好70%左右的年耗用金额。重点管理A类物品的目的就是通过科学的管理，不仅要降低库存，还要保证供给，防止缺货，防止出现异常情况。

B类物品：进行次重点管理，现场管理不必投入比A类物品更多的精力；库存检查和盘点的周期可以比A类物品更长一些。

C类物品：只进行一般的管理，现场管理可以更粗放一些；由于品种多，出现的差错可能性也比较大，因此也必须定期进行库存检查和盘点，周期可以比B类物品长一些。

（4）应用举例

经统计，某仓库库存货物数量与价值统计表见表5-4，试对库存货物进行ABC分类。

解：根据表5-4中的数据绘制ABC分析图。

①以横坐标反映数量累计比例，纵坐标反映价值累计比例，描点后连接起来，如图5-4所示。

表 5-4　　　　　　　　　库存货物数量与价值统计表

商品编号	单价（元）	库存量（件）	数量比例（%）	占全部品种的累计比例（%）	金额（万元）	金额比例（%）	占全部金额的累计比例（%）
1	10 000 以上	10	5.0	5.0	12	23.1	23.1
2	5 001 ~ 10 000	17	8.5	13.5	13	25.0	48.1
3	4 001 ~ 5 000	15	7.5	21.0	6.5	12.5	60.6
4	3 001 ~ 4 000	22	11.0	32.0	7	13.5	74.1
5	2 001 ~ 3 000	27	13.5	45.5	6.5	12.5	86.6
6	1 001 ~ 2 000	45	22.5	68.0	5	9.6	96.2
7	0 ~ 1 000	64	32.0	100	2	3.8	100
合计		200	100		52	100	

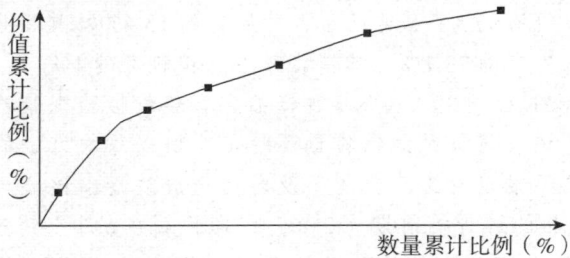

图 5-4　ABC 分析图

②根据 ABC 分析图以及价值和数量比例的划分标准，确定货物的分类，见表 5-5。

表 5-5　　　　　　　　　　ABC 分类结果

分类	商品编号
A 类	1，2
B 类	3，4，5
C 类	6，7

案例链接 5-5　　　　　　　用 ABC 分类法优化库存结构

AK 公司是一家专门经营进口医疗用品的公司，经营的产品有 26 个品种，年营业额为 5 800 万元人民币。对于 AK 公司这样的贸易公司而言，因其进口产品交货期较长、库存占用资金大，所以库存管理显得尤为重要。

1）ABC分类法在AK公司的应用

AK公司按销售额的大小，将其经营的26种产品排序，划分为A、B、C类。排在前3位的产品的合计销售额占总销售额的97%，因此，把它们归为A类产品；第4至第7位的产品每种产品的销售额占总销售额的比例在0.1%～0.5%之间，把它们归为B类；其余的19种产品的销售额共占销售额的1%，将其归为C类。

其库存物品统计见表5-6。

表5-6 **库存物品统计**

类别	库存物品	销售额（万元）	占总销售额比例（%）	占总库存比例（%）
A	3种	5 625	97	11.5
B	4种	116	2	15.4
C	19种	28	1	73.1

从AK公司的ABC分类可以看出，A类产品只占总库存的11.5%，而A类产品的销售额占总销售额的97%；B类产品占总库存的15.4%，其销售额占总销售额的2%；C类产品占总库存的73.1%，其销售额占总销售额的1%。

在此基础上，AK公司对A类的3种产品实行连续性检查策略，即每天检查其库存情况。但由于该公司每月的销售量不稳定，所以每次订货的数量不相同。另外，为了防止预测不准确及工厂交货不及时而造成缺货，该公司还设定了一个安全库存量。A类产品的订货提前期为2个月，即预测在6月份销售的产品，应该在4月1日下订单给供应商，保证产品在6月1日前出库。

该公司对A类产品的库存管理方案如下：

安全库存=下一个月预测销量的1/3

订货时间：当实际的存货数量+在途产品数量=下两个月的销售预测数量+安全库存时就下订单。

订货数量=第三个月的预测数量

对B类产品的库存管理，该公司采用周期性检查策略。每个月检查库存并订货一次，目标是每月检查时库存能保证以后两个月的销售数量（其中一个月的用量视为安全库存），另外在途还有一个月的预测量。每月订货时，再根据当时剩余的实际库存数量，决定需订货的数量，这样就使得B类产品的库存周转率低于A类产品。

对于C类产品，该公司则采用了定量订货的方法。根据历史销售数据预测产品的半年销售量，将其作为该种产品的最高库存量，并将其两个月的销售量作为最低库存量。一旦库存少于最低库存量，就订货，将其补充到最低库存量。这种方法比前两种更省时间，但是库存周转率更低。

AK 公司在对产品进行 ABC 分类以后，又按照购买量对其供应商进行了分类。该公司发现，在 69 个供应商中，在前 5 位供应商处的购买量占其全部购买量的 75%，因此，AK 公司将这 5 个供应商定为 A 类供应商；到第 25 位供应商时，从前 25 位供应商处购买的总量已达到全部购买量的 95%，因此，AK 公司把第 6 到第 25 位的供应商归为 B 类，将第 26 至第 69 位供应商归为 C 类。

对 A 类供应商，实行严格的库存管理，一直与他们保持密切的联系，随时掌握他们的库存状况；对 B 类供应商，基本上可以参考历史购买记录，以需求预测作为订货的依据；而对 C 类供应商，由于有的是新客户，有的一年才从他们那里购买一次，因此，只在每次订货数量上多加一些，或者用安全库存进行调节。

2）ABC 分类后 AK 公司库存管理的效果

对于 AK 公司这种经营进口产品且产品种类繁多、各产品的需求量变化幅度较大的公司来说，库存管理显得尤为重要，甚至关系到公司的生死存亡，所以，必须采取适当的措施对库存实施控制与管理。

该公司实行产品库存的 ABC 管理以后，虽然 A 类产品占用了较多的时间和精力，但该公司得到了满意的库存周转率。而 B 类和 C 类产品，虽然库存的周转率较低，但相对于其很低的资金占用量和很少的人力支出来说，这种管理也是一个好方法。可以看到，将产品及供应商分为 A、B、C 类以后，再结合其他库存管理方法，如连续检查法、定期检查法等，AK 公司的库存管理取得了很好的效果。

资料来源　佚名. 用 ABC 分类法优化库存结构 [EB/OL]. [2023-06-20]. http://www.360doc.com/content/16/0913/14/32884507_590507576.shtml.

2）经济订货批量模型

（1）经济订货批量模型介绍

经济订货批量模型又称 EOQ（economic order quantity）模型，适用于整批间隔进货、不允许缺货的存储问题，即某种物资单位时间的需求量为 D，存储量以单位时间消耗数量 D 的速度逐渐下降，经过时间 T 后，存储量下降到零，此时开始订货并随即到货，库存量由零上升为最高库存量 Q，然后开始下一个存储周期，形成多周期存储模型。

（2）EOQ 模型的假设基础

① 市场对产品的需求已知并具有延续性，且在一定时间内不会发生变化。

② 成本已知，并且不会变化。

③ 不会出现缺货的情形。

④ 只对一种产品进行分析。

⑤ 采购价格和订货成本不会随着订货数量的大小而变化。

（3）基本公式

在确定最佳订货批量时，应考虑两个因素：一是保管费用；二是订货费用。保管费用与订货费用之间存在此消彼长的关系。订货批量大，订货的次数就少，订货费用也低；反之，订货批量小，订货的次数就多，订货费用也高，但保管费用低。

最佳订货批量即经济批量，是指订货费用与保管费用之和为最小的订货量。订货次数与储存量之间的关系如图5-5所示。

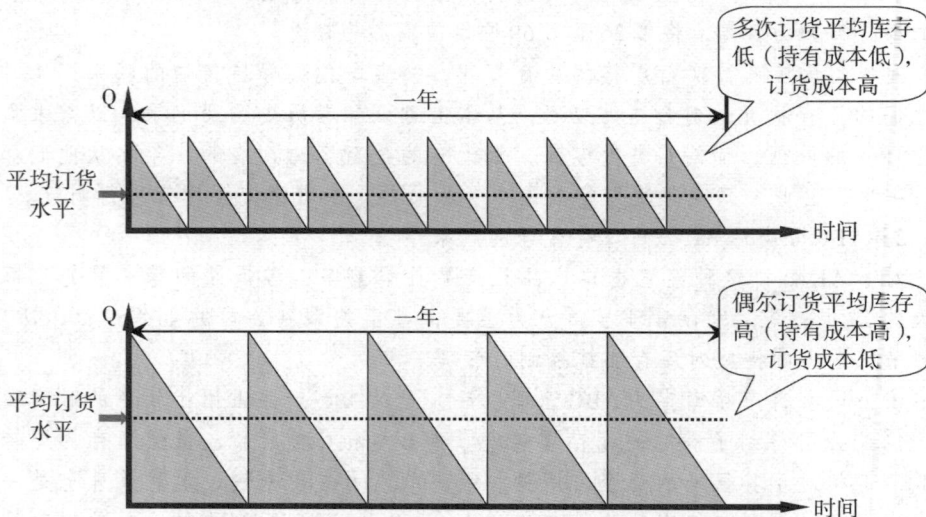

图5-5 订货次数与储存量之间的关系图

正确的订货数量要使同发出订单的次数有关的成本与同所发订单的订货量有关的成本达到最好的平衡。当这两种成本恰当地平衡时，总成本最小。这时所得的订货量就叫作经济批量或经济订货。与订货量（Q）有关的年库存费用（C）=年采购订货费用+年保管费用，其中：

年采购订货费用=（年需要量/订货量）×一次订货费用

即　　$P=(D/N) \times P_0$　　　　　　　　　　　　　　　　　　　　　（5-1）

式中，P为年采购订货费用，D为年需要量，N为订货量，P_0为一次订货费用。

年库存费用=平均库存量×单位物资保管费

　　　　　　=平均库存量×库存物资单价×保管费率

即　　$C=(N/2) \times C_0=(N/2) \times R \times C_i$　　　　　　　　　　　　（5-2）

式中，C为年库存费用，（N/2）为平均库存量，R为库存物资单价，C_i为保管费率。

利用微分求极值的方法，即可得到经济订货批量 N_u：

$$N_u = \sqrt{\frac{2DP_0}{RC_i}}$$　　　　　　　　　　　　　　　　　　（5-3）

（4）应用举例

某车间需要某种标准件，不允许缺货，按生产计划，年需求量为8 000件，每件价值1元，每批的订货费用为12.5元，平均库存的保管费率是20%，该标准件在市场上立即可得，问应如何组织订货？

①表格计算法。通过设定一年的订货次数，根据已知的数据，可以计算出平均库存量、保管费用、订货费用和年总费用。计算结果见表5-7。

表5-7 经济订货量表格计算法

年订货次数（次）	每次订货数量（件）	平均库存量（件）	保管费用（元）	订货费用（元）	年总费用（元）
1	8 000	4 000	800	12.5	812.5
2	4 000	2 000	400	25	425
4	2 000	1 000	200	50	250
8	1 000	500	100	100	200
12	667	333	67	150	217
16	500	250	50	200	250
32	250	125	25	400	425

边学边议 5-10

根据表5-7计算出来的结果，你能够得出什么结论？

②图解法。由表5-7计算出来的结果，我们发现：单位时间的订货费用随着订货批量的增大而减小，单位时间的保管费用随着订货批量的增大而增大。由图5-6可以直观地看出，库存总费用在某一个点的位置可以取得最小值。

③利用公式。

$$N_u = \sqrt{\frac{2DP_0}{RC_i}} = \sqrt{\frac{2 \times 8\,000 \times 12.5}{1 \times 0.2}} = 1\,000 \text{（件）}$$

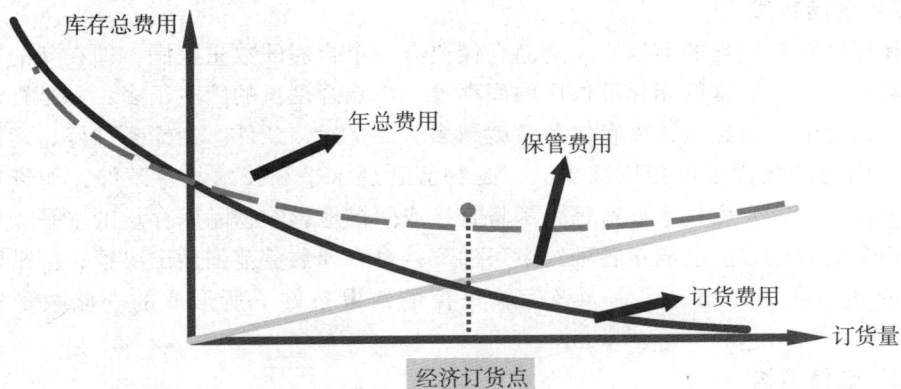

图5-6 库存总费用、保管费用和订货费用关系图

5.5 仓储合理化

5.5.1 仓储合理化的概念

仓储合理化就是用最经济的办法实现仓储的功能。仓储的功能是对需要的满足，要实现被储物的"时间价值"，就必须有一定储量。

商品储备必须有一定的量，才能在一定时期内满足需要，这是仓储合理化的前提或本质。如果不能保证储存功能的实现，其他问题便无从谈起。但是，储存的不合理又往往表现在对储存功能实现的过分强调，因而是过分投入储存力量和其他储存劳动所造成的。所以，合理储存的实质是，在保证储存功能实现的前提下尽量少投入，这也是一个投入产出关系的问题。

5.5.2 仓储合理化的主要标志

1) 仓库选址

物品仓储，离不开仓库，仓库建设要求布局合理。仓库的位置，对于物品流通速度和流通费用有着直接的影响。仓库的布局要与工农业生产的布局相适应，应尽可能地与供货单位靠近，这就是"近场近储"原则；否则，就会造成工厂远距离送货的矛盾。

物品供应外地的，仓库选址要考虑邻近的交通运输条件，力求接近车站、码头，以便于物品发运，这就是"近运近储"原则。如果仓储的物品主要供应本地区，则仓库宜建于中心地，与各销售单位呈辐射状。总之，在布局时应以物流距离最短为原则，尽可能避免物品运输的迂回倒流，选择建设大型仓库的地址，最好具备铺设铁路专用线或兴建水运码头的条件。考虑到集装箱运输的发展，柜关仓库还应具备大型集装箱运输车进出的条件，附近的道路和桥梁要有相应的通过能力。

2) 仓储数量

在保证功能实现的前提下，物品仓储要有一个合理的数量范围，即在新的物品运抵之前有一个正常的能保证供应的库存量。影响合理量的因素很多：一是社会需求量。社会需求量越大，库存储备量就越多。二是运输条件。运输条件好，运输时间短，则仓储数量可以相应减少。三是物流管理水平和技术装备条件，如进货渠道、中间环节、仓库技术作业等，都将直接或间接地影响物品库存量的水平。目前利用科学的管理方法已能在各种约束条件下，对合理数量范围做出决策。但是较为实用的还是在消耗稳定、资源及运输可控的约束条件下所形成的仓储数量控制方法。

3) 仓储结构

合理的仓储结构是指对不同品种、规格、型号的物品，根据消费的要求，在库存数量上确定彼此之间合理的比例关系，它反映了库存物品的齐备性、配套性、全面性和供应的保证性。尤其是相关性很强的各种物资之间的比例关系更能反映仓储合理与否。由于这些物资之间相关性很强，所以只要有一种物资耗尽，即使其他种物资仍有一定数量的存货，也无法投入使用。因此，不合理的结构的影响并不是仅局限在某一种物资上，而是具有扩展性的。结构的重要性也可由此确定。仓储结构主要根据消费的需要和市场需求的变化等因素确定。

4）仓储时间

每类物品都有恰当的储备保管天数。合理的仓储时间要求储备天数不能太多，也不能太少，因为储备天数过多就会延长资金占用时间，储备天数过少就不能保证供应。仓储时间主要根据物品流通速度来确定，其他如运输时间、验收时间等也是应考虑的影响因素。此外，某些物品的仓储时间还受其性质和特点的影响，如果仓储时间过长，物品就会发生物理或化学变化，从而变质或损坏。

边学边议 5-11

你听说过"蒜你狠""豆你玩"吗？它们指的是什么物品？在流通过程中仓储扮演了什么角色？

5）仓储网络分布

仓储网络分布指不同地区仓储网点的数量比例关系。仓储网络分布可用于判断仓储网点数量与当地需求之比，即对需求的保障程度，也可以由此判断其对整个物流的影响。仓储网点布局直接影响到供货范围，对生产领域和流通领域都有较大的影响。生产系统中仓储网点少，储存量相对集中，库存占用资金较少，但对送货服务水平要求很高，否则，可能延误生产过程。流通系统中的批发企业仓储网点相对集中，要考虑相对加大储存量，利用仓储网点的合理布局和储存功能来调节市场供给，以起到"蓄水池"的作用。零售企业一般附设小型仓库，储存量较小，应当加快商品周转。采用集中配送货物方式的连锁店，可将库存降至最低水平，甚至是"零库存"。

6）仓储费用

对仓储合理与否的评判，从经济的角度最终都要归结到仓储的成本和费用上来。通过对仓储投入产出比的分析，特别是对"仓租费、维护费、保管费、损失费、资金占用利息支出"等投入的分析，能从经济效益上判断仓储合理与否。

知识链接 5-7

"传统仓储"如何过渡到"智慧仓储"

5.5.3　仓储合理化的途径

1）实行 ABC 分类管理法

将库存货物按重要程度细分为特别重要的库存（A 类货物）、一般重要的库存（B 类货物）和不重要的库存（C 类货物）三个等级，针对不同类型级别的货物进行分别管理和控制。

2）适度集中库存

利用储存规模优势，以适度集中储存代替分散的小规模储存来实现合理化。

3）加速总周转

储存现代化的重要课题是将静态储存变为动态储存，周转速度一快，就会带来一系列的合理化好处：资金周转快，资本收益高，货损小，仓库吞吐能力提高，成本下降等。

4）采用有效的"先进先出"方式

"先进先出"保证每个被储物的储存期不致过长，以防止货物过期、变质、老化等现象的出现，减少货损。"先进先出"是一种有效的方式，也是仓储管理的准则之一。有效的"先进先出"方式主要有贯通式货架系统储存、"双仓法"储存、计算机存取系统储存等。

5）提高仓容利用率

通过采取高垛、缩小库内通道宽度、减少库内通道数量以增加储存有效面积等方法，减少仓储设施的投资，提高单位仓储面积的利用率，以降低成本、减少土地占用。

6）采用有效的储存定位系统

储存定位的含义是确定被储物的位置。如果定位系统有效，就能大大节约寻找、存放、取出物品的时间，节约不少物化劳动及活劳动，而且能防止差错，便于清点及实行订货点等的管理方式。

7）采用有效的监测清点方式

（1）"五化"码

这是我国手工管理中采用的一种科学方法。储存物堆垛时，以"五"为基本计数单位，堆成总量为"五"的倍数的垛形，如梅花五、重叠五等，堆码后，有经验者可过目成数，大大加快了人工点数的速度，且差错少。

（2）光电识别系统

在货位上设置光电识别装置，该装置对被存物进行扫描，并将准确数目自动显示出来。这种方式不需人工清点就能准确显示库存的实有数量。

（3）计算机监控系统

用计算机指示存取，可以防止人工出错。

知识链接5-8

我国智能
仓储行业分析

本章小结

仓储管理就是对仓库及仓库内的物资进行的管理，是仓储机构为了充分利用其所拥有的仓储资源提供高效的仓储服务而进行的计划、组织、控制和协调过程。仓储管理在物流管理中占据核心地位。储存管理包括两部分内容：一是仓库管理；二是库存管理。仓库管理是对物资存放、形态、区域、布局等全方位的管理控制；库存管理则是属性的要求，是对物资本身量的管理控制。有效的仓库管理和库存管理是现代物流企业需要关注的重点之一。

复习思考题

（1）什么是仓储？仓储的主要作用有哪些？

（2）简述仓库的功能。仓库的一般布局如何？

（3）简述仓储的功能及分类。

（4）简述仓储管理现代化的主要内容。未来仓储的发展趋势如何？

（5）简述库存管理的含义及类型。

（6）试区别定量订货法和定期订货法。

第5章
基础知识测试

案例分析题

中国物流园区未来的发展之道

物流体系包括物流的网络，也包括物流的重要节点，像物流园区、港口、码头、机场等，这些都是重要的物流基础设施。

物流园区是物流网络的一个重要组成部分，是整个体系里面一个重要基础设施和节点。物流园区是随着城市化的进程，城市、区域发展以及物流业发展到一定阶段进行结合的产物，这个结合的过程是将物流的设施、资源、要素、信息包括运作，进行大规模的集约、集聚、共享，然后对社会、地区做出一个更强更快的反应。物流园区有很多的特征，比如它是一种基础设施，可能是公共产品，也可能是准公共产品，也有一些物流园区可能经营属性更强；它还有一些功能特征，比如功能的集聚、设施的共享、土地的集约、运作的一体化等。

到目前为止，整个中国的物流园区中，规模以上的物流园区有将近1 700家，还有一些规模以下的物流园区，估计总量要超过2 000家。

中国的物流园区有很多的类型，发展也呈多样化的态势。按功能划分，有运输型的物流园区、仓储型的物流园区、快递型的物流园区等。按服务对象划分，有生产型的物流园区、商贸流动型的物流园区等。还有一些物流园区的功能是叠加的，集运输、仓储、快递、生产、流通、农业、工业、服务业于一体，就形成综合型的物流园区。

物流园区的建设在很大程度上是为了符合城市的发展需要、满足城市的高质量发展要求，而物流园区的合理布局是一个非常关键的因素。

资料来源　魏际刚. 中国物流园区未来的发展之道［J］. 大陆桥视野，2019（5）：55-57.

问题：

（1）中国的物流园区发展现状如何？

（2）在未来产业升级、人民生活高质量发展的大势下，物流园区应该充当什么样的角色，发挥什么样的作用，又该如何布局与发展？

（3）物流园区不仅是一个基础设施，还是一个平台，你觉得它是一个什么样的平台？

运输管理

知识传授目标	能力培养目标	价值塑造目标	建议学时
➤掌握运输的概念、功能和作用 ➤了解基本的运输工具	➤培养在运输管理业务情景中分析问题和决策设计的能力	➤认识运输行业的特点和企业行为，培养责任感和风险意识	6

思政引入　　　　　　　中国古代"物流"运输工具初探

我国古代物流的运输系统包括舟和车，商代甲骨文中已有"舟"字，《诗经·卫风·河广》中云："谁谓河广，一苇杭之。"说明西周已出现了水上运输。

历史记载的殷盘庚涉河迁都，武丁入河，更表明当时水运有了一定的规模。从传说中的黄帝，到夏朝（约公元前21世纪—前17世纪）薛部落（今山东枣庄），都以造车闻名于世。

公元前，中国就有了掌管道路的"司令官"，开始了有组织地修筑道路，发展交通。《说文解字》载："车，舆轮之总名，夏后时奚仲所造。"春秋时期的编年史《左传》中也有相似的记录，公元前2250年夏朝初期的大禹时期，"车正"（专司车旅交通、车辆制造的官）奚仲制造出世界上第一辆新型车子，有车架、车轴、车厢等，为保持平衡，采用了左右2个轮子。由于车有2轮，且2轮相对，故称"车两"，如图6-1所示。随着时间推移，"车两"叫俗了，就叫"车辆"了。战国时期的《墨子》一书中也提到"古者羿作弓，予作甲，奚仲作车，巧垂作舟"。在《荀子》《吕氏春秋》等书中也都提到了奚仲造车的事。

图6-1　"车两"图

这是我国官办物流运输最早的记载。三国时期的"木牛流马"更说明了我国古代运输工具的多样和丰富。

三国蜀相诸葛亮创造了独轮车，如图6-2所示。它的前身就是"木牛流马"。这种独轮车，在北方汉族与排子大车相比身形较小，俗称"小车"；在西南汉族，因它行驶时"叽咯叽咯"响个不停，俗称"鸡公车"；在江南汉族，因它前头尖，后头两个推把如同羊角，俗称"羊角车"。

图6-2 独轮车图

独轮车，不论在山地或者平原、宽路还是小道都可使用，是一种经济实用的运输工具，成为在相当长的一段时间内使用最广也是最经济的交通工具，可能没有任何一个物品会像独轮车那样让我们如此依恋，以至在2 000多年后我们还能看到它的身影。难怪英国著名的研究中国古代机械的科学技术史专家李约瑟说：中国人独特地贡献给世界其他国家的技术中，独轮车就包括在内。这不是简单的盛赞，更多的是对中华民族聪明才智的赞叹！

资料来源 佚名. 中国古代"物流"运输工具初探［EB/OL］.［2023-06-20］. https://biz.ifeng.com/finance/special/gudaiwuliu/yunshulist.shtml.

问题：

我国古代运输工具有哪些？请举例说明。

案例导读 "公转铁"响应国家号召 打造现代物流运输新格局

近年来，国家提出要"调整运输结构，增加铁路运输量，减少公路运输量"，这"一增一减"体现了交通运输业向着更加专业化的目标协同发展，同时，对于实现交通运输业的环保目标、缓解道路交通压力都大有裨益。

"公转铁"模式是指将货物从公路运输方式转移到铁路运输方式。相对于在物流运输市场占据主导地位的公路运输，"公转铁"模式已成为现代物流运输的主旋律。

从社会效应来看，"公转铁"模式用实际行动响应了建设美丽中国的号召，践行了绿水青山就是金山银山的理念。以京津冀地区为例，减少公路货运量，改为更加节能环保的铁路货运，用有效的举措还京津冀地区一片碧水蓝天。"公转铁"模式不仅减少了诸如京津冀等城市的拥堵，还减少了公路运输汽车尾气的排放量，更节省了非可再生石油资源的消耗。就2018年开通的唐呼线铁路来说，仅这一条铁路就相当于每天在京津冀区域内减少3 506辆重载卡车对道路交通和空气污染的影响，污染物排放仅为公路的8%。绿色环保的铁路运输社会效应实现了现代物流的可持续发展。

从市场效应来看，"公转铁"模式经得起市场经济的检验。火车一响，黄金万两，这是社会对铁路运输拉动区域经济发展最大的褒奖。相对于公路运输，铁路运输因为其运量大、运输成本低、安全稳定性高等因素，一直是物流市场大宗货物的运输首选。拿关乎切身利益的货物运输价格为例，铁路单位货运周转量的能耗仅为公路的15%，相同的货物选择公路或铁路运输，所付出的物流成本是截然不同的。特别是在现代物流格局下，唯有通过不断压缩中间物流运输成本，把物美价廉的商品反哺给消费者，才能培育企业立足市场、尊重市场、赢得市场的核心竞争力。"公转铁"模式不仅对社会综合交通运输体系中公路与铁路运输结构进行了调整，而且优化和整合了现代物流资源，让绿色、节能、高效的现代物流运输可持续发展成为共识。同时，建议铁路运输部门依托门到门、户到户的各项服务举措，打通社会综合交通运输体系互联互通的"最后一公里"，把铁路运输改革与发展取得的殷实红利释放于物流市场，谱写现代物流运输新篇章。

资料来源　佚名."公转铁"响应国家号召　打造现代物流运输新格局 ［EB/OL］. ［2023-06-20］. http://www.chinawuliu.com.cn/zixun/201903/01/338816.shtml.

问题：

"公转铁"模式产生了怎样的社会效应和市场效应？它是否会成为现代物流运输的主旋律，打造现代物流的新格局？

6.1　运输概述

6.1.1　运输的概念

运输是人和物的载运及输送。按照国家标准《物流术语》的解释，运输是用设备和工具，把物品从一地点运送到另一地点的物流活动。它是在不同地域之间（如两个城市、两个工厂之间，或一个大企业内相距较远的两车间之间）以改变"物"的空间位置为目的的活动，对"物"进行空间位移。

6.1.2　运输的功能

运输是物流作业中最直观的要素之一。运输提供两大功能：产品转移和产品储存。

1）产品转移

无论产品处于哪种形式，是材料、零部件、装配件、在制品，还是制成品，也不论是在制造过程中将被转移到下一阶段，还是实际上更接近最终的顾客，运输都是必不可少的。运输的主要功能就是产品在价值链中的来回移动。既然运输利用的是时间资源、财务资源和环境资源，那么，只有当它确实提高产品价值时，该产品的移动才是重要的。

运输的主要目的就是要以最低的时间、财务和环境资源成本，将产品从原产地转移到规定地点。此外，产品灭失损坏的费用也必须是最低的；同时，产品转移所采用的方式必须能满足顾客有关交付履行和装运信息的可得性等方面的要求。

2）产品储存

对产品进行临时储存是一个不太寻常的运输功能，即将运输车辆临时作为相当昂贵的储存设施。然而，如果转移中的产品需要储存，但在短时间内（例如几天后）又将重新转移的话，那么，该产品在仓库卸下来和再装上去的成本也许会超过储存在运输工具中需要支付的费用。

在仓库空间有限的情况下，利用运输车辆储存也许不失为一种可行的选择。可以采取的一种方法是，将产品装到运输车辆上去，然后采用迂回线路或间接线路运往其目的地。在本质上，这种运输车辆被当作一种储存设施，但它是移动的，而不是处于静止状态。实现产品临时储存的第二种方法是改道，当交付的货物处在转移之中而最初的装运目的地被改变时，这才会发生。

6.1.3　运输的作用

1）运输是物流的主要功能要素之一

按照物流的概念，物流是"物"的物理性运动，这种运动不但改变了物的时间状态，也改变了物的空间状态，而运输承担了改变空间状态的主要任务，运输是改变空间状态的主要手段，运输再配以搬运、配送等活动，就能圆满完成改变空间状态的全部任务。在现代物流观念未诞生之前，甚至就在今天，仍有不少人将运输等同于物流，其原因是物流中很大一部分责任是由运输担任的，运输是物流的主要部分，因而出现上述认识。

2）运输是社会物质生产的必要条件之一

运输是国民经济的基础和先行。马克思将运输称为"第四个物质生产部门"，是将运输看成生产过程的继续，这个继续虽然以生产过程为前提，但如果没有这个继续，生产过程则不能最后完成。所以，虽然运输这种生产活动和一般生产活动不同，它不创造新的物质产品，不增加社会产品数量，不对产品赋予新的使用价值，而只变动其所在的空间位置，但这一变动则使生产能继续下去，使社会再生产不断推进，所以将其看成是一个物质生产部门。

边学边议 6-1

"要致富、先修路，少生孩子多种树"，这是一句在农村或电影中常见的宣传标语，这句宣传标语充分说明了什么？

3）运输可以创造"场所效用"

场所效用的含义是：同种"物"由于空间场所不同，其使用价值的实现程度则不同，其效益的实现也不同。由于改变场所而发挥最大使用价值，最大限度提高了产出投入比，这就称为"场所效用"。通过运输，将"物"运到场所效用最高的地方，就能发挥"物"的潜力，实现资源的优化配置。从这个意义来讲，也相当于通过运输提高了物的使用价值。

4）运输是"第三个利润源"的主要源泉

知识链接 6-1

数字化将颠覆
物流和货运

运输是运动中的活动，它和静止的保管不同，要靠大量的动力消耗才能实现，而运输又承担大跨度空间转移任务，所以活动的时间长、距离长、消耗也大。消耗的绝对数量大，其节约的潜力也越大。从运费来看，运费在全部物流费中所占的比例最高，综合分析社会物流费用，运输费一般占近50%，有些产品运费高于生产费。所以，节约的潜力是相当大的。由于运输总里程长，运输总量巨大，通过体制改革和运输合理化可大大缩短运输吨公里数，从而实现比较大的节约。

6.1.4　运输原则

运输是实现物品空间位移的手段，也是物流活动的核心环节。为加速商品流通、降低商品流通费用、提高货运质量、多快好省地完成商品运输任务，无论是物流企业还是企业物流，对运输的组织管理都应贯彻以下基本原则：

1）及时

及时就是要求按照货主规定的时间把商品运往目的地。缩短运输时间的主要手段是实现运输现代化。除选择现代化运输工具外，关键是做好商品在不同运输工具之间的衔接工作。如果衔接不好，就会发生有了货而没有运输工具或有了运输工具却又没有货的现象；也容易产生由于短途运输和长途运输没有衔接好造成运输工具等候商品的现象。这些都将延长商品待运时间，影响商品的及时发运。

2）准确

准确就是要防止商品短缺、错放等意外发生，保证把商品准确无误地运抵目的地。商业部门经营的特点是品种繁多、规格不一。一件商品从企业交货一直到消费者手中，要经过不少环节，稍有疏忽就会发生偏差。运输中出现短缺会使客户蒙受经济损失，当然也要避免出现运输商品多余的现象。

3）经济

以物流系统或供应链的总成本最低、综合效益最好为原则来选择运输方式、运输路线及运输工具，节约人力、物力、财力，降低物流费用，提高总体效益，关键问题在于如何权衡运输服务的速度和成本。由于运输费用在物流费用中占相当大的比重，节省运输费用是降低运输总成本、减少物流费用的最主要方法。节约运输费用的主要途径是开展合理运输，即选择最经济合理的运输路线和运输方式，尽量减少运输环节、缩短运输里程，力求用最少的费用将产品运到目的地。

4）安全

安全就是在运输过程中要保证商品的完整和安全，不发生霉烂、残损、丢失、污染、渗漏、爆炸、燃烧等事故，保证人身、物品、设备安全。在市场经济活动中，各类商品都有其使用和利用的价值，如果在运输中使商品失去了使用和利用的价值，那么商品就会成为无用之物。同时因商品的使用和利用价值是商品价值的物质承担者，商品的使用和利用价值受到损害，那么商品自身的价值也必然会受到影响。

知识链接6-2

六大经济走廊

6.2 基本运输方式

在物流过程中对物流方式和物流工具的选择，成为研究合理运输的重要内容，同时合理运输对提高物流系统的效率和效益有重要意义。

6.2.1 公路货物运输

1）公路货物运输的概念

公路货物运输是主要使用汽车或者其他车辆（如人、畜力车）在公路上进行客货运输的一种方式，如图6-3所示。它是我国货物运输的主要形式，在我国货运中所占的比重最大。同时，公路运输与铁路、水路运输联运，可以形成以公路运输为主体的全国货物运输网络。

图6-3 公路货物运输方式

公路货物运输主要承担近距离、小批量的货运和水路、铁路难以到达地区的长途、大批量货运及铁路、水路难以发挥优势的短途运输。公路货物运输具有很强的灵活性，近年来，由于高速公路的发展，在有铁路、水运的地区，较长途的大批量运输也开始使用公路货物运输。公路货物运输从短途逐渐形成短、中、远程运输并举的局面，将是一个不可逆转的趋势。长途汽车运输也很有市场。另外，公路货物运输还起到补充和衔接的作用，这是指当其他运输方式承担主要运输任务时，由汽车担负起点和终点处短途集散运输，完成其他运输方式到达不了的地区的主要运输任务。

知识链接6-3

两大领域成为
货运下一阶段
重点

边学边议6-2

根据交通运输部关于"十三五"发展规划的相关资料，请说出中国"十纵十横"综合运输大通道和中国综合交通枢纽布局。

2）公路货物运输的特点

公路货物运输是影响面最为广泛的一种运输方式，其特点表现如下：

（1）机动灵活，适应性强

由于公路货物运输网一般比铁路、水路网的密度要大十几倍，分布面也广，因此公路货物运输车辆可以"无处不到、无时不有"。公路货物运输在时间方面的机动性也比较大，车辆可随时调度、装运，各环节之间的衔接时间较短。尤其是在货运量方面，汽车的载重吨位有小（0.25～1吨）有大（200～300吨），既可以单个车辆独立运输，也可以由若干车辆组成车队同时运输，对货物批量的大小具有很强的适应性，这一点对抢险、救灾工作和军事运输具有特别重要的意义。另外，汽车可到处停靠，受地形、环境影响小。

（2）可实现"门到门"直达运输

由于汽车体积较小，中途一般也不需要换装，除了可沿分布较广的路网运行外，还可离开路网深入到工厂企业、农村田间、城市居民住宅等地，即可以把旅客和货物从始发地门口直接运送到目的地门口，实现"门到门"直达运输。这是其他运输方式无法与公路运输比拟的优势之一。

（3）在中、短途运输中，运送速度较快

据资料统计，一般在中、短途运输中，公路运输的运送速度平均比铁路运输快4～6倍，比水路运输快近10倍。在公路运输过程中，途中不需要中转，换装环节少，因此运输速度快，特别是对于有些限时运送的货物，或市场急需的货物，公路运输服务优于其他运输工具。因此，与其他运输方式相比，公路运输客货在途时间较短，运送速度较快。

（4）原始投资少，资金周转快

公路运输与铁、水、航运方式相比，所需固定设施简单，车辆购置费用一般也比较低，因此，投资兴办容易，投资回收期短。有关资料表明，在正常经营情况下，公路运输的投资每年可周转 1～3 次，而铁路运输则需要 3～4 年才能周转一次。

（5）掌握车辆驾驶技术较易

与火车司机或飞机驾驶员的培训要求相比，汽车驾驶技术比较容易掌握，对驾驶员的各方面素质要求相对也比较低。

（6）运量较小，运输成本较高

目前，世界上最大的汽车是美国通用汽车公司生产的矿用自卸车，长 20 多米，自重 610 吨，载重 350 吨左右，但仍比火车、轮船小得多；由于汽车载重量小，行驶阻力比铁路大 9～14 倍，所消耗的燃料又是价格较高的液体汽油或柴油，因此，除了航空运输，就是汽车运输成本最高了。

（7）运行持续性较差

据有关统计资料，在各种现代运输方式中，公路的平均运距是最短的，运行持续性较差。

（8）安全性较低，环境污染较大

据有关统计资料，自汽车诞生以来，已经吞噬掉 3 000 多万人的生命，特别是 20 世纪 90 年代以来，死于汽车交通事故的人数急剧增加，平均每年达 50 多万人。汽车所排出的尾气和引起的噪声也严重地威胁着人类的健康，是大城市环境污染的最大污染源之一。

知识链接 6-4

公路快线

3）公路货物运输的分类

（1）按货运营运方式分类

整车运输是指一批托运的货物在 3 吨及以上或虽不足 3 吨，但其性质、体积、形状需要一辆 3 吨及以上汽车运输的货物运输，如需要大型汽车或挂车（核定载货吨位 4 吨及以上的）以及罐车、冷藏车、保温车等车辆运输的货物运输。

零担运输是指托运人托运的一批货物不足整车的货物运输。

集装箱运输是将适箱货物集中装入标准化集装箱，采用现代化手段进行的货物运输。在我国，又把集装箱运输分为国内集装箱运输及国际集装箱运输。

联合运输是指托运的货物需要两种或两种以上运输工具的运输。目前我国联合运输有公铁（路）联运、公水（路）联运、公公联运、公铁水联运等。联合运输实行一次托运、一次收费、一票到底、全程负责。

包车运输是指根据托运人的要求，经双方协议，把车辆包给托运人安排使用，按时间或里程计算运费的运输。

（2）按照托运的货物是否办理保险分类

运输的货物是否办理保险均采取托运人自愿的办法，凡办理保险的，须按规定缴纳保险金或保价费。保险运输须由托运人向保险公司投保或委托承运人代办。

（3）按货物种类分类

普通货物运输是指对普通货物的运输，普通货物可分为一等、二等、三等几个等级。特种货物运输是指对特种货物的运输，特种货物包括超限货物、危险货物、贵重货物和鲜活货物。

（4）按运送速度分类

一般货物运输即普通速度运输，也称慢运。快件货物运输要求货物位移的各个环节要体现一个"快"字，运输部门要在最短的时间内将货物安全、及时、完好无损地送到目的地。快件零担货运是指从货物受理的当天15：00起算，300千米运距内，24小时以内运达；1 000千米运距内，48小时以内运达；2 000千米运距内，72小时以内运达。

知识链接6-5

中国十大古道

边学边议6-3

请用SWOT分析法分析我国公路货运行业的发展现状及趋势。

6.2.2　铁路货物运输

铁路是国家战略性、先导性、关键性重大基础设施，是国民经济大动脉、重大民生工程和综合交通运输体系骨干，在经济社会发展中的地位和作用至关重要。根据我国国民经济"十五"计划至"十四五"规划，国家对铁路的支持政策经历了从"以增加铁路运输能力为重点"到"改造'八纵八横'铁路主通道"再到推进"高速铁路成网"建设的变化。

"十五"计划提出要完善"八纵八横"铁路主干道建设，加快线路技术改造；"十一五"至"十三五"期间，重点聚焦客运高速铁路网建设，全国高铁建设进入高潮；到"十四五"时期，提出要基本贯通"八纵八横"高速铁路，加快铁路电气化改造，铁路行业进入降速提质的新时期。

1）铁路货物运输的概念

铁路货物运输是指利用铁路设施、设备运送货物的一种运输方式，如图6-4所示，是目前我国货物运输的主要方式之一。同时，铁路是我国国民经济的大动脉，铁路运输与水路干线运输、各种短途运输衔接就形成了以铁路为主要运输方式的运输网络。

2）铁路货物运输的特点

（1）车路一体

铁路运输的机车、车辆、轨道、站场及其他一切营运设施，均由同一机构置备，专供自己使用，故虽投资庞大，但有较高的管理效率。

（2）路权专用

铁路运输的轨道由所有者独享专用，铁路运输的机车车辆运用导向原理在轨道上行驶，自动控制行车，故虽缺乏机动性，但具有较高的安全性。

图 6-4　铁路货物运输方式

（3）组成车群

铁路运输的机车有强大的牵引力，各种车辆的连接器有强大的挽力，适合于组成车群运转。根据车流理论，若有 N 辆车组成车群，则路线容量可以提高两倍，故虽编组费时，但有较大的运输能量。

（4）动力电化

铁路运输的轨道建成以后固定不动，沿线架设电车线路，没有技术困难，适宜以外来的电力供应机车的动力，故虽建设成本甚高，但有利于节约能源、减少环境污染。

（5）能源经济

铁路运输的车辆，在轨道上行驶，接触的面积小，轮轨的硬度又强，所遭遇的行驶阻力甚小，故同样的牵引动力下，所消耗的能源最少。

（6）污染轻微

铁路运输的蒸汽机车已不可见，柴电机车也逐渐被淘汰，代之而起的是电力机车，因无动力发生装置，基本无空气污染，噪声污染亦极为有限。

（7）行车平稳

铁路运输使用的车辆有良好的减震功能。轨道的坡度与曲度受制于轨道的导向功能，是有一定标准的。列车的加速与制动受制于车辆与轨道的摩擦力，距离较长，冲击较小，故行车平稳，乘坐舒适。

（8）收益递增

铁路运输的潜在能力巨大，而固定成本又占支出的大部分，在一定的运能范围内，其运量增加越多，单位成本越少，换言之，铁路的收益是递增的。

（9）资本密集

铁路运输因车路一体，机车车辆的购置、通信系统的建立、轨道站场的建设以及建筑用地的取得，均需要巨额的资金，故固定成本的比例甚高。

（10）沉没/套牢成本

铁路运输的诸多设备各有专门的用途，尤其轨道站场等设施，投资以后用途极难变更，如停止营业，所有投资更难收回，故具有高沉没成本的特性。

铁路最大的特点是适合长距离大宗货物的运输，并且以集中整列运输为最佳，整车运输次之。其优点是运载量大、速度快、连续性强、远距离运输费用低。一般不受气候因素影响，准时性强，安全系数大，是运输最可靠的方式之一。铁路运输也有其缺点，如资本密集、固定资产庞大、设备不易维修等。对于运输管理来说，其缺点主要表现在以下几个方面：第一，运营缺乏弹性。铁路运输受线路、货站限制，不够灵活机动。同时，因为铁路运输受运行时刻、配车、中途编组等因素的影响，不能适应用户的紧急需求。第二，货损较高。铁路运输可能因为列车行驶时的震动及货物装卸不当，造成所承载货物的损失，而且运输过程要多次中转，也容易导致货物损坏、遗失。

边学边议 6-4

知识链接 6-6

铁路线的命名

（1）大家应该都非常熟悉《天路》这首歌，"天路"是指什么？歌词里的"盼望铁路修到我家乡"，"我家乡"是指哪个省级行政区？为什么那么"盼望铁路修到我家乡"？

（2）我国铁路线纵横交错，大致分为南北向和东西向两大组，铁路"八纵八横"，高铁"五纵五横十联"。你能说出哪些线路？

3）铁路货物运输的种类

铁路货物运输种类即铁路货物运输方式，按我国铁路技术条件，现行的铁路货物运输分为整车、零担、集装箱三种。整车适于运输大宗货物；零担适于运输小批量的零星货物；集装箱适于运输精密、贵重、易损的货物。

（1）铁路整车货物运输

铁路整车货物运输是指一批货物的重量、体积、状态需要一辆或一辆以上铁路货车装运（用集装箱装运的货物除外）的货物运输。

（2）铁路零担货物运输

铁路零担货物运输是指按货物的重量、体积、状态不够整车运输条件，而且允许和其他货物配装（用集装箱装运的货物除外）的货物运输。

（3）铁路集装箱货物运输

铁路集装箱货物运输是指使用集装器具或采用捆扎方法，把裸装货物、散粒货物、有商业包装的货物等适宜集装箱运输的货物，组成一定规格的集装货件，经由铁路进行的货物运输。

4）我国铁路货物运输的现状

知识链接 6-7

中欧班列

铁路是国家重要的基础设施和民生工程，在用地、节能、环保、经济、可持续发展等方面具有明显的比较优势。铁路单位运输工作量能耗约为交通行业平均能耗的 1/5，约为公路运输能耗的 1/4。特别是随着碳达峰及碳中和、"一带一路"、西部陆海新通道等战略的实施，铁路货物运输在环境保护、能源减排、跨国长距离运输上的优势越来越明显。

2022 年，全国铁路货运总发送量完成 49.84 亿吨，比上年增加 2.11 亿吨，增长 4.4%，其中，国家铁路 39.03 亿吨，比上年增长 4.8%。全国铁路货运总周转量完成 35 945.69 亿吨公里，比上年增加 2 707.69 亿吨公里，增长 8.1%，其中，国家铁路 32 668.36 亿吨公里，比上年增长 9.1%（见表 6-1）。

表 6-1　　　　　　　　　　全国铁路货物运输量

指标	单位	2022 年	比上年 ±%
货运总发送量	万吨	498 424	4.4
其中：国家铁路	万吨	390 265	4.8
货运总周转量	亿吨公里	35 945.69	8.1
其中：国家铁路	亿吨公里	32 668.36	9.1

（1）政策面：政策积极引导，鼓励铁路货物运输

为解决我国综合交通运输发展不平衡、不充分，综合交通网络布局不够均衡、结构不尽合理、衔接不够顺畅，重点城市群、都市圈的城际和市域（郊）铁路存在较明显短板，货物多式联运、旅客联程联运比重偏低，定制化、个性化、专业化运输服务产品供给与快速增长的需求不匹配等问题，2021 年 12 月 9 日国务院印发《"十四五"现代综合交通运输体系发展规划》，从提高国家综合立体交通网主骨架能力利用率、形成交通运输领域绿色生产生活方式、加强战略骨干通道建设、建设现代化铁路网、强化重点城市群城际交通建设、建设都市圈多层次轨道交通网络等方面持续推进铁路行业安全、快速、高质量发展。

为大力发展多式联运，推动各种交通运输方式深度融合，进一步优化调整运输结构，提升综合运输效率，降低社会物流成本，促进节能减排降碳，2021 年 12 月 25 日，国务院办公厅发布《推进多式联运发展优化调整运输结构工作方案（2021—2025 年）》，提出到 2025 年，多式联运发展水平明显提升，基本形成大宗货物及集装箱中长距离运输以铁路和水路为主的发展格局，全国铁路和水路货运量比 2020 年分别增长 10% 和 12% 左右，集装箱铁水联运量年均增长 15% 以上。重点区域运输结构显著优化，京津冀及周边地区、长三角地区、粤港澳大湾区等沿海主要港口利用疏港铁路、水路、封闭式皮带廊道、新能源汽车运输大宗货物的比例力

争达到80%；晋陕蒙煤炭主产区大型工矿企业中长距离运输（运距500公里以上）的煤炭和焦炭中，铁路运输比例力争达到90%。

（2）设施面：编组站建设逐渐完备，铁路线路释放货运运力

①编组站建设逐步完备，为多式联运做足准备。

全国范围内形成49处编组站，为铁路货物运输做足准备。编组站是根据列车编组计划的要求，大量办理货物列车的解体和编组作业。全国已经形成以哈尔滨南、沈阳西、沈阳南等为路网型编组站，三间房、四平等为区域性编组站，牡丹江、长春等为地方性编组站的全国铁路编组格局。未来随着集装箱运输量的扩大，运量较小的车站有望得到整合，战略装车点建设推进，实现集中化、规模化经营。

综合自动化系统普及，自动化编组系统提升四成劳动生产率。全球首创、自主研发的编组站综合自动化系统（CIPS）已经应用于成都北、贵阳南、武汉北等全国17个大型货运车站，市场占有率达60%以上。这实现了编组站的集中调度和集中控制以及所有货运列车到达、解体、溜放、编组及出发作业全过程的全自动化，能够减少35%的工作人员，提升劳动生产率40%。在该系统控制指挥下，郑州北站一天的装货量超过整个欧洲一天的装货量。

传统货场向铁路物流中心转变，多式联运和综合物流服务功能大大提升。多式联运的发展需要能够展开快速集疏运的铁路物流中心，传统铁路货场的面积较小，仓库多为货物中转用，设备以吊机、叉车等装卸搬运机械为主，种类较为单一，自动化程度低。在中国国家铁路集团有限公司统筹、地方政府规划下，各地依托原场站建立起相应的物流基地，2017年底全路网基本建成208个一级、二级物流基地，357个三级物流基地，依托铁路进行多式联运，综合物流服务能力大大提升。

②铁路客运向高铁转移，货运线路独立释放运力。

普客占比逐渐减少，高铁营业里程逐渐增加。随着高铁网络建设的完善，铁路客运逐渐向高铁转移，客运量占比从2008年的0.5%已经攀升到2016年的43%。未来高铁建设仍将保持较快速度。"十三五"期间，高铁营业里程年均增速为11.6%，远高于4.8%的铁路整体增速，将进一步分流普客运输量。

释放铁路线路用于货运，运力有望释放。随着高铁客运量占比的攀升，客运铁路向高速化发展，过去客货混跑的现象将得到缓解，货运铁路专业化趋势确定，货运铁路运能有望得到充分的发挥。铁路货运的回暖也带动铁路货车需求的回升，2017年，铁路货车采购量43 177辆，同比增长70.80%。至2017年上半年，从事铁路货车业务的包头北方创业股份有限公司实现营业收入4.18亿元，净利润0.15亿元，成功扭亏为盈。

边学边议 6-5

"公转铁"对公路货运行业的挑战和机遇

现在公铁联运成为国家上至政府下至企业的一个广泛共识。如何有效地推进公

铁联运，在铁路改革尚不明朗、中央政策又力推铁路运输的情况下，公路企业又将有什么样的机遇和挑战。

中华人民共和国成立以来，各种运输方式发挥着各自的比较优势，在国民经济和社会发展中扮演了各自应有的角色。改革开放前市场化程度不足，铁路是典型计划经济的高效组织方式，因此，在运输市场结构份额中占比较高，占货物发送量的比例稳定在百分之三四十。改革开放后，铁路运输份额占比下降。如今经济发展进入新常态，2012—2013年铁路运输比例进一步下降，甚至低于沿海和内河航运。

2017年，在国家政策推动下，加之煤炭运输影响，铁路运量略有回升，占比达到7.9%，但是运输结构的不平衡问题表现非常明显。运输方式的比较优势在于周转量，铁路的主导地位一直持续到2008年前后，一直在40%以上，在国民经济中具有较高的位置，随后不断下降。

改革开放以来，科技进步推动了高速公路及技术装备的发展，特别是载运装备及货运市场化的发展，使得公路迅速发展，但目前尚未达到一两年内就实现由量变到质变的程度。由于市场秩序和竞争环境的影响，我国当前并不是一个完善的市场经济体制，因此仍存在着结构性失衡问题。

在这些问题中，2008—2017年，铁路的货物发送量和周转量年均负荷增长不到2%，而公路、水运、民航、管道的增长速度在5%以上，公路货物发送量的增长速度甚至达到8%，周转率达到26.5%。此外，公路的平均运距一直在延长，铁路的平均运距一直在下降，因此可以看出，运输市场结构不平衡问题较为突出。

铁路在安全、快捷、节能、环保上具有十分显著的优势，但这四个优势能否使从政府到货主有获得感依然有待商榷。由于中国铁路市场化的推进较慢，市场化投入特别是在货运投入方面严重不足，所以大家尚未体会到铁路的优势。

2017年中央经济工作会议中，习近平总书记亲自表态要调整运输结构，减少公路货运量，增加铁路货运量。中国国家铁路集团有限公司在2013—2016年也持续推进了一系列的货运组织改革，现在是铁路改革的窗口期，铁路需求仍在下降。推进市场化改革的基本前提是供需关系，一票难求、一车难求的情况下无法进行市场化改革，因此从2003年开始，铁路就加快发展、加强基础设施建设，意图从卖方市场转向买方市场，从而使卖方市场一系列改革问题迎刃而解。目前，这个转变是量变到质变的积累阶段，这一轮的绿色动力加速了运输结构调整，推动了铁路货运量的回升。

资料来源 张晓东."公转铁"对公路货运行业的挑战和机遇［J］.大陆桥视野，2019（3）：44-46.

问题：

（1）铁路货物运输市场结构性的问题体现在哪里？

（2）如何有效地推进"公转铁"？

（3）在铁路改革的情况下，公路运输企业又将有什么样的机遇和挑战？

6.2.3　水路货物运输

1）水路货物运输的概念

水路货物运输是指利用船舶、排筏和其他运输工具，在江河、湖泊、水库和海上运送货物的一种运输方式，如图6-5所示。水运是我国最古老的运输方式。它是我国综合运输体系的重要组成部分，主要承担大数量、长距离的运输，是干线中起主力作用的运输形式，在内河及沿海，水运也常作为小型运输工具使用，担任补充及衔接干线运输的任务。

图6-5　水路运输方式

知识链接6-8

边学边议 6-6

明代诗人于慎行有诗云："六月鲥鱼带雪寒，三千江路到长安。"远行"三千江路"用的是什么运输工具？

21世纪海上
丝绸之路

2）水路货物运输的特点

（1）运输能力大

在海洋运输中，超巨型油船的载重量达55万吨，矿石船载重量达35万吨，集装箱船载重量已达7万吨。海上运输利用天然航道，不像内河运输受航道限剖较大，如果条件许可，可随时改造为最有利的航线，因此，海上运输的通过能力比较大。

在内河运输中，美国最大的顶推船队运输能力超过6万吨。我国大型顶推船队的运载能力也已达3万吨，相当于铁路运输的10倍。在运输条件良好的航道，通过能力几乎不受限制。

（2）运输成本低

水运的站场费用极高，这是因为港口建设项目多、费用高，向港口送取货物都较不方便。水运成本之所以能低于其他运输方式主要是因为船舶的运载量大、运输里程远、路途运行费用低。据美国测定，美国沿海运输成本只有铁路的12 5%，密西西比河干流的运输成本只有铁路的 40%。

（3）投入资本少

水上运输利用天然航道，投入的资本少。海上运输航道的开发几乎不需要支付费用。内河运输虽然有时要花费一定的开支疏浚河道，但比修铁路的费用小得多。据测算，开发内河航道每千米投资仅为铁路旧线改造的 20%，或新线建设的 12.5%。

（4）劳动生产率高

水路因运载量大，其劳动生产率较高。一艘 20 万吨的油船只需配备 40 名船员，人均运送货物达 5 000 吨。内河运输中，采用顶推分节船队运输，也提高了劳动生产率。

（5）航速较低

船舶体积较大，水流阻力高，所以航速较低。低速航行所需克服的阻力小，能够节约燃料；反之，如果航速提高，所需克服的阻力则直线上升。例如，船舶行驶速度从每小时 5 千米上升到每小时 30 千米时，所受阻力将会增加 35 倍。因此，一艘船只的行驶速度只能达到 40 千米/小时，比铁路和汽车运输慢得多。

水路货物运输在运输能力、能源消耗、航道投资等方面具有优势，并且能以最低的单位运输成本提供最大的运量，尤其是在运输大宗货物或散装货物时，采用专门的船舶运输，可以取得更好的经济效果。但是水路货物运输过程相当复杂，具有线长、面广、分散流动、波动大等特征。水路货物运输也存在一些缺点：船舶的平均航速低，货物运输速度慢，港口的卸货搬运费用较高，受自然条件（如江河断流、海洋风暴、台风等）影响大，因而呈现出比较大的波动性及不平衡性，难以实现均衡生产。

知识链接 6-9

"海上丝绸之路"历史演变

3）水路货物运输的种类

（1）按航行区域分类

按船舶航行区域，水路货物运输可分为沿海运输、近海运输、远洋运输和内河运输等四种类型，其中远洋运输和内河运输是水路货物运输的基本运输形式。

① 沿海运输。沿海运输是使用船舶通过大陆附近沿海航道运送客货的一种方式，一般使用中小型船舶。

② 近海运输。近海运输是使用船舶通过大陆邻近国家海上航道运送客货的一种运输形式，视航程可使用中型船舶，也可使用小型船舶。

③ 远洋运输。远洋运输是使用船舶跨大洋的长途运输形式，主要依靠运量大的大型船舶。

④ 内河运输。内河运输是使用船舶在江、河、湖、川等水道进行运输的一种方式，主要使用中小型船舶。

（2）按货物包装分类

按货物的包装状况，水路货物运输可分为散装货物（无包装）运输、集装箱运输、滚装运输等。集装箱运输和散装货物运输是我国水路运输的主要形式。

① 散装货物运输是指将未包装的颗粒状、粉末状和液体货物，通过适当的工具和设备进行的运输。

② 集装箱运输是指以集装箱这种大型容器为载体，将货物集合组装成集装单元，以便在现代流通领域内运用大型装卸机械和大型载运车辆进行装卸、搬运作业和完成运输任务，从而更好地实现货物"门到门"运输的一种新型、高效率和高效益的运输方式。

③ 滚装运输是指使用"滚装船"连车带货一起装运的一种水路运输方式。其优点是装卸方便，费用低。

（3）按运输货物性质和特点分类

按运输货物性质和特点，水路货物运输可分为普通大宗货物运输（如煤、砂、矿石等）和特种货物运输（如活植物、活动物、危险品货物、笨重长大货物、易腐货物等）。

（4）按合同的承租期限分类

按水路货物运输合同的承租期限，水路货物运输可分为航次租船运输、定期租船运输、包运租船运输。

① 航次租船运输是指出租人向承租人提供船舶的全部或部分舱位，装运约定的货物，从一港运到另一港的运输形式。

② 定期租船运输是指出租人以特定的船舶租给承租人使用一个特定期限的货物运输。

③ 包运租船运输是指出租人在规定的时间内以完成承租人规定的货运总量和货运计划为目的的货物运输。

（5）按货物运输组织形式分类

按货物运输组织形式，水路货物运输可分为直达运输和多式联运等。

① 直达运输是指把商品从产地直接运到要货单位，中间不需要经过各级批发企业的仓库的运输。直线运输是指减少商品流通环节，采用最短运距的运输。直达运输与直线运输的合理性是一致的，通常合称为直达运输。

② 多式联运是指由两种及以上的交通工具相互衔接、转运来共同完成的运输。多式联运与传统的联运最大的区别在于，多式联运整个过程中只有一个多式联运合同，明确了多式联运经营人与托运人的合同关系。在签订相关合同的过程中，从事多式联运服务的企业将担负货物从接收地到目的地全程运输的责任，并据此收取全程单一运费。

边学边议 6-7

（1）我国内河航道"两横一纵两网十八线"指的是什么？

（2）谈谈你对巴拿马运河、苏伊士运河和京杭大运河的认识，"海上丝绸之路"经过的运河是哪一条呢？

（3）中国已成为世界第二大石油消费国。目前，中国的石油主要从西亚进口，请问进口石油必经之路是（　　）。

A.苏伊士运河　　　B.巴拿马运河　　　C.直布罗陀海峡　　　D.马六甲海峡

（4）结合2019年世界港口大会，世界港口业发生了什么样的变化，又带来了哪些新的机遇和挑战？

案例链接6-1　　铁水联运新模式打通粤港澳大湾区物流新通道

2019年4月4日9：30，满载瓷砖及调味品的100个集装箱在佛山高明港装班轮起航，经水路运到四会南江码头后，汽车短驳至三水西铁路货场，再通过铁路货运班列开往云南王家营西站，这是全国首个"无轨铁路货场"成功组网后，首次开行铁水联运班轮+班列，同时也标志着粤港澳大湾区开启铁水联运新模式。

佛山位于广东省中南部，珠江三角洲腹地，珠江水系的西江、北江及其支流贯穿佛山全境，有着发达的湖泊和河涌水系。据不完全统计，现有港口、码头200余个。同时，作为陶艺之乡，佛山的陶瓷更是畅销国内外。依托丰富的水系资源和四通八达的铁路网络，开展铁水联运新模式，是铁路面向市场的创新性实践，是实现运输结构调整的突破性探索。

铁路部门探索在铁轨没有延伸覆盖的区域，与港口、码头、船务公司开展铁水联运合作，利用水运已有的站场资源，开设无轨铁路货场，办理铁路集装箱运输业务。两大主要运输方式的强强组合，将充分发挥各自优势，为企业转型升级提供了新契机。同时，为货主提供了多样化、个性化的运输服务，为促进港口经济发展和对外贸易提供支撑保障。

为了确保铁水联运新模式的推广，铁路部门深入开展市场调研，寻找铁水联运合作切入点，并积极争取运价下浮政策和政府政策支持，调动了各方参与的积极性，加快了全社会合力推进铁水联运发展的进程，实现了铁水联运网络化、规模化布局，零距离对接了粤西地区港口，打通粤港澳大湾区物流新通道，为对接"一带一路"多式联运网络打下了基础。

这次铁路部门主动抛出合作的橄榄枝，是铁路部门服务党和国家工作大局，在蓝天保卫战中当先行、做贡献的政治担当；是深化铁路运输供给侧结构性改革、创新铁路货运服务模式的重要举措。随着《粤港澳大湾区发展规划纲要》《广东省推进运输结构调整实施方案》等一些上层规划、政策的实施，铁水联运将会迎来更加广阔、更具活力的前景。

资料来源　佚名. 开展铁水联运新模式　实现运输结构调整突破性探索［EB/OL］.［2023-06-28］. http://tradeinservices.mofcom.gov.cn/article/lingyu/gjhdai/201905/82415.html.

6.2.4 航空货物运输

1）航空货物运输的概念

航空货物运输又称为飞机货物运输，它是在具有航空线路和航空港（飞机场）的条件下利用飞机运载工具进行货物运输的一种方式，如图 6-6 所示。

图 6-6 航空货物运输方式

航空货物运输始于 1871 年。当时普法战争中的法国人用气球把政府官员和物资、邮件等运出被普军围困的巴黎。1918 年 5 月 5 日，飞机运输首次出现，航线为纽约–华盛顿–芝加哥。同年 6 月 8 日，伦敦与巴黎之间开始定期邮政航班飞行。虽然空运在运输业中所占的比重较低，但它具有很大的发展潜力，重要性越来越明显。目前，在世界范围内，航空运输都处在高速增长的阶段。

2）航空货物运输的特点

（1）具有较快的运送速度

由于在空中较少受到自然地理条件的限制，因而航线一般取两点间最短的距离，这样，航空运输就能够实现两点间的高速、直达运输，尤其在远程直达上更能体现其优势。当今世界市场竞争十分激烈，行情瞬息万变，时间成本是企业需要考虑的重要因素，航空运输较高的运送速度已成为当前国际市场上商品竞争的有利因素。

（2）适于鲜活、季节性商品

鲜活商品对时间的要求很高，运输延迟会使商品失去原有价值。采取航空运输可以保证商品新鲜成活，有利于开辟远距离的市场。对于季节性商品，航空运输能够保证在销售季节到来时应市，避免由于错过季节导致商品无法销售而产生的费用。

（3）破损率低，安全性好

采用航空运输的货物本身价值较高，航空运输的地面操作流程比较严格，管理制度比较完善，这就使货物破损率很低，安全性较好。

（4）节省包装等费用，加快资金周转

航空运输速度快，商品在途时间短、交货速度快，可以降低商品的库存数量，减少仓储费、保险费和利息支出等。另外，航空运输保管制度完善，货损货差较少，包装可相应简化，降低了包装费用和保险费用。产品流通速度加快，也加快了资金周转速度。

航空运输的不足有：投资大、运量小、运费比较高、易受天气的影响等。

案例链接6-2　武汉鄂州携手建空港型国家物流枢纽布局承载城市

2018年12月24日，国家发展改革委、交通运输部联合印发了《国家物流枢纽布局和建设规划》，武汉-鄂州携手列入该规划，建设空港型国家物流枢纽布局承载城市。其功能定位是：依托航空枢纽机场，主要为空港及其辐射区域提供快捷高效的国内国际航空直运、中转、集散等物流服务和铁空、公空等联运服务。

《国家发展改革委关于新建湖北鄂州民用机场工程可行性研究报告的批复》要求，本期工程飞行区跑道滑行道系统按满足2030年旅客吞吐量150万人次、货邮吞吐量330万吨的目标设计，航站区、转运中心等设施按满足2025年旅客吞吐量100万人次、货邮吞吐量245万吨的目标设计，飞行区等级指标4E。据悉，项目总投资为320.63亿元，由机场工程、转运中心及顺丰航空公司基地工程、供油工程三部分组成。

1）机场工程

建设东、西2条远距平行跑道及滑行道系统，跑道长3 600米、宽45米，跑道间距1 900米，主降方向均设置Ⅱ类精密进近系统，次降方向均设置Ⅰ类精密进近系统，建设1.5万平方米的航站楼、2.4万平方米的货运用房、124个机位的站坪。

2）转运中心及顺丰航空公司基地工程

转运中心工程，建设67.8万平方米的分拣中心以及分拣转运系统设备等，建设4.1万平方米的海关、安检、顺丰公司办公业务用房及配套设施设备用房；顺丰航空公司基地工程，建设15.5万平方米的机务维修设施、3.1万平方米的地面及勤务设施、19.8万平方米的综合保障用房等。

3）供油工程

建设4万立方米的机场油库、1个5 000吨级的码头泊位，以及航空加油站、输油管线等。

资料来源　马振华. 武汉鄂州携手建空港型国家物流枢纽布局承载城市［N］. 长江日报，2019-01-20.

3）航空货物运输方式

（1）班机运输

班机是指在固定的航线上定期航行的航班，即有固定始发站、目的站和途经站的飞机。班机的航线基本固定，定期开航，收、发货人可以确切地掌握起运和到达时间，保证货物安全迅速地运达目的地，对运送鲜活、易腐的货物以及贵重货物非常有利。不足之处是舱位有限，不能满足大批量货物及时出运的需要。

（2）包机运输

包机运输可分为整架包机和部分包机。整架包机，指航空公司或包机代理公司，按照与租机人事先约定的条件和运价，将整架飞机租给租机人，从一个或几个航空站装运货物至指定目的地的运输方式。运费随国际航空运输市场的供求情况而变化。部分包机，指几家航空货运代理公司联合包租一架飞机，或者由包机公司把一架飞机的舱位分给几家航空货运代理公司，适合一吨以上但不足装一整架飞机运量的货物，运费较班机低，但运送时间则比班机要长。

（3）集中托运

集中托运是航空货运代理公司把若干批单独发运的、发往同一方向的货物集中起来，组成一票货，向航空公司办理托运，采用一份总运单集中发运到同一站，由航空货运代理公司在目的地指定的代理人收货、报关并分拨给各实际收货人的运输方式。通过这种托运方式，货主支付的运价较低，因而使用比较普遍，是航空货运代理的主要业务之一。

（4）航空快递

航空快递是由一个专门经营该项业务的公司和航空公司合作，通常为航空货运代理公司或航空速递公司派专人以最快的速度在货主、机场和用户之间运送和交接货物的快速运输方式。该项业务是两个空运代理公司之间通过航空公司进行的，是最快捷的一种运输方式。

4）我国航空物流发展的历程

2003年，我国航空物流真正进入发展初期。经过多年的快速发展，航空公司体制不断变革、货运基础设施不断完善、运输能力显著增强，形成了多种运作模式，实现了航空物流规模、效益及发展环境的有效提高。

（1）行业规模显著提升，航空货运基础大幅改善

在2003—2017年的15年时间里，我国航空货邮运输量规模从219万吨增长至705.8万吨，航空物流规模扩大了2倍多，实现货邮运输量年均增长9.0%，货邮周转量年均增长10.8%，超过全球航空货运增长率的平均水平，成为世界第二大航空货运市场及亚洲地区航空货邮快速发展的主要推动力。分航线来看，国际航线货邮运输量年均增速为12.8%，明显高于国内航线货邮运输量的年均增速7.8%，国际市场成为航空物流业增长的主要动力。

（2）航空货运能力显著提升，航线网络规模不断扩大

在运力方面，我国全货机机队规模从2003年的不到20架发展到2016年的157

架，同时发展全货运的航空公司有 8 家；在航线网络方面，由 2003 年的国内航线 961 条、国际航线 194 条发展到 2016 年的国内航线 3 055 条、国际航线 739 条。航线网络密度增加，服务区域不断扩大，为航空物流的发展奠定了坚实基础。

（3）货源结构产生巨变，航空快递促进行业发展

2003 年，我国航空物流以普货、航空邮件等为主导，普货运输占整个航空货运市场份额的 70% 以上。经过多年的发展，快递、冷链成为现阶段航空物流市场的主体。跨境电商多使用航空运输，其迅速的发展促进了航空快件的增长，中国跨境电商交易规模从 2008 年的 0.8 万亿元升至 2017 年的逾 8 万亿元，其占中国外贸总额的比重从不足 4% 上升至逾 30%。此外，生鲜等冷链航空运输的发展同样显著。日本至中国的跨境电商货运从 2009 年起开始以水果、甜品、海鲜为主；阿里巴巴和京东等电商平台的进口生鲜商品销售量年均增速都在 200% 以上，由冷链市场形成的航空物流需求逐步增加。未来，跨境电商与冷链市场将释放巨大发展空间，成为航空物流业务量增长的核心驱动力。

与普通航空包机相比，电商包裹具有数量多、规模小的特点，通关方式存在区别，包机混合运输极为影响物流效率。在此背景下，菜鸟网络决定开辟电商专用的定期包机航线，让中小企业真正拥有自己的航空包机线路。在杭州市政府和杭州萧山国际机场的支持下，全球唯一的电商专用洲际航线确定为从杭州到莫斯科，中途经停新西伯利亚和里加，可以更灵活地参与国际贸易，让更多中国品牌走向世界。

（4）全货运机场出现，满足了航空快件对效率的要求

在所有货物运输中，只有航空快件对时效性要求最高。近几年，我国电商规模不断扩大，快递市场需求也随之升级，顺丰作为国内航空快递业的领跑者开始积极建设全货运机场，目标是将自身打造成国际物流核心枢纽。2016 年 4 月，交通运输部中国民用航空局正式批复《湖北国际物流核心枢纽机场场址的请示》，同意将鄂州燕矶场址作为推荐场址。2022 年 7 月 17 日，鄂州花湖机场正式通航。2023 年 4 月 1 日，鄂州花湖机场开通首条国际货运航线。

5）航空物流发展趋势

随着我国经济发展进入新常态，航空物流业将继续升级转型，朝着综合化、枢纽化、合作化的方向发展，将解决我国航空物流业服务水平较低、区域性差别明显及降本增效等问题，而资源整合、信息化、智能化则是现阶段航空物流业的主要发展目标。

（1）新型供应链促进航空物流业升级转型

航空物流业作为国家经济发展的基础，涉及生产生活的方方面面。国家出台供给侧结构性改革及推进供应链创新与应用等多项政策，将推进航空物流业加快整合资源，实现升级转型。以客户需求为中心，通过调整业务结构、优化业务布局，与上下游制造企业及商贸企业深度融合，设计以"一站式""门到门"服务为特征的一体化物流解决方案，为企业客户提供从原料到产品的供应、生产、运输、仓储、销售等环节结合成有机整体的高质量综合物流服务。

（2）大数据、区块链推动现代物流发展

航空物流运输过程中存在大量数据，信息从数据源头开始，通过供应链各环节参与方之间的合作不断丰富，形成具有大量信息的大数据。航空物流业由此面临监控端到端的业务执行透明度问题，以及提取数据有用信息的问题，因此大数据、云计算、区块链等热点技术的应用，成为今后航空物流业的主要发展方向。利用大数据技术集成全国航空货运公司的电子货运所涵盖的数据，让航空公司和机场司时共享货物信息。此外，将区块链技术自有的去中心化、智能合约及分布式数据车等技术应用于航空物流领域，使物流活动中不同的合作伙伴建立真正安全、高效的信任机制，促进航空物流降低成本，提高效率。

（3）无人机技术助力航空运输网络完善

近几年，飞行人工成本、支线运输及"最后一公里"配送等方面的问题凸显，航空物流开始寻求无人化解决方案，"末端小型无人机+支线大型无人货机+干线大型有人机"的三段式航空物流网络发展模式将成为行业未来的一种发展手段。

目前，无人机在我国航空物流领域还处于试点阶段，未来将进入大发展时期，成为我国航空物流发展新动力，以科技的革新创造新的物流通路，全新定义时效产品。

（4）医药冷链市场激发航空物流新需求

据统计，从生产到一线城市的药品冷链运输的方式中，航空运输占80%，铁路运输占10%，公路运输占10%。国外航空公司开始逐渐关注医药空运市场。国际航空运输协会（IATA）大力推行医药物流独立验证卓越中心（CEIV Pharma）认证，用于协助货运承运人针对温度敏感型药品实施有效运输的标准。

在国内，顺丰很早就开始关注冷链物流的市场细分，2014年3月便单独成立了医药物流事业部。2014年9月，顺丰正式成立了"冷运事业部"，分离医药冷链和生鲜冷链资源。随着国内医药市场规模的不断扩大，医药运输需求持续升级，医药冷链将成为航空物流市场的"新宠"。

6.2.5 管道货物运输

1）管道货物运输的概念

管道货物运输主要是利用管道，通过一定的压力差而完成商品运输的一种现代化运输方式，其运输的货物主要有原油和成品油、天然气、煤浆以及其他矿浆，是统一运输网中干线运输的特殊组成部分，如图6-7所示。

图6-7 管道货物运输方式

2）管道货物运输的特点

管道货物运输，不同于用车、船舶、飞机等运输货物，和这些运输方式的重要区别在于，管道设备是静止不动的。因此管道运输具有以下特点：

（1）运量大

一条输油管线可以源源不断地完成运输任务，根据其管径的大小不同，每年的运输量可达数百万吨到几千万吨，甚至超过亿吨。

（2）占地面积少

运输管道通常埋于地下，运输系统的建设实践证明运输管道埋藏于地下的部分占管道总长度的95%以上，因而土地的占用很少。

（3）建设周期短、费用低、运营费用低

管道货物运输系统的建设周期与相同运量的铁路运输系统建设周期相比，一般来说要短1/3以上。

（4）安全可靠、连续运输性强

由于石油天然气易燃、易爆、易挥发、易泄漏，采用管道运输方式，既安全，又可以大大减少挥发损耗，同时空气、水和土壤的污染也可大大减少，管道运输能较好地满足运输工程的绿色环保要求。

（5）能耗低、成本低、效益好

管道货物运输是一种连续性工程，运输系统不存在空载行程，因而系统的运输效率高。理论分析和实践经验已证明，管道口径越大、运输距离越远、运输量越大，运输成本就越低。

管道货物运输不如其他运输方式灵活，除承运的货物比较单一外，它也不能随便扩展线路。对一般用户来说，管道运输常常要与铁路运输或汽车运输、水路运输配合才能完成全程输送，实现"门到门"的运输服务。此外，运输量明显不足时，运输成本会显著地增大。

知识链接6-12

"西气东输"工程

3）管道货物运输的形式

运输管道常按所输送物品的不同，分为原油管道、成品油管道、天然气管道和固体料浆管道。

（1）原油管道

原油一般具有比重大、黏稠和易凝固等特性。原油运输主要是自油田输送给炼油厂，或输送给转运原油的港口或铁路车站，或两者兼而有之。因此，其运输特点是：数量大、运距长、收油点和交油点少，故特别适宜管道输送。世界上约有85%的原油是通过管道输送的。

（2）成品油管道

成品油管道输送汽油、煤油、柴油、航空煤油和燃料油以及从油气中分离出来的液化石油气等。每种成品油在商业上有多种牌号，常采用在同一条管道中按一定顺序输送多种油品的工艺，这种工艺能保证油品的质量和准确地分批运到交油点。成品油管道的任务是将炼油厂生产地的大宗成品油输送到各个地区的加油站或用户。有的燃料油则直接用管道输送给大型电厂，或用铁路油槽车外运。成品油管道运输的特点是批量多、交油点多，因此，管道的起点段管径大，输油量大，经多处交油分输以后，输油量减少，管径亦随之变小，从而形成成品油管道多级变径的特点。

（3）天然气管道

上面两种管道运输方式似乎离我们较远，也不甚了解，但我们对天然气应该不陌生。现在城市中基本都能用天然气煮饭，不仅方便了不少家庭，再也不用搬煤气罐了，而且更环保、更安全。

知识链接6-13

六大经济走廊输油输气管道建设

天然气管道是输送天然气和油田伴生气的管道，包括集气管道、输气干线和供配气管道。就长距离运输而言，输气管道系指高压、大口径的输气干线，这种输气管道约占全世界管道总长的一半。

（4）固体料浆管道

固体料浆管道主要用于输送煤、铁矿石、磷矿石、铜矿石、铝矾石和石灰石等矿物，配置浆液主要用水，还有少数采用燃料油或甲醇等液体作载体。其输送方法是将固体粉碎与适量的液体配置成可泵送的浆液，再用泵按液体管道输送工艺进行输送。到达目的地后，将固体与液体分离送给用户。

6.3　运输合理化

物流运输管理是社会生产经营活动的重要组成部分，是运输理论与运输技术发展的基础和重要载体。物流运输管理水平的高低直接影响着企业的经营效益，并可能间接影响社会物流的运作水平。先进的物流运输管理理念，合理、适时、有效的物流运输战略与规划，与经济适用的先进运输技术手段的有效结合，对于提高物流运输管理水平、达到最优运输效果、取得最佳的社会和经济效益有十分重要的作用。

6.3.1　运输合理化的含义

运输合理化是指物品从生产地到消费地的运输过程中，从全局利益出发，力求运输距离短、运输能力省、运输费用低、中间转运少、到达速度快、运输质量高，并充分有效地发挥各种运输工具的作用和运输能力。

边学边议 6-8

同学们，你们喜欢旅游吗？如果你们是某一旅游公司的策划人员，现在要设计一条关于"十一"黄金周的旅游线路——广州—成都—重庆—武汉—广州，重头戏是游三峡，总的交通费用控制在1 500元左右，作为策划人员，在景点之间应该选择怎样的交通运输方式？

广州	→	成都	→	重庆	→	武汉	→	广州
A.飞机 4小时，810元		A.船 2天，80元		A.汽车 2天，300元		A.汽车 2天，300元		
B.火车 2天，250元		B.飞机 1小时，480元		A.坐船 4天，400元		B.飞机 2小时，800元		
C.汽车 3天，400元		C.汽车 8小时，120元		C.飞机 3小时，700元		C.火车 1天，180元		

案例链接6-3 "无人驾驶车队+机器人+仓库"无缝集成运输方案

美国运输和货物运输创业公司NEXT Future Transportation（以下简称"NEXT"）推出全球首款模块化移动包裹储物柜，该方案是一个全自动包裹运送解决方案。

1）方案核心：模块化运输+电动车系统

模块化移动包裹储物柜实际上是一种自动化电动车辆系统。这些电动车运输舱在运行时，既可以连接起来形成一辆列车，也可以根据不同的目的地需求随时分开行驶。这一特殊功能对于物流而言，对时效的提升起到了至关重要的作用，能够灵活运输货物至不同的目的地。例如，3个货舱同时到一个区域的不同小区送货，由于货舱可以排列组合，它们到了目的区域后，可以各自分开行驶到目的地，放下货物再回来集合，这样货物的送达时效最优。

2）作业流程

仓库里，移动机器人将货物搬运到专为模块化平台定制的货架上，然后装载到模块化平台中。在完成自动仓库装载的过程后，单独的车辆自动连接形成车队进行运输。在行进路线中，包裹可以在车辆之间自动切换，以确保实现最佳的最终交付成果。

3）模块化移动包裹储物平台的优势

（1）灵活

模块化储物平台体积小，与五菱宏光面包车大小相近，占用空间小，运行灵活。初步来看，适合城市配送。

（2）模块化可定制、可扩展

该方案是可以针对各种出行即服务（MaaS）应用进行定制和扩展的方案。

（3）与仓和机器人完全集成的物流解决方案

该方案是一个完全集成的物流解决方案，它与现有操作系统的自动移动机器人混合车队能实现无缝集成，是一个整体的全流程货物运输解决方案，而不仅仅是车辆运输环节。

NEXT模块化平台与当前所有自主地面车辆或电子穿梭车具有根本差异，因为它开放式的内部设计布局可以灵活地适应特定需求。此外，NEXT的车队可由人类驾驶员，也可由远程操作人员控制或进行自动驾驶（具有3种驾驶模式）。

目前，NEXT模块化平台已申请专利。官方介绍，该方案为3PL、零售商和制造商而设计，它将推动传统零售供应链的快速转型。下一步，NEXT计划进入中国市场。

资料来源 罗戈小薇. 想象成真！全球首个"无人驾驶车队+机器人+仓库"无缝集成运输方案来了！［EB/OL］.（2019-04-28）［2023-06-28］. https://www.shangyexinzhi.com/article/113178.html.

6.3.2 影响运输合理化的要素

影响运输合理化的要素很多，起决定性作用的有以下五个方面的要素，称为合理运输五要素：

1）运输距离

在运输时，运输时间、运输货损、运费、车辆或船舶周转等运输的若干技术经济指标都与运输距离有一定的比例关系，运距长短是运输是否合理的一个最基本因素，缩短运输距离有利于改善经济指标。

2）运输环节

每增加一次运输，不但会增加起运的运费和总运费，而且必须增加运输的附属活动，如装卸、包装等，各项技术经济指标也会因此下降。所以，减少运输环节能促进合理运输。

3）运输工具

各种运输工具都有其使用的优势领域，对运输工具进行优化选择，按运输工具的特点进行装卸运输作业，最大限度发挥所用运输工具的作用，是合理运输的重要一环。

4）运输时间

运输是物流过程中需要花费时间较多的环节，尤其是远程运输，在全部物流时间中，运输时间占绝大部分，所以运输时间缩短对整个流通时间的缩短有决定性作用。

5）运输费用

运输费用占全部费用的很大比例，运费高低在很大程度上决定整个物流系统的竞争力。在同等条件下，运输费用低，运达速度快，有利于赢得市场竞争。

6.3.3 不合理运输的表现形式

物流运输的不合理是指忽视了运输工具的充分利用和合理分工，转载量低，流转环节多，从而出现浪费运力和加大运输费用的现象。不合理运输主要有以下几种类型：

1）返程或起程空驶

空车或无货载行驶是最不合理的运输方式。在实际运输组织中，有时候必须调运空车，从管理上不能将其看成不合理运输，但是因调运不当、货源计划不周、不采用运输社会化而形成的空驶，则是不合理运输的表现。

2）对流运输

对流运输又称为相向运输、交错运输，是指凡属同一货物或彼此间可以相互代用而又不影响管理、技术及效益的货物，在同一路线上或平行线路上做相对方向的运送，同时与对方运程的全部或一部分发生重叠交错的运输。一种是明显对流运输，即在同一路线上的对流运输；另一种是隐蔽对流运输，即同一种货物在违反近产近销的情况下，沿着两条平行线路朝相对的方向运输，这种对流运输不易被发现，如图6-8所示。

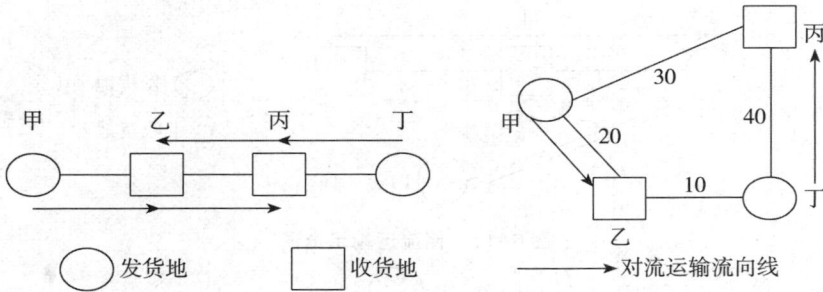

图 6-8　对流运输示意图

3）迂回运输

迂回运输是指货物绕道而行的运输现象。由于计划不周、地形不熟，本可以选择路程较短的线路进行运输，却选择路程较长的路线运输，即平常所说的"近路不走走远路"，如图 6-9 所示。

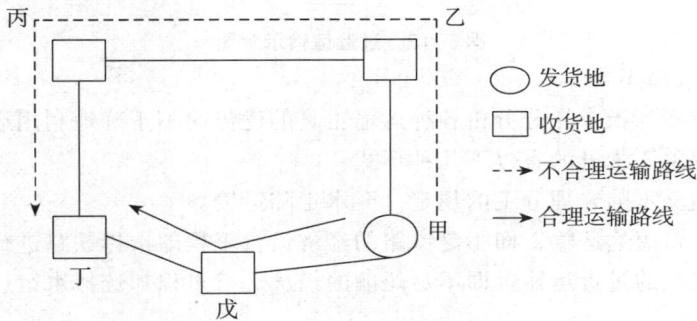

图 6-9　迂回运输示意图

4）重复运输

重复运输是指一种货物本可直接到达目的地，但由于某种原因而在中途停卸重复装运的不合理现象，如图 6-10 所示。

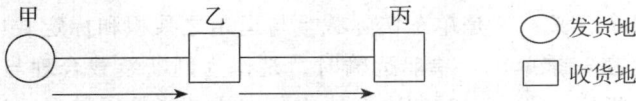

图 6-10　重复运输示意图

5）倒流运输

倒流运输是指同一批货物或同批中的一部分货物，由发运站至目的站后，又从目的站往发运站方向运输，如图 6-11 所示。它是对流运输的一种派生形式，其实也可以看成是隐蔽对流运输的一种特殊形式。

6）过远运输

过远运输是指调运货物舍近求远的运输现象，如图 6-12 所示。这是一种舍近求远的物品运输方式。不就地或就近获取某种物品，却舍近求远从外地或远处运来同种物资，从而拉长运输距离，造成运输浪费。

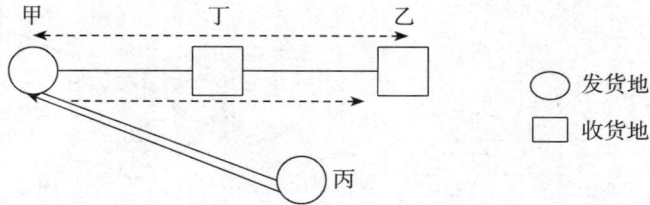

图 6-11　倒流运输示意图

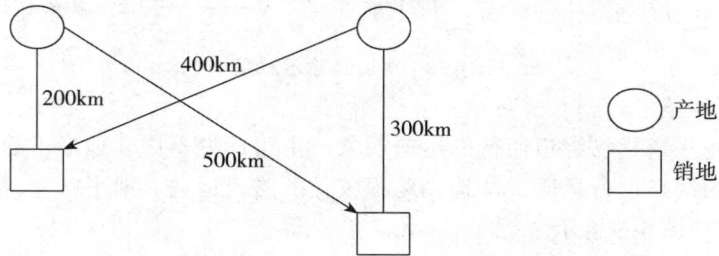

图 6-12　过远运输示意图

7）运力选择不当

运力选择不当指未充分分析各种运输工具的优势而不正确地利用运输工具所造成的不合理现象。常见的有以下几种形式：

第一，违反水陆合理分工的规定，弃水走陆运输。

第二，铁路短途运输，即不足铁路的经济运行里程却选择铁路进行运输。

第三，水运的过近运输，即不足船舶的经济运行里程却选择水运进行运输。

6.3.4　合理化运输的途径

为了克服不合理运输的现象，在物流运输管理过程中需要采取一些措施来组织合理的运输。其主要的表现形式如下：

1）提高运输工具实载率

实载率有两个含义：一是单车实际载重与运距之乘积和标定载重与行驶里程之乘积的比率，这在安排单车、单船运输时，是作为判断装载合理与否的重要指标；二是车船的统计指标，即一定时期内车船实际完成的货物周转量（以吨公里计）占车船载重吨位与行驶公里之乘积的百分比。在计算时车船行驶的公里数，不但包括载货行驶，也包括空驶。

提高实载率的意义在于：充分利用运输工具的额定能力，减少车船空驶和不满载行驶的时间，减少浪费，从而求得运输的合理化。

2）减少能源投入，增加运输能力

这种合理化的要点是，少投入、多产出，走高效益之路。运输的投入主要是能耗和基础设施的建设，在基础设施建设已定型和完成的情况下，尽量减少能源投入，是少投入的核心。做到了这一点就能大大节约运费，降低单位货物的运输成本，达到合理化的目的。

国内外在这方面的有效措施有：

（1）重载化

各种运输方式一次运送的货物重量越来越大。以铁路为例，通常一列货车的载重量为 3 000 吨，如果列车的载重量能提高到 6 000 吨，则铁路运输效率将提高 1 倍。现代载重列车技术可使载重量提高到 10 000～25 000 吨/列，最高纪录达到 75 000 吨/列。

（2）水运拖排和拖带法

竹、木等物资的运输，利用竹、木本身的浮力，不用运输工具载运，采取拖带法运输，可省去运输工具本身的动力消耗，从而实现合理化；将无动力驳船编成一定队形，一般是"纵列"，用拖轮拖带行驶，可以有比船舶载乘运输运量大的优点，实现合理化。

（3）顶推法

顶推法是我国内河货运采取的一种有效方法。将内河驳船编成一定队形，由机动船顶推前进。其优点是航行阻力小，顶推量大，速度较快，运输成本很低。

（4）汽车挂车

汽车挂车的原理和船舶拖带、火车加挂基本相同，都是在充分利用动力能力的基础上，增加运输能力。公路货运汽车也逐渐向大吨位、专用化、低能耗的方向发展，其中，半挂汽车列车是货运汽车发展的重点。当半挂汽车列车有效载重量为 24～28 吨时，其在高速公路上的平均车速达 70～80 千米/小时，与单车相比，其运输效率提高了 30%～50%，运输成本降低了 30%～40%，额定百吨千米油耗下降到 1 升左右。目前，重载挂车（全挂车或半挂车）的载重量通常可达 200～300 吨。

3）发展直达运输

直达运输，就是在组织货物运输过程中，越过商业、物资仓库环节或交通中转环节，把货物从产地或起运地直接运到销地或用户，以减少中间环节。直达运输的优势在一次运输批量和用户一次需求量达到了一整车时表现得最为突出。此外，在生产资料、生活资料运输中，通过直达，建立稳定的产销关系和运输系统，有利于提高运输的计划水平。直达运输追求的要点是减少过载、换载，从而提高运输速度，节省装运费，降低中转费。近年来，直达运输的比重逐步增加，它为减少物流中间环节创造了条件。特别值得一提的是，如同其他合理化运输一样，直达运输的合理性也是在一定条件下才会有所表现，如果从用户需求来看，批量大到一定程度，直达运输是合理的，批量较小时中转是合理的。

4）"四就"直拨运输

"四就"直拨运输是指就厂直拨，就车站、码头直拨，就库直拨，就车、船过载等，简称"四就"直拨。它是减少运输的中转环节，力求以最少的中转次数完成运输任务的一种形式。

"四就"直拨与直达是两种不同的合理运输形式。两者既有联系又有区别。前者一般是货物运输里程较近，批量较少。后者一般是货物运输里程较远，批量较多。在实际运输中若两者结合起来运输会收到更好的经济效果。

5）配载运输

配载运输是指充分利用运输工具的载重量和容积，合理安排装载的货物及方法以求合理化的一种运输方式。配载运输往往是轻重商品的合理配载，在以重质货物运输为主的情况下，同时搭载一些轻泡货物，如海运矿石、黄沙等重质货物，在上面捎运木材、毛竹等，在基本不增加运力、减少重质货物运输的情况下，解决了轻泡货的搭运问题，因而效果显著。

6）开展中短距离铁路公路分流

这是指"以公代铁"的运输。这一措施的要点是，在公路货物运输经济里程范围内，或者经过论证，超出通常平均经济里程范围，也尽量利用公路。这种运输合理化的表现主要有两点：一是对于比较紧张的铁路运输，用公路分流后，可以得到一定程度的缓解，从而加大这一区段的运输通过能力；二是充分利用公路从门到门和在中途运输中速度快且灵活机动的优势，实现铁路运输服务难以达到的水平。我国"以公代铁"目前在杂货、日用百货运输及煤炭运输中较为普遍，一般在 200 千米以内，有时可达 700～1 000 千米。山西煤炭外运机构经技术经济论证得出结论，用公路代替铁路运输煤炭至河北、天津、北京等地是合理的。

7）发展社会化的运输体系

运输社会化的含义是发挥运输的大生产优势，实行专业分工，打破一家一户自成运输体系的状况。实行运输社会化，可以统一安排运输工具，避免对流、倒流、空驶、运力不当等多种不合理形式，不但可以追求组织效益，而且可以追求规模效益，所以发展社会化的运输体系是运输合理化的非常重要的措施。

社会化运输体系中，各种联运体系是其中水平较高的方式，联运方式充分利用面向社会的各种运输系统，通过协议进行一票到底的运输，有效打破了一家一户的小生产方式，受到了欢迎。

我国在利用联运这种社会化运输体系时，创造了"一条龙"的货运方式。对产销地及产销量都较稳定的产品，事先通过与铁路、交通等运输部门签订协议，规定专门收到站、专门航线及运输路线、专门船舶和泊位等，有效保证了许多工业产品的稳定运输，取得了很大成绩。

边学边议 6-9

结合时代的发展，谈谈我国运输业发展的趋势。

案例链接6-4　　　　唐山海港物流产业聚集区

唐山海港物流产业聚集区地处渤海湾及京津冀都市圈核心地带，是河北省首批省级交通枢纽型临港物流产业聚集区，规划面积1 468公顷（其中建成区760公顷，位于京唐港区内；新建区708公顷，与京唐港区隔路相望），先后被中国物流与采购联合会评为"2014年度全国优秀物流园区""2016年度全国优秀物流园区"，被河北省现代物流协会评为"十二五"物流行业优秀物流园区。

1）区位优势

聚集区陆上距北京230公里、天津150公里、唐山70公里、秦皇岛118公里，与京唐港隔路相望；交通体系完善，拥有水路、铁路、公路等为一体的联运枢纽体系；唐港高速、沿海高速与京哈高速、长深高速等国家高速无缝对接，沿海公路、滨海大道在区内交会贯通；迁曹铁路东港线和京唐港线纵贯南北，与京山、京秦等全国铁路运输大动脉紧密相连，周边有首都机场、天津机场、唐山机场、秦皇岛机场。

2）园区目标

目前，聚集区正按照"高起点、现代化、多功能"的思路，结合开发区实际情况，着眼于依托港口，利用集水路、铁路、公路等多种运输方式为一体的联运枢纽运输平台，进一步深挖物流产业发展潜力，全力推进聚集区七大主导产业板块发展，不断扩大聚集区产业规模和影响力，打造中国北方最大的生产性物流基地，加速周边物流产业要素集聚，使之成为环渤海地区重要的综合交通枢纽和区域商流、物流、信息流集聚中心。

3）入驻企业

区内入驻企业有：京唐港液体化工码头公司、中钢京唐钢铁物流有限公司、唐山长久物流有限公司、京唐港国际集装箱码头有限公司、京唐港股份有限公司。

资料来源　佚名．物流行业跨步向前迈进物流园区选址及典型案例分析［EB/OL］．［2023-06-28］．http：//www.askci.com/news/chanye/20181127/1435171137560_3.shtml.

本章小结

没有现代化的交通运输，经济活动就要停顿，社会再生产也无法进行。运输活动在节约费用、提高效率方面有很大潜力，无论在物流领域还是在国民经济中都具有举足轻重的位置。同时，运输是现代物流中最重要的子系统之一，甚至不少人把运输等同于物流。本章首先在明确运输内涵的基础上，比较了几种主要的运输方式，探讨了新兴运输方式的应用与优劣，并给出了运输合理化的建议和措施。

复习思考题

第6章
基础知识测试

（1）运输的作用主要体现在哪些方面？
（2）运输方式有哪些？各自的特点是什么？如何选择运输方式？
（3）简述运输的原则。
（4）影响运输合理化的因素有哪些？
（5）不合理运输有哪几种表现形式？
（6）简述实现运输合理化的途径。

案例分析题

"一带一路"大物流战略分析与实施

1）对接沿线国家商流需求，推动跨境产业物流链建设

按照物的完整属性要求及"三流"（实物流、信息流和资金流）运动规律，开展"一带一路"商流活动应满足三个条件：

（1）开拓沿线国家商流贸易合作领域

主动对接沿线国家商流的需求，与各国一起共同积极培育新的贸易增长点，在巩固传统贸易的基础上，可考虑重点在管线、铁路、港口、机场、电信、核电等基础设施领域，能源资源产品、机电产品、机械设备、高科技产品、农产品等方面与沿线国家开展贸易和投资领域的广泛合作。

（2）推动商流跨境产业物流链建设

应将我国优势产业链与各国产业链建设需求相结合，从物流跨产业链融合角度，目前可优先推动以下四个领域产业链合作：①"铁公基"和相关产业物流链建设；②能源产业物流链建设；③加强农业产业物流链建设；④各国特色产业的培育。

（3）促进商流贸易便利化

搭建各类综合性跨境电子商务物流平台，整合商流信息资源，规范电子商务数据标准，建立数据中心，实现数据共享，提供电子商务通关、数据交换、外贸协同、商务信息、商务信用等综合服务，促进跨境（区域）时空"三流统一"与"三流合一"，形成线上/线下融合发展的新丝绸之路。

推动相关领域协商建立统一标准，实现政策的沟通和市场的衔接，改善边境口岸通关设施条件，提升通关效率，降低商品流通成本。

推动签署合作领域协议协定，深化与沿线国家海关、标准、检验检疫等方面的双多边合作和政策交流，签署地区双多边投资保护协定，扩大开放合作领域，为双多边投资项目提供共同的法律保护和争议解决依据，创造更加自由开放的贸易投资环境等。

2）加强基础设施与组织管理，提升跨境大物流综合效率

具体可从以下三方面考虑：

（1）推动沿线国家合作互信互利——提升大物流综合效率的前提

一是深化互信，妥善应对外界疑虑。反复强调"一带一路"和平、包容、共赢的发展理念；突出政治上相互信任尊重，经济上平等互利共赢；主张建立利益驱动机制，通过构建多方利益链共同体，扩大与各方的利益汇合点，吸引沿线国家主动参与及合作，发挥企业市场主体地位，减少外界阻力和疑虑，降低政治风险，提高合作的可持续性。

二是对接现有合作机制，推动新的经济合作。以"丝路基金""亚洲基础设施投资银行""金砖国家新开发银行""上合组织开发银行"四大资金池为平台，与亚太、欧亚区域合作相结合，在现有 APEC 互联互通、东盟互联互通、泛亚铁路网、大湄公河次区域互联互通、孟中印缅走廊、中巴经济走廊的基础上，进一步推动中国与沿线国家积极参与横贯东西、连接南北的欧亚海陆立体大通道和泛亚能源网络体系的构建。

三是密切人文交流合作。沿线国家应继续弘扬和传承丝绸之路友好合作精神，共同挖掘丝绸历史文化遗产，加强文化认同感，以软实力外交消除硬实力的顾虑；互办多种形式的文化年、艺术节等活动，引导和动员民间力量开展丰富多彩的文化交流，奠定坚实的民意基础；大力发展丝绸之路旅游业。

（2）促进基础设施互联互通——提升大物流综合效率的核心

与沿线各国加强国家和地区间交通建设规划的对接，发挥资金池平台作用，共同推进骨干通道建设，打通缺失路段，畅通瓶颈路段，提升道路通达水平，构建联通内外、安全通畅的综合交通运输网络。

在开展互联互通等基础设施合作中，要与大物流通道网络节点枢纽布局和建设相结合，引入建设不同类型工业园区，如与港口配套的产业园区、海铁空港物流产业园、产业集聚集散中心等。

（3）打造节点枢纽互连互换——提升大物流综合效率的关键

针对"一带一路"沿线国家物流时空匹配要求，需要打造三类节点枢纽的互连互换：

一是多式联运型节点枢纽：多种运输方式按照承载性、顺畅性和兼容性原则进行有效转换，统筹线路、节点以及信息传输等设施的有效衔接，如建立铁路、公路、水运和民航客货枢纽，与城市空间布局相协调和衔接；建立大型铁路货运站，与公路、水运的货运设施有机衔接并建立运营管理协调机制，减少换装和倒运环节；建立主要港口枢纽，其后方集疏运手段应以铁路、高速公路和管道为主，并要与铁路干线和高速公路网络相联系等。

二是货物配送集散型节点枢纽：建立节点配送组织管理体系，配备先进的物流设施和设备，按照用户对商品的品种、规格、型号、数量、质量、送达时间和地点等的要求不同，对商品进行分拣、分装、配装、集散、流通加工等，节约衔接转换时间，提高物流运输满载率，降低费用成本。

三是信息交换集成型节点枢纽：搭建基于物联网、云计算的 M&F 资源池运行平台，实现多重物流资源整合与调度优化，包括网络枢纽点布局，不同物流形态运输方式调度、转换和衔接，货物集散配送物流系统间、平台间和区域间的互联互通等，同时与沿线国家对接信息协同体系，制定统一基础信息、接口、业务流程标准，实现对物流资源数字化、物联化、互联化、可视化和智能化处理及协同调度。

3）构建生态合作机制，促进跨境大物流可持续发展

（1）构建绿色生态物流合作机制

我国"一带一路"在系统规划、设计和实施过程中，应注意对接各国绿色物流现有政策和法规，与沿线各国建立健全必要的部门协调机制、对话机制和联动机制，用制度来统一管理物流活动，摒弃先发展后治理的传统观念，牢固树立生态文明理念，遵守各国法律法规，履行国际社会责任，统筹推进区域内生态建设和环境保护，共建绿色丝绸之路。

（2）加强综合物流生态系统管理

根据 MF 跨境（区域）生态时空位移与可持续发展原理，"一带一路"大物流是经济界物流（E）、社会界物流（S）和自然界物流（N）的一个复杂综合物流系统，按照 ESN 物流相互作用的均衡性、可行性和容忍性原则，促使 ESN 物流共生依存、循环转化、均衡约束，实现综合物流生态可持续发展。

（3）广泛应用绿色生态物流技术

注重应用物流机械化和自动化技术（如自动分拣技术、自动识别技术等），以提高货物配送效率、运输工具的装载率、装卸设备的荷载率以及仓储设施的空间利用率，同时提高物流基础设施的配套性、兼容性，以及标准之间的有效衔接。

广泛应用物流信息管理技术，特别是新兴 IT 技术（如大数据、智慧城市、移动通信、云计算、物联网等）在绿色物流管理中的应用。要建立各种类型物流信息平台，推动跨境电子商务，及时有效地提供智能化订单管理、货物跟踪、库存查询等物流信息服务，促进物流运行效率和服务质量的提高，实现"三流合一"与"三流统一"。

推动物流业与战略性新兴产业融合，促进绿色物流产业发展。如现代物流业与节能环保产业融合形成低碳环保物流；与新能源汽车产业融合形成新能源汽车物流；与新材料产业融合，推动物流材料再降解利用和重复利用技术研究，促进循环物流发展等。

资料来源　徐寿波．"一带一路"大物流战略分析与实施［J］．重庆交通大学学报（社会科学版），2016（5）．内容有删减。

问题：

"一带一路"建设如何促进物流企业转型升级？

第7章 ◀▶ 流通加工

知识传授目标	能力培养目标	价值塑造目标	建议学时
➤掌握流通加工的概念 ➤掌握流通加工与生产加工的区别 ➤掌握流通加工合理化的含义	➤理解流通加工在物流和供应链中的作用，培养实践能力	➤树立在流通过程中提高商品价值和使用价值的意识	4

思政引入　　　　　　　　加快推进农产品初加工机械化工作

　　2023 年 2 月 13 日，中央一号文件正式发布，这是第 25 个聚焦"三农"的中央一号文件。2023 年的中央一号文件以全面推进乡村振兴为主题，其中围绕推动乡村产业高质量发展提出了做大做强农产品加工流通业等具体内容："（十七）做大做强农产品加工流通业。实施农产品加工业提升行动，支持家庭农场、农民合作社和中小微企业等发展农产品产地初加工，引导大型农业企业发展农产品精深加工。引导农产品加工企业向产地下沉、向园区集中，在粮食和重要农产品主产区统筹布局建设农产品加工产业园。完善农产品流通骨干网络，改造提升产地、集散地、销地批发市场，布局建设一批城郊大仓基地。支持建设产地冷链集配中心。统筹疫情防控和农产品市场供应，确保农产品物流畅通。"

　　中国农业大学经济管理学院吕建军教授认为，农产品加工业是农业生产和消费的中间环节，也是流通的重要组成部分。农产品加工业一头连着农业、农村和农民，一头连着工业、城市和市民，沟通着城乡，对促进农产品生产、流通、消费各环节的互联互通起着非常重要的作用。

　　目前，城镇居民消费需求快速升级，对方便快捷、营养安全的加工食品需求剧增，这为农产品加工流通业发展提供了强大拉力。目前，现代装备技术在农产品加工业广泛应用，特别是食品领域"机器换人"快速发展，以往只能手工制作的包子、饺子、花卷、汤圆等，现在都已经实现了工厂化生产、规模化制作，既保持了传统风味，效率也大大提升，为农产品加工流通业转型升级提供了有利条件。近年来，家庭农场、种养大户、合作社、农业企业快速成长，农产品生产的区域化、规模化、标准化、专业化水平不断提升，农业规模化经营快速发展，为农产品加工流通业发展奠定了坚实基础。

随着这次中央一号文件的出台，农产品加工流通业将成为新时期的又一次重大机遇。农产品加工流通业发展将推动传统农业向现代农业跨越发展，缩小我国与世界农业强国的差距。

资料来源　耿子叶. 农产品加工流通业如何做大做强？专家解读：决胜于供应链［N］. 新京报，2023-02-14.

问题：

加工流通业在农村高质量发展中起到什么作用？

案例导读　　　　成都尚作有机引领生态农业高端发展

成都尚作农业科技有限公司（简称尚作有机）成立于2010年，是西南地区首屈一指的品质生活运营商，是一家农业科技企业，它建立了从生产、采摘、加工到配送的有机全产业链运作模式，为会员提供品质优良的有机食材宅配服务。

尚作有机全产业链控制、餐桌全食运营、会员制家庭宅配成了其核心支柱。尚作农场出产高品质的生鲜蔬菜，穿越不同海拔、跨越不同纬度，从成都、松潘、西昌到攀枝花，建成10余个形态各异的有机农场，不间断供应200多种有机蔬菜。尚作有机在青羊工业园投资1 000余万元建设3 000余平方米的低温车间和多温区冷藏冷冻库，加工仓储车间面积超过5 000平方米，为避免食材的二次污染，按照ISO22000和HACCP建设加工中心、配送中心和社区配送店。尚作有机不仅建设有机农产品产供平台、精选全球食材，提供有机和天然产品，而且投资分拣中心、组建冷链宅配团队、研发信息化管理系统，打造了高标准品控系统和稳健的供应链体系。

尚作有机的业务涵盖了农业科学研究与技术推广、优质农产品的生产与加工、全程冷链配送、农业市场营销与品牌塑造等领域，成长在国内全产业链型的农业电子商务平台领先企业的道路上。尚作有机蔬菜成为健康食材品牌，未来的尚作有机将保持着高速发展的强劲势头，迈入农业资本化时代。

资料来源　叶青. 成都尚作有机蔬菜品牌迈入农业资本化时代［EB/OL］.［2023-06-20］. https://www.sohu.com/a/77285800_378064.

问题：

请你简单介绍一下流通加工在尚作有机的运作模式中的作用。

7.1　流通加工概述

流通加工是物流中重要的环节，属于物流的辅助功能。流通加工是现代物流系统的重要内容之一。

7.1.1　流通加工的概念

流通加工是指物品从生产地到使用地的过程中，根据需要施加包装、分割、计量、分拣、刷标志、拴标签、组装等作业的总称，如图 7-1 所示。

图 7-1　流通加工方式

流通加工是为了提高物流速度和物品的利用率，在物品进入流通领域后，按客户的要求进行的加工活动，即在物品从生产者向消费者流动的过程中，为了促进销售、维护商品质量和提高物流效率，对物品进行一定程度的加工。流通加工通过改变或完善流通对象的形态来实现"桥梁和纽带"的作用，因此流通加工是流通中的一种特殊形式。随着经济增长，国民收入增多，消费者的需求出现多样化，促使在流通领域开展流通加工。目前，世界许多国家和地区的物流中心或仓库在经营中都大量存在流通加工业务，在日本、美国等物流发达国家更为普遍。

7.1.2　流通加工产生的原因

1）流通加工的出现与现代生产方式有关

现代生产发展趋势之一就是生产规模大型化、专业化，依靠单品种、大批量的生产方法降低生产成本，获取规模经济效益，这样就出现了生产相对集中的趋势。这种规模的大型化、生产的专业化程度越高，生产相对集中的程度也就越高。生产的集中化进一步引起产需之间的分离，产需分离首先表现为人们认识的空间、时间及人的分离，即生产及消费不在同一个地点，而是有一定的空间距离；生产及消费在时间上不同步，而是存在着一定的"时间差"；生产者及消费者不是处于一个封闭的圈内，某些人生产的产品供给成千上万人消费，某些人消费的产品又来自许多生产者。弥补上述分离的手段则是运输、储存及交换。

近年来，人们进一步认识到，现代生产引起的产需分离并不局限于上述三个方面，这种分离是深刻而广泛的。第四种重大的分离就是生产及需求在产品功能上的分离。尽管"用户第一"等口号成了许多生产者的主导思想，但是，生产毕竟有生产的规律，尤其在强调大生产的工业化社会，大生产的特点之一就是"少品种、大批量、专业化"，产品的功能（规格、品种、性能）往往不能和消费需要密切衔接。弥补这一分离的方法，就是流通加工。所以，流通加工的诞生实际上是现代生产发展的一种必然结果。

2）流通加工不仅是大工业的产物，也是网络经济时代服务社会的产物

流通加工的出现与现代社会消费的个性化有关。消费的个性化和产品的标准化之间存在着一定的矛盾，使本来就存在的产需第四种形式的分离变得更加严重。本来，弥补第四种分离可以采取增加一道生产工序或消费单位加工改制的方法，但在个性化问题十分突出之后，采取上述弥补措施将使生产及生产管理的复杂性及难度增加，按个性化生产的产品难以组织高效率、大批量的流通。所以，在出现了消费个性化的新形势及新观念之后，就为流通加工开辟了道路。

3）流通加工的出现还与人们对流通作用的观念转变有关

在社会再生产全过程中，生产过程是典型的加工制造过程，是形成产品价值及使用价值的主要过程，再生产型的消费究其本质来看也是和生产过程一样，通过加工制造消费了某些初级产品而生产出深加工产品。历史上在生产不太复杂、生产规模不大时，所有的加工制造几乎全部集中于生产及再生产过程中，而流通过程只是实现商品价值及使用价值的转移而已。

在社会生产向大规模生产、专业化生产转变之后，社会生产越来越复杂。生产的标准化和消费的个性化出现，生产过程中的加工制造常常满足不了消费的要求。而由于流通的复杂化，生产过程中的加工制造也常常不能满足流通的要求。于是，加工活动开始部分地由生产及再生产过程向流通过程转移，在流通过程中形成了某些加工活动，这就是流通加工。

流通加工的出现使流通过程明显地具有了某种"生产性"，改变了长期以来形成的"价值及使用价值转移"的旧观念，这就从理论上明确了：流通过程从价值观念来看是可以主动创造价值及使用价值的，而不单是被动地"保持"和"转移"的过程。因此，人们必须研究流通过程中孕育着多少创造价值的潜在能力，这就有可能通过努力在流通过程中进一步提高商品的价值和使用价值，同时，却以很少的代价实现这一目标。这样，就引起了流通过程从观念到方法的巨大变化，流通加工则顺应这种变化而诞生。

4）效益观念的树立也是促使流通加工形式发展的重要原因

20世纪60年代后，效益问题逐渐引起人们的重视，过去人们盲目追求高技术，引起了燃料、材料投入的大幅度上升，结果虽然采用了新技术、新设备，但往往是得不偿失。到70年代初，第一次石油危机的发生证实了效益的重要性，使人们牢牢树立了效益观念，流通加工可以以少量的投入获得很好的效果，是一种高效益的加工方式，自然能获得很大的发展。所以，流通加工从技术上来讲，可能不需要采

用什么先进技术，但这种方式是现代观念的反映，在现代的社会再生产过程中起着重要作用。

7.1.3　流通加工的特点

流通与加工的概念本属于不同范畴。加工是改变物质的形状和性质，形成一定产品的活动；而流通则是改变物质的空间状态与时间状态。流通加工是为了弥补生产加工过程的不足，更有效地满足用户或本企业的需要，使产需双方更好地衔接，将这些加工活动放在物流过程中完成，而成为物流的一个组成部分。流通加工是生产加工在流通领域的延伸，也可以看成流通领域在职能方面的扩大，流通加工的领域如图 7-2 所示。

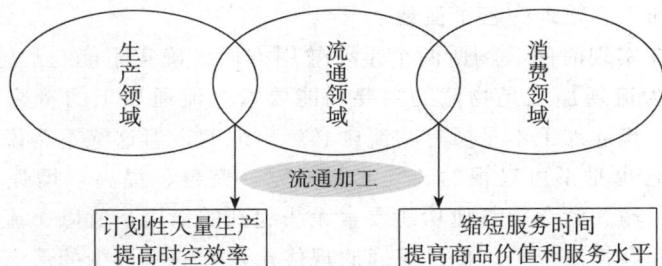

图 7-2　流通加工的领域

与生产加工相比较，流通加工具有以下特点：

① 从加工对象看，流通加工的对象是进入流通过程的商品，具有商品的属性，以此来区别多环节生产加工中的一环。流通加工的对象是商品，而生产加工的对象不是最终产品，而是原材料、零配件或半成品。

② 从加工程度看，流通加工大多是简单加工，而不是复杂加工，一般来讲，如果必须进行复杂加工才能形成人们所需的商品，那么，这种复杂加工应该专设生产加工过程。生产过程理应完成大部分加工活动，流通加工则是对生产加工的一种辅助及补充。特别需要指出的是，流通加工绝不是对生产加工的取消或代替。

③ 从价值观点看，生产加工的目的是创造价值及使用价值，而流通加工的目的则是完善其使用价值，并在不做大的改变的情况下提高价值。

④ 从加工责任人看，流通加工的组织者是从事流通工作的人员，能密切结合流通的需要进行加工活动。从加工单位来看，流通加工由商业或物资流通企业完成，而生产加工则由生产企业完成。

⑤ 从加工目的看，商品生产是为交换、消费而进行的生产，流通加工的一个重要目的是为消费（或再生产）所进行的加工，这一点与商品生产有共同之处。但是流通加工有时候也是以自身流通为目的，纯粹是为流通创造条件，这种为流通所进行的加工与直接为消费进行的加工在目的上是有所区别的，这也是流通加工不同于一般生产加工的特殊之处。

所以，在物流领域中，流通加工可以称为高附加价值的活动。这种高附加价值的形成，主要着眼于满足用户的个性化需要、提高服务功能，是贯彻物流战略思想的表现，是一种低投入、高产出的加工形式。

边学边议 7-1

你能列张表对流通加工和生产加工的异同进行比较吗？

7.1.4　流通加工的地位和作用

1）流通加工的地位

（1）流通加工有效地完善了流通

流通加工在实现时间、场所两个重要效用方面，确实不能与运输和储存相比，因而，不能认为流通加工是物流的主要功能要素。流通加工的普遍性也不能与运输、储存相比，流通加工不是所有物流中必然出现的。但这绝不是说流通加工不甚重要，实际上它也是不可轻视的，是起着补充、完善、提高、增强作用的功能要素，它能起到运输、储存等其他功能要素无法起到的作用。所以，流通加工的地位可以描述为是提高物流水平、促进流通向现代化发展的不可少的形态。

（2）流通加工是物流中的重要利润源

流通加工是一种低投入、高产出的加工方式，往往以简单加工解决大问题。实践证明，有的流通加工通过改变装潢使商品档次跃升而充分实现其价值，有的流通加工将产品利用率一下子提高20%～50%，这是采取一般方法提高生产率所难以企及的。根据我国近些年的实践，流通加工仅就向流通企业提供利润一点，其成效并不亚于从运输和储存中挖掘的利润，是物流中的重要利润源。

（3）流通加工在国民经济中也是重要的加工形式

在整个国民经济的组织和运行方面，流通加工是其中一种重要的加工形态，对推动国民经济的发展、完善国民经济的产业结构和生产分工有一定的意义。

2）流通加工的作用

（1）弥补生产加工的不足

流通加工是生产的延续，是生产加工的深化。有些产品在生产加工的过程中，可能会产生一些货损，或者这些货物还没完成生产的整个流程，这时候流通加工就起到了很重要的作用，在流通加工过程中，我们可以对这些有瑕疵的货物进行再加工，或者是改进其不足的地方。

（2）流通加工可节约材料，降低物流成本

节约材料是流通加工十分重要的特点之一。流通加工属于深加工性质，直接面对终端用户，综合多方需求，集中下料，合理套裁，充分利用边角材料，减少废料、边角料的浪费，尽量做到"物尽其用"，节约大量的原材料；另外，流通加工一般都在干线运输和支线运输的节点进行，这样就能使大量运输合理分散，有效地缓解长距离、大批量、少品种物流与短距离、少批量、多品种物流的矛盾，实现物流的合理流向和物流网络的最佳配置，从而避免了不合理的重复、交叉、迂回运输，大幅度节约运输、装卸搬运和保管等费用，降低物流总成本。

（3）提高原材料的利用率

流通加工中的集中下料，能做到优材优用，小材大用，合理套裁，提高原材料的利用率，降低原材料的消耗。服装业就是很好的例子。如果将企业生产的布匹直接送到消费者手中，其布料的平均利用率大约为80%；而服装企业批量生产，特别是套裁、拼裁的运用，可使布料利用率达到90%以上。又如，将原木或大规格锯材直接提供给使用部门，平均利用率不到50%；而在流通部门中实行集中下料，根据用户的不同要求供应不同规格板材，可使原木的利用率提高到97%以上。

（4）满足客户多样化的需求

从需求角度看，需求存在着多样化和变化两个特点，为满足这种需求，经常是用户自己设置加工环节。就用户来讲，现代生产的要求是，生产型用户能尽量减少流程，集中力量从事较复杂的技术性较强的劳动，而不愿意将大量初级加工包揽下来。这种初级加工带有服务性，由流通加工来完成，生产型用户便可以缩短自己的生产流程，使生产技术密集程度提高。对一般消费者而言，则可省去烦琐的预处置工作，集中精力从事较高级能直接满足需求的劳动。

（5）提高加工效率及设备利用率

在分散加工的情况下，加工设备由于生产周期和生产节奏的限制，设备利用时松时紧，使得加工过程不均衡，设备加工能力不能得到充分发挥。而流通加工面向全社会，加工数量大，加工范围广，加工任务多。这样可以通过建立集中加工点，采用一些效率高、技术先进、加工量大的专门机具和设备，一方面提高了加工效率和加工质量，另一方面提高了设备利用率。

（6）改变功能，提高收益

在流通过程中进行一些改变产品某种功能的简单加工，其目的除上述几点，还在于提高产品销售的经济效益。例如，许多制成品（如洋娃娃玩具、时装、轻纺织品、工艺美术品等）在深圳进行简单的包装加工，改变了产品外观功能，仅此一项就使产品售价提高20%以上。

7.1.5 流通加工的内容

1）食品的流通加工

流通加工最多的是食品。为便于保存，提高流通效率，食品的流通加工是不可缺少的。例如，鱼和肉类的冷冻、生奶酪的冷藏、将冷冻的鱼肉磨碎、蛋品加工、生鲜食品的原包装、大米的自动包装、上市牛奶的灭菌和摇匀等。

知识链接7-1

古代"冰箱"

边学边议7-2

（1）明代诗人于慎行有诗云："六月鲥鱼带雪寒，三千江路到长安。"这里的"带雪寒"指的是什么？

（2）超市货柜里，食品流通加工的具体项目有哪些？

2）消费资料的流通加工

消费资料的流通加工以服务顾客、促进销售为目的。流通加工最多的消费资料是食品及其他日用消费品，如衣料的标识和印记商标、粘贴标价，广告幕墙、家具等的组装，地毯剪接等。这种流通加工一方面可以提高客户服务水平，另一方面可以提高物流效率。

3）生产资料的流通加工

生产资料的流通加工是进行社会再生产的必要环节，能够实现社会再生产的连续性和高效性。生产资料流通加工中具有代表性的是钢铁的加工，如使用矫直机将薄板卷材展平、纵向切割薄板卷材使之成为窄幅（钢管用卷材）、气割厚板、切断成型钢材，这种加工以适应顾客需求的变化、服务顾客为目的。流通加工不仅能够提高物流系统效率，而且对于生产的标准化和计划化、提高销售效率、提高商品价值、促进销售具有重要作用。

7.1.6 流通加工的类型

根据不同的目的，流通加工具有不同的类型：

1）为适应多样化需求的流通加工

知识链接7-2

钢材的流通加工

生产部门为了实现高效率、大批量的生产，其产品往往不能完全满足用户的要求。为了满足用户对产品多样化的需求，同时又要保证高效率的大生产，可将生产出来的单一化、标准化的产品进行多样化的改制加工。例如，对钢材卷板的舒展、剪切加工；平板玻璃按需要的规格开片加工；木材加工成枕木、板材、方材等。

2）为方便消费、省力的流通加工

知识链接7-3

水泥的流通加工

根据下游生产的实际，需要将商品加工成生产直接可用的状态。例如，根据需要将钢材定尺、定型，按要求下料；将木材制成可直接投入使用的各种型材；将水泥制成混凝土拌合料，使用时只需稍加搅拌即可使用等。

3）为保护产品所进行的流通加工

在物流过程中，为了保护商品的使用价值，延长商品在生产和使用期间的寿命，防止商品在运输、储存、装卸搬运、包装等过程中遭受损失，可以采取稳固、改装、保鲜、冷冻、涂油等方式。例如，水产品、肉类的保鲜保质的冷冻加工、防腐加工等；丝、麻、棉织品的防虫、防霉加工等。又如，为防止金属材料的锈蚀而进行的喷漆、涂防锈油等措施，运用手工、机械或化学方法除锈；木材的防腐朽、防干裂加工；煤炭的防高温自燃加工；水泥的防潮、防湿加工等。

4）为弥补生产领域加工不足的流通加工

由于受到各种因素的限制，许多产品在生产领域的加工只能达到一定程度，而不能完全实现终极的加工。例如，木材如果在产地完成成材加工或制成木制品的话，就会给运输带来极大的困难，所以，在生产领域只能加工到圆木、板、方材这个程度，进一步的下料、切裁、处理等加工则由流通加工完成；钢铁厂大规模的生产只能按规格生产，以使产品具有较强的通用性，从而使生产能有较高的效率，取得较好的效益。

5）为促进销售的流通加工

流通加工也可以起到促进销售的作用。比如，将过大包装或散装货物分装成适合一次销售的小包装的分装加工；将以保护商品为主的运输包装改换成以促进销售为主的销售包装，以起到吸引消费者、促进销售的作用；将蔬菜、肉类洗净切块以满足消费者要求等。

边学边议7-3

阿迪达斯公司在美国有一家超级市场，设立了组合式鞋店，摆放着不是做好了的鞋，而是做鞋用的半成品。款式、花色多样，有6种鞋跟、8种鞋底，均为塑料制造的，鞋面的颜色以黑、白为主，搭带的颜色有80种，款式有百余种，顾客进来可任意挑选自己所喜欢的各个部位，交给职员当场进行组合。只要10分钟，一双崭新的鞋便唾手可得。这家鞋店昼夜营业，职员技术熟练，鞋子的售价与成批制造的价格差不多，有的还稍便宜些。所以顾客络绎不绝，销售金额比邻近的鞋店多10倍。

问题：该市场成功的关键是什么？

6）为提高加工效率的流通加工

许多生产企业的初级加工由于数量有限，加工效率不高，而流通加工以集中加工的形式，减少了单个企业加工效率不高的问题。它以一家流通加工企业的集中加工代替了若干家生产企业的初级加工，促使生产水平有一定的提高。

7）为提高物流效率、降低物流损失的流通加工

因有些商品本身的形态比较特殊，难以进行物流操作，而且商品在运输、装卸搬运过程中极易受损，因此需要进行适当的流通加工，从而使物流各环节易于操作，提高物流效率，降低物流损失。例如，造纸用的木材磨成木屑的流通加工，可以极大地提高运输工具的装载效率；自行车在消费地区的装配加工可以提高运输效率，降低损失；石油气的液化加工，使很难输送的气态物转变为容易输送的液态物，也可以提高物流效率。

8）为衔接不同运输方式、使物流更加合理的流通加工

在干线运输和支线运输的节点设置流通加工环节，可以有效解决大批量、低成

知识链接7-4
新含气调理食品加工保鲜技术

知识链接7-5
食品的流通加工

知识链接7-6
木材的流通加工

本、长距离的干线运输与多品种、少批量、多批次的末端运输和集货运输之间的衔接问题。在流通加工点与大生产企业间形成大批量、定点运输的渠道，以流通加工中心为核心，组织对多个用户的配送，也可以在流通加工点将运输包装转换为销售包装，从而有效衔接不同目的的运输方式。比如，散装水泥中转仓库把散装水泥装袋、将大批量散装水泥转化为小批量散装水泥的流通加工，就衔接了水泥厂大批量运输和工地小批量装运的需要。

知识链接7-7

煤炭的流通加工

9）生产-流通一体化的流通加工

依靠生产企业和流通企业的联合，或者生产企业涉足流通，或者流通企业涉足生产，形成的对生产与流通加工进行合理分工、合理规划、合理组织，统筹进行生产与流通加工的安排，这就是生产-流通一体化的流通加工形式。这种形式可以促成产品结构及产业结构的调整，充分发挥企业集团的经济技术优势，是目前流通加工领域的新形式。

知识链接7-8

机电产品的流通加工

10）为实施配送进行的流通加工

这种流通加工形式是配送中心为了实施配送活动，满足客户的需要而对物资进行的加工。例如，混凝土搅拌车可以根据客户的要求，把沙子、水泥、石子、水等各种不同材料按比例要求装入可旋转的罐中。在配送路途中，汽车边行驶边搅拌，到达施工现场后，混凝土已经搅拌好，可以直接投入使用。

7.2 流通加工合理化

流通加工合理化指实现流通加工的最优配置，不仅做到避免各种不合理的流通加工，使流通加工有存在的价值，而且综合考虑流通加工与配送、运输、商流等的有机结合，做到最优的选择，以达到最佳的流通加工效益。

7.2.1 不合理流通加工的形式

1）流通加工地点设置不合理

流通加工地点设置即布局状况是关系整个流通加工能否有效的重要因素。一般而言，为衔接单品种大批量生产与多样化需求的流通加工，加工地设置在需求地区，才能实现大批量的干线运输与多品种末端配送的物流优势。

假如将流通加工地设置在生产地区，其不合理之处在于：第一，多样化需求要求的多品种、小批量产品由生产地向需求地的长距离运输会出现不合理；第二，在生产地增加了一个加工环节，同时增加了近距离运输、装卸、储存等一系列物流活动。所以，在这种情况下，不如由原生产单位完成这种加工而无须设置专门的流通加工环节。

一般而言，为方便流通的流通加工环节应设在产出地，设置在进入物流之前。假如将其设置在物流之后，即设置在消费地，则不但不能解决物流问题，而且在流通中增加了一个中转环节，因而也是不合理的。

即使在产地或需求地设置流通加工的选择是正确的，还有流通加工在小地域范围的正确选址问题，假如处理不善，仍然会出现不合理问题。这种不合理主要表现在：交通不便，流通加工与生产企业或用户之间距离较远；流通加工点的投资过高（如受选址的地价影响）；加工点周围的社会、环境条件不适合等。

2）流通加工方式选择不当

流通加工方式包括流通加工对象、流通加工工艺、流通加工技术、流通加工程度等方面。流通加工方式的确定实际上是与生产加工的合理分工。分工不合理，本来应由生产加工完成的，却错误地由流通加工完成，本来应由流通加工完成的，却错误地由生产加工完成，都会造成不合理。

流通加工不是对生产加工的代替，而是一种补充和完善。一般而言，假如工艺复杂、技术装备要求较高，或加工可以由生产过程延续或轻易完成都不宜再设置流通加工，尤其不宜与生产过程争夺技术要求较高、效益较高的最终生产环节，更不宜利用一个时期市场的压力使生产者变成初级加工或前期加工者，而流通企业完成装配或最终形成产品的加工。假如流通加工方式选择不当，就会出现与生产加工夺利的恶果。

3）流通加工作用不大，形成多余环节

有的流通加工过于简单，或对生产及消费者作用都不大，甚至有时流通加工过于盲目，不但不能解决品种、规格、质量、包装等方面的问题，反而增加了环节，这也是流通加工不合理的重要形式。

4）流通加工成本过高，效益不好

流通加工之所以能够有生命力，重要优势之一是有较大的产出投入比，因而起着补充完善的作用。假如流通加工成本过高，则不能实现以较低投入实现更高使用价值的目的，除了一些必需的、服从政策要求即使亏损也应进行的加工外，其他都应看成是不合理的。

边学边议 7-4

A 食品工贸公司生产加工大批量、多品种食品，其设立的加工中心如图 7-3 所示，试分析其加工中心的位置选择是否合理。

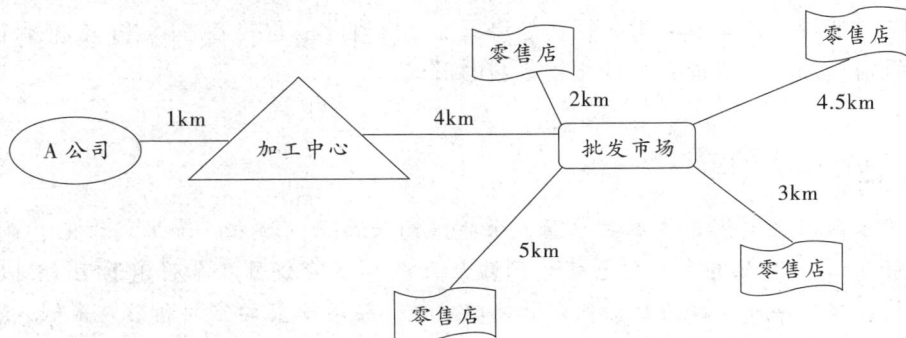

图 7-3 A 食品工贸公司的加工中心

7.2.2 实现流通加工合理化的途径

为避免各种不合理现象,对是否设置流通加工环节、在什么地方设置、选择什么类型的加工、采用什么样的技术装备等,需要做出正确抉择。要实现流通加工的合理化,主要从以下几个方面加以考虑:

1)加工与配送相结合

将流通加工设置在配送点,一方面按配送的需要进行加工,另一方面加工又是配送业务流程中分货、拣货、配货的一个环节,加工后的产品直接投入配货作业,这就无须单独设置一个加工的中间环节,使流通加工有别于独立的生产,使流通加工与中转流通巧妙地结合在一起。同时,由于配送之前有加工,因此配送服务水平大大提高。这是当前对流通加工做合理选择的重要形式,在煤炭、水泥等产品的流通中已表现出较大的优势。

2)加工与配套相结合

在对配套要求较高的流通中,配套的主体来自于各个生产单位,但是,完全配套有时无法完全依靠现有的生产单位,进行适当的流通加工,可以有效促成配套,大大提高流通加工的桥梁和纽带作用。

3)加工与合理运输相结合

流通加工能有效地衔接干线运输和支线运输,促进两种运输方式的合理化。在支线运输转干线运输或干线运输转支线运输中必须停顿的环节,不进行一般的支转干或干转支,而是为合理满足干线或支线运输要求进行适当的流通加工,可大大提高运输效率及运输转载水平。

4)加工与合理商流相结合

加工与配送的结合,通过加工,提高了配送水平,强化了销售,是加工与合理商流相结合的一个成功的例证。另外,通过简单地改变包装加工,形成了方便的购买量,通过组装加工解除了用户使用前进行组装、调试的困难,都能有效地促进商流。

5)加工与节约相结合

节约能源、设备、人力、耗费是流通加工合理化的重要考虑因素,也是目前我国设置流通加工、考虑其合理化较普遍的形式。

边学边议 7-5

某乐器厂主要生产各类弦乐器,每年采购长白山红松木,加工成吉他、提琴、胡琴等乐器,用人造革琴盒包装。乐器厂到汽车运输公司雇车将乐器运输到乐器店,运输损坏率高。因为乐器的形状比较特殊,运输工具的空间利用效率低,致使运输费高昂。结合所学内容,提出改进意见。

本章小结

对于流通加工合理化的最终判断，是看其是否能实现社会和企业本身的效益，而且是否取得了最优效益。对流通加工企业而言，与一般生产企业一个重要的不同之处是，流通加工企业更应树立社会效益第一的观念，只有在以补充完善为己任的前提下才有生存的价值。如果只是追求企业的微观效益，不适当地进行加工，甚至与生产企业争利，这就有违流通加工的初衷，或者其本身已不属于流通加工范畴了。

复习思考题

（1）结合你对流通加工的理解，说明流通加工在物流中的作用。

（2）流通加工和生产加工的区别是什么？

（3）流通加工的效果一般体现在哪些方面？

（4）流通加工的服务功能有哪些类型？

（5）不合理的流通加工有哪些形式？

（6）应如何实现流通加工的合理化？

第 7 章
基础知识测试

案例分析题

上海联华生鲜食品的加工配送

上海联华生鲜食品加工配送中心是我国国内目前设备先进、规模较大的生鲜食品加工配送中心，总投资 6 000 万元，建筑面积 35 000 平方米；年生产能力 20 000 吨，其中肉制品 15 000 吨，生鲜盆菜、调理半成品 3 000 吨，西式熟食制品 2 000 吨；产品结构分为 15 大类，约 1 200 种；配送中心还从事水果、冷冻品以及南北货的配送任务。连锁经营的利润源重点在物流，物流系统好坏的评判标准主要有两点：物流服务水平和物流成本。上海联华生鲜食品加工配送中心的物流系统在这两个方面都做得比较好。

生鲜商品按其称重包装属性可分为定量商品、称重商品和散装商品；按物流类型可分为储存型、中转型、加工型和直送型；按储存运输属性可分为常温品、低温品和冷冻品；按商品的用途可分为原料、辅料、半成品、产成品和通常商品。生鲜商品大部分需要冷藏，所以其物流流转周期必须很短，以节约成本；生鲜商品保质期很短，客户对其色泽等要求很高，所以在物流过程中需要快速流转。在联华生鲜食品加工配送中心，上述两个评判标准可以归纳为"快"和"准确"，下面分别从几个方面来说明一下其是如何做的：

1）订单管理

门店的要货订单通过联华数据通信平台实时地传输到生鲜配送中心，在订单上标有各商品的需求数量和相应的到货日期。生鲜配送中心接收到门店的要货数据后，立即到系统中生成门店要货订单，按不同的商品物流类型进行不同的处理。

（1）储存型的商品：系统计算当前的有效库存，比对门店的要货需求以及日均配货量和相应的供应商送货周期，自动生成各储存型商品的建议补货订单，采购人员根据此订单及实际情况做一些修改即可形成正式的供应商订单。

（2）中转型商品：此种商品没有库存，直进直出，系统按到货日期，根据门店的需求汇总，直接生成供应商的订单。

（3）直送型商品：根据到货日期，分配各门店直送的供应商，直接生成供应商直送订单，并通过EDI系统直接发送到供应商。

（4）加工型商品：系统按日期汇总门店要货情况，根据各产成品/半成品的BOM表计算物料耗用，比对当前有效的库存，系统生成加工原料的建议订单，生产计划员根据实际需求做调整，发送采购部生成供应商原料订单。

各种不同的订单在生成完成或手工创建后，通过系统中的供应商服务系统自动发送给各供应商，时间间隔在10分钟内。

2）物流计划

在得到门店的订单并汇总后，物流计划部根据第二天的收货、配送和生产任务情况制订物流计划。

（1）线路计划：根据各线路上门店的订货数量和品种，做线路的调整，保证运输效率。

（2）批次计划：根据总量和车辆人员情况设定加工和配送的批次，循环使用资源，提高效率。在批次计划中，将各线路分别分配到各批次中。

（3）生产计划：根据批次计划，制订生产计划，将量大的商品分批投料加工，设定各线路的加工顺序，保证和配送运输协调。

（4）配货计划：根据批次计划，结合场地及物流设备的情况，做配货的安排。

3）储存型物流运作

商品进货时先要接受订单的品种和数量的预检，预检通过方可验货，验货时需进行不同要求的品质检验，终端系统检验商品条码和记录数量。在商品进货数量上，定量的商品的进货数量不允许大于订单的数量，不定量的商品提供一个超值范围。对于按重量计量的进货，系统和电子秤系统连接，自动去皮取值。

拣货采用播种方式，根据汇总取货，汇总单标出从各个仓位取货的数量。取货数量为本批配货的总量，取货完成后系统预扣库存，被取商品从仓库仓间拉到待发区。在待发区配货分配人员根据各路线各门店配货数量对各门店进行播种配货，并检查总量是否正确，如不正确则向上校核。如果商品的数量不足或其他原因造成门店的实配量小于应配量，配货人员通过手持终端调整实发数量，配货检验无误后使用手持终端确认配货数据。在配货时，冷藏和常温商品被分置在不同的待发区。

4）中转型物流运作

供应商送货时，同储存型物流一样，先预检，预检通过后方可进行验货配货；供应商把中转商品卸到中转配货区，中转商品配货员使用中转配货系统按商品、路线、门店的顺序分配商品，数量根据系统配货指令执行，贴物流标签。将配完的商品采用播种的方式放到指定的路线、门店位置上，配货完成统计单个商品的总数量/总重量，根据配货的总数量/总重量生成进货单。

中转商品以发定进，没有库存，多余的部分由供应商带回，如果不足则在门店间进行调剂。

三种不同类型的中转商品的物流处理方式如下：

（1）不定量需称重的商品：设定包装物皮重；由供应商将单件商品上秤，配货人员负责系统分配及其他控制性的操作；电子秤称重，每箱商品上贴物流标签。

（2）定量的大件商品：设定门店配货的总件数，汇总打印一张标签，贴于其中一件商品上。

（3）定量的小件商品（通常需要冷藏）：在供应商送货之前先进行虚拟配货，将标签贴于周转箱上；供应商送货时，取自己的周转箱，按标签上的数量装入相应的商品；如果发生缺货，将未配到的门店（标签）作废。

5）加工型物流运作

生鲜的加工按原料和成品的对应关系可分为两种类型：组合和分割。这两种类型在 BOM 设置和原料计算以及成本核算方面有很大的差异。在 BOM 中，每个产品设定一个加工车间，只属于唯一的车间，在产品上区分最终产品、半成品和配送产品，商品的包装加工分为定量和不定量的加工，对于称重的产品/半成品需要设定加工产品的换算率（单位产品的标准重量），原料的类型区分为最终原料和中间原料，设定各原料相对于单位成品的耗用量。

生产计划/任务中需要对多级产品链计算嵌套的生产计划/任务，并生成各种包装生产设备的加工指令。对于生产管理，在计划完成后，系统按计划内容出具标准领料清单，指导生产人员从仓库领取原料以及生产时的投料。在生产计划中考虑产品链中前道工序与后道工序的衔接，各种加工指令、商品资料、门店资料、成分资料等下发到各生产自动化设备中。

加工车间人员根据加工批次进行加工调度，协调不同量商品间的加工关系，满足配送要求。

6）配送运作

商品分拣完成后，都堆放在待发库区，按正常的配送计划，这些商品在晚上送到各门店，门店第二天早上将新鲜的商品上架。在装车时按计划依路线、门店顺序进行，同时抽样检查准确性。在货物装车的同时，系统能够自动算出包装物（笼车、周转箱）的各门店使用清单，装货人员也据此核对差异。在发车之前，系统根据各车的配载情况出具各运输车辆的随车商品清单、各门店的交接签收单和发货单。

商品到门店后，由于数量的高度准确性，在门店验货时只要清点包装数量，退回上次配送带来的包装物，完成交接手续即可，一般一个门店的配送商品交接只需要5分钟。

资料来源 佚名. 上海联华生鲜食品加工配送中心物流管理 [EB/OL]. [2023-06-20]. http: //doc.mbalib.com/view/fc5ba91350986e4adad8aa27a71a9dea.html.

问题：

结合案例谈谈流通加工在生鲜食品物流中的重要性。

第8章

配送中心和配送

学习目标

知识传授目标	能力培养目标	价值塑造目标	建议学时
➤掌握配送中心的概念、类型和功能 ➤掌握配送的概念和种类 ➤理解配送合理化	➤识别配送中心业务流程 ➤识别配送的基本环节	➤培养"7R"服务意识，以及严谨操作、尊客爱货的工作职责	4

思政引入　　在创新中发展壮大"即时物流"

忘带物品，使用"闪送"帮取回；逢年过节，叫个"同城"送礼物；抽不开身，下单"跑腿"代取号……近年来，随着消费者需求的持续增长，"即时物流"蓬勃兴起。从服务范围来看，这类物流从餐饮外卖日渐扩展至商超、日用、医药等更多品类，并向代买物品、帮办事务等非标准化服务延伸。据统计，2014年到2021年，我国即时物流用户规模从1.24亿人增长到6.33亿人，年复合增长率超26%。

从"送外卖"到"送万物"，即时物流快速发展，得益于即时需求的加速释放。一项调查表明，工作生活中的"急""忙""忘"正成为即时物流服务的典型需求场景。有平台数据显示，2023年母亲节期间，快送平台鲜花和蛋糕配送单量同比增长近1.7倍。这折射出，在消费升级背景下，消费者对省时省力的诉求不断提升。可以预见，当使用跑腿取送物品的用户习惯基本形成，更多个性化、多元化的即时物流服务将随之出现，从而进一步推动即时物流拓展新应用、新服务。

从供给侧看，市场运力更加充足、物流技术迭代创新，为即时物流发展提供了有力支撑。凭借较为灵活的用工模式，近年来，不少快递物流企业依托庞大的骑手群体，快速构建起覆盖广泛的服务网络，使得大范围、高频次的即时服务成为可能。与此同时，无人机、自动配送车等新装备规模化投放，专人直送、汽车配送等新模式加速应用，助力即时物流的履约交付更加稳定高效，优化了用户配送体验。

放眼更大的物流体系，即时物流也是我国立体化、全方位、多层次现代物流网络的有机组成部分，发挥着末端"毛细血管"的作用。即时物流行业的快速成长，将有效畅通微循环，让交通物流的脉动更加强劲。商务部等9部门印发的《商贸物流高质量发展专项行动计划（2021—2025年）》提出，"完善前置仓配送、门店配送、即时配送、网订店取、自助提货等末端配送模式"；《"十四五"现代物流发展规划》明确，"实现干线、支线物流和末端配送有机衔接、一体化运作""鼓励发展物流新业态新模式"……近些年，利好政策接连出台，有力推动了即时物流迭代发展，也有效促进了市场供需对接和商品服务流通。

在阔步迈向物流强国的进程中，发展壮大即时物流是题中应有之义。现代物流是经济的"经脉"，一头连着生产、一头连着消费，是延伸产业链、提升价值链、打造供应链的重要支撑，在建设现代化经济体系中发挥着先导性、基础性、战略性作用。经过多年发展，我国已成为名副其实的物流大国，货运量、快递业务量等均位居世界前列。着眼未来，围绕更好满足居民消费升级需要，加快物流业态升级、持续完善物流网络，才能推动现代物流实现由大到强的转变。

即时物流覆盖种类多、涉及领域广，推动其可持续发展，还有赖于健全服务标准体系，加强服务质量检测评估，营造更加公平有序的竞争环境。随着本地生活服务业的快速发展和供需两侧的双向发力，我国即时物流行业前景可期、大有可为。精准施策、久久为功，让新业态持续迸发新活力，即时物流必将为构建现代物流体系提供新动力。

资料来源　金言. 在创新中发展壮大"即时物流"［J］. 人民日报，2023-05-26（005）.

问题：

（1）即时物流为什么发挥着末端"毛细血管"的作用？

（2）发展壮大即时物流在我国迈向物流强国的进程中有什么重要意义？

案例导读　　　　京东云仓启动鲜花仓配，从原产地直发到门店

第21届中国国际花卉园艺展览会在上海举行，京东云仓携手京东鲜花园艺部一起亮相，并展示了解决园艺行业物流供应链问题的一体化方案。

据悉，京东云仓通过打造"云仓+云分拣+云配"的系统模式，整合空运、冷链及落地配送资源，切入鲜花行业并实现全路程可视化，为商家提供涵盖采购、物流、仓储、订单履约、配送等服务在内的全链路物流解决方案。根据解决方案，京东云仓可以提供一体化供应链服务，保障鲜花配送时效。

同时，京东云仓已经搭建了从昆明直发全国12个地区门店的物流线路。北京、山东、浙江、广东、四川、重庆、上海、湖北等地的消费者可以直接收到来自昆明花卉产地直发的鲜花。

此外，京东云仓与京东鲜花园艺部于2018年进行了商流+物流鲜花供应链创

新，通过"京东商铺+京东云仓"的整体打包方案以及云仓系统、产地仓搭建、京配打标等措施，使服务业务增长迅速。

京东云仓表示，目前，其已在全国布局超过 500 个云仓，并相继进入服装、白酒、家具、快销、生鲜、粮油、灯饰等多个行业。

资料来源　佚名. 京东云仓启动鲜花仓配　从原产地直发到门店［EB/OL］.［2023-06-20］. http://www.chinawuliu.com.cn/zixun/201905/06/340386.shtml.

问题：

你如何理解云仓配？云仓配模式的特点是什么？谈谈云仓配在市场上的应用案例。

8.1　配送中心概述

配送中心是物流领域中社会分工、专业分工进一步细化之后产生的。它是一种多功能、集约化的物流据点，是一种新兴的经营管理形态。在新型配送中心没有建立起来之前，它现在承担的某些职能是在转运型节点中完成的，后来这类节点中的一部分向纯粹的转运站发展，以衔接不同的运输方式和不同规模的运输，另一部分则增强了"送"的职能，并向更高级的"配"的方向发展。

8.1.1　配送中心的概念

国家标准《物流术语》中对配送中心是这样定义的：从事配送业务且具有完善的信息网络的场所或组织，应基本符合下列要求：

- 主要为特定的用户服务；
- 配送功能健全；
- 辐射范围小；
- 多品种、小批量、多批次、短周期；
- 主要为末端用户提供配送服务。

配送中心是以组织配送性销售或供应、执行实物配送为主要职能的流通型节点，如图 8-1 所示。在配送中心，为了做好送货的编组准备，需要进行零星集货、批量进货等作业和对商品的分整、配备等工作，因此，配送中心也具有集货中心、分货中心的职能。为了满足用户需要，配送中心还需具有较强的流通加工能力以开展各种形式的流通加工。从这个意义上来讲，配送中心实际上是将集货中心、分货中心和流通加工中心合为一体的现代化物流基地，也是能够发挥多种功能作用的物流组织。

配送中心与传统的仓库和批发、储运企业相比，具有质的不同。仓库仅仅是储存商品，而配送中心不是被动地储存商品，具有集、配、送等多样化功能和作用。和传统的批发、储运企业相比，配送中心在服务内容上由商流、物流分离发展到商流、物流和信息流有机结合，在流通环节上由多个流通环节发展到由一个中心完成流通全过程。

知识链接 8-1

配送中心的
形成与发展

图 8-1　配送中心

8.1.2　配送中心的类型

1）按配送中心的经济功能分类

（1）供应型配送中心

供应型配送中心是指专门为某个或某些用户组织（如联营商店、联合公司）提供服务的配送中心。在物流实践中，有许多配送中心与生产企业或大型商业组织建立起相对稳定的供需关系，为其供应原材料、零配件和其他商品。例如，我国上海地区六家造船厂共同组建的钢板配送中心、SUZUKIMotor（铃木汽车）美国洛杉矶配件中心以及 MazdaMotor（马自达汽车）德国配件中心等物流组织，就是这种配送中心的典型代表。

供应型配送中心担负着向多家用户供应商品的任务，因此这类配送中心占地面积比较大，一般建有大型的现代化仓库并储存一定数量的商品。

（2）销售型配送中心

销售型配送中心是以销售商品为目的，借助配送这一服务手段来开展经营活动的配送中心。在激烈的市场竞争环境下，商品生产者和经营者为促进商品的销售，通过为客户代办理货、加工和送货等服务来降低成本，提高服务质量。与此同时，他们改造和完善了物流设施，运用现代化配送理念组建了专门从事加工、分拣配货、送货等活动的配送中心。这类配送中心主要有三种类型：①生产企业自身为将产品直接销售给用户建立的配送中心。在国内外，这种类型的配送中心有很多。②流通企业建立的配送中心。作为一种经营方式，流通企业建立配送中心以扩大销售。国内已建或拟建的生产资料配送中心多属于这种类型。③流通企业和生产企业联合建立的销售型配送中心。此类配送中心是一种发展趋势。

（3）储存型配送中心

储存型配送中心是以储存功能为主，在充分发挥储存作用的基础上开展配送活动。从商品销售的角度来看，在买方市场条件下，企业销售商品需要有较大的库存支持；在卖方市场条件下，生产企业需要储存一定数量的生产资料，以保证生产的连续运转，其配送中心需要有较强的储存功能。大范围配送的配送中心需要强大的库存支持，也是储存型配送中心。例如，美国福来明公司的食品配送中心建筑面积为7万平方米，包括4万平方米的冷库、3万平方米的杂货仓库，经营商品达8万多种。

（4）加工型配送中心

加工型配送中心的主要功能是对商品进行流通加工，在配送中心对商品进行清洗、组装、分解、集装等加工活动。如在我国一些城市已广泛开展的煤炭配送、水泥配送等物流组织都属于加工型配送中心。

2）按配送中心的归属分类

（1）自有型配送中心

自有型配送中心是指隶属于某一个企业或企业集团，通常只为本企业提供配送服务的配送中心。连锁经营的企业常常建有这类配送中心，如美国沃尔玛公司所属的配送中心，就是沃尔玛公司独资建立并专门为本公司所属的连锁企业提供商品配送服务的自有型配送中心。

（2）共用型配送中心

共用型配送中心是以营利为目的、面向社会开展后勤服务的配送组织。其特点是服务范围不限于某一个企业。在各种配送中心中，这种配送组织占有相当大的比例，并随着经济的发展不断增加。

3）按配送中心的辐射服务范围分类

（1）城市配送中心

城市配送中心是为城市范围内的用户提供配送服务的物流组织。其特点是多品种、小批量，配送距离短，要求反应能力强，提供门到门的配送服务。根据城市道路的特点，这种配送中心可直接配送到最终用户，且采用汽车进行配送。另外，城市配送中心的服务对象多为连锁零售企业的门店和最终消费者，所以，这种配送中心往往和零售经营相结合，由于运距短，反应能力强，因而从事多品种、少批量、多用户的配送较有优势。例如，我国很多城市的食品配送中心、菜篮子配送中心等都属于城市配送中心。

（2）区域配送中心

区域配送中心是以较强的辐射能力和库存准备，向省（州）际、全国乃至国际范围的用户提供配送服务的配送中心。这种配送中心配送规模较大，库存商品充足，辐射能力强，配送范围广，可以跨地区开展配送业务，客户较多，配送批量也较大。其服务对象经常是下一级的配送中心、零售商或生产企业用户，如前所述的美国沃尔玛公司的配送中心，建筑面积达12万平方米，每天可为6个州、100家连锁店配送商品。

4）按配送货物的属性分类

根据配送货物的属性，可以分为食品配送中心、日用品配送中心、医药品配送中心、化妆品配送中心、家电品配送中心、电子（3C）产品配送中心、书籍产品配送中心、服饰产品配送中心、汽车零件配送中心以及生鲜品配送中心等。

由于所配送的产品不同，配送中心的规划方向完全不同。

例如，生鲜品配送中心主要处理的物品为蔬菜、水果与鱼肉等生鲜产品，属于低温型的配送中心。生鲜品配送中心是由冷冻库、冷藏库、鱼虾包装处理场、肉品包装处理场、蔬菜包装处理场及进出货暂存区等组成的，冷冻库为−25℃，冷藏库为0℃~5℃，又称为湿货配送中心。

对于书籍产品的配送中心，由于书籍有新出版、再版及补书等特性，尤其是新出版的书籍或杂志，其中的约80%不上架，直接理货配送到各书店，剩下的20%左右储存在配送中心等待客户的再订货；另外，书籍或杂志的退货率非常高，有三到四成。因此，在对书籍产品的配送中心进行规划时，就不能与食品与日用品的配送中心一样。

由于服饰产品有淡旺季及流行性等特性，而且较高级的服饰必须使用衣架悬挂，因此服饰产品的配送中心的规划也有其特殊性。

对于不同种类与行业形态的配送中心，其作业内容、设备类型、营运范围可能完全不同，但是对其进行系统规划分析的方法与步骤有共通之处。配送中心已逐渐由以仓库为主体的配送中心向信息化、自动化的整合型配送中心发展。

案例链接8-1　　　　　　　　　　秦皇岛临港物流园区

秦皇岛临港物流园区以秦皇岛为核心，以秦皇岛港为依托，以环渤海为拓展，以商贸物流业为主题，充分利用园区区位及交通优势，致力于打造集"交易、配送、展览、仓储、流通加工、信息处理"为一体的综合性物流枢纽基地。园区规划建设商务展示和居住生活区、港口联动区、生活性消费品物流和大型批发商贸区、钢材及石油生产资料集散区、汽车综合物流园区、粮食集散区等六大功能区。目前园区建设初具规模，已引进彩龙国际商贸广场、义乌小商品城等12个重点项目，项目计划总投资约45亿元。

1）区位优势

秦皇岛市地处河北省东北部，南临渤海，北依燕山，东接辽宁，西近京津，位于最具发展潜力的环渤海经济圈中心地带，是东北与华北两大经济区的接合部。秦皇岛临港物流园区位于秦皇岛市海港区东北部，规划占地18.5平方千米。

2）园区定位与战略

2012年初，河北省发展和改革委员会批复园区总体规划，明确园区功能定位为商贸物流、港口物流、国际物流。

2013年起，随着京津冀协同发展国家战略和河北沿海地区发展国家战略的实施，以及秦皇岛港西港搬迁改造工程启动，园区被确定为河北省沿海发展重点城市区域和承接西港搬迁改造的临港产业福地。

2014年以来，园区顺应经济新常态，确立"整合资源、合理布局、集约发展"战略原则，重点发展商贸物流、食品物流、电商物流等新兴服务业，谋划打造"商贸仓储、区港联动、多式联运、集散分拨、信息智能"五位一体的综合性物流枢纽基地，致力于建设国家级综合服务物流示范园区。

入驻企业：河北文丰实业集团、天津东土博金有限公司、北方奥钛纳米技术有限公司、河北银隆新能源有限公司、冀南钢铁集团有限公司、武安市新峰水泥有限责任公司、唐山上汽客车有限公司、石家庄市满友医疗器械实业有限公司、石家庄阀门一厂股份有限公司等。

资料来源　佚名. 物流行业跨步向前迈进　物流园区选址及典型案例分析［EB/OL］．［2018-11-27］. https://www.sohu.com/a/278085984_350221.

8.1.3　配送中心的功能

配送中心与传统的仓库、运输处是不一样的，一般的仓库只重视商品的储存保管，传统的运输处只提供商品的运输服务，而配送中心是以组织和实施配送性供应或销售为主要职能的流通型节点，是集货中心、分货中心、理货中心、加工中心的综合体。

1）储存功能

配送中心为企业和商业网点（如超级市场和连锁店）提供配送服务。配送中心的职能和作用是：按照用户的要求及时将各种配装好的货物送交到用户手中，满足生产需要和消费需要。为了顺利而有序地完成向用户配送商品（货物）的任务及更好地发挥保障生产和消费需要的作用，通常，配送中心都要兴建现代化的仓库并配备一定数量的仓储设备，储存一定数量的商品。某些区域性大型配送中心和开展"代理交货"配送业务的配送中心，不但要在配送货物的过程中储存货物，而且所储存的货物数量更大、品种更多。上述配送中心所拥有的储存能力及其储存货物的事实表明，储存功能是这种物流组织的重要功能之一。

2）分拣功能

作为物流节点的配送中心，其服务对象（即客户）是为数众多的企业（在国外，配送中心的服务对象少则有几十家，多则有数百家）。这些为数众多的客户彼此之间存在着很多差别：不仅各自的性质不尽相同，而且其经营规模也不一样。据此，在订货或进货的时候，为了有效地进行配送（即为了能同时向不同的用户配送很多种货物），配送中心必须采取适当的方式对组织进来（或接收到）的货物进行拣选，并且在此基础上，按照配送计划分装和配装货物。这样，在商品流通实践中，配送中心除了具有储存功能外，还有分拣货物的功能，能发挥分拣中心的作用。

3）集散功能

在物流实践中，配送中心凭借其特殊的地位及拥有的各种先进的设施和设备，能够将分散在各个生产企业的产品（即货物）集中到一起，而后，经过分拣、配装，向多个用户发运。与此同时，配送中心也可以做到把各个用户所需要的多种货物有效地组合（或配装）在一起，形成经济、合理的载货量。配送中心在流通实践中所发挥的这种功能叫作集散功能，也有人把它称为"配货、分放"功能。

集散功能是配送中心所具备的一项基本功能。实践证明，利用配送中心来集散货物，可以提高卡车的满载率，降低物流成本。

4）衔接功能

通过开展货物配送活动，配送中心能把各种工业品和农产品直接运送到用户手中，客观上可以起到衔接生产和消费的媒介作用。这是配送中心衔接功能的一种重要表现。此外，通过集货和储存货物，配送中心又有平衡供求的作用，由此能有效地解决季节性货物的产需衔接问题。这是配送中心衔接功能的另一种表现。

在人类社会中，生产和消费并非总是等幅度增长和同步运动的。有很多工业品（如煤炭、水泥产品）都是按照计划批量、均衡生产的，而其消费则带有很强的季节性（即消费有淡季、旺季之分）；还有一些产品（主要是农产品）恰恰相反，其消费是连续进行的，而其生产却是季节性的。这种现象说明，就某些产品而言，生产和消费存在着一定的时间差。由于配送中心有吞吐货物的能力和储存物资的功能，因此它能调节产品供求关系，进而能解决生产和消费之间的时间差问题。从这个意义上说，配送中心是衔接生产和消费的中介组织。

5）流通加工功能

配送中心的流通加工作业包含分类、过磅、大包装拆箱改包装、产品组合包装、商标和标签粘贴等。这些作业是提升配送中心服务品质的重要手段。为了扩大经营范围和提高配送水平，目前，国内外许多配送中心都配备了各种加工设备，由此形成了一定的加工（系初加工）能力。这些配送中心能够按照用户提出的要求和合理配送商品的原则，将组织进来的货物加工成一定的规格和形状，由此发挥加工功能。流通加工货物是某些配送中心的重要活动。配送中心积极开展加工业务，不但大大方便了用户，也有利于提高物质资源的利用效率和配送效率。

6）信息处理功能

配送中心不仅实现物的流通，而且通过信息处理来协调各个环节的作业，协调生产与消费。信息化、网络化、自动化是配送中心的发展趋势，信息系统逐渐成为配送中心的重要组成部分。

8.1.4　配送中心的作业流程

配送中心的作业流程是以配送服务所需要的基本环节和工艺流程为基础的。不同的配送中心，因为功能和商品特性的不同，其作业过程和作业环节会有所区别，但都是在基本流程基础上对相应的作业环节进行调整。

1）配送中心的基本作业流程

配送中心的基本作业流程是配送中心为完成配送目标而进行的一系列作业的有序集合，如图 8-2 所示。

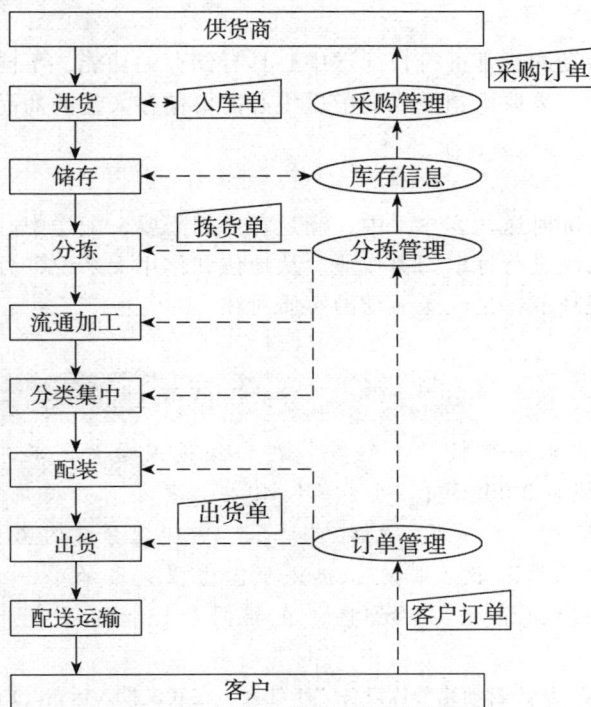

图 8-2　配送中心基本作业流程图

（1）订单处理

配送中心与其他经营实体一样，有明确的经营目标和服务对象，因此，配送中心在开展配送活动之前，必须根据订单信息，对顾客分布情况、商品特性、商品品项数、顾客对配送时间的要求等资料进行分析，以此确定所要配送的商品品种、规格、数量和时间等，并把信息传递给业务部门。

（2）进货

配送中心的进货主要包括订货、接货、验收和理货四个环节。

① 订货。配送中心收到和汇总用户的订单之后，首先要确定商品的种类和数量，然后通过信息系统查询商品库存情况，如有现货，则转入分拣作业；如果没有现货或库存不能满足配送需要以及库存低于安全库存，则要及时向供应商发出订

单。对于商流和物流相分离的配送中心来说，是客户直接向供应商下达采购订单，配送中心的进货工作从负责接收商品开始。

② 接货。当供应商接到配送中心或用户发出的订单之后，会根据订单的要求组织供货，配送中心则需要进行相应的人力、物力准备工作。

③ 验收。商品到达配送中心后，由配送中心组织检验人员对到货商品进行验收，验收的内容包括数量、质量验收，其验收依据可参照仓储作业管理。

④ 理货。对经过验收的商品，按照商品特性、储存单位、拣货单位等要求，进行拆箱、组合等理货作业。

（3）储存

为保证配送活动的正常进行，配送中心具有储存的功能，不同类型的配送中心的库存量相差很大。采取配销模式的配送中心需要储存大量的商品，以获得价格或数量方面的折扣。

（4）分拣

为了保证商品准时送达客户手中，满足客户的需要，配送中心要根据客户的订单要求对储存的商品进行拣取归类作业。从地位和作用上来说，分拣是配送中心整个作业流程的关键环节，是配送活动的实质所在。

案例链接8-2　　　　顺丰"小红人"在武汉投入运营

顺丰新引入自动分拣机"小红人"在武汉投入运营，其中摆轮分拣计28组，每小时处理快件2 000件；"小红人"40台，每小时处理快件1 300件。"小红人"的投入运营进一步满足了快件自动化、智能化分拣的需要。与原自动化设备相比，"小红人"不仅产能大、抗风险能力强、占地小，而且分拣计划能依照货物流量、流向情况实时调整，在相同产能情况下生产成本节约60%以上。

资料来源　佚名. 顺丰自动化分拣设备"小红人"在武汉投入运营［EB/OL］.［2023-07-05］. http://www.chinawuliu.com.cn/zixun/201904/01/339554.shtml.

（5）流通加工

配送中心的流通加工主要是根据客户的要求对产品进行初加工。加工作业属于增值性经济活动，能够完善配送中心的服务功能。

（6）配装出货

为了充分利用载货车辆的容积和载重能力，提高运输效率，降低运输成本，配送中心应按照配送线路、客户分布情况等因素对配送商品进行合理的配装、配载作业。

（7）送货

送货是根据客户的要求，在准确的时间和准确的地点把商品送到客户手中。送货是配送中心的最后一个作业环节，直接面对最终客户，因此必须提高送货人员的服务质量。在配送实践中，有时配送中心要借助于社会车辆完成送货作业，对此应引起足够的重视。

边学边议 8-1

在配送业务中，配货作业的具体工作步骤是：当配送管理部门接到配送订单后，首先由管理人员进行订单分析处理，将配送需求指示转换成配货单，然后向有关的作业人员传递下达配货指令。配货作业人员则根据配货单上的内容说明，按照出货优先顺序、储位区号、配送车辆趟次号、客户号、先进先出等方法和原则，把出货商品分拣、组配、整理出来，经复核人员确认无误后，放置到暂存区，准备装货上车。

配货作业是通过人员或分拣设备的行走、移动、搬运、拣取货物，再按一定的方式将货物分类、集中、分放来完成的。从实际运作来看，分拣配货作业是在拣货信息的指导下进行的，因此配货作业是订单处理和商品实体流转过程的统一，综合起来表现为订单处理及配货信息传递、配货作业操作两个方面的工作内容。其中，订单处理与配货信息传递包括订单处理、配货信息传递；配货作业操作包括行走和搬运、拣取货物、分类集中。

总体来说，配货作业环节工作量大，工作过程复杂，而且要求时间短、准确度高、服务质量好，因此，加强对配货作业的管理非常重要。根据顾客订单所反映的商品特性、数量、服务要求、送货区域等信息，对配货作业系统进行科学的规划与设计，并制定出合理高效的作业流程，是配货作业管理的关键。此外，为减少分拣错误的发生，提高配送中心内部储存管理账物相符率，以及顾客满意度，必须规范拣货过程的操作。影响拣选作业效率的因素有很多，因此需要对不同的订单需求采取不同的拣选策略，这是拣货作业如何运作组织的问题。

问题：请设计"分拣配货作业工作流程图"。

2) 配送中心的特殊作业流程

由于配送中心的类型不同，担负的流通职责不同，提供的服务差异很大，不同的配送中心还有不同于基本作业流程的特殊作业流程。

（1）转运型配送中心

转运型配送中心的主要功能是提供配货和送货服务，本身不需要有储存场所，而是利用"公共仓库"来完成商品的补充。转运型配送中心的特点是商品周转快，以临时性暂存为主，因此不需要储存区域。实际上，在这类配送中心内部，其分拣、暂存、分货等作业是同时进行的。在实践中，配送生鲜食品的配送中心通常都是按照这样的作业流程开展活动的，如图8-3所示。

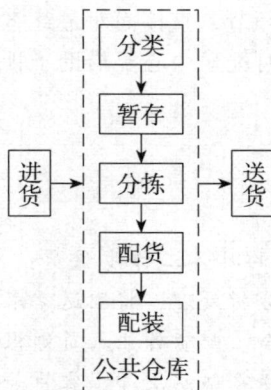

图8-3 转运型配送中心作业流程图

（2）加工型配送中心

加工型配送中心以流通加工为主，因此在其作业流程中，储存作业和加工作业居主导地位。其流通加工多为单品种、大批量加工作业，商品种类少，因此通常不需要分拣作业环节，而是将加工好的商品放到专门的货位内，进行包装配货。图8-4为加工型配送中心作业流程图。

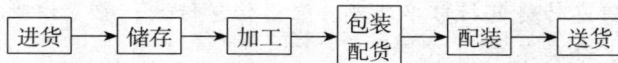

图8-4 加工型配送中心作业流程图

（3）分货型配送中心

分货型配送中心是以商品中转为主要职能的配送组织。在一般情况下，这类配送中心在配送商品之前都要先按照要求把单品种、大批量的商品分堆，然后将分好的商品配送到用户指定的接货点。其作业流程比较简单，无须拣选、配货、配装等作业程序，其作业流程如图8-5所示。

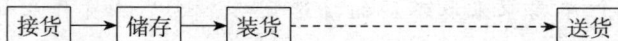

图8-5 分货型配送中心作业流程图

案例链接8-3	太平鸟公司配送中心作业管理流程

宁波太平鸟时尚服饰股份有限公司（以下简称"太平鸟"）的主要产品为男装、女装、童装，包括外套、衬衫、裤子、裙装、T恤等，并且针对不同顾客进行了多样化的品牌打造。太平鸟慈溪物流配送中心的建设是太平鸟服饰为了在现代化服装物流发展中占据一席之地、占据核心市场发展策略的重要举措。宁波太平鸟物流配送中心位于慈溪，占地面积250亩，建筑面积14.8万平方米，总仓储面积129.05万平方米，承载了太平鸟旗下全部服装品牌的配送，包括网络销售业务的配送。

太平鸟公司的物流配送中心作业管理流程主要分为出入库管理与送货管理。首先，供应商按照太平鸟给出的订单要求进行生产配货后将货品运送到配送中心。当产品运输车辆将商品运载至配送中心后，需要进行入库流程时，运输人员先到进货办公室进行入库登记，然后进入进货月台，再进入进货暂存区，由工作人员进行货物查验、接收，最后由工作人员使用机械设备根据商品的不同属性转运至不同的库存区中。其次，在对货品按照品类进行自动分拣之后，由人工对货物进行核对与入库。在仓库的容积、货架能够承受的范围内，根据货品的包装、重量等特征把货物进行堆垛存放。然后，根据各店铺的需求，进行拣选、包装、分类与装货，工作人员先将待出商品放到出货暂存区，再进入出货月台，并由出货办公室进行出库登记流程。最后，运输部门人员根据单子进行出货检验与运送。收货人对收到的货物进行检验，产生的退货根据产品是否合格进行分类，合格的进入到仓储管理中继续进行循环，向客户发放满足其需要的产品，不合格的则予以退货处理。太平鸟配送中心作业管理流程如图 8-6 所示。

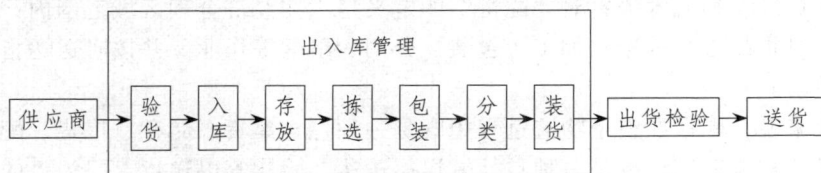

图 8-6　太平鸟配送中心作业管理流程图

太平鸟慈溪物流配送中心配备了许多先进的自动化物流设备，还有最新的物流信息系统，主要由自动化分拣系统、自动化运输系统以及仓库管理系统组成。

太平鸟购入了先进的交叉皮带高速分拣机器，能够将任何货物运送到下一个目标地点。如此便能够将线下店铺需要的产品与网购产品进行更高效的分拣与配送，且由于该自动化分拣系统可以双线运转，当有退货产生时，系统可以通过反向运输完成货物归位，提高了皮带分拣机器的使用效率。

自动化运输系统能够在短时间内完成货物的分离、拣选与存放，慈溪物流配送中心所购买的是长达 2 000 米的超长自动化运输系统，能够同时完成多项工作任务，在减少人力工作中存在的失误的同时，也节约了许多人力资源成本，提高了员工的工作效率。

慈溪物流配送中心在运用 Infor WMS 仓库管理系统的基础上，结合自身发展实际，研发了一些符合中心实际的应用管理系统，以实现配送中心的快速运转。太平鸟慈溪物流配送中心中的物流设备都有独立工作的站台，这样能够提高配送系统的弹性以适应不同出货量的需要。另外，该中心通过移动化、碎片化的规划理念，让许多业务操作能够同时进行，并且根据情况的不同变换不同的作业方式，提高了配送中心的配送效率。

资料来源　彭祺，杨航. 基于 EWMS 的太平鸟配送中心作业管理优化研究［J］. 中国航班，2022（24）：215-218.

8.2　配送概述

　　配送包含了物流中若干功能要素，是物流中一种特殊的、综合的活动形式，是商流与物流的结合。在现代化市场经济竞争中，为了满足不同客户或收货人的需要，尤其是"多品种、小批量、多批次、高频率"的物流服务需要，流通企业或物流企业必须对运输资源（包括车辆运输计划、送货路线、人员）进行科学、合理的配置，以低成本满足客户的需要，从而产生了配送这一物流活动。

8.2.1　配送的概念和特点

　　"配送"这个词来自于日本。日本1991年版《物流手册》中有这样的表述：生产厂到配送中心之间的物品空间移动叫"运输"，从配送中心到顾客之间的物品空间移动叫"配送"。

　　国家标准《物流术语》对"配送"的定义是：在经济合理区域范围内，根据用户要求，对物品进行拣选、加工、包装、分割、组配等作业，并按时送达指定地点的物流活动。

　　一般来说，配送在整个物流过程中既是一种包含集货、储存、拣货、配货、装货等狭义的物流活动，也是一种包括输送、送达、验货等以送货上门为目的的关键环节。它是商流与物流紧密结合的一种综合的、特殊的复合性供应链环节，也是物流过程的关键环节。由于配送直接面对客户，最直观地反映了供应链的服务水平，所以"配送在恰当的时间、地点，将恰当的商品提供给恰当的客户"的同时，也应将优质的服务传递给客户。配送作为供应链的末端环节和市场营销的辅助手段，日益受到重视。

　　配送的特点有如下几个方面：

　　① 配送是一种末端物流活动。配送的对象是零售商或用户（包括单位用户、消费者），故配送处于供应链的末端，是一种末端物流活动。

　　② 配送是"配"和"送"的有机结合。配送的主要功能是送货，科学、经济的送货以合理配货为前提，即送货达到一定的规模，可以更有效地利用运输资源，于是产生了配送。少量、偶尔的送货不能算是配送。

　　③ 配送以用户的需要为出发点。配送是从用户利益出发，按用户的需要进行的一种活动，体现了配送服务性的特征。配送的时间、数量、规格都必须按用户的需要进行，以用户满意为最高目标。

　　④ 配送是物流活动和商流活动的结合。配送作业的起点是集货，必然包括订货、交易等商流活动。在买方市场占优势的现代社会，由于商流活动相对容易，故配送被视为一种以物流活动为主的业务形式。

　　⑤ 配送是一种综合性物流活动。配送过程包含了采购、运输、储存、流通加工、信息处理等多项活动，是一种具有较强综合性的物流活动。

边学边议 8-2

配送和传统的送货有什么不同？

案例链接 8-4　　　　生鲜电商背靠实体超市的轻模式

黏性高、重复购买率高、毛利高，但物流成本和损耗居高不下，这是生鲜电商给业界固有的印象。近期，生鲜电商的风向悄然从B2C向O2O延伸。先是2015年4月份京东将"拍到家"更名为"京东到家"，后有华为荣耀总裁刘江峰辞职创办生鲜O2O平台Dmall。京东到家和Dmall不约而同选择了与超市合作，自己仅"跑腿"做配送。

"生鲜每年零售额有一两万亿，对电商来说是个很大的市场，目前还未有一个大平台出现。"对选择生鲜电商作为创业方向，刘江峰如此对记者表示。Dmall瞄准的是有别于我买网、本来生活、天猫喵生鲜等市场先入者的模式。"简单来说，就是我从超市给消费者采购，送到消费者家中，Dmall相当于超市的电商部门。"刘江峰称。其货源来自于超市，并不涉及仓储、冷链环节，因此将生鲜电商损耗这个最大的难题带来的风险大为降低。它仅聚焦用户，做"最后一公里"的分拣物流配送及收付环节的交易。

刘江峰透露，配送站将以超市为据点，超市为Dmall配备专门的库房，Dmall在每家超市配备分拣、配送人员。用户在Dmall下单后，驻扎在超市的Dmall配送人员将从超市里拣货，1小时内送达用户手中。

京东的"京东到家"也选择了类似的轻模式介入。其定位于满足消费者对生鲜食品、生活服务类产品的需求，目前提供的服务除了超市商品的配送外，还有外卖和鲜花。其中，生鲜是京东到家的切入口，它上线了"京东一元到家"服务，主打具有高频购买需求的蔬菜和水果。

本来生活也介入O2O领域的争夺。其创始人喻华峰在2015年5月初的一场主题演讲中曾透露，本来生活将向上游直接整合分散的台湾食品生产商，通过P2B平台直接供应给分散的大陆零售终端，并通过O2O平台将分散的零售商与移动用户连接起来。此外，包括鲁振旺等微博上众多大V在内的O2O平台也陆续面市。

资料来源　黄丽嫦．生鲜电商物流配送难赚钱　未来盈利羊毛出在猪身上［N］．南方都市报，2015-05-26（GC07）．

知识链接 8-2

建设城乡高效
配送体系

8.2.2　配送的种类

在不同的市场环境下，为了满足不同产品、不同客户、不同流通环境的要求，在配送活动过程中，可以采取不同的配送形式。

1）按照配送组织者分类

（1）配送中心配送

配送中心配送是配送的重要形式，其组织者是专职配送中心，规模较大，储存各种商品，储藏量大，覆盖面宽，配送设施较为完备。同时，该形式配送能力强，配送距离较远，配送的品种多，配送的数量大，与用户之间存在固定的配送关系。由于配送中心拥有配套的大规模配送设施，其投资大，并且一旦建成便很难改变，灵活机动性较差。

（2）商店配送

商店配送形式的组织者是商业或物资的门市网点，这些网点主要承担商品的零售业务，一般来讲规模不大，但经营品种比较齐全。除日常经营的零售业务外，这种配送方式还可根据用户的要求，增加商店经营的品种，或代用户外订外购一部分本商店平时不经营的商品，与商店经营的品种一起运送给用户。由于商业及物资零售网点数量较多、配送半径较小，所以比较灵活机动，可承担生产企业非主要生产物资的配送以及对消费者个人的配送。可以说，这种配送是配送中心配送的辅助及补充形式。

（3）仓库配送

这是直接以仓库为据点进行配送的配送形式。它可以是把仓库完全改造成配送中心，也可以是在保持仓库原有功能的前提下，再增加一部分配送功能。

2）按配送时间和数量分类

（1）定时配送

定时配送是指按规定的时间间隔进行配送，比如数天或数小时一次等，而且每次配送的品种及数量可以根据计划执行，也可以在配送之前以商定的联络方式（比如电话、计算机终端输入等）通知配送的品种及数量。

（2）定量配送

定量配送是指按照规定的批量，在一个指定的时间范围内进行配送。这种配送方式数量固定，备货工作较为简单，可以根据托盘、集装箱及车辆的装载能力规定配送的定量，能够有效利用托盘、集装箱等集装方式，也可做到整车配送，配送效率较高。

（3）定时定量配送

定时定量配送是指按照规定的配送时间和配送数量进行配送，兼有定时、定量两种方式的优点，是一种精密的配送服务方式。这种方式要求有较高的服务水平，组织工作难度很大，通常针对固定客户提供配送服务。

（4）定时定路线配送

定时定路线配送是指在确定的运行路线上制定到达时间表，按时间表进行配送，用户可在规定地点和时间接货，可按规定路线及时间提出配送要求。这种方式特别适合对小商业集中区的商业企业的配送。

（5）即时配送

即时配送是指完全按照用户突然提出的时间、数量方面的配送要求，随即进行配送的方式。采用这种方式，客户可以将安全储备降为零，以即时配送代替安全储备，实现零库存经营。只有配送设施完备，具有较高的管理和服务水平、较高的组织和应变能力的专业化的配送中心才能大规模地开展即时配送业务。

3）按配送商品的种类和数量分类

（1）单（少）品种大批量配送

一般来讲，工业企业需要大量的商品，由于单独一个品种或几个品种就可达到较大配送量，可以实行整车运输，这样就可以由专业性很强的配送中心实行配送，往往不需要再与其他商品进行搭配。由于配送量大，可使车辆满载并使用大吨位车辆。在这种情况下，由于配送中心的内部设置、组织、计划等工作也较为简单，因此配送成本较低。该配送方式适用于那些需要商品量大、品种较少或单一的生产企业，常见于为生产企业和批发商配送。

（2）多品种少批量配送

多品种少批量配送是根据用户的要求，将所需的各种物品（每种物品的需要量不大）配备齐全，凑整装车后由配送据点送达用户。这种配送方式作业水平要求高，配送中心设备要求复杂，配货送货工作难度大，因此需要有高水平的组织工作予以保证和配合。而且，在实际中，多品种少批量配送往往伴随多用户、多批次的特点，配送频度较高。

（3）配套成套配送

配套成套配送是指根据企业的生产需要，尤其是装配型企业的生产需要，把生产每一台设备所需要的全部零部件配齐，按照生产节奏定时送达生产企业，生产企业随即可将此成套零部件送入生产线以装配产品。在这种配送方式中，配送企业承担了生产企业大部分的供应工作，使生产企业可以专注于生产，与多品种少批量配送的效果相同。

案例链接8-5　　　　　菜鸟网络升级国际枢纽

2022年"双十一"期间，菜鸟在世界多地升级了物流网络。

在欧洲，菜鸟启用了位于比利时列日机场的智能物流中心，该物流中心占地3万平方米，其中包括18 000平方米的包裹分拣中心和12 000平方米的空运站，并配备了最新技术，雇用了大约200名工人。每周约有18班货运航班、中欧铁路货运和卡车为该中心提供服务，以便在欧洲各地进行后续配送。到2025年，作为1亿欧元投资计划的一部分，该中心将逐步扩大到22万平方米，拥有约900名员工。菜鸟已经扩大了在欧洲的活动范围，在西班牙、法国、德国和意大利开设了4个区域分拣中心，创建了一个欧洲内部的卡车运输网络，并在各个国家设立了数千个包裹储物柜，以支持AliExpress向欧洲进行跨境交付。

在东南亚，菜鸟于 2022 年 11 月初正式启用位于吉隆坡国际机场的 Cainiao Aeropolis eWTP 枢纽，有 110 万平方英尺的仓储空间，可实现马来西亚国内 24 小时送货以及从马来西亚向世界各地 72 小时送货，使马来西亚成为区域电子商务配送中心，该枢纽能提供 35 000 多个工作岗位。菜鸟计划在整个东南亚建立一个"智能仓库"网络。这些仓库将位于关键运输和制造中心附近，为其提供一系列国内、国际分销服务。它将进一步促进该地区的跨境贸易和电子商务增长。强大的出口市场将受益于菜鸟的供应链管理服务，进一步推动相关国家的出口需求。

此外，菜鸟航空公司也在扩大从中国到拉丁美洲的空运能力，提供更多包机，使运能大幅增长。美国货运航空公司阿特拉斯航空扩大了与菜鸟的合作伙伴关系，增加了一架波音 B747-400F 来往中国香港和智利圣地亚哥。随着日航班的开通，与 2020 年 10 月相比，菜鸟每周从中国到拉丁美洲的货运量增加了 144%，当时每周只有三班包机飞往巴西和智利。菜鸟还计划在巴西建立一个配送中心，与当地配送公司合作，提供次日甚至当日配送服务。

物流网络扩张之际，阿里巴巴集团的"双十一"全球购物节 2022 年创下新高，在为期两周的大型网上购物中，向至少 9 亿中国消费者和全球数百万消费者销售了价值超过 845 亿美元的商品。因此，2021 年处理了 23.2 亿份订单的菜鸟 2022 年有望打破这一纪录。投递部门已经比 2021 年快了 17 个小时向消费者交付前 10 亿份订单。此外，为确保在全球供应链持续中断的情况下顺利进行国际交付，菜鸟进行了大规模的中国进出口业务。例如，菜鸟在中国的仓库中预存了来自 87 个国家和地区的 3 亿多件商品。此外，该公司还从配备智能仓库、推出配送中心和智能储物柜等方面升级其网络。

另外，为了提高中国的"最后一公里"物流效率，阿里巴巴在全国各地的大学和社区部署了 350 台无人驾驶送货机器人。据这家电子商务巨头称，2022 年迄今为止，这些自动驾驶汽车已经交付了 100 多万份订单。每个机器人一次可以携带约 50 个包裹，一次充电可行驶 100 公里，每天运送约 500 箱。未来三年，阿里巴巴预计将机器人数量扩大到 10 000 个，相当于平均每天配送 100 万个包裹。

资料来源　孟凡军. 菜鸟网络升级国际枢纽［N］. 中国邮政报，2021-11-25（04）.

8.2.3　配送的基本环节

配送作业是按照用户的要求，把货物分拣出来，按时按量发送到指定地点的过程。从总体上讲，配送是由备货、理货、送货和流通加工四个基本环节组成的，其中每个环节又包含若干项具体的、枝节性的活动。

1）备货

备货是指准备货物的系列活动，它是配送的基础环节。严格来说，备货包括两项具体活动：筹集货物和储存货物。

（1）筹集货物

在不同的经济体制下，筹集货物（或者说组织货源）是由不同的行为主体来完成的。就总体活动而言，筹集货物都是由订货（或购货）、进货、集货及相关的验货、结算等一系列活动组成的。

（2）储存货物

储存货物是购货、进货活动的延续。在配送活动中，储存货物有两种表现形态：一种是暂存形态；另一种是储备（包括保险储备和周转储备）形态。暂存形态的储存是按照分拣、配货工序要求，在理货场地储存少量货物。这种形态的货物储存是为了适应"日配""即时配送"的需要而设置的。储备形态的货物是按照一定时期配送活动的要求和根据货源的到货情况（到货周期）有计划地确定的，它是配送持续运作的资源保证。

备货是决定配送成败、规模大小的最基础的环节，同时，它也是决定配送效益高低的关键环节。如果备货不及时或不合理，成本高，就会大大降低配送的整体效益。

2）理货

理货是配送的一项重要内容，也是配送区别于一般送货的重要标志。理货包括货物分拣、配货和包装等活动，其中分拣是指采用适当的方式和手段，从储存的货物中选出用户所需货物的活动。分拣货物一般采取两种方式来操作：其一是摘取式；其二是播种式。

摘取式分拣就像在果园中摘果子那样去拣货物。其具体做法是：作业人员拉着集货箱（或分拣箱）在排列整齐的仓库货架间巡回走动，按照配送单上所列的货物品种、规格、数量等拣出货物并装入集货箱内。

播种式分拣货物类似于田野中的播种操作。其具体做法是：将数量多的同种货物集中运到发货场，然后根据每个货位货物的发送量分别取出货物，并分别投放到每个代表用户的货位上，直至配货完毕。

目前，自动化分拣技术得到了推广和应用。由于装配了自动化分拣设施等，配送中心大大提高了分拣作业的效率。

3）送货

送货是配送活动的核心，也是备货和理货工序的延伸。在物流活动中，送货的现实形态实际上就是货物的运输（或运送），因此常常以运输代表送货。由于送货（或运输）需要面对众多的客户，并且要多方向移动，因此在送货过程中，常常在全面计划的基础上制定科学的、距离较短的货运路线，选择就近、迅速、安全的运输工具和运输方式。

4）流通加工

在配送过程中，根据用户要求或配送对象（产品）的特点，有时需要在未配货之前先对货物进行加工（如钢材剪切、木材截锯等），以提高配送质量，更好地满足用户需要。融合在配送中的货物加工是流通加工的一种特殊形式，其主要目的是使配送的货物完全适合用户的需要和提高资源的利用率。

8.3 配送合理化

物流配送难度很大,在实际操作中,会出现很多不合理的配送形式。构建指标体系和判断方法对物流合理性进行判断,在此基础上实现物流配送合理化,是配送管理要解决的主要问题。

8.3.1 不合理配送的表现形式

对于配送决策的优劣,不能简单判断,也很难有一个绝对的标准。配送决策是全面、综合的决策,在决策时要避免出现不合理配送以造成损失,但有时某些不合理现象是伴生的,要追求大的合理,就可能派生小的不合理,所以这里只单独论述不合理配送的表现形式,但要防止绝对化。

1)资源筹措不合理

配送是通过筹措资源的规模效益来降低资源筹措成本,使配送的资源筹措成本低于用户自己的资源筹措成本,从而取得优势。如果不是集中多个用户的需要进行资源的批量筹措,而仅仅是为一两个用户代购代筹,对用户来讲,不仅不能降低资源筹措成本,反而要多支付一笔配送企业的代办代筹费,因而是不合理的。资源筹措不合理还有其他表现形式,如配送批量计划不准确,资源筹措过多或过少,在筹措资源时不与资源供应者建立长期稳定的供需关系等。

2)库存决策不合理

配送应充分利用集中库存总量低于各用户分散库存总量的优势,大大节约社会资源,同时降低用户实际平均分摊的库存负担。因此,配送企业必须依靠科学管理来实现总量低的库存,否则就会出现仅有库存转移而未降低库存总量的不合理现象。配送企业的库存决策不合理还表现在储存量不足,不能保证随机需求,失去了应有的市场。

3)价格不合理

总的来讲,配送的价格应低于不实行配送时用户自己进货的产品购买价格加上自己提货、运输等成本的总和,这样才会使用户有利可图。有时候,由于配送的服务水平较高,即使价格稍高,用户也是可以接受的,但这不能是普遍的原则。如果配送价格普遍高于用户自己进货的价格,损害了用户的利益,就是一种不合理的表现。如果配送价格定得过低,使配送企业在无利或亏损状态下运行,也是不合理的。

4)配送与直达的决策不合理

一般的配送总是会增加有关环节,但可以降低用户的平均库存水平,如此不但可以抵消增加环节的支出,还能取得剩余效益。但是如果用户使用批量大,可以直接通过社会物流系统均衡批量进货,较之通过配送中心中送货则可能更节约费用,所以在这种情况下，不直接进货而通过配送中心送货就属于不合理范畴。

5）送货方式不合理

配送与用户自提相比，可以集中配装一车送几家，不必一家一户配送，可大大节省运力和运费。如果不能利用这一优势，仍然是一户一送，车辆也达不到满载（即时配送过多过频时会出现这种情况），就是不合理的。此外，不合理运输的若干表现形式在配送中都可能出现，会使配送变得不合理。

6）经营观念不合理

在配送实施中，有些配送中心的经营观念不合理，使配送优势无从发挥，损坏了自身的形象。这是在开展配送时尤其需要注意克服的不合理现象。例如，配送企业利用配送手段向用户转嫁资金、库存困难；在库存过大时，强迫用户接货，以缓解自己的库存压力；在资金紧张时，长期占用用户资金；在资源紧张时，将用户委托资源挪作他用等。

8.3.2 合理配送的衡量指标

对于配送合理与否的判断，是配送决策系统的重要内容，目前国内外尚无一定的技术经济指标体系和判断方法，一般来说，应当纳入以下指标进行衡量：

1）库存指标

库存是判断配送合理与否的重要标志，具体指标有以下两个：①库存总量。在一个配送系统中，配送中心的库存数量与各用户在实行配送后的库存量之和应低于实行配送前各用户库存量之和。②库存周转。由于配送企业具有调剂作用，能以较低的库存保持较高的供应能力，因此能使库存周转速度加快。此外，从各个用户角度进行判断，对各用户在实行配送前后的库存周转速度进行比较，也是判断配送合理与否的标志。

2）资金指标

总的来讲，实行配送应有利于资金占用率的降低及资金运用的科学化。具体判断指标如下：①资金总量。用于筹措资源的流动资金总量，随储备总量的下降及供应方式的改变必然有显著的降低。②资金周转。从资金运用角度来讲，由于配送的整个节奏加快，资金充分发挥作用，同样数量的资金，在过去要花费较长时间才能满足一定的供应要求，实行配送之后，在较短时间内就能达到目的。所以，资金周转是否加快，是衡量配送合理与否的标志。③资金投向。资金分散投入还是集中投入，是资金调控能力的重要反映。实行配送后，资金必然应当从分散投入改为集中投入，以增强调控作用。

3）成本和效益指标

总效益、宏观效益、微观效益、资源筹措成本都是判断配送是否合理的重要标志。对于不同的配送方式，可以有不同的判断侧重点。例如，如果配送企业、用户都是各自独立的以利润为中心的企业，则不但要看配送的总效益，还要看社会的宏观效益及各企业的微观效益，不顾及任何一方，都是不合理的。又如，如果配送是由用户集团自己组织的，配送主要强调保证配送能力和服务水平，那么，主要从总效益、宏观效益和用户集团各企业的微观效益来判断配送是否合理，不必过多顾及配送企业的微观效益。由于总效益及宏观效益难以计量，常以按国家政策进行经营、完成国家税收任务、配送企业及用户的微观效益来进行实际判断。对于配送企业而言（在投入确定的情况下），企业利润反映了配送的合理化程度。对于用户企业而言，在保证供应水平不变或提高供应水平（产出一定）的前提下，供应成本的降低程度反映了配送的合理化程度。成本和效益指标对配送合理化的衡量，还可以具体到储存、运输等配送环节，使判断更为精细。

4）供应保证指标

实行配送，各用户最担心的是供应保证能力，这是个心态问题，也是承担风险的实际问题。配送的重要一点是必须提高而不是降低对用户的供应保证能力。供应保证能力可以从以下方面判断：①缺货次数。实行配送后，对各用户来讲，该到货而未到货以致影响用户生产及经营即缺货的次数必须减少才算合理。②配送企业集中库存量。对每一个用户来讲，配送后其库存数量所形成的供应保证能力高于配送前的供应保证能力才算合理。③即时配送的能力及速度。即时配送的能力及速度是用户出现特殊情况时的特殊供应保障，这一能力要高于未实行配送前用户的紧急进货能力及速度才算合理。特别需要强调的是，配送企业的供应保证能力是一个科学的、合理的概念，而不是一个无限的概念。具体来讲，如果供应保证能力过高，超过了实际的需要，也是不合理的，所以追求供应保证能力的合理化也是有限度的。

5）社会运力节约指标

末端运输是目前运能、运力使用不合理，浪费较大的领域，因而人们寄希望于配送来解决这个问题。这也成了配送合理化的重要标志。运力使用的合理化是依靠送货运力的规划和整个配送系统的合理流程及与社会运输系统的合理衔接实现的。送货运力的规划是任何配送中心都需要花力气解决的问题，而其他问题有赖于配送及物流系统的合理化，判断起来比较复杂。

6）用户仓储、供应、进货方面人力物力节约指标

配送中的重要观念是为用户代劳，因此实行配送后，各用户的库存量、仓库面积、仓库管理人员应减少，负责订货、接货、供货的人员应减少，真正解除用户的后顾之忧，配送的合理化程度才可以说是达到了高水平。

7）物流合理化指标

配送必须有利于物流的合理化。这可以从以下几个方面判断：是否降低了物流费用；是否减少了物流损失；是否加快了物流速度；是否发挥了各种物流方式的最优效果；是否有效衔接了干线运输和末端运输；是否不增加实际的物流中转次数；是否采用了先进的管理方法及技术手段。物流合理化的问题是配送要解决的大问题，也是衡量配送本身是否合理的重要指标。

8.3.3 配送合理化的措施

1）推行一定综合程度的专业化配送

通过采用专业设备、设施及操作程序，取得较好的配送效果，并降低使配送过分综合化的复杂程度及难度，从而追求配送合理化。

案例链接8-6	美团分钟级配送网络正式开放

2019年5月6日，美团在北京召开发布会，正式推出新品牌"美团配送"，并宣布开放配送平台。据悉，美团配送将在技术平台、运力网络、产业链上下游等方面向生态伙伴开放多项功能，帮助商流提升经营效率，推动社会物流成本降低，助力实体经济发展。

在技术平台方面，美团配送依托于美团"超脑"即时配送系统，实现全系统派单，大大提升了配送效率。据美团配送CTO孙致钊介绍，美团"超脑"即时配送系统在高峰期每小时路径规划次数高达29亿次，平均0.55毫秒为骑手规划1次路线，平均配送时长目前已经缩短至30分钟以内。

在运力网络方面，美团配送针对便利店、传统商超、近场零售、写字楼等不同场景，已经形成了4种运力网络模式，分别为点对点网络的"巡游模式"、星形网络的"星系模式"、前置小仓+配送的"仓配一体模式"、配送+智能末端的"智能末端模式"。不同的运力网络模式，结合"超脑"即时配送系统以及无人配送车等智能装备，可以满足不同的配送场景和不同商家的需求，提升配送效率，降低物流成本。

此外，美团也将邀请产业链上下游更多生态伙伴加入平台，整合各方资源，将平台订单共享给第三方运力，同时拓展多类型商户，共同打造更完整和更强大的配送体系。

资料来源 佚名. 重磅："美团配送"品牌发布，分钟级配送网络正式开放［EB/OL］.［2023-06-28］. https://www.headscm.com/Fingertip/detail/id/4412.html.

2）推行加工配送

通过加工和配送的结合，充分利用现有的中转次数，不增加新的中转次数，使配送合理化。同时，借助于配送，加工的目的更明确，和用户的联系更紧密，避免了盲目性。这两者有机结合，在投入增加不多的情况下可追求两个优势、两个效益，是配送合理化的重要经验。

3）推行共同配送

共同配送也称共享第三方物流服务，指多个客户联合起来共同由一个第三方物流服务公司来提供配送服务。它是在配送中心的统一计划、统一调度下展开的。通过共同配送可以以最近的路程、最低的成本完成配送，从而追求配送合理化。

4）实行送取结合

配送企业与用户建立稳定、密切的协作关系，不仅成为用户的供应代理人，而且充当用户的储存据点，甚至成为其产品代销人，在配送时，将用户所需的物资送到，再将该用户生产的产品用同一车运回，使这种产品也成为配送中心的配送产品之一，或者为用户代存代储，免去了用户的库存包袱。这种送取结合的方式，使配送企业的运力能被充分利用，也使配送企业的功能得到更大的发挥，从而提高了配送合理化。

5）推行准时配送系统

准时配送是配送合理化的重要内容。配送做到了准时，用户才有把握实施低库存或零库存，可以有效地安排接货的人力、物力，以使工作效率更高。另外，保证供应能力也取决于准时供应。从国外的经验来看，推行准时配送系统是现在许多配送企业追求配送合理化的重要手段。

6）推行即时配送

作为计划配送的应急手段，即时配送是解决用户断供之忧、大幅度提高供应保障能力的重要手段。即时配送是配送企业快速反应能力的具体化，是配送企业能力的体现。即时配送成本较高，但它是实现整个配送合理化的重要手段。此外，如果用户实行零库存，即时配送也是重要保证。

本章小结

现代物流中的配送是指在经济合理的区域范围内，根据客户要求，对物品进行拣选、加工、包装、分割、组配等作业，并按时送达指定地点的物流活动。其通过"配"和"送"的有机结合，创造物流的时间效用和空间效用。配送中心的设计对物流配送的发展起着至关重要的作用。

复习思考题

（1）配送具有哪些特点？配送的功能要素包含哪些？

（2）常见的配送类型有哪些？

（3）配送与传统的送货有什么不同？

（4）配送中心的主要功能是什么？

（5）配送中心的作业流程是怎样的？

（6）谈谈你对自动分拣系统和自动化立体仓库的认识。

案例分析题

基于50TMS，解决城配发展三大难点

1）城市配送三大难点

城市配送，一向是物流行业内的"网红"，从一掷千金的政策扶持到目前上万

亿的市场规模，业务流通量不断加大。而在竞争白热化的市场环境下，由于城配环节复杂，一级签约服务商、二级分包承运商、专线司机等参与角色众多，管理手段粗放，城配企业、司机、托运方、收货方四者间协同不足，所以也使城配一度陷入困境。

（1）企业难管理：在途货物监管难、开发维护投入大

对城配企业而言，由于缺乏先进技术等管控手段，无法全面掌控货物在途的每一节点，从而不能确保货物及时或定时送达，也无法对货物损坏、丢失等情况做出及时反应，使企业发展局限性较大。如果企业自主开发技术系统，其开发成本较大，后期维护等又需要长期的资金及人力投入，且开发周期长，效率较低。

（2）司机难增效：调度效率低，回单慢，难结账

由于缺少统一的智能化平台，车辆到场时间不均，便会导致司机一窝蜂堵在仓库浪费大量时间排队。同时，传统的依据经验备货及路径规划，容易出现来回调货或是配载率不足、多个司机路线重合等问题，使运输效率低下。司机在每次运输后使用纸质回单，一般来说以周或月为周期，回单慢，既杂乱不易保管，又不清晰，不易对账，导致结账困难。

（3）客户难省心：仓配全链条服务程度低，配送时效性差

由于缺少信息化系统，当仓储服务商与配送服务商不同时，对客户而言，就需要与多方主体进行重复沟通，沟通成本较高，服务响应速度也较慢，当出现问题时，维权责任也不够清晰，最终导致仓配体验感极差。即便是面对仓储一体的服务商，客户也难以完全确保每个信息及时共享到相应负责人，从而影响配送时效。

2）50TMS运输管理系统解决难点

物联亿达作为集规划与咨询、软硬件研发、系统集成、运营服务于一体的专业化服务提供商，始终致力于仓配物流行业信息技术的研发。其旗下独立自主研发的50TMS运输管理系统，以规范化系统管理，摒弃三方差异，优化服务，实现运输全程可视、可控、可查，助力配送服务降本提效！

（1）图形化直观展示，贴近业务场景

以往传统车辆调度对调度人员的个人经验依赖较大，需要调度人员有丰富的操作经验，并且要对城市各条线路了如指掌，而通过50TMS的图形化能直观展示和操作，简单清晰，大幅降低了调度人员的准入门槛。50TMS通过手工调度、智能调度的方式快速排线，在地图上就能批量定位实现调度，并配置体积及重量展示，减少传统盲选带来的重复工作，极大简化操作流程。同时，可按货物类型及运单进行拆合单处理，满足多样化配载需求。在配送效率优化上，通过精细算法及匹配规则，按照货量、车辆空间、装货点、卸货点、中转点等多个要素的综合考量，支持单仓取货多点配送，极大减少了漏装漏卸、绕远路等情况，既降低行车成本，又提高了运输效率。

（2）监控运输重要节点，核心信息一目了然

为了保障运输货物的实时跟踪，50TMS系统以物流日志、地图路由、电子凭证

等多种手段，为物流服务商提供全面的信息化管理及决策支持。从接单开始，就能在地图上实时进行监管，对相关排线情况、车辆在途定位、货物配送状态等全程执行监管，使业务流程更加清晰，核心信息一目了然，极大提升上下游客户的服务满意度。

（3）高效直联司机，极简操作

对司机而言，最简单的工作流程才能实现最高效的工作成果。50TMS在司机端App上，有多个智能化功能，简化了操作环节，并支持批量装车、在途异常和凭证上传，随时随地与管理人员进行一手的动态沟通，大幅降低了客服人员手工跟踪的工作量，提高了数据的准确性、及时性、可信性。

同时，50TMS支持电子围栏自动触发。通过GPS定位获取司机当前位置，并估算司机位置到装货点、卸货点的距离，当车辆驶入"围栏"区域时，自动触发到仓离仓送达状态，并上传信息至系统，便于管理人员及时处理和更改运单状态。

（4）平台深度协同，运营招商一体化

50TMS作为物联亿达自主研发的多个系统之一，拥有得天独厚的平台深度协同能力。有仓配需求的客户不仅可以在物联云仓搜索找仓，在线看仓，寻找一手配送服务资源，还可以通过使用50TMS掌握运营信息，享受一站式仓配全链条服务，省去诸多麻烦。服务方通过衔接物联云仓平台，成为云仓合作伙伴，即可获得精准引流，以先人一步的商机实现高利润转化；通过衔接OMS、50WMS数字仓管系统，实现仓配全链条服务一站式供应，快速拓展业务版图；通过衔接ESX智能监管平台，实现车辆定位、温湿度监控、开箱监管等多种增值服务，以过硬的市场竞争力增加市场占有率，快速提升企业商业价值。

资料来源　物联云仓（成都）科技有限公司．基于50TMS，解决城配发展三大难点［EB/OL］．［2023-06-20］. https://www.sohu.com/a/277331679_100249764.

问题：

（1）城市配送的难点有哪些？

（2）基于50TMS，怎样提高城配的供应链管控能力、司机运输效率、客户满意度呢？

物流信息管理

知识传授目标	能力培养目标	价值塑造目标	建议学时
➤理解物流信息的概念、作用和分类 ➤理解物流信息系统的概念和基本功能	➤识别常用的物流信息技术以及它们在物流中的应用	➤感受物流信息技术发展带来的变化，激发学习物流信息技术的热情	4

思政引入　　　　　　　　**中国古代"物流"信息传递**

　　我国是世界上最早建立组织传递信息的国家之一。我国在西周时已形成以人传递称作"传"、以车传递称为"驲"的比较完整的邮驿制度。邮驿历史虽长达 3 000 多年，但留存的遗址、文物并不多。图9-1中邮票上的两处驿站遗址均属明代。盂城驿是一处水马驿站，在江苏高邮古城南门外。鸡鸣山驿在河北怀来，是我国现存的一座较完整的驿城。

　　到底什么是驿站呢？驿站是古代供传递官府文书和军事情报的人或来往官员在途中食宿、换马的场所。想来，当年唐玄宗给杨贵妃送荔枝时，选择的就是这种"快递"。

　　秦始皇统一中国后，在全国修驰道，"车同轨、书同文"，建立了以国都咸阳为中心的驿站网，制定了邮驿律令，如竹简怎样捆扎，加封印泥盖印以保密，如何为邮驿人马供应粮草，邮驿怎样接待过往官员、役夫等，形成了我国最早的邮驿法。

　　汉代邮驿继承秦朝制度，并统一名称叫"驿"。邮驿还随着"丝绸之路"的形成而通达印度、缅甸、波斯等国，即发展了"国际快递"，并开始将所传递文书分出等级，不同等级的文书要由专人、专马按规定次序、时间传递。收发这

图9-1　邮票上的两处明代驿站图

些文书都要登记，注明时间，以明责任。

隋唐时期，驿传事业得到空前发展。唐代的官邮交通线以京城长安为中心，向四方辐射，直达边境地区，大致30里设一驿站。全国共有陆驿、水驿及水陆兼办邮驿1 600多处，行程也有具体规定，并定有考绩和视察制度，驿使执行任务时，随身携带"驿卷"或"信牌"等身份证件。

宋朝的邮驿传递，按当时著名科学家沈括在《梦溪笔谈》里的说法，主要有三种形式：一是步递，二是马递，三是"急脚递"。步递用于一般文书的传递，是接力步行传递。这种传递同时承担着繁重的官物运输任务，速度较慢。马递用于传送紧急文书，一般不传送官物，速度较快，但因负责这种传送任务的马匹大部分都是军队挑选剩下的老弱病马，所以也不能用最快的速度承担最紧急文书的传递。

在宋代，邮驿组织由兵部的驾部直接管理。"凡奉使之官赴阙，视其职治给马如格。官文书则量其迟速以附步马急递"。邮驿组织的功用与效应日益为全社会所关切，分工越来越细密。一种为军事目的服务的快速军邮制——急脚递，就生这时应运而生。这种急脚递日行400里。递铺之间相距不一，有10里的，也有20里的。据说，这种快递只用于战争时期。宋神宗时期在京师开封至广西沿线设置专门的"急递铺"。北宋与西夏战争时期，也曾利用过急递铺传送紧急的军事文书。这种急递铺如同古代羽檄一般，速度更快，每天可行500里，专门递转皇帝下达的紧急军务。金章宗泰和元年（1201年），设有都提控急递铺兵。

到了元代，邮驿改称为驿站。明代由于海上交通日渐发达，随着郑和七下西洋，还开辟了海上邮驿，设立了递运所。这些独立的驿站专门从事货物运输，其主要任务是运送国家的军需、贡赋和赏赐之物。

到了清朝，驿站开始使用"勘合"和"火牌"作为凭证。凡需要向驿站要车、马、人夫运送公文和物品都要看"邮符"，官府使用时凭勘合，兵部使用时凭火牌。使用"邮符"有极为严格的规定。对过境有特定任务的，派兵保护。马递公文，都加兵部火票，令沿途各驿站接递。如果要从外地到达京城或者外地之间相互传递，就要填写连排单。紧急公文则标明"四百里""五百里""六百里"字样，按要求时限送到，但不得滥填这种字样。

驿站管理至清代已臻于完善，并且管理极严，违反规定，均要治罪。清代末年，近代邮政逐步兴起，驿站的作用日渐消失。

驿站在我国古代运输中有着重要的地位和作用，在通信手段十分原始的情况下，驿站担负着政治、经济、文化、军事等方面的信息传递任务，在一定程度上是物流的一部分，也是一种特定的网络传递与网络运输。我国古代各朝代的驿站虽形式有别、名称有异，但都组织严密、等级分明、手续完备。封建君主依靠这些驿站进行信息采集、指令发布与反馈，以实现封建统治的目标。由于当时历史条件的限制和科学技术发展水平的局限，其速度和数量与当今无法相比，但就其组织的严密程度、运输信息系统的覆盖水平而言，也不亚于现代的通信运输。可以说，那时的成就也是我们现代文明的基础之一。

资料来源 佚名. 中国古代"物流"信息传递话驿站 [EB/OL]. [2023-06-20]. http://biz.ifeng.com/finance/special/gudaiwuliu/xinxilist.shtml.

问题：

驿站与当今的哪些部门、系统有异曲同工之处？

案例导读   **从当前社会关注的热点来看物流技术**

物流有五大物理要素，分别是人、货、车、节点、线路，这些物理要素由于当前信息化技术的发展而受到业界各方的广泛关注，物流企业由此开始走向信息化。人们将实体经济和虚拟经济在物流环节进行结合，从虚拟走向实体，从实体走向虚拟，这些物理要素自身价值加上其背后交织的大量经济关系、社会关系、资金流、信息流，形成了物流生态的各种链条和网络。

从物流与"工业4.0"、互联网+、创新创业三个热点的结合来看，物流进入了一个依托新的信息化技术，促进物流各生态链相互融合发展的时期。物流各环节机电设备自动化、商品与货物的信息自动采集与处理、物流环节中的数据互联互通、物流大数据分析应用成为物流全链条中各生态环节相互融合的推动力，通过物流这个环节，企业产品流、信息流和资金流可形成高效融合协同的局面。

1）"工业4.0"时代智能物流面临的机遇和挑战

"工业4.0"时代，客户需求高度个性化，产品创新周期和生产节奏不断加快，这对支撑生产的物流IT系统提出新的要求。智能物流是"工业4.0"的核心部分，在"工业4.0"智能工厂框架内，智能物流是连接供应和客户的中间环节，也是构建未来智能工厂的基石之一。未来智慧工厂的物流控制系统将负责生产设备和加工对象的衔接工作，在整个制造系统中起着承上启下的作用。

智能制造与智能物流二者的相互融合成为发展趋势，智能制造要求物流传送更快捷化。物流将融入智能制造工艺的流程中，使智能制造与智能物流的系统相互集成。自动物流机电装备以及智能物流IT信息系统是构建智能物流的核心元素。通过物联网的射频识别、红外感应、超声波感应、激光扫描、视频识别、智能数据采集网关等信息传感技术，将物流中的"人、货、车"与互联网连接起来，带来智能物流的信息化应用：订单处理传递自动化、在途跟踪自动化、在途异常报警、路况、库况、车库联动、车车联动、车单联动、运输计划合理化、运输路径动态优化。

2）"互联网+智慧物流"的生态链

"互联网+"带来物流生态链的革新，在制造商、供应商、分销商、零售商、消费者及与最终客户的交互等方面进行信息化改革，促使物流打通信息化各链条，推动生态链的优化。其中，传统的干线物流、零担货运主要侧重于车辆方面的信息化提升，仓储园区则集中力量于货物信息化，线下的上门收件、快递配送"最后一公里"等方面的信息化。

"互联网+智慧物流"要求构建物流信息共享互通的IT体系、建设智能感知仓储系统以及完善智能物流配送调配体系。

◆构建物流信息共享互通的IT体系:对行业代表菜鸟网络、顺丰、圆通、中通、京东等物流的IT系统建设进行分析,标准化、开放化、共享化、平台化成为新IT系统的建设重点。

◆建设智能感知仓储系统:通过二维码、无线射频、智能车载终端等物联网感知技术以及智能化物流机电装备来提升仓储中运输、分拣、包装等操作的无人化程度。

◆完善智能物流配送调度体系:在硬件上开发相应的车载或手持的智能终端,提高GPS定位能力、智能调度处理能力等,物流平台需具有配送的综合信息处理能力,由此可降低货车空驶率,提高配送效率,提高"最后一公里'配送时效。

"互联网+智能物流",实际上就是发挥互联网作为平台开放、交互的优势,促进各方信息进行有效对接,从而有效服务物流,最大限度提高效率、降低成本。要共建开放协同的智慧物流生态链,物流企业、制造企业、商贸企业以及互联网企业需有效协同,构建物流信息互联共享体系,推进车货匹配最佳优化,实现物流车辆、物流网点、用户等精准调度对接。

基于"互联网+智能物流"实现网络协同、数据同步传输、信息流与物流同步等,提升了服务质量。基于客户需求大数据进行分析,并根据客户需求完成整个物流配送过程,从接到订单到商品到达客户手中,实现效率和准确率的提升。物流体系设计从传统大仓库存储升级为包括分拣、包装、运输、反馈等在内的智能化物流系统,将更加高效。

3) 物流行业已成"创新创业"的主战场之一

现如今,物流行业已成"创新创业"的主战场之一。带有IT基因的具有创新力量的公司逐渐渗透进入物流传统重资产领域。通过统计,目前全国A轮融资成功的物流创新公司估计有1 000家,这些创新公司可分为以下四大类型:

(1) 在干线领域需解决整车货运信息化问题的公司。在干线领域最大的难点是为司机"找货",为避免空载问题的发生,一系列"货运信息网"类创新公司应运而生,如物流邦、云马物流、物流小秘等。

(2) 在支线领域需要众包快递、限时速递等新"运"法的公司。在指定的区域范围,可选择多种送货方式,让发货者实时掌握送货者的位置信息,并采取限时速递等模式;除此之外,还有无人机送货等新兴模式,可让货物被小型飞机"空运",同时机器人也有望成为快递员。相关企业有如壹米滴答、快书包、快牛配送等。

(3) 在落地环节采用储物柜、社区店替代收货方式的公司。如相关企业发布了"最后一公里"的相关解决方案。

（4）在管控环节实现精细化、智能化大数据处理的公司。针对中小电商进行"物流BI"的数据处理，可预知物流信息进而进行货物调配，提高仓储利用率。一些大型电商如京东、菜鸟等自行开发基于大数据的物流分析系统，优化物流资源配置，进行货物的预调度。

资料来源 佚名．从当前社会关注的热点来看物流技术 [EB/OL]．[2023-06-20]．http: //www.sohu.com/a/129031522_403069.

问题：

你所了解的物流技术有哪些？

9.1 物流信息概述

物流界有句格言："物流管理，信息先行。"这意味着物流信息在物流运作与管理中起着中枢神经系统的作用。随着信息技术的商务应用向广度和深度发展，尤其是互联网的高速发展，物流信息在数量、种类和速度方面增长加速，只有具备更高水平的信息管理能力，才能适应市场的需求，因此，及时而准确的物流信息是物流企业管理中不可或缺的重要组成部分。

9.1.1 物流信息的概念

物流信息是指与物流活动（商品包装、商品运输、商品储存、商品装卸等）有关的一切信息。物流信息是反映物流各种活动内容的知识、资料、图像、数据、文件的总称。物流信息是物流活动中各个环节生成的信息，一般是随着从生产到消费的物流活动的产生而产生的信息流，与物流过程中的运输、保管、装卸、包装等各种职能有机结合在一起，是整个物流活动顺利进行所不可缺少的。

边学边议 9-1

谈谈信息流与物流和商流的关系。

9.1.2 物流信息的作用

物流信息在物流活动中具有十分重要的作用，物流信息通过收集、传递、存储、处理、输出等，成为决策依据，对整个物流活动起着指挥、协调、支持和保障作用。具体来讲，其主要作用为：

1）沟通联系的作用

物流系统是由许多个行业、部门以及众多企业群体构成的经济大系统，系统内部通过各种指令、计划、文件、数据、报表、凭证、广告、商情等物流信息，建立起各种纵向和横向的联系，促进生产商、批发商、零售商、物流服务商和消费者之间的沟通，满足各方的需要。因此，物流信息是促进物流活动各环节之间联系的桥梁。

2）引导和协调的作用

物流信息随着物资、货币及物流当事人的行为等信息载体进入物流供应链中，同时也随着信息载体反馈给供应链上的各个环节，依靠物流信息及其反馈可以引导供应链结构的变动和物流布局的优化；协调物资结构，使供需之间达到平衡；协调人、财、物等物流资源的配置，促进物流资源的整合和合理使用等。

3）管理控制的作用

通过移动通信、计算机信息网、电子数据交换（EDI）、全球定位系统（GPS）等技术实现物流活动的电子化，如货物实时跟踪、车辆实时跟踪、库存自动补货等，用信息化代替传统的手工作业，实现物流运行、服务质量和成本等的管理控制。

4）辅助决策分析的作用

物流信息是制订物流决策方案的重要基础和关键依据，物流管理决策的过程就是对物流信息进行深加工的过程，是对物流活动的发展变化形成规律性认识的过程。物流信息可以协助物流管理者鉴别、评估物流战略和策略的可选方案，如车辆调度、库存管理、设施选址、资源选择、流程设计以及有关作业和安排的成本－收益分析等均是在物流信息的帮助下才能做出科学决策。

5）支持战略计划的作用

作为决策分析的延伸，物流战略计划涉及物流活动的长期发展方向和经营方针的制定，如企业战略联盟的形成、以利润为基础的顾客服务分析以及能力和机会的开发和提炼，作为一种更加抽象、松散的决策，它是对物流信息进一步提炼和开发的结果。

6）价值增值的作用

企业只有有效地利用物流信息，投入生产和经营活动后，才能使劳动者、劳动手段和劳动对象最佳结合，产生放大效应，增加经济效益。针对物流系统的优化、各个物流环节的优化所采取的办法、措施，如选用合适的设备、设计最合理的路线、确定最佳库存储备等，都要切合物流系统的实际情况，准确反映实际的物流信息。

9.1.3 物流信息的分类

1）按信息使用者分类

（1）战略型物流信息

战略型物流信息主要用于制定企业经营战略时参考，侧重于宏观层面和经营理念。企业的经营战略多种多样、复杂多变，企业的战略型物流信息在企业经营中占有重要地位，特别是在商品销售竞争激烈，消费者需求日趋个性化、多样化的时代，物流信息显得更为重要，甚至关系到企业的生存和发展。企业的战略型物流信息主要指的是国际政治经济形势和环境，国家的法律法规，国民经济发展计划，产业政策，财政支出，资金投向，新法律法规颁布，新政策出台，物流"热"现象，各种研讨会、高峰会、论坛、交流会，物流机械设备展览，同行业企业的经济发展战略等信息。

（2）经营决策型物流信息

经营决策型物流信息是根据企业的总体发展战略和经营理念，制定企业的经营决策模式，并按照此模式，确定企业的物流计划，收集与企业有关的物流信息。经营决策型物流信息的内容有企业物流发展规划、企业物流机构设置、企业物流人员配备、企业物流投资比重、企业物流网络构筑、企业物流设施建设、企业物流经营策略、企业物流合理化措施等。

（3）管理型物流信息

与战略型物流信息和经营决策型物流信息相比，管理型物流信息更具体、更详细。管理型物流信息的运用目的是更好地提高物流作业效率，最大限度地发挥物流系统的整体功能。其侧重点在于，通过管理使所有相关环节协调化、整合化、最优化，同时，使物流与商流、资金流同步。

2）按物流的不同功能分类

按信息产生和发挥作用所涉及的不同功能分类，物流信息包括仓储信息、运输信息、加工信息、包装信息、装卸信息等。对于某个功能领域还可以进行进一步细化，例如，仓储信息分为入库信息、出库信息、库存信息、搬运信息等。

3）按信息的作用层次分类

根据信息的作用层次不同，物流信息可分为基础信息、作业信息、协调控制信息和决策支持信息。基础信息是物流活动的基础，是最初的信息源，如物品基本信息、货位基本信息等。作业信息是物流作业过程中产生的信息，作业信息的波动性大，具有动态性，如库存信息、到货信息等。协调控制信息主要是指物流活动的调度信息和计划信息。决策支持信息是指对物流计划、决策、战略具有影响的统计信息或宏观信息，如科技、产品、法律等方面的信息。

4）按信息加工程度的不同分类

根据信息加工程度的不同，物流信息可以分为原始信息和加工信息。原始信息是指未加工的信息，是信息工作的基础，也是最有权威的凭证性信息。加工信息是对原始信息进行各种方式和各个层次处理后的信息，是对原始信息的提炼、简化和综合，是利用各种分析工具在海量数据中发现潜在的、有用的信息和知识。

知识链接 9-1

物流行业首张
电话卡正式
发行

9.2　物流信息技术

物流信息技术是将现代信息技术应用于物流的各个过程中，是现代物流区别于传统物流的显著标志。随着互联网信息技术发展，互联网+物流发生了无数变革，现代物流的自动化、可控化、智能化、信息化在不断提高。例如，运用传感技术和物联网技术，可以实现对物流企业货物仓储、配送等流程的有效控制；通过应用物联网和配送网络，构建面向生产企业、流通企业和消费者的社会化共同配送体系。党的二十大报告指出，坚持面向世界科技前沿、面向经济主战场、面向国家重大需求、面向人民生命健康，加快实现高水平科技自立自强。当前，物联网、云计算、移动互联网等新一代信息技术的蓬勃发展，正推动着中国智慧物流的变革。

9.2.1　网络与通信技术

1）计算机网络技术

计算机网络技术是计算机技术与通信技术相结合的产物，随着计算机技术和通信技术的发展，计算机网络技术也在飞速地发展。如今，计算机网络已经成为信息存储、传播和共享的有力工具，成为信息交流的最佳平台。

计算机网络就是将分布在不同地理位置、具有独立功能的多个计算机系统利用通信设备和通信线路互连起来，并通过功能完善的网络软件实现网络中的资源共享和信息传递的系统。

由以上的概念可以看出，一个计算机网络应包括如下三个要素：

① 多个具有独立功能的计算机系统（为用户提供服务和所要共享的资源）。

② 由各种通信设备和通信线路组成的通信子网。

③ 功能完善的网络软件（为用户共享网络资源和信息传递提供管理和服务）。

建立计算机网络的目的就是实现资源共享和信息传递。

计算机网络要完成数据处理与数据通信两大基本功能，那么它的结构必然可以分成两个部分：负责数据处理的计算机主机（host）和终端（terminal），负责数据通信的通信控制处理机（communication control processor，CCP）和通信链路。

计算机网络是由网络硬件系统和网络软件系统组成的。从拓扑结构上看，计算机网络是由一些网络节点和连接这些网络节点的通信链路组成的；从逻辑功能上看，计算机网络则是由通信子网和用户资源子网组成的。计算机网络组成如图9-2所示。

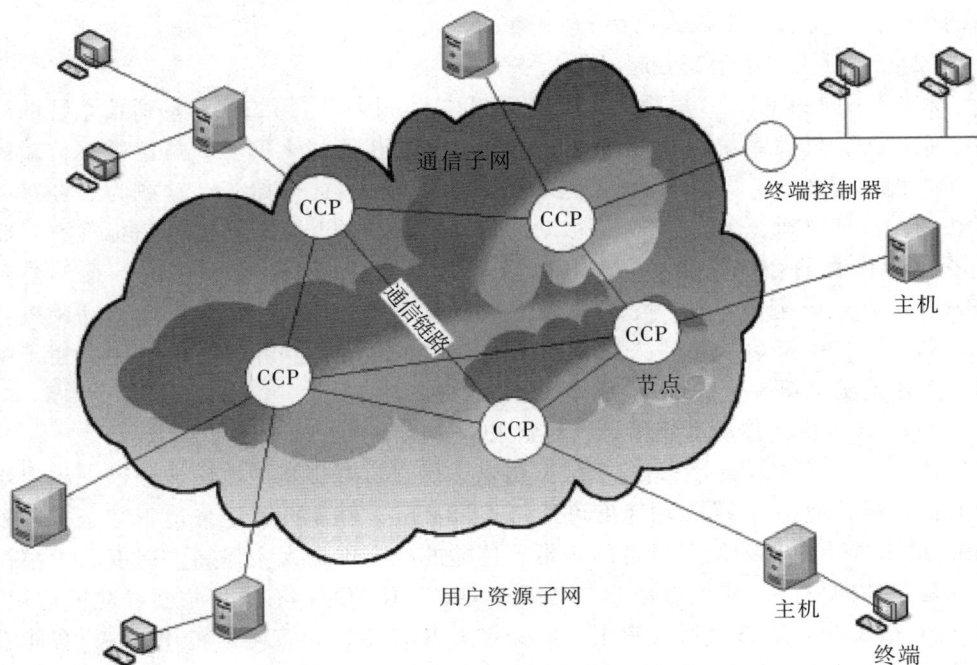

图 9-2 计算机网络组成示意图

2）移动通信技术

移动通信，就是指通信双方至少有一方处于运动状态时进行的信息交换（包括双方的通话，以及数据、传真、图像等多媒体业务）。例如，运动着的车辆、船舶、飞机或行走着的人与固定点之间进行信息交换，或者移动物体之间的通信都属于移动通信。

从人类社会诞生以来，更加快捷高效的通信就成为人类矢志不渝的追求。在古代，人类通过道路相告、飞鸽传书、烽火、狼烟等方式传递信息，这些方式效率极低，而且受到地理环境、气象条件的极大限制。美国人莫尔斯（S. B. Morse）发明了莫尔斯电码，并于 1844 年在电报机上传递了第一条电报，开创了人类使用"电"来传递信息的先河，人类传递信息的速度得到极大的提升，从此拉开了现代通信的序幕。电磁波首先由詹姆斯·麦克斯韦于 1865 年预测出来，而后由德国物理学家海因里希·赫兹于 1887 年至 1888 年间在实验中证实存在。1896 年，意大利人马可尼第一次用电磁波进行了长距离通信实验，人类开始以宇宙的极限速度——光速来传递信息，从此人类进入了无线电通信的新时代。

（1）1G 时代："大哥大"横行的年代

1986 年，第一代移动通信系统（1G）在美国芝加哥诞生，采用模拟信号传输，即将电磁波进行频率调制后，将语音信号转换到载波电磁波上，载有信息的电磁波发布到空间后，由接收设备接收，并从载波电磁波上还原语音信息，完成一次通话。最能代表 1G 时代特征的，是美国摩托罗拉公司在 20 世纪 90 年代推出并风靡全球的大哥大，即移动手提式电话。

（2）2G时代：诺基亚崛起时代

和1G不同的是，2G采用的是数字调制技术。因此，第二代移动通信系统的容量也在增加，随着系统容量的增加，2G时代的手机可以上网了，虽然数据传输的速度很慢（每秒9.6～14.4kbit），但文字信息的传输由此开始了，这成为当今移动互联网发展的基础。2G时代也是移动通信标准争夺的开始，主要通信标准有以摩托罗拉为代表的CDMA美国标准和以诺基亚为代表的GSM欧洲标准。最终随着GSM标准在全球范围更加广泛地使用，诺基亚击败摩托罗拉成为全球移动手机行业的霸主。1994年，原中华人民共和国邮电部部长吴基传用诺基亚2110拨通了中国移动通信史上第一个GSM电话，中国开始进入2G时代。

（3）3G时代：移动多媒体时代的到来

相比于2G，3G依然采用数字数据传输，但通过开辟新的电磁波频谱、制定新的通信标准，使得3G的传输速度可达每秒384kbit，在室内稳定环境下甚至有每秒2Mbit的水准。由于采用了更宽的频带，传输的稳定性也大大提高。速度的大幅提升和稳定性的提高，使大数据的传送更为普遍，移动通信有了更加多样化的应用，因此3G被视为开启移动通信新纪元的关键。2007年，乔布斯发布iPhone，智能手机的浪潮随即席卷全球。从某种意义上讲，终端功能的大幅提升也加快了移动通信系统的演进脚步。2008年，支持3G网络的iPhone3G发布，人们可以在手机上直接浏览电脑网页、收发邮件、进行视频通话、收看直播等，人类正式步入移动多媒体时代。

（4）4G时代：移动互联网时代来临

4G是在3G的基础上发展起来的，是采用了更加先进的通信协议的第四代移动通信网络。对于用户而言，2G、3G、4G网络最大的区别在于传输速度不同。4G网络作为新一代通信技术，在传输速度上有着非常大的提升，理论上网速度是3G的50倍，实际体验在10倍左右，上网速度可以媲美20M家庭宽带，因此4G网络具备非常流畅的速度，观看高清电影及大数据传输速度都非常快。2013年12月，工业和信息化部在其官网上宣布向中国移动、中国电信、中国联通颁发"LTE/第四代数字蜂窝移动通信业务（TD-LTE）"经营许可，也就是4G牌照。如今4G已经像水和电一样成为我们生活中不可缺少的基本资源。微信、微博、视频等手机应用成为生活中的必需品，至此，移动互联网进入了一个新的时代。

（5）5G时代：万物互联的时代

随着移动通信系统带宽和能力的增加，移动网络的速率也飞速提升。历代移动通信技术的发展，都以典型的技术特征为代表，同时诞生出新的业务和应用场景。5G不同于传统的前几代移动通信技术，5G不再由某项业务能力或者某个典型技术特征所定义，它不仅是更高速率、更大带宽、更强能力的技术，而且是一个多业务、多技术融合的网络，更是面向业务应用和用户体验的智能网络，最终打造以用户为中心的信息生态系统。

5G将渗透到未来社会的各个领域，将使信息突破时空限制，提供极佳的交互体验，为用户带来身临其境的信息盛宴，如虚拟现实。5G将拉近万物的距离，通过无缝融合的方式，便捷地实现人与万物的智能互联。5G将为用户提供光纤般的接入速率，"零"时延的使用体验，千亿台设备的连接能力，超高流量密度、超高连接数和超高移动性等多场景的一致服务，使业务及用户感知智能优化，同时将为网络带来超百倍的能效提升和成本降低，最终实现"信息随心至，万物触手及"。

知识链接9-2

物流与5G碰撞出的各种"火花"

3）无线局域网技术

在无线局域网（wireless local area networks，WLAN）发明之前，人们要想通过网络进行联络和通信，必须先用双绞铜线组建一个电子运行的通路，为了提高效率和速度，后来又发明了光纤。当网络发展到一定规模后，人们又发现，这种有线网络无论组建、拆装还是在原有基础上进行重新布局和改建，都非常困难，且成本和代价也非常高，于是WLAN的组网方式应运而生。

无线局域网络是相当便利的数据传输系统，它利用射频（radio frequency，RF）技术，使用电磁波，取代旧式碍手碍脚的双绞铜线所构成的局域网络，在空中进行通信连接，使得无线局域网络能利用简单的存取架构让用户通过它，达到"信息随身化、便利走天下"的理想境界。

随着物流的不断发展，各个港口、储存区等对物流业务的数字化提出了较高的要求。一个物流公司一般都有一个网络处理中心，还有些办公地点分布在比较偏僻的地方，需要及时将运输车辆、装卸装箱机组等的工作状况、物品统计等数据录入并传输到中心机房，部署WLAN是物流业的现代化必不可少的基础设施。

4）无线传感器网络技术

无线传感器网络（wireless sensor networks，WSN）是一种分布式传感网络，它的末梢是可以感知和检查外部世界的传感器。WSN中的传感器通过无线方式通信，因此网络设置灵活，设备位置可以随时更改，还可以跟互联网进行有线或无线方式的连接，通过无线通信方式形成一个多跳自组织网络。

无线传感器网络结构由传感器节点、汇聚节点、现场数据收集处理决策部分及分散用户接收装置组成，节点间能够通过自组织方式构成网络。传感器节点获得的数据沿着相邻节点逐跳进行传输，在传输过程中所得的数据可被多个节点处理，经多跳路由到协调节点，最后通过互联网或无线传输方式到达管理节点，用户可以对传感器网络进行决策管理、发出命令以及获得信息。

无线传感器网络技术和人工智能识别技术是物体感知和标识的主要方式，同时也是建设智慧交通的基础技术条件。智能交通系统（ITS）是在传统交通体系的基础上发展起来的新型交通系统，它将信息、通信、控制和计算机技术以及其他现代通信技术综合应用于交通领域，并将"人—车—路—环境"有机地结合在一起。在现有的交通设施中增加无线传感器网络技术，将能够从根本上缓解现代交通在安全、通畅、节能和环保等方面的问题，同时还可以提高交通效率。因此，将无线传感器网络技术应用于智能交通系统已经成为近几年的研究热点。

9.2.2　数据采集与识别技术

1）条形码技术

（1）条形码技术的概念

条形码是将线条与空白按照一定的编码规则组合起来的符号，用以代表一定的字母、数字等资料。在进行辨识的时候，使用条码识别设备扫描，得到一组叉射光信号，此信号经光电转换后变为一组与线条、空白相对应的电子信号，经解码后还原为相应的数字和字母，再传入电脑。条形码技术已相当成熟，是一种可靠性高、输入快速、准确性高、成本低、应用面广的资料自动收集技术。世界上有多种一维条形码，每种一维条形码都有自己的一套编码规则，规定每个字母（可能是文字或数字或文数字）是由几个线条（bar）及几个空白（space）组成，以及字母如何排列。一般较流行的一维条形码有39码、EAN码、UPC码、128码，以及专门用于书刊管理的ISBN、ISSN等。

（2）条形码技术在物流中的应用

条形码技术在物流中的应用包括配送中心的订货、进货、存放、拣货、出库等作业。

①进货验收作业

对于整箱进货的商品，其包装箱上有条形码，放在输送带上经过固定式条形码扫描器的自动识别，可接受指令传送到存放位置附近。对于用整个托盘进货的商品，叉车驾驶员用手持式条形码扫描器扫描外包装箱上的条形码标签，利用计算机与射频数据通信系统，可将存放指令下载到叉车的终端机上。

②补货作业

基于条形码进行补货，可确保补货作业的正确性。有些拣货错误是源于补货作业错误。商品进货验收后，移到保管区，需适时、适量地补货到拣货区，为避免补货错误，可在储位卡上印上商品条形码与储位条形码，当商品移动到位后，以手持式条形码扫描器读取商品条形码和储位条形码，由计算机核对是否正确，这样就可保证补货作业的正确性。

③拣货作业

拣货有两种方式：一种是按客户要求进行拣取的摘取式拣货；另一种是先将所有客户对各商品的订单汇总，一次拣出，再按客户分配各商品量，即整批拣取、二次分拣，称为播种式拣货。对于摘取式拣货作业，在拣取后用条形码扫描器读取刚拣取的商品上的条形码，即可确认拣货的正确性。对于播种式拣货作业，可使用自动分货机，当商品在输送带上移动时，由固定条形码扫描器识别商品货号，指示移动路线与位置。

④交货时的交点作业

交货时的交点作业通常分为两种形式：一种是由配送中心在出货前复点数量；另一种是交由客户当面或事后确认。对于第一种形式，由于在拣货的同时已经以条形码确认过，就无须进行复点作业了。对于第二种形式，由于拣货时已用条形码确认过，也就无须在交货时双方逐一核对。

⑤仓储配送作业

商品的自动辨识还可以采用磁卡、IC卡等其他方式来达成。对物流仓储配送作业而言，由于大多数的储存货品都具备条形码，所以用条形码进行自动识别与资料收集是最便宜、最方便的方式。采用条形码读取设备读取商品上的条形码后，可迅速、正确、简单地自动输入商品资料，从而达到自动化登录、控制、传递、沟通的目的。

条形码技术已经成为物流现代化的一个重要组成部分。同时，它还有力地促进了物流体系各环节作业的机械化、自动化，对物流各环节的计算机管理起着基础性作用。条形码技术在现代化物流管理中起着直接、高效的信息媒介作用，它使现代化的管理和现代化的技术互相结合。以条形码技术的应用为基础的信息流将是未来信息技术的重要特征。

边学边议 9-2

你觉得在零售、物流、分拣、交通、生产等领域的业务最适宜采用哪种自动识别技术？说出你的想法。

2）RFID技术

（1）RFID技术的概念

RFID（radio frequency identification）即射频识别技术，它是指通过射频信号自动识别目标对象来获取相关数据，其识别工作无须人工干预，是一种非接触式的自动识别技术，可应用于各种恶劣环境中。该技术能对具体实物的流动信息进行快速准确的识别和输入，保证信息能够实时地表达实物流动过程，适应了现代物流对货物仓储、运输等环节全程可视、可控的要求，在物流管理领域形成了无可比拟的优势。

（2）RFID技术在物流中的应用

①在仓储环节的应用。

RFID系统可以在智能仓库货物接收、入库、订单分拣、出库等环节应用。当贴有射频标签的货物或容器进入仓储中心（或物流中心）时，装卸平台上的读写器将自动识读标签，确认货物的数量、大小、种类等是否与订单一致，并且把收货时间及货物运输途中的损坏程度等信息输入主机系统的数据库，完成货物接收工作。

入库时，由于实现了库位、品种和射频标签的对应管理，系统可以根据目前仓库的库位情况，自动生成货物上架信息（如货物上架库位等），待上架操作完成后，工作人员利用手持读写器将对应货位最新的货物信息通过无线网络传输到后台数据库，主控计算机自动进行货位货物信息的变更确认，完成货物入库操作。

出库时，出库信息通过系统处理并传到相应库位的电子标签上，显示出该库位货物需出库的数量，同时发出光和声音信号，指示拣货员完成作业。拣货完毕后，拣货人员通过手持读写器，将对应货位最新货物信息通过无线网络传输到后台数据库，系统自动进行货位货物信息的变更确认，完成物品出库操作。当货物从备货区到装卸平台时，安置于该处的RFID系统把出货时间、数量等信息输入主机系统的数据库。

②在运输环节的应用。

射频识别技术结合全球卫星定位系统，可以对物流运输过程进行全程可视化跟踪。当贴有电子标签的货物和运输工具经过一些设立了RFID读写系统的地理位置时，运输工具不用停下来便可以直接通过，节省了通关的时间。同时，设立在运输路径上的RFID系统可以对车辆进行实时定位跟踪，及时了解货物在途运输信息，便于货运公司进行远程调度管理，并极大地提高了在途货物的安全性。例如，RFID技术在集装箱运输管理中的应用可以提高集装箱的运输效率。

将记录有集装箱箱号、箱型和装载货物种类、数量等数据的电子标签安装在集装箱上，当集装箱经过安装有RFID系统的公路、铁路的出入口，码头的检查门时，该系统既可以对集装箱进行动态跟踪，其读写器也可以非常容易地校验集装箱内的货物，而无须花费大量的人力和时间进行开箱检查、手工点货和货单校对，不仅加快了车辆进港提箱的速度，而且可以对车辆提箱进行严密的管理，并有效地降低工作人员的劳动强度，减少人为因素造成的差错。

边学边议 9-3

谈谈RFID在智慧城市中的应用。

案例链接 9-1　　　　惠普集成 RFID 与智能包装技术

巴西惠普公司进行了一项创新的案例研究，该公司使用超过 15 年的具有创新概念的智能包装来试验 RFID 技术。这使得通过数字印刷的材料来识别产品成为可能，这些材料含有肉眼看不见的元素。通过这一举措，惠普试图利用物联网（IoT）来增强客户的体验。如今的客户不仅要求质量，还要求在购买产品或与产品进行互动时获得更好的体验。惠普旗下 Link 科技公司的数字打印包装技术，可以使每一款产品都能拥有自己独特的 ID 号，比如带有 RFID 标签的个人文档。这种人们看不到的"秘密身份"的作用就像水印一样。这种指纹技术或者说数字印刷技术虽然整合了包装的设计艺术，但不影响包装的布局、质量和外观。此外，这种技术使得智能包装在整个供应链中都具有可追溯性。指纹技术可以单独应用于每个包裹，并可以与特定的 GS1 电子产品代码（EPC）相关联，且 RFID 标签上记录着相同的信息。因此，有了被称为 HP Link 的数字化解决方案，即在印刷过程中每个包裹会应用一个独特的标识，从而使得每件产品都有自己的标识。

数字印刷技术基于云平台提供可视化和分析软件，识别伪造和转移，并向消费者提供数字内容。随附的软件工具使该平台易于集成到印前工作流程和电子供应链管理系统中。基于数字印刷的软件可以将 RFID 标签上的信息存储在任何数据库中，甚至是第三方供应商的数据库中，以便与正在使用的系统集成，且像区块链一样遵守隐私政策或支持数据透明。数字印刷纸盒的所有水印内容都可以通过 HP LinkReader 这款移动应用程序进行访问。有了与数字包装相关的 RFID 数据，惠普可以让任何智能手机成为 RFID 阅读器。

惠普对每个包装纸盒上都印有数字标签的笔记本电脑进行试点运用，这可以让客户与包装互动，并使用惠普移动应用程序作为自己的阅读器来赚取折扣券。扫描获取包含地理位置分析和物流信息在内的数据已经在 HP Link 平台上发布，并可以通过在线 RFID 系统进行更新，这些信息可以用于分析未来的生产计划和战略。墨盒新技术的试点使得产品在回收利用方面有显著改善，这体现了该举措对消费者的影响。有了这个积极的结果，惠普决定在巴西制造的打印机包装材料减少的情况下继续前进。

资料来源　佚名. 惠普集成 RFID 与智能包装技术［J］. 绿色包装，2019（5）：30.

3）语音识别技术

语音识别技术，也被称为自动语音识别（automatic speech recognition，ASR），其目标是将人类语音中的词汇内容转换为计算机可读的输入，例如按键、二进制编码或者字符序列。与说话人识别及说话人确认不同，后者尝试识别或确认发出语音的说话人而非其中所包含的词汇内容。

语音识别技术的应用包括语音拨号、语音导航、室内设备控制、语音文档检索、简单的听写数据录入等。语音识别技术与其他自然语言处理技术如机器翻译及语音合成技术相结合，可以构建出更加复杂的应用，例如语音到语音的翻译。

自 2009 年以来，借助机器学习领域的深度发展以及大数据语料的积累，语音识别技术得到突飞猛进的发展。随着互联网的快速发展及手机等移动终端的普及应用，可以从多个渠道获取大量文本或语音方面的语料，这为语音识别中的语言模型和声学模型的训练提供了丰富的资源，使得构建通用的大规模语言模型和声学模型成为可能。在语音识别中，训练数据的匹配和丰富性是推动系统性能提升的最重要因素之一，但是语料的标注和分析需要长期的积累和沉淀，随着大数据时代的来临，大规模语料资源的积累将提到战略高度。

| 案例链接9-2 | 顺丰科技推出新版AI语音助手 |

2019年，顺丰科技利用AI语音识别技术，推出新版智能终端设备——蓝牙耳机"小丰"，极大地减少了传统意义上的烦琐操作，让收派员轻松用语音命令工作，大幅提升收派员使用体验。

顺丰科技AI助手"小丰"背后是多项人工智能技术的结合，包括语音识别、语音播报、语音语义理解、语音交互等技术；同时，区别于其他智能设备 "小丰"是从快递小哥们的实际工作场景切入，为其量身打造的AI语音助手蓝牙耳机。结合收派员日常收派件场景，连接终端设备，"小丰"智能蓝牙耳机能够轻松实现语音文字的精准转化，进行快速和精准识别；另外，"小丰"针对收派员的复杂工作环境进行了定制，在佩戴舒适度及电池续航能力上都做了充分考虑，保证在一整天的嘈杂环境中也能进行很好的语音交流。

（1）实时唤醒，提升工作效率——"小丰"蓝牙耳机搭载智能语音技术，实现主动唤醒功能，收派员日常拨打电话、转单、查单等高频操作都将由8步手动操作减为1步语音指令，减少收派员解决问题的步骤和时间，提升工作效率。

（2）助力保障收派员安全——"小丰"不仅解放了收派员的双手，在恶劣天气时也会语音提醒收派员注意安全，同时还有语音导航和超速提醒功能，降低骑行事故率，提升安全管控。

（3）实时同步通知——"小丰"内置的语音助手可通过识别收派员语音指令，辅助收派员处理日常的收派件工作或联系客户；同时，"小丰"实时播报系统消息、紧急通知（如快件拦截通知），将实时消息线上化、同步化。

顺丰科技以智能语音设备汇集数据资源，收集信息，传递信息，使物流行业进入智能化、可视化、数字化的新时代，提升了运作效率。顺丰科技在人工智能、物联网等方面长远布局，致力于探索更广阔的物流世界，让顺丰科技的"护城河"得以再次拓宽。

未来，顺丰科技将持续坚持自研智能AI类产品，融合业内领先的供应商，赋能供应链，打造覆盖物流全场景的智能AI开放平台，为泛物流行业客户及合作伙伴提供先进可靠的一站式智能解决方案。

资料来源　佚名. 顺丰科技推出新版AI语音助手　实现高效智能化［EB/OL］.［2023-06-23］. http://www.chinawuliu.com.cn/zixun/201901/21/338010.shtml.

知识链接9-3

自动识别技术

9.2.3　EDI技术

1）EDI技术的概念

EDI（electronic data interchange），即电子数据交换，是指采用标准化的格式，通过电子方式，利用计算机网络进行数据的交换和传输。EDI是将贸易、运输、保险、银行和海关等行业的信息，用一种国际公认的标准格式，形成结构化的事务处理的报文数据格式，通过计算机通信网络，使各有关部门、单位与企业之间进行数据交换与处理，并完成以贸易为中心的全部业务过程。EDI包括买卖双方数据交换、企业内部数据交换等。

构成EDI系统的要素共有三个，分别是通信网络、EDI软硬件以及数据标准化。EDI的工作方式大体如下：通过EDI转换软件将原始数据格式转换为平面文件，之后用户在计算机上进行原始数据的编辑处理（平面文件是用户原始资料格式与EDI标准格式之间的对照性文件），通过翻译软件将平面文件变成EDI标准格式文件，然后在文件外层加上通信信封（envelope），通过通信软件（EDI系统交换中心邮箱（mailbox））发送到增值服务网络（VAN）或直接传送给对方用户，最后成为用户应用系统能够接收的文件格式，如图9-3所示。

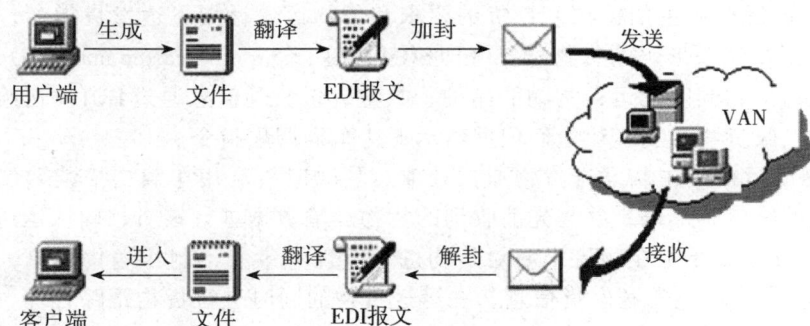

图9-3 EDI工作方式

2）EDI技术在物流中的应用

EDI最初由美国企业应用在企业间的订货业务活动中，其后EDI的应用范围从订货业务向其他业务扩展，如POS销售信息传送业务、库存管理业务、发货送货信息和支付信息传送业务等。近年EDI在物流中广泛应用，被称为物流EDI。物流EDI是指货主、承运业主以及其他相关的单位之间，通过EDI系统进行物流数据交换，并以此为基础实施物流作业活动的方法。物流EDI参与单位有货主（如生产厂家、贸易商、批发商、零售商等）、承运业主（如独立的物流承运企业等）、实际运送货物的交通运输企业（如铁路运输企业、水运企业、航空运输企业、公路运输企业等）、协助单位（如政府有关部门、金融企业等）和其他的物流相关单位（如仓库业者、专业报关业者等）。

我们看一个应用物流EDI系统的实例。下面是一个由发送货物业主、物流运输业主和接收货物业主组成的物流模型，如图9-4所示。

① 发送货物业主（如生产厂家）在接到订单后制订货物运送计划，并把运送货物的清单及运送时间安排等信息通过EDI发送给物流运输业主和接收货物业主（如零售商），以便物流运输业主预先制订车辆调配计划和接收货物业主制订货物接收计划。

承运业主 （如独立的物流承运企业等）	发送货物业主 （如生产厂家、贸易商等）	接收货物业主 （如零售商等）

EDI（电子数据交换）

实际运送货物的交通运输企业 （如铁路运输企业、水运企业、航空运输企业、公路运输企业等）	其他的物流相关单位 （如仓库业者、专业报关业者等）

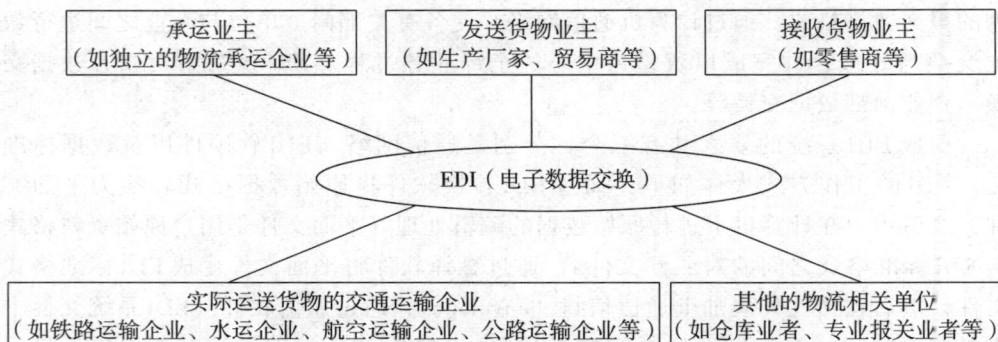

图9-4　物流EDI图

② 发送货物业主依据顾客订货的要求和货物运送计划下达发货指令，分拣配货，打印出物流条形码的货物标签（即SCM标签，shipping carton marking）并贴在货物包装箱上，同时把运送货物的品种、数量、包装等信息通过EDI发送给物流运输业主和接收货物业主，让他们依据请示下达车辆调配指令。

③ 物流运输业主从发送货物业主处取运货物时，利用车载扫描读数仪读取货物标签上的物流条形码，并与先前收到的货物运输数据进行核对，确认运送货物。

④ 物流运输业主在物流中心对货物进行整理、集装，制作送货清单，并通过EDI向接收货物业主发送发货信息。在运送货物的同时进行货物跟踪管理，并在货物交给接收货物业主之后，通过EDI向发送货物业主发送完成运送业务信息和运费请示信息。

⑤ 接收货物业主在货物到达时，利用扫描读数仪读取货物标签上的物流条形码，并与先前收到的货物运输数据进行核对确认，开出收货发票，货物入库，同时通过EDI向物流运输业主和发送货物业主发送收货确认信息。

物流EDI的优点在于，供应链组成各方基于标准化的信息格式和处理方法通过EDI共同分享信息，提高流通效率，降低物流成本。例如，对零售商来说，应用EDI系统可以大大降低进货作业的出错率，节省进货商品检验的时间和成本，迅速核对订货与到货的数据，易于发现差错。

应用传统的EDI成本较高，一是因为通过VAN进行通信的成本高，二是制定和满足EDI标准较为困难，因此过去仅仅是大企业因得益于规模经济能从利用EDI中得到好处。近年来，互联网迅速普及，为物流信息活动提供了快速、简便、廉价的通信方式，从这个意义上来说，互联网为企业进行有效的物流活动提供了坚实的基础。

边学边议9-4

EDI在物流中有哪些作用？

9.2.4　空间信息技术

1）GPS技术

（1）GPS技术的概念

GPS（global positioning system）即全球定位系统，最早是美国国防部研制，是由24颗卫星以及地面相应的设施设备组成的全球定位、导航系统，具有在海、陆、空进行全方位定位的能力和实时三维导航的能力。

（2）GPS技术在物流中的应用

目前，GPS技术在物流领域的作用越来越明显，尤其在货物配送领域中，GPS技术的应用主要体现在以下几个方面：

① 导航功能。三维导航既是GPS的首要功能，也是其最基本的功能，其他的功能都要在导航功能的基础上才能完全发挥作用。飞机、船舶、车辆以及步行者都可利用GPS导航接收器进行导航。车载GPS是在GPS技术的基础上发展起来的一种新技术，由GPS卫星导航和自动导航所测到的汽车位置坐标、前进的方向都与实际行驶的路线轨迹存在一定误差，为修正这两者间的误差，使之与地图上的路线统一，需采用地图匹配技术，加一个地图匹配电路，对汽车行驶的路线与电子地图上的道路误差进行实时相关匹配，并自动修正，此时，地图匹配电路通过微处理单元的整理程序进行快速处理，得到汽车在电子地图上的正确位置，以指示出正确的行驶路线。

② 车辆跟踪功能。GPS与GIS、GSM技术及计算机车辆管理信息系统相结合，可以实现车辆跟踪功能。利用GPS和GIS技术可以实时显示车辆的实际位置，并任意放大、缩小、还原、换图，可以随目标移动，使目标始终保持在屏幕上，还可以实现多窗口、多车辆、多屏幕同时跟踪，利用该功能可对重要的车辆和货物进行跟踪运输。目前，利用GPS技术能够满足掌握车辆基本信息、对车辆进行远程管理的需要，有效避免车辆的空载现象，同时客户也可以通过GPS技术了解自己的货物在运输过程中的细节情况。

③ 货物配送路线规划功能。货物配送路线规划是GPS的重要辅助功能，包括自动路线规划和人工路线设计，能够提供最快、最简单的路线，提高运输效率，降低运输成本。

④ 信息查询功能。GPS可以为客户提供主要物标，如旅游景点等数据库，用户可以在电子图上根据需要进行查询，同时，在检测中心可以利用检测控制台对区域内任意目标的所在位置进行查询，车辆信息将以数字形式在控制中心的电子图上显示出来。另外，GPS还有话务指挥和紧急援助的功能，使出现故障的车辆及时得到帮助，大大提高了物流配送的效率。

（3）北斗卫星导航系统

北斗卫星导航系统（Beidou navigation satellite system，BDS）是我国自行研制的全球卫星定位与通信系统，是继美国全球定位系统和俄罗斯格洛纳斯卫星导航系统之后第三个成熟的卫星导航系统。系统由空间端、地面端和用户端组成，可在全球范围内全天候、全天时为各类用户提供高精度、高可靠定位、导航、授时服务，并具短报文通信能力，已经初步具备区域导航、定位和授时能力，定位精度优于20米，授时精度优于100纳秒。2012年12月27日，北斗系统空间信号接口控制文件正式版正式公布，北斗导航业务正式对亚太地区提供无源定位、导航、授时服务。

北斗卫星导航系统在物流方面的应用体现在道路交通管理、铁路智能交通、海运和水运、航空运输等方面。

2）GIS技术

（1）GIS技术的概念

GIS（geographical information system）即地理信息系统，它是在计算机硬件、软件的支持下，对各种图形和空间地理分布的信息进行数据采集，并在计算机中存储、编辑、处理，建立完整的点、线、面的拓扑关系，使之在数据库中与各类属性信息相结合，从而实现各类数据的快速查询、检索和综合分析，最终达到实时提供多种空间、动态的地理信息及辅助决策的功能。

（2）GIS技术在物流中的应用

① 提供模型参考数据。在GIS辅助下，结合各种选址模型，为物流配送中心、连锁企业和仓库位置选址，以及中心辐射区范围的确定提供参考数据。

② 车辆监控和实时调度。GIS和GPS集成并应用于物流车辆管理，为物流监控中心及汽车驾驶人员提供各车辆的所在位置、行驶方向、速度等信息，实现车辆监控和实时调度，减少物流实体存储与运送的成本，降低物流车辆的空载率，从而提高整个物流系统的效率。

③ 监控运输车辆的位置及工作状态。物流监控中心在数字化地图上监控运输车辆的位置和工作状态，并将最新的市场信息、路况信息及时反馈给运输车辆，实现异地配载，从而使销售商更好地服务客户、管理库存，加快物资和资金的运转，降低各个环节的成本。对特种车辆进行安全监控，可为安全运输提供保障。

④ 车辆导航。利用"3S"[①]与移动通信集成技术进行物流监控，实时提供被监控运输车辆的当前位置信息以及目的地的相关信息，以指导运输车辆迅速到达目的地，节约成本。

⑤ 选择最佳路径物流。在运输过程中，运输路径的选择意义重大，不仅涉及物流配送的成本效益，而且关系到物资能否及时送达等环节。GIS按照最短的距离或最短的时间或最低的运营成本等原则，可为物流管理提供满足不同要求的最佳路径方案。

⑥ 实现仓库立体式管理。三维GIS与条形码技术、POS（销售时点信息系统）、射频技术以及闭路电视等多种自动识别技术相结合，可以使物流企业的仓库管理信

---

① "3S"是指遥感技术（remote sensing，RS）、地理信息系统、全球定位系统这三种技术。

息化，为入库、存储、移动及出库等操作提供三维空间位置信息，以更直观的方式实现仓库货物的立体式管理。

9.2.5 VR/AR 技术

1）VR 技术

VR 是英文 virtualreality 的缩写，中文意思是虚拟现实，也称灵境技术或人工环境。这个概念出现于 20 世纪 80 年代，它是指借助计算机及传感器技术创造的一种新的人机交互方式。VR 是利用电脑模拟产生一个三维空间的虚拟世界，提供使用者关于视觉、听觉、触觉等的模拟，让使用者如同身临其境一般，可以及时、没有限制地观察三维空间内的事物。最典型的 VR 使用场景就是游戏和视频，将用户带入游戏和视频场景中，让用户近距离感受和参与其中。由于 VR 的这种特性，用户必须与现实环境割裂开来，进入一个完全虚拟的场景中，无法看到真实环境。VR 的特点是可以让用户沉浸在由计算机生成的三维虚拟环境中，并与现实环境相隔绝。

2）AR 技术

AR 是英文 augmented reality 的缩写，意思是增强现实技术，是通过电脑技术，为真实的环境增加计算机生成的信息，从而对物理现实进行信息的扩展，其中的信息可以是文字、图表、影像、声音、触觉反馈、GPS 数据，甚至是气味，真实的环境和虚拟的物体实时地叠加到同一个画面或空间中。由于 AR 是现实场景和虚拟场景的结合，所以基本都需要摄像头，在摄像头拍摄的画面基础上，结合虚拟画面进行展示和互动。AR 具有三个突出的特点：是真实世界和虚拟世界的信息集成；实时交互性；是在三维空间中增添定位虚拟物体。因此，AR 技术不仅仅是一个简单的显示技术，它也是一种人机互动、人与物体互动的新形式。相比 VR，业内人士更看好 AR 的应用前景，因为人们在日常生活中与现实世界事物的互动要更多一些。Digi-Capital 的相关报告显示，预计到 2023 年 AR（包括移动 AR 和 AR 眼镜）的用户量将达到 25 亿，市场规模将达 700 亿 ~ 750 亿美元。VR（VR 盒子、VR 一体机、PC VR）用户量将达 3 000 万规模，市场规模将预计为 100 亿 ~ 150 亿美元。

知识链接9-4

物流运输空载率高 需加速集约化与信息化

边学边议 9-5

AR 是由 VR 发展而来，你能谈谈 VR 和 AR 的区别吗？

3）VR/AR 技术在物流领域的应用

近年来，以阿里巴巴、京东为代表的电商平台频频推出智能化的配送设备，一再刷新国人对物流的刻板印象，VR/AR 技术为物流的仓（仓储）、干（干线运输）、配（终端配送）、网（物流网络）的发展带来了巨大惊喜。

（1）VR/AR 技术在仓储中的应用

在仓库作业中，最难的工作是拣货和复核，因此我们可以在拣货作业中看到很多技术应用，拣货的技术有 pick by paper（按纸质拣货单拣货）、pick by RF（用无线射频枪拣货）、pick to light（电子标签拣货）、pick to voice（声音拣货）等，AR 技术的使用使 pick by vision（目光拣货）成为可能。AR 技术的使用解决了 pick to voice 中因口音不同而不能拣货的问题。

试想 AR 技术通过箭头为你导航到相应的拣选货位，然后准确显示你需要拣选的数量，完成拣选后，你的手在空中一挥，确认完成拣货，很酷炫，也很简单。目前，KNAPP、SAP 及 Ubimax 等厂商都在开发 pick by vision 的应用，UPS 和 DHL 等物流公司也在测试 pick by vision 的应用场景。

通过 AR 技术的使用，可以使员工培训的学习曲线更加垂直，极大地减少培训时间和培训支出。通过 AR 技术使拣选的效率大大提升，错误率大大降低。

（2）VR/AR 技术在仓库设计中应用

随着技术和科技的不断进步，以及市场环境的不断变化，仓库需要持续地做一些规划和改进，以满足商业的需求。我们熟悉了用 CAD 或者 SketchUp 来设计仓库，不仅效率低，而且有时候设计的东西在仓库里摆放不下，设想在 VR/AR 技术的帮助下，工程师能直接进行仓库布局的调整，调整结束后，直接设计出三维仓库模拟图，仓库的设计效率会有极大的提升。

（3）VR/AR 技术在干线运输和终端配送中的应用

①在运输装载中的应用。在运输装载过程中，需要两个重要的决策：一是运输的配载；二是根据运输的线路决定装载的先后次序。有了 VR/AR 技术和后台运算的帮助，可以优化运输的配载和装载的先后顺序。

在待装载区域有很多货物，利用 VR/AR 技术可以帮助装卸员工确定哪个货物应该装在哪辆卡车上，同时能够帮着装卸员工决定哪个托盘先装（后送），哪个托盘后装（先送）。这样可以大大地提高员工的装卸效率和准确率。这里面我们只是抛砖引玉地介绍一下该应用，具体应用需要很多的数据以及数据获取技术的支持。

②在运输导航中的应用。在运输过程中，通过 AR 技术实现司机行进的路线优化，以及配送的路线优化，实时显示路况，并且能够导航司机的行进路线。

③在运输和配送中的应用。利用 AR 技术，快递员可快速识别某一送达点的包裹，可以极大地提高快递员的配送效率。

9.2.6 物联网

1）物联网概述

物联网（internet of things，IoT）是通过智能传感器、射频识别（RFID）设备、卫星定位系统等信息传感设备，按照约定的协议，把任何物品与互联网连接起来，进行信息交换和通信，以实现对物品的智能化识别、定位、跟踪、监控和管理的一种网络。显而易见，物联网所要实现的是物与物之间的互联、共享、互通，因此又被称为"物物相连的互联网"。

当前较为公认的物联网基本架构包括三个逻辑层，即感知层、网络层、应用层。

（1）感知层

感知层处在物联网的最底层，传感器系统、标识系统、卫星定位系统以及相应的信息化支撑设备（如计算机硬件、服务器、网络设备、终端设备等）组成了感知层的最基础部件，其功能主要是采集包括各类物理量、标识、音频和视频数据等在内的物理世界中发生的事件和数据。

（2）网络层

网络层由各种私有网络、互联网、有线和无线通信网、网络管理系统等组成，在物联网中起到信息传输的作用，该层主要用于对感知层和应用层之间的数据进行传递，它是连接感知层和应用层的桥梁。

（3）应用层

应用层主要包括云计算、云服务和模块决策，其功能有两方面：一是完成数据的管理和数据的处理；二是将这些数据与各行业的信息化需求相结合，实现广泛智能化应用的解决方案。

此外，围绕物联网的三个逻辑层，还存在一个公共技术层。公共技术层包括标识解析、安全技术、网络管理和服务质量（QoS）管理等具有普遍意义的技术，它们被同时应用在物联网技术架构的其他三个层次，如图9-5所示。物联网具有数据海量化、连接设备种类多样化、应用终端智能化等特点，其发展依赖于感知与标识技术、信息传输技术、信息处理技术、信息安全技术等诸多技术的发展。

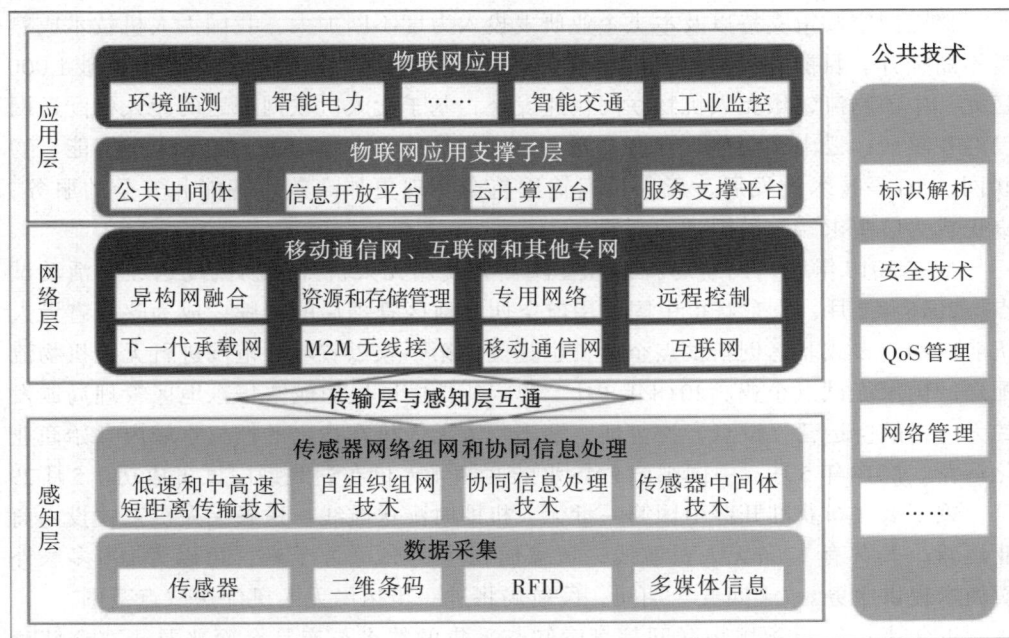

图9-5　物联网技术体系框架图

作为新一代信息技术的高度集成和综合运用，物联网备受各界关注，也被业内认为是继计算机和互联网之后的第三次信息技术革命。当前，物联网已经应用在仓储物流、城市管理、交通管理、能源电力、军事、医疗等领域，涉及国民经济和社会生活的方方面面。

2）物流行业物联网技术应用分析

物流业是应用物联网技术最主要的行业，物流与物联网技术的深度融合，推动了物流互联网发展和智慧物流落地应用。

据统计，截至2022年，全国已有超790万辆道路营运车辆、4.7万多艘船舶、4万多辆邮政快递干线车辆应用北斗导航系统，近8 000台各型号北斗终端在铁路领域应用推广。大量物流货运装备利用北斗等物联网技术接入互联网，以信息互联、设施互联带动物流互联，推动了中国智慧物流的深入发展。

在联网作业的物流机器人方面，数据显示，2021年我国物流机器人销量达7.2万台，同比增长75.61%。智能机器人利用物联网技术实现智能定位与导航，实现机器人之间、机器人与其他设备之间的通信，实现智能视觉感知、环境感知，推动了传感器、芯片、通信等技术全面发展。近年来，随着人工智能、5G、云计算、物联网技术的迅猛发展，以及新兴商业模式创新需求拉动，在物流领域各个环节机器人的应用日渐增多，物流机器人行业也呈现出快速发展的趋势，未来前途一片光明。根据市场调研机构 Logistics IQ 发布的数据，2025年仓库自动化市场将增长至270亿美元，其中，AGV/AMR（自动导引运输车/移动机器人）市场份额占比预计将达到15%。

伴随国家政策支持以及本土企业研发投入力度不断加大，我国无人机技术成熟度不断提升。目前，我国无人机运营企业数量已达到近1.3万家，年产值突破1 000亿元。中国物流领域无人机物联网快速发展，基于无人机联网配送的无人机配送网已经在陕西、云南、江苏、青海、海南、广东等地常态化配送。随着人工智能、物联网、5G等技术的发展，无人机运输网将会实现更加高效、智能和安全的服务，真正成为解决末端配送困难的利器。

早在2017年底，民航局就批准在陕西省使用无人机开展物流配送经营活动试点。2018年2月，京东获得中国民用航空西北地区管理局的授牌，成为陕西省无人机航空物流多式联运创新试点企业，也是国内第一家以省域为范围进行无人机物流配送的国家级试点企业。2018年3月，顺丰获得中国民用航空华东地区管理局颁发的无人机航空运营（试点）许可证，顺丰物流无人机在指定的授权空域内开始商业化运营。2018年5月，中国邮政 EMS 水陆两栖无人机在湖北荆门试飞成功。5月29日，饿了么宣布获准开辟中国第一批无人机即时配送航线，送餐无人机正式投入商业运营，其共有17条无人机航线，覆盖面积达到58平方千米，可以为100多家外卖商家提供服务。"十四五"期间，民航局将进一步拓展无人机配送试点范围。

近年来，物流领域物联网信息感知与采集的技术与产品全面普及。在仓储盘点、物流分拣、快递配送与收件等领域手持终端已经广泛应用。在智慧物流体系中，物联网技术通过感知技术自动采集物流信息，同时借助移动互联技术随时把采集的物流信息通过网络传输到数据中心，使物流各环节的信息采集与实时共享，以及管理者对物流各环节运作进行实时调整与动态管控成为可能。数据采集端作为整个物联网架构中的信息流核心溯源基础，其作用至关重要。未来随着5G、人工智能、物联网等技术在自动识别与数据采集领域的应用，行业技术综合性特征愈发明显。

2018年，无人驾驶货车开始进行上路测试，"无人配送车"开始在特定区域如校园内启动常态化运营，并开始在繁忙的市区进行配送测试。目前，全国已经有北京、上海、天津、广州、贵阳、武汉、西安等多个城市就配送机器人项目的应用开展布局和运营。

全自动化仓储系统是物联网技术的集成应用领域。2014年，京东建成首座大型智能物流园区上海"亚洲一号"，并在2017年落地全球首个全流程无人仓，实现收货、存储、分拣、包装全流程的智能化作业。截至2020年，京东物流"亚洲一号"数量超过30座，不同层级的机器人仓超过100个。2020年10月，菜鸟上线第三代无人仓。第三代无人仓可通过物联网接口连接更多智能设备，打通存储、售卖、订单、打包环节后，可以直接从存储区发货，省掉中间环节。

在传统的制造业物流领域，无人的全自动化物流系统发展最早，由于产品品类简单，产品包装标准，无人化仓储在医药、烟草、快消品、通信等领域市场规模巨大。

在传统的港口领域，智慧无人港也是发展较快的领域之一。无人港码头空无一人却忙碌有序，巨大的集装箱被稳稳抓起、平移、放下，无人驾驶车辆来回穿梭运输，这样的场景在青岛、厦门、上海已经成为现实。目前，在岸桥、轨道吊、自动引导车、智能控制系统等无人港的核心技术中，"中国制造"已经占有一席之地，将为迎接更大规模的智能化时代提供坚实支撑。

此外，在钢铁行业，钢卷库高温、超重，是不适合人员作业的恶劣环境，更需要发展无人仓技术。目前，宝钢等企业已经建成了智慧无人化仓库，实现了真正的巨大仓库空无一人的自动化作业。

总之，在物联网技术应用的推动下，人工智能技术在智能终端、无人驾驶、无人仓储、无人配送、无人机、无人叉车、无人港口等前沿领域已经开始了深度探索与初步应用，领先企业已经与国际一流企业从同一起跑线起步，正在全面推进智慧物流发展。

3）物流行业物联网技术创新与变革趋势

（1）AI+IoT成为智慧物流发展新趋势

智慧物流由三大系统组成：一是智慧物流思维系统；二是智慧物流信息传输系统；三是智慧物流执行系统。智慧物流的执行系统主要是各类自动化设备的应用，而智慧物流发展的核心技术是智慧物流思维系统和信息传输系统。物联网是智慧物流信息传输系统的核心技术。在物流业应用中，物联网技术与智慧物流大脑建立起全面连接，推动了人工智能AI技术与物联网IoT技术的融合发展。

物流互联网的天网与实体货物的地网融合，在AI+IoT的技术支持下，物流系统中的人、装备、设施、货物、空间、时间都发生了重大变化，数据流、物流在AI+IoT驱动下产生了重大变革，形成了经济社会新的智慧型基础支撑。在AI+IoT技术基础上，重构的信息网络+物流网络成为新的经济社会基础设施，数据和AI驱动的物流带来运营的高效率，将彻底解构我们原有的物流产业格局。

从企业层面看，菜鸟物流发布物联网战略，推动了AI+IoT融合发展，建立基于全局视角的智能服务体系。菜鸟物流认为：物流服务链条的优化需要做到全流程的可预测、可规划、可调度、可反馈，形成运作闭环，才能最大化提升物流的服务效率，降低运作成本。人工智能技术将针对物流服务的链路长、模式复杂、不确定性高等特点，建立基于全局视角的离线规划和在线动态调整的智能服务体系。在离线规划环节，要建立基于全局视角的供需匹配服务网络，网络的设计应具备抵抗不确定需求的动态调整能力；在线服务环节，利用大数据建模能力，预估每一个流动包裹的状态和时效，从而能更好地把握物流的状态，让每一个决策都能防患于未然。

旷视科技收购艾瑞思机器人（Ares Robot）以后，发现物流场景非常有价值，很多AI+IoT技术马上就可以在物流仓库的应用场景落地。旷视科技全面推进AI+IoT战略，打造IoT操作系统，其核心产品"河图（Hetu）"加强了数字化与操作控制能力，全面升级为AIoT操作系统。

（2）物联网技术推动物流智慧大脑的计算模式变革

物联网、云计算、大数据、区块链等新一代技术的协同发展，推动全面连接的物流互联网逐步形成。"万物互联"呈指数级增长，产生了物流大数据，推动了云计算和人工智能发展，催生了物流大脑的逐步成熟与进化。如阿里巴巴利用物流大脑，可以使网购大数据在互联网中集合、运算、分析、优化、运筹，再通过互联网+物联网智慧物流分布到整个实体物流系统，实现对现实物流系统的智慧管理、计划控制，实现大数据对现代物流体系的赋能。

物联网技术应用不仅促进了大数据为智慧物流赋能，而且物流大数据也推动了物流大脑的计算模式变革。在物流数据领域，越来越多的物流场景需要实时决策分析；在末端配送领域，需要实时匹配和规划运力。这些需求都驱动大数据计算越来越向着实时/离线计算融合方向发展。硬件性能的提升和容器化技术让实时计算的成本更低，更容易在行业进行普及。对物流行业而言，随着IoT设备产生的数据量增长，实时计算会和边缘计算、雾计算结合起来，在IoT等数据密集型监控场景中发挥越来越大的作用，推动物流大脑变革与升级。

（3）物联网技术推动了新零售与新物流创新

物联网技术的应用让线下实体店与线上网店实时融合，让传统门店成为电子商务网购系统的一个交易终端、一个体验场景、一个交付节点、一个物流的前置店仓。客户可以在实体店实现自助体验、自助取货、自助结算或自助下单后门店配货等功能。

新零售领域无人值守门店、无人货架、无人售货柜等基于物联网技术的新零售模式的创新，在经过了一轮喧嚣的泡沫后将趋于理性，基于实实在在的物联网技术创新应用的新零售将进入稳定的发展轨道。

利用物联网技术可以实现软件定义门店仓储系统，借助各类物联网感知技术，利用线下门店的物理空间，通过软件系统对遍布全国的各类门店的物理空间进行云仓管理，可以让线下所有门店都加入物流系统的云仓网络，从而盘活全国各个门店的物理空间，实现店与仓的共享。此外，还可以利用大数据和云计算技术，实现数据订货、在线调拨，把物流货物通过前置布仓到距离客户"最后一公里"门店的"店仓"内，通过即时物流系统进行"最后一公里"的即时配送，让物流配送的时效达到分钟级的精准。

（4）物联网技术推动货运后市场物流创新发展

车联网一直是物联网应用的重要领域，利用物联网技术打造车联网系统，可以实现运输透明化管理，实现车、货、人无缝衔接，实现货运资源优化整合与最佳配置，提升货物装载率，降低货物返程空载率，实现标准化的定点航班货运管理，实现全面的联网追踪与追溯。物联网技术在这些方面由于具有巨大发展空间，近几年成为资本追逐热点，也积累了大量的泡沫。同时，由于货运领域竞争激烈，运价低迷，利润空间极为狭小，利用再好的货运物联网整合货运资源，也难以找到盈利的空间。物联网技术与货运相结合推动着中国货运领域的后市场物流创新与变革进入全面深化与发展阶段。

随着互联网+物流、智能制造与电子商务发展，以及物联网、云计算、大数据技术、区块链的应用，在物流领域的采购、仓储、分拣、配送、运输等环节的传统供应链将重塑为高度智能化、服务化的智慧供应链，从而推动物流的物联网应用快速发展。

案例链接 9-3　　　　万物智互联，物流在云端

菜鸟驿站智能快递柜利用摄像头识别技术完成 5 秒刷脸取快递；京东物流推出的秒收系统通过"扫一扫"便可在 10 秒钟内完成近 2 000 件商品的信息采集；全国道路货运车辆公共监管与服务平台上 500 多万辆重型货车安装了北斗卫星导航系统；全国重点营运车辆联网联控系统覆盖超过 70 万辆"两客一危"车辆，实现了"车辆一动，全程受控"……

1）电商物流抢占物联网制高点

半人高的无人车从仓库缓缓驶出，一辆跟着一辆排着队，转弯直行很是灵活，全程由物联网系统自动调用红灯，自主规划路线和避障。在四川成都无人车未来园区内，基于物联网技术，工作人员通过云端可以调度无人车，让它们自动完成园区内多个仓库、分拨中心之间的包裹运输、物资调拨。

据悉，这只是菜鸟网络物联网战略下的一项举措，基于物联网对未来5至10年物流业竞争格局的判断，菜鸟网络积极推进智能仓储管理系统、物流天眼、智能语音助手等智能产品的落地应用。

随着物联网战略的快速推进和落地，菜鸟网络此前已在江苏无锡推出首个未来园区，实现了用一部手机管理整个园区，仓内还上线了700多台智能仓储机器人。

与菜鸟网络几乎同时布局的还有京东物流。2018年，京东物流推出全球智能供应链基础网络战略，并积极推动通路网络和智能平台建设。"物联网是物流业下一个战略技术制高点，早在2016年，京东物流就开始在物联网领域大力进行研究，先后在道路运输，冷链全程监控，物联网智能园区、仓库、分拣中心的设备、系统等方面开拓探索，并落地实施了一批物联网的技术应用。"京东物流设备规划部负责人王琨表示。

为推动物联网战略迅速落地，2019年以来京东物流继续推进无人仓建设，东莞、青岛等多个"亚洲一号"仓开始投用。不久前，京东物流与中国联通联手，双方将共同打造"5G智能物流示范园区"。由物联网和人工智能技术交叉支撑的"X仓储大脑"系统已亮相，帮助无人仓实现自我感知、比较、预测以及自适应，规划、运营监控及维保效率将提升80%，运营成本节约50%以上。

值得一提的是，基于物联网技术、智能排队导入技术、超高频360度读码技术和柔性分拣技术等多项智能技术，京东物流自主研发的首套物联网分拣系统正式推出，每小时能够完成4 000个集包袋的分拣任务，相当于识别分拣一个集包袋仅需0.9秒，分拣准确率达到99.99%，有力支撑了电商快递融合发展。

2）5G切入物流车联网

为推动我国物流信息化快速发展，交通运输部等有关部委相继开展了"国家智能化仓储物流示范基地""骨干物流信息平台试点""国家多式联运示范工程""无车承运人试点""供应链创新与应用试点"等重点工作，积极促进物流信息互联互通。随着"互联网+"行动的开展，越来越多的经营创新活动借助物流信息平台展开，一批专注于物联网、大数据、人工智能的物流科技型企业崭露头角。

众所周知，物联网技术可实现物流业资源优化整合与最佳配置、标准化的定点航班货运管理以及全面联网追踪与追溯，车联网系统也一直是物联网技术应用的重要领域。

从基本的北斗车辆位置服务到基于强大的技术能力的车辆自动驾驶平台；从车辆运输过程管理到汽车主动安全技术，在商用车车联网技术领域探索多年的北京中交兴路信息科技有限公司（简称中交兴路）正搭建全覆盖、广连接的智慧物流体系。

据中交兴路相关负责人介绍，通过物联网、人工智能技术，中交兴路计算平台将大数据与计算模型深度结合，对运营、驾驶和道路进行精准画像，实现了事故侦测预警、车辆智能预警、风险智能预警和保险理赔智能防欺诈，为大数据应用奠定了基础。

随着5G技术商用在即，车联网技术将极大推动货运车辆的信息化管理，5G对设备实时通信提供的强大支撑，将促进货车相关信息回传速度得以优化，设备运行更加安全可靠。

物联网使电子标签与真实的物体在"云"上一一对应，并对设备进行集中管理、控制。不得不说，信息化和传统物流业的融合发展，正在开启万物互联新时代。

资料来源　张英贤，林坦．万物智互联　物流在云端——物流物联网融合发展进行时［EB/OL］．（2019-04-03）［2023-06-28］．http://www.chinawuliu.com.cn/zixun/201904/03/339648.shtml.

9.2.7　大数据与云计算技术

1）大数据技术

大数据（big data，mega data），或称巨量资料，指的是需要新处理模式才能具有更强的决策力、洞察力和流程优化能力的海量、高增长率和多样化的信息资产。

维克托·迈尔-舍恩伯格及肯尼思·库克耶编写的《大数据时代》一书中指出，大数据不采用随机分析法（抽样调查）这样的捷径，而是对所有数据进行分析处理。大数据的4V特点包括：volume（大量）、velocity（高速）、variety（多样）、value（价值）。

大数据技术的战略意义不在于掌握庞大的数据信息，而在于对这些含有意义的数据进行专业化处理。换言之，如果把大数据比作一种产业，那么这种产业实现盈利的关键在于提高对数据的"加工能力"，通过"加工"实现数据的"增值"。大数据技术是以数据为本质的新一代革命性的信息技术，在数据挖潜过程中，能够带动理念、模式、技术及应用实践的创新。

从技术上看，大数据与云计算的关系就像一枚硬币的正反面一样密不可分。大数据必然无法用单台的计算机进行处理，必须采用分布式架构。它的特色在于对海量数据进行分布式数据挖掘，但它必须依托云计算的分布式处理、分布式数据库、云存储和虚拟化技术。

随着云时代的来临，大数据也吸引了越来越多的关注。著云台的分析师团队认为，大数据通常用来形容一个公司创造的大量非结构化数据和半结构化数据，这些数据在下载到关系型数据库用于分析时会花费过多时间和金钱。大数据分析常和云计算联系到一起，因为实时的大型数据集分析需要像MapReduce一样的框架来向数十、数百，甚至数千台的电脑分配工作。

大数据需要特殊的技术，以有效地处理大量的数据。适用于大数据的技术，包括大规模并行处理（MPP）数据库、数据挖掘电网、分布式文件系统、分布式数据库、云计算平台、互联网和可扩展的存储系统。

案例链接9-4　　　　福建打造"海丝"互联互通枢纽

福建省是"21世纪海上丝绸之路"核心区，同时又是海洋渔业大省。陈融圣说，对于卫星应用产业而言，"海丝"沿线国家和地区是一个巨大的市场，是世界上经济增长最快的地区，也是全球最大的海洋渔业产区，活跃着350万艘渔船和6.4万艘远洋船只。

同时，福建政策优势突出。2018年，福建省人民政府和国家航天局联合下发了《卫星应用助力数字福建创新发展总体方案》，促进"数字福建"从地上向空中拓展，从陆上向海上、海外拓展，构筑立体化、三位一体的信息保障体系。

目前，福建卫星应用产业发展态势较好，初步建立了以企业为主体、行业应用为导向、公共平台为支撑、产业延续为承载的功能格局。统计数据显示，福建直接从事卫星应用的企业有100多家，涵盖从芯片设计、移动电话、车船载导航设备到地理信息应用测绘等产业链各个环节。

第二届数字中国建设峰会上，时任国家国防科技工业局副局长田玉龙表示，将持续推动"一带一路"空间信息走廊的建设，从福建走向世界，推动空间数据成果更好地惠及世界各国人民。

田玉龙指出，国防科工局将与福建省共同加大产业发展力度，聚焦卫星应用产业发展，打造数据公共平台建设，推动资源融合共享，支持面向"21世纪海上丝绸之路"的国家和地区卫星应用、国际合作和应用交流；支持和鼓励国家科研院所和企业，推动以航天技术、电子信息技术为牵引的高新技术产业在福建落地。

福建省政协副主席洪捷序表示，福建省正致力于打造国家卫星应用创新资源汇聚地、卫星应用产业示范区和"海丝"卫星服务基地。

对此，福建卫星应用产业界已积极布局。陈融圣说，通过海外投资并购、合作运营等模式，在东南亚、南亚、欧洲等主要国家尝试广泛布局卫星主站，建立以福建为核心节点，以印度尼西亚电信港、德国汉诺威电信港等为主要节点的全球卫星通信地面基础设施，全面覆盖"一带一路"沿线国家；将为太平洋、印度洋等海域和沿岸国家，提供宽带卫星互联互通服务，打造覆盖全球的"海丝"宽带卫星互联互通平台。

福建省电子信息集团正强化海洋综合立体感知网、海洋卫星信息通信网、海洋卫星大数据云平台建设。该集团时任副总经理黄舒说，将立足为"海丝"沿线国家和地区提供海洋感知、导航定位、灾害预防、海洋通信等服务，推动福建打造"21世纪海上丝绸之路"开放合作的示范区。

打造"海丝"卫星互联互通枢纽，也将为福建企业拓展海外市场夯实基础。近年来，金龙客车进一步加大"走出去"力度，热销"海丝"沿线国家和地区。厦门金龙联合汽车工业股份有限公司总经理张斌说，金龙自主研发了车载终端系统，实现了卫星定位、车辆数据的实时采集、传输。正是依托于卫星应用，所有车辆的数据都可传输至监控平台，从而解决车道偏离报警、视野盲区等难题。

资料来源　佚名．福建正成为"海丝"互联互通卫星应用合作与交流的枢纽［EB/OL］．
［2023-06-28］．http://www.chinawuliu.com.cn/zixun/201905/10/340536.shtml.

2）云计算技术

云计算（cloud computing）是基于互联网相关服务的增加、使用和交互模式，通常涉及通过互联网来提供动态易扩展且经常是虚拟化的资源。云是网络、互联网的一种比喻说法。过去在图中往往用云来表示电信网，后来也用来表示互联网和底层基础设施的抽象。云计算能赋予用户无法比拟的运算能力，可以模拟核爆炸、预测气候变化和市场发展趋势。用户通过电脑、笔记本、手机等方式接入数据中心，按自己的需求进行运算。

云计算是分布式计算的一种，是通过网络将庞大的计算处理程序自动分拆成无数个较小的子程序，再交由多部服务器所组成的庞大系统经搜寻、计算分析之后将处理结果回传给用户。网络服务提供者可以在数秒之内处理数以千万计甚至亿计的信息，提供和"超级计算机"同样强大效能的网络服务。

古往今来，每一次社会的变革、时代的更迭，都离不开技术的支持。而在信息化时代，新兴技术更是起着举足轻重的作用。

被誉为"大数据商业应用第一人"的维克托·迈尔-舍恩伯格教授在《大数据时代》中曾经前瞻性地指出，大数据带来的信息风暴正在变革我们的生活、工作和思维，大数据开启了一次重大的时代转型，并将带来新时代的思维变革、商业变革和管理变革。

在此背景之下，云计算技术应运而生，超过10万亿次/秒的运算能力，可以在浩瀚如海的大数据之中，精确找到那块梦想中的宝石。随着云计算技术的逐渐成熟，大数据带来的时代变革悄然降临，大数据、云计算与这个时代是天作之合。

身处信息化时代，人们对"云"这个字越来越熟悉。随着技术的不断发展成熟，云计算已经融入金融、工业等行业的发展过程中，并给相关行业的发展注入了新的活力。

当前，云计算作为前沿技术之一，正改变着人们生产、生活的方方面面。大到企业数据共享，小到个人数据存储，云计算都优势显著。从概念兴起到被公众熟知，再到获得认可，云计算经历了几个发展阶段。

在2010年之前，公众初步了解到云计算概念，云计算架构初步落地。在2013年左右，云计算的概念逐渐被更多的人所熟知，公有云、私有云、混合云的模式也逐渐清晰起来。从2013年开始，云计算进入了高速发展阶段，产业规模不断扩大，一些企业开始积极研究云技术，并有力地推动云技术投入实际应用。2009年，我国云计算的产业规模仅为249亿元，到2018年，我国云计算的产业规模已经达到了2 400亿元，整个产业规模增长了近10倍。2022年，我国私有云市场规模为1 198.2亿元，公有云市场规模为1 785.2亿元。预计2023年我国云计算市场规模将超3 700亿元。

2017年4月，工信部结合"中国制造2025"和"十三五"系列规划部署，发布了《云计算发展三年行动计划（2017—2019年）》，提出"以工业云、政务云为切入点，加快信息系统向云平台的迁移"。2017年11月，国务院印发《关于深化"互联网+先进制造业"发展工业互联网的指导意见》，制订了具体的企业上云计划："到2025年，培育百万工业App，实现百万家企业上云。"

云计算、大数据等信息技术正在深刻改变着人们的思维、生产、生活和学习方式，并延伸至人们的日常生活。伴随着社交媒体、电商、健康医疗、智能交通、电信运营、金融和智慧城市等各行业各领域的大数据的产生，大数据分析技术和应用研究使大数据呈现出不可限量的经济社会价值和科学研究意义，引起了国内外学术界和产业界的研究热潮，对此各国政府也高度重视并不断上升为国家战略高度。

案例链接9-5　英国电商平台OnBuy与Easyship推出跨境配送服务

2021年8月，英国电商平台OnBuy宣布与国际物流服务提供商Easyship建立合作关系，此次合作将为OnBuy卖家提供全渠道跨境配送等能力，这些能刀将支持并简化国内和国际运输。

据介绍，Easyship可以在几秒钟内与OnBuy结合使用。创建Easyship账户的OnBuy卖家只需一键同步，就能将现有的商店订单加载到Easyship，同步在几秒钟内即可完成。

同步后，所有收到的全渠道订单在Easyship中都显示为发货。这使卖家可以在一个地方准确查看所有订单和发货。这里的关键好处是简化了履行管理。同时，商家现在可以自由使用所有Easyship功能来处理任何国内外的订单，无论销售渠道是如何的。

每个全渠道订单都作为包含所有详细信息的货件出现在Easyship中。现有订单会根据快递员提供的跟踪信息进行追溯更新，这也让用户从烦琐的回载跟踪数据中解放出来。

随着OnBuy全球市场的不断扩张，Easyship将成为卖家大规模增长的重要合作伙伴。

据悉，OnBuy成立于2016年，目前该平台积累了超过7 000个商家和超过3 600万件产品。天眼查信息显示，2021年7月，OnBuy完成了3 500万英镑的A+轮融资。显然，OnBuy已经把目光投向了全球扩张，也致力于创建一个稳固的供应链设施，以支持来自世界各地的卖家和顾客。

Easyship联合创始人兼首席执行官Tommaso表示，Easyship的国际影响力是无可比拟的。通过将Easyship与OnBuy整合，卖家现在可以自动运输他们的产品，同时也能享受优惠的快递费率、预算税费，以及简化的标签生成和退货软件等一系列服务。

资料来源　李伊. 英国电商平台OnBuy携手物流服务商Easyship推出跨境配送服务［EB/OL］.［2023-06-20］. https://www.dsb.cn/156209.html.

9.2.8　智慧物流

智慧物流是利用集成智能化技术，使物流系统能模仿人的智能，具有思维、感知、学习、推理判断和自行解决物流中某些问题的能力，即在流通过程中获取信息，从而分析信息并做出决策，使商品从源头开始被跟踪与管理，实现信息流快于实物流，可通过 RFID、传感器、移动通信技术等让配送货物自动化、信息化和网络化。

1）智慧物流的特点

（1）互联互通，数据驱动

所有物流要素实现互联互通，一切业务数字化，实现物流系统全过程透明可追溯；一切数据业务化，以"数据"驱动决策与执行，为物流生态系统赋能。

（2）深度协同，高效执行

跨集团、跨企业、跨组织之间深度协同，基于物流系统全局优化的智能算法，使整个物流系统中各参与方高效分工协作。

（3）自主决策，学习提升

软件定义物流实现自主决策，推动物流系统程控化和自动化发展；通过大数据、云计算与人工智能构建物流大脑，在感知中决策，在执行中学习，在学习中优化，在物流实际运作中不断升级。

2）智慧物流的三大核心系统

根据智慧物流定义与技术架构，结合人类智慧的特点，智慧物流主要由智慧思维系统、信息传输系统和智慧执行系统组成。

（1）智慧思维系统是物流大脑，是智慧物流最核心的系统。大数据是智慧思考的资源，云计算是智慧思考的引擎，人工智能是智慧思考与自主决策的能力。

（2）信息传输系统是物流神经网络，是智慧物流最重要的系统。物联网是信息感知的起点，也是信息从物理世界向信息世界传输的末端神经网络；互联网+是信息传输的基础网络，是物流信息传输与处理的虚拟网络空间；CPS（信息物理系统）技术反映的是虚实一体的智慧物流信息传输、计算与控制的综合网络系统，是互联网+物联网的技术集成与融合发展。

（3）智慧执行系统是物理世界智慧物流具体运作的体现，呈现的是自动化、无人化的自主作业，核心是智能操作执行中智能硬件设备的使用，体现的是智慧物流在仓储与配送领域的全面应用。

3）智慧物流的发展现状与演进方向

在智慧物流思维系统方面，目前已经全面进入数字化阶段，物流企业开始重视物流数据收集、分析与应用，基于大数据预测的前置布仓技术让物流实现了先行，缓解了"双十一"等物流高峰时期的物流配送压力。基于数据分析的物流全程优化运筹为企业物流发展插上了翅膀。但考察各个公司的物流系统，包括先进的智慧物流系统，目前智慧物流思维系统能够做到"自主决策"，实现软件定义物流的系统还很少见。目前，中国智慧物流思维系统正在从数字化向程控化演进，未来演进的方向是智能化。

在智慧物流信息传输系统方面，随着物联网技术的应用，以条码为基础的自动识别技术、卫星导航追踪定位技术、RFID识别技术、部分传感技术得到了普遍应用，互联网开始延伸到实体网络阶段，推动了物流业务流程向透明化发展。目前，物流信息传输正处于物联网技术逐步普及、物流末端神经网络初步形成的阶段，需要进一步向全面深化链接与信息融合的CPS方向演进，实现信息联网、物品联网、设备联网、计算联网、控制联网，全面进入互联互通与虚实一体的智慧世界。

在智慧物流执行系统方面，目前物流自动化技术获得了快速发展，配送终端的智能货柜、无人机、机器人技术开始进入应用阶段，自动驾驶卡车、地下智能物流配送系统等技术成为关注热点。目前，智能物流执行系统正在从机械化、自动化向智能硬件全面发展演进，未来演进的方向是系统级和平台级的智能硬件组网应用，实现执行系统全面无人化与智能化。

2018年以来，包括京东在内的各大电商物流巨头纷纷加强配送机器人的布局。一方面，率先进行布局的京东、菜鸟和苏宁等企业，相继宣布旗下智能末端配送机器人将实现规模化量产；另一方面，互联网巨头腾讯等企业入局，引发外界对行业未来格局变化的关注。除了上述几家企业外，还有不少来自快递物流、电商、外卖以及机器人制造等行业的巨头也纷纷在配送机器人方面展开布局。巨头积极布局的背后，离不开现阶段依然在不断增长的物流配送需求，伴随着人力成本提高，智能机器人的支撑技术日趋成熟，智慧物流已成为不可阻挡的行业趋势。

案例链接9-6　　　　　　　德邦快递瞄准"智慧物流"

2018年10月17日，德邦快递与网易旗下云计算大数据品牌"网易云"在上海签约，展开在物流、快递业数字化方面的深度合作，共同打造"智慧物流"。

根据合作协议，双方将在云技术、大数据、运维、AI、区块链等方面共同谋求技术升级。同时，德邦快递将借助网易的互联网资源和生态流量，结合网易的画像分析、大数据等技术，为德邦快递不同的业务场景提供更有效、实用、全面的解决方案。

此外，双方将成立联合实验室，从应用系统入手，对德邦快递的系统进行微服务改造，并建立完善的DevOps开发管理流程，最终实现德邦快递的IT全面升级，助力其数字化进程。

对于网易，大家了解更多的是网易新闻、网易云课堂、网易云音乐，当然还有网易考拉。事实上，作为互联网企业"元老"，网易如今业务多元化，科技实力不容小觑。

以网易云在物流行业的应用为例，据网易副总裁、杭州研究院执行院长汪源介绍，目前网易云打造的瀚海私有云、轻舟微服务、网易大数据等一系列技术产品，已经能够全面支持发货、运输、仓储、运营等行业应用，比如加快全网流通速度，发货端新增平台快速接入，提升网点服务品质，优化运输和仓储能力，提升资金统一管理、报表统计分析能力等。

资料来源　佚名．德邦快递拥抱网易云　瞄准"智慧物流"［EB/OL］．［2023-06-20］．http：//www.chinawuliu.com.cn/zixun/201810/18/335599.shtml.

9.3　物流信息系统

物流信息系统是计算机管理信息系统在物流领域的应用。计算机技术、通信技术和网络技术的发展给物流管理带来了革命性的变革，物流信息系统应运而生，在物流管理中发挥着关键性的作用。物流信息系统是物流系统的神经中枢，是物流发展的关键，物流伴随着信息流，而信息流又控制着物流。不具备现代化的物流信息系统，再好的物流设备和物流技术都不能取得良好的效率和效益。

9.3.1　物流信息系统的概念

物流信息系统是指由人员、设备和程序组成的，为物流管理者执行计划、实施、控制等职能提供信息的交互系统，它与物流作业系统一样都是物流系统的子系统。

物流信息系统是建立在物流信息的基础上的，只有具备了大量的物流信息，物流信息系统才能发挥作用。在物流管理中，人们要寻找最经济、最有效的方法来克服生产和消费之间的时间距离和空间距离，就必须传递和处理各种与物流相关的情报，这种情报就是物流信息。它与物流过程中的订货、收货、库存管理、发货、配送及回收等职能有机地联系在一起，使整个物流活动顺利进行。

在企业的整个生产经营活动中，物流信息系统与各种物流作业活动密切相关，具有有效管理物流作业系统的职能。它有两个主要作用：一是随时把握商品流动所带来的商品量的变化；二是提高各种有关物流业务的作业效率。

9.3.2　物流信息系统的基本功能

物流信息系统是物流系统的主导，它作为整个物流系统的指挥和控制系统，具有多种子系统和多种基本功能。通常，可以将其基本功能归纳为以下几个方面：

1）数据的收集和输入

物流数据的收集首先是通过收集子系统将数据从系统内部或者外部收集到预处理系统中，并整理成系统要求的格式和形式，然后通过输入子系统输入到物流信息系统中。这一过程是其他功能发挥作用的前提和基础，如果一开始收集和输入的信息不完全或不正确，在接下来的过程中得到的结果就可能与实际情况完全相左，这将会导致严重的后果。因此，在衡量一个物流信息系统的性能时，应注意它收集的数据的完善性、准确性，以及校验能力、预防和抵抗破坏能力等。

2）信息的存储

物流数据经过收集和输入阶段后，在其得到处理之前，必须在系统中存储下来。在处理之后，若信息还有利用价值，也要将其保存下来，以供以后使用。物流信息系统的存储功能就是要保证已得到的物流信息不丢失、不走样、不外泄、整理得当、随时可用。无论哪一种物流信息系统，在涉及信息的存储问题时，都要考虑到存储量、信息格式、存储方式、使用方式、存储时间、安全保密等问题。如果这些问题没有得到妥善的解决，物流信息系统是不可能投入使用的。

3）信息的传输

物流信息在物流系统中一定要准确、及时地传输到各个职能环节，否则信息就会失去其使用价值。这就需要物流信息系统具有克服空间障碍的功能。在实际运行物流信息系统前，必须充分考虑所要传递的信息种类、数量、频率、可靠性要求等因素。只有这些因素符合物流系统的实际需要时，物流信息系统才是有实际使用价值的。

4）信息的处理

物流信息系统的最根本目的就是要将输入的数据加工处理成物流系统所需要的物流信息。数据和信息是有所不同的，数据是得到信息的基础，但数据往往不能直接利用，而信息是从数据加工得到的，可以直接利用。只有得到了具有实际使用价值的物流信息，才发挥了物流信息系统的功能。

5）信息的输出

信息输出是物流信息系统的最后一项功能，也只有在实现了这个功能后，物流信息系统的任务才算完成。信息的输出必须采用便于人或计算机理解的形式，力求易读易懂，直观醒目。

以上五项功能是物流信息系统的基本功能，缺一不可。而且，只有五项功能都没有出错，最后得到的物流信息才具有实际使用价值，否则会造成严重的后果。

9.3.3 典型的物流信息系统

1）运输管理信息系统

运输管理信息系统是指利用计算机网络等现代化信息技术手段，对运输计划、运输工具、运送人员及运输过程进行跟踪、调度、指挥等管理作业的人机系统。运输管理信息系统以现代供应链和物流管理思想为基础，按照长远发展的要求，综合现代物流技术和信息技术进行设计，为物流企业、制造企业、流通企业提供物流电子化方案，优化运输流程和作业管理，节约物流运输成本，以建设一个高度现代化的物流运输网络为最终目标。运输任务是运输管理信息系统的核心，系统通过运输任务中的订单接收、车辆调度、货物配载、运输状态跟踪等信息确定任务的执行状态。

2）仓库管理信息系统

仓库管理信息系统是通过入库业务、出库业务、仓库调拨、库存调拨和虚仓管理等功能，与批次管理、物料对应、库存盘点、质检管理和即时库存管理等功能综合运用的管理系统，能有效控制并跟踪仓库业务的物流和成本管理全过程，实现完善的企业仓储信息管理。该系统可以独立执行库存操作，或与其他系统的单据和凭证等结合使用，还可提供更为完整、全面的企业业务流程和财务管理信息。

知识链接 9-5

自动化仓储
系统

3）配送中心管理信息系统

配送中心管理信息系统是对商品入出库、保管、货品集中、流通加工及配送等进行全面管理的信息系统。配送中心的物流操作作业是在计算机管理下进行的，以指示的方式作业，配以物流控制、计算机控制的自动仓库，以及机械化分拣装置等来共同完成，还必须与总部和各分店的信息系统相协调才能实现其管理功能。

本章小结

物流信息在现代物流管理中占有越来越重要的地位。发展物流业的关键是实现物流信息化。只有实现了物流信息化，才能在真正意义上以客户为中心，实现物流、信息流、资金流的高度统一，完成物流资源的整合和一体化供应链管理，快速响应客户的需求，提供适应经济全球化的现代物流服务。

复习思考题

（1）谈谈信息流与物流和商流的关系。
（2）谈谈条码技术在物流中的应用。
（3）电子数据交换技术（EDI）在物流领域有何作用？
（4）CIS 主要在什么领域使用？
（5）GPS 的应用原理是什么？
（6）谈谈我国物流信息化的现状及趋势。

第 9 章
基础知识测试

案例分析题

沃尔玛的信息技术实践

20 世纪 50 年代末，当第一颗人造卫星上天的时候，全世界商业领域对现代通信技术还无人问津。20 世纪 70 年代，沃尔玛率先使用了卫星通信系统；21 世纪伊始，沃尔玛又投资 90 亿美元实施"互联网统一标准平台"的建设。凭借先发优势、科技实力，沃尔玛的店铺冲出阿肯色州，遍及美国，走向世界。由此可见，与其说它是零售企业，不如说它是科技企业。

沃尔玛领先于竞争对手，先行对零售信息系统进行了非常积极的投资：最早使用计算机跟踪存货（1969年）；全面实现S.K.U.单品级库存控制（1974年）；最早使用条形码（1980年）；最早使用CM品类管理软件（1984年）；最早采用EDI（1985年）；最早使用无线扫描枪（1988年）；最早与宝洁公司（P&G）等大供应商实现VMIECR产销合作（1989年）。在信息技术的支持下，沃尔玛能够以最低的成本、最优质的服务、最快速的管理反应进行全球运作。尽管信息技术并不是沃尔玛取得成功的充分条件，但它却是沃尔玛取得成功的必要条件。这些投资都使得沃尔玛可以显著降低成本，大幅提高资本生产率和劳动生产率。

沃尔玛的全球采购战略、配送系统、商品管理、人力资源管理、天天平价战略在业界都是可圈可点的经典案例。可以说，所有的成功都是建立在沃尔玛利用信息技术整合优势资源、信息技术战略与传统物流整合的基础之上。强大的信息技术和后勤保障体系使沃尔玛不仅能经营商品，更能生产商品，经营物流。

20世纪90年代，沃尔玛提出了新的零售业配送理论，开创了零售业的工业化运作新阶段：集中管理的配送中心向各商店提供货品，而不是直接将货品运送到商店。其独特的配送体系大大降低了成本，加速了存货周转，形成了沃尔玛的核心竞争力。20世纪90年代初，沃尔玛就在公司总部建立了庞大的数据中心，全集团的所有店铺、配送中心和经营的所有商品，每天发生的一切与经营有关的购销调存等详细信息，都通过主干网和通信卫星传送到数据中心。任何一家沃尔玛商店都有自己的终端，并通过卫星与总部相连，还设有专门负责排货的部门。沃尔玛每销售一件商品，都会即时通过与收款机相连的电脑记录下来，每天都能清楚地知道实际销售情况，管理人员根据数据中心的信息对日常运营与企业战略做出分析和决策。

沃尔玛的数据中心已与6 000多家供应商建立联系，从而实现了快速反应的供应链库存管理模式VMI[①]。厂商通过这套系统可以进入沃尔玛的电脑配销系统和数据中心，并直接得到其供应的商品流通状况，如不同店铺及不同商品的销售统计数据、沃尔玛各仓库的存货和调配状况、销售预测、电子邮件与付款通知等，以此作为安排生产、供货和送货的依据。生产厂商和供应商都可通过这个系统查阅沃尔玛产销计划。这套信息系统为生产商和沃尔玛两方面都带来了巨大的利益。

沃尔玛总部的通信网络系统使各分店、供应商、配送中心之间的每一个进销调存节点都能形成在线作业，使沃尔玛的配送系统高效运转。应用这套系统，在短短数小时内便可完成"填妥订单—各分店订单汇总—送出订单"的整个流程，大大提高了营业的高效性和准确性。

沃尔玛在美国本土已建立62个配送中心，整个公司销售商品的85%由这些配送中心供应，而其竞争对手只有50%～65%的商品集中配送。沃尔玛完整的物流系统号称"第二方物流"，相对独立运作，不仅包括配送中心，还有更为复杂的资料输入采购系统、自动补货系统等。其配送中心的平均面积约为10万平方米，全部

---

① VMI（vendor managed inventory）是一种以用户和供应商双方都获得最低成本为目的，在一个共同的协议下由供应商管理库存，并不断监督协议执行情况和修正协议内容，使库存管理得到持续改进的合作性策略。

自动化作业，其现场作业场面就像大型工厂一样蔚为壮观。

沃尔玛共有6种形式的配送中心：第一种是"干货"配送中心；第二种是食品（相当于我们所说的"生鲜"）配送中心；第三种是山姆会员店配送中心；第四种是服装配送中心；第五种是进口商品配送中心；第六种是退货配送中心（其收益主要来自于出售包装箱的收入和供应商支付的手续费）。

其配送中心的基本流程是：商品由供应商送到配送中心后，经过核对采购计划、进行商品检验等程序，分别送到货架的不同位置存放。商店提出要货计划后，电脑系统查出所需商品的存放位置，并打印有商店代号的标签。整包装的商品直接从货架送往传送带，零散的商品由工作台人员取出后也送到传送带上。一般情况下，在商店要货的当天就可以将商品送出。

沃尔玛要求它所购买的商品必须带有UPC条形码，从工厂运货回来的卡车将停在配送中心收货处的数十个门口，货箱被放在高速运转的传送带上，在传送过程中要经过一系列的激光扫描，以读取货箱上的条形码信息。而门店需要的商品被传送到配送中心的另一端，那里有几十辆货车在等着送货。配送中心10多千米长的传送带就这样完成了复杂的商品组合作业。其高效的电脑控制系统使整个配送中心用人极少。数据的收集、存储和处理系统成为沃尔玛控制商品及其物流的强大武器。

为了满足美国国内3 500多个连锁店的配送需要，沃尔玛在美国国内共有近3万辆大型集装箱挂车、5 500辆大型货运卡车，24小时昼夜不停地工作，每年的运输总量达到77.5亿箱，总行程6.5亿千米。合理调度如此规模的商品采购、库存、物流和销售管理，离不开高科技手段。为此，沃尔玛公司建立了专门的电脑管理系统、卫星定位系统和电视调度系统，拥有世界上第一流的先进技术。

沃尔玛全球4 500多个店铺的销售、订货、库存情况可以随时调出查询。5 500辆运输卡车全部装备了卫星定位系统，每辆车在什么位置、装载什么货物、目的地是什么地方，总部一目了然，从而可以合理安排运量和路程，最大限度地发挥运输潜力，避免浪费，降低成本，提高效率。

资料来源　华细玲，杨国荣，刘运芹. 物流管理基础［M］. 北京：北京理工大学出版社，2010.

问题：

沃尔玛采用了哪些物流信息技术？这些技术发挥怎样的作用？

第 3 篇　系统篇

第 10 章　物流系统

学习目标

知识传授目标	能力培养目标	价值塑造目标	建议学时
➢理解物流系统的概念、基本模式和构成要素 ➢了解物流系统要素冲突	➢培养分析和评价物流系统的能力	➢培养系统思维、树立团队合作意识	4

思政引入　　　　　　　　　　丁谓修复皇宫

宋代科学家沈括在《梦溪笔谈》中曾记载过这样一个故事：

北宋真宗祥符年间，宫中失火，丁谓受命主持修复被烧毁的宫殿。接旨后他对废墟进行勘察，发现此工程存在三个难题：第一是取土困难；第二是运输困难；第三是清墟排放困难。他找到了主要矛盾后，就征集解决方案。

方案是这样的：沿皇宫前门大道至汴水河岸挖道取土，将大道挖成小河道，挖出的土用来烧瓦，解决"取土困难"；挖成河道接通汴水，建筑材料可由小河道直运工地，解决"运输困难"；皇宫修复后，将建筑垃圾填到小河道中，恢复原来的大道，解决了"清墟排放困难"。

丁谓修复皇宫的措施很巧妙，在解决一个问题的同时又为下一个问题的解决做好了铺垫，这使他用了很少的时间和经费就修好了皇宫。他充分把握了各个要素之间的相生关系，运用"大道变河道""挖土来烧瓦""废墟填河道"这三个事件相互之间的关系，使整个工程系统向有序并且理想的方向发展，最终达到修复皇宫、按期复命的目的。在这个过程中，系统的每一个环节都彼此相连，破坏了其中任何一个事件，整个工程系统都会受到影响。

资料来源　佚名. 丁谓修复皇宫［EB/OL］.［2023-06-20］. https://wenku.baidu.com/view/c3d6d80a0066f5335a812136.html.

问题：

结合本章所学的知识，谈谈丁谓修复皇宫对你的启示。

　　　　　　　　青岛啤酒的物流系统目标

　　青岛啤酒股份有限公司（以下简称青岛啤酒）于 1998 年第一季度提出了以"新鲜度管理"为系统目标的物流管理系统思路，开始建立新的物流管理系统。当时青岛啤酒的年产量不过 30 多万吨，但是库存就占 1/10，即维持在 3 万吨左右。这么高的库存，引发了几个问题：

　　（1）占压了相当大的流动资金，资金运作的效率低。

　　（2）需要有相当数量的仓库来储存，当时的仓库面积有 7 万多平方米。

　　（3）库存数量大且分散，经常出现部分仓库爆满、部分仓库空闲的问题，同时没有办法完全实现先进先出，造成一部分啤酒储存期过长，新鲜度下降甚至变质。

　　青岛啤酒并没有把压缩库存作为物流系统的直接目标，而是把"新鲜度管理"作为物流系统的直接目标。这个目标的提出，不但能够降低库存、减少流动资金、降低损耗，更重要的是面向消费者的实际需求，在实现消费者满意的新鲜度目标的同时，达到解决库存问题的目的。

　　"新鲜度管理"物流系统目标的提出，"让青岛人民喝上当周酒，让全国人民喝上当月酒"。其实施方法是：进行以提高供应链运行效率为目标的物流管理改革，建立集团与各销售点物流、信息流和资金流全部由计算机网络管理的快速信息通道和智能化配送系统。

　　青岛啤酒首先成立了仓储调度中心，重新规划全国的分销系统和仓储活动，实行统一管理和控制；成立独立的具有法人资格的物流有限公司，以保证按规定的要求，以最短时间、最少环节和最经济的运行方式将产品送至目的地。这样一来，就实现了全国的订货从生产厂直接运往港口、车站，省内的订货从生产厂直接运到客户仓库。同时，青岛啤酒对仓储的存量规定做了大幅度压缩，规定了存量的上限和下限，低于下限则发出要货指令，高于上限则不再安排生产，从而使仓库成为生产调度的"平衡器"。

　　资料来源　佚名. 青岛啤酒的物流系统目标［EB/OL］.［2023-06-20］. http：//www.56885. net/news/2008415/64637.html.

　　问题：

　　怎样理解青岛啤酒提出的"新鲜度管理"的物流系统目标？结合案例分析现代企业加强物流系统改造的重大意义。

10.1　物流系统概述

　　"系统"这个词来源于古希腊语"system"，有"共同"和"给以位置"的含义。现代关于"系统"的定义很不统一，一般可以理解为"系统是由两个以上相互区别或相互作用的单元之间有机地结合起来，完成某一功能的综合体"。用系统的观点来研究物流活动是现代物流管理的核心问题。物流不是运输、保管、包装等活动的简单叠加，而是由以信息为中介、相互作用和相互依赖的若干部分结合而成的具有特定功能的有机系统。树立物流系统化的观念，对实现物流合理化有着十分重要的作用。

10.1.1　物流系统的概念

物流系统是由相互作用和相互依赖的物流要素构成的具有特定功能的有机整体。现代物流系统是指在一定的时间和空间里，由所需运送的物资和有关输送工具、仓储设备、人员以及通信联系等若干相互制约的动态要素构成的具有特定功能的有机整体。

物流是各要素通过彼此的内在联系，在共同目的下形成的一个系统，构成系统的功能要素之间存在着相互作用的关系。在考虑物流最优化的时候，必须从系统的角度出发，通过物流功能的最佳组合实现物流整体的最优化目标。局部的最优化并不代表物流系统整体的最优化，树立系统化观念是搞好物流管理、开展现代物流活动的重要基础。

随着计算机科学和自动化技术的发展，物流管理系统也从简单的方式迅速向自动化管理演变，由手工物流系统、机械化物流系统，逐步发展为自动化物流系统、集成化物流系统和智能化物流系统，其主要标志是自动物流设备，如自动导引车，自动存储、提取系统，空中单轨自动车，堆垛机等，以及物流计算机管理与控制系统的出现。物流系统的作用是实现物资的空间效益和时间效益，在保证社会再生产顺利进行的前提下，实现各种物流环节的合理衔接，并取得最佳的经济效益。

知识链接10-1

六大B2C电商
物流系统
大盘点

10.1.2　物流系统的基本模式

物流系统是由物流各要素组成的，要素之间存在有机联系，它是具有使物流总体功能合理化的综合体，是社会经济大系统的一个子系统或组成部分。从功能来看，物流系统是由运输、储存、包装、装卸、搬运、配送、流通加工、信息处理等基本功能要素构成的。在这里，运输、储存、包装、装卸、搬运、物流信息等是外部环境向系统提供的"输入"过程，系统对这些输入的内容进行处理、转化之后送至客户手中，变成全系统的输出，即物流服务。

物流系统和一般系统一样，也具有输入、转化及输出三大功能。输入和输出功能使物流系统与外界环境进行物质、能量与信息的交换，转化功能则使系统目标得以实现。外部环境因资源有限、需求波动、技术进步以及其他各种变化因素，必然会对系统加以约束或影响，人们称之为环境对系统的限制或干扰。由于输出的结果可能偏离预期目标，因此要将输出的结果返回给输入端，从而调整系统的活动，这称为反馈。这样，输入、处理（转化）、输出、限制（制约）、反馈就构成了基本的系统模式。可见，物流系统与环境是相互依存的，从环境中不断输入要素、进行转化处理、输出产品或劳务以及废弃物的循环过程就是物流系统的基本模式，如图10-1所示。

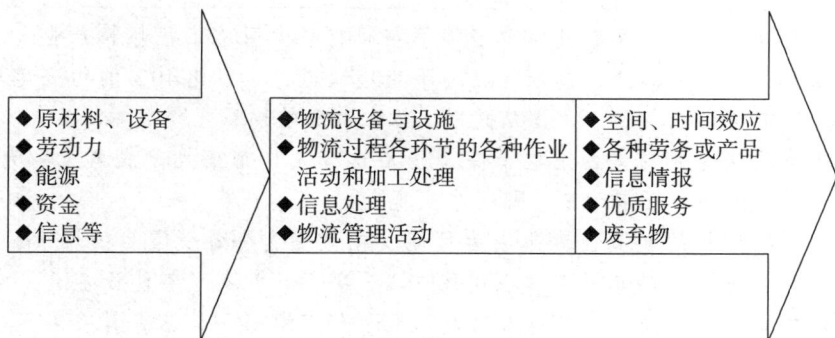

图 10-1　物流信息系统的基本模式

1）输入

输入是指通过提供资源、能源、设备、劳动力等手段对某系统产生作用。

2）处理（转化）

这是物流本身的转化过程，包括从输入到输出之间所进行的生产、供应、销售、服务等物流业务活动，具体内容有：物流设施、设备的建设；物流业务活动，如运输、储存、包装、装卸、搬运、信息处理等。

3）输出

这是物流系统与其本身所具有的各种功能对输入进行处理后提供的物流服务，具体内容有产品位置与场所的变动以及各种劳务，如合同的履行及其他服务等。

4）限制（制约）

外部环境对物流系统施加一定的约束称为外部环境对物流系统的限制，具体内容有资源条件和能源的限制、资金与生产能力的限制、价格的影响、需求的变化、政策的变化等。

5）反馈

物流系统在把输入转换为输出的过程中，由于受系统各种因素的限制，不能按原计划实现，需要把输出结果返回给输入环节，进行调整；即使按原计划实现，也要将信息返回，以便对工作做出评价，这称为信息反馈。信息反馈的活动包括各种物流活动分析报告、统计数据报告、市场调查报告及市场信息等。

边学边议 10-1

举例说明你所接触到的物流系统。

案例链接 10-1　　　　"未来城市"雄安的智能物流畅想

2019 年 4 月 25 日，一场看起来像是"谈论梦想"的论坛在雄安新区召开。论坛的主题是未来城市中，如何规划智能物流。

与会的陆军工程大学教授、中建地下空间有限公司总工程师等专业人士提出了一些似乎很遥远的想法，包括建立地下物流通道，让占比40%的物流运输在地下进行；还包括在城市楼宇设置自提柜，节省30%快递员上楼成本。

理想与现实总是有差距。在北京、上海这样人口密集且建成已久的大城市，无论是地下通道还是楼宇改造，都很难实现。

雄安新区这样的新城让梦想成为可能。在雄安这个备受瞩目的城市，用112天建成了10万平方米的市民工作、居住中心，并且均配备了智能设备。

京东物流城市规划业务部总经理赵斌告诉经济观察网记者，雄安新区已经给地下留出了充足的发展空间，其中就包括地下物流空间，如时机合适，这种设想有可能成为现实。

开启"地道战"

电子商务的飞速成长推动了物流行业的蓬勃发展，但为了满足配送需求，地面车辆、车次、货运量持续增加，使得城市交通愈发拥堵。工程勘察设计大师、陆军工程大学教授、博士生导师陈志龙认为，地下物流与空间物流可以解决此类困扰。

地下物流系统，是将物流运输系统由地面转向地下，在地下构建一套相对完整的物流运输体系，与仓储物流中心、社区配送中心等枢纽相互连通。

陈志龙介绍，地下物流有三种方式：对城市地下物流系统进行独立规划设计、地上地下一体化货运网络耦合、基于地铁的地下货运系统。其中，在耦合网络中，相比地上道路运输，耦合网络的货运安全事故风险成本下降了近45%。而利用耦合网络，相比单独的地上道路运输或地下物流系统，其运输费用分别下降了近30%和10%。

城市地下物流一旦付诸实施，可以解决城市物流配送的瓶颈问题。地下物流不受交通管制、交通拥堵的影响，能够全天候送货。智能化、无中断的运输方式，可以使运输有效衔接，保障运输的时效性和高效性。

陈志龙对地下物流已经研究了近20年。他认为，我国对地下物流系统的探索正步入一个关键时期。同时，我国城市地下空间开发利用的规模和速度已居世界前列，城市地下空间开发、地下基础设施工程一直是我国投资的重点领域，在政策上也为我国地下物流系统的研发与落地带来利好。

据了解，以京东物流为代表的国内企业已经可以研发自有品牌技术，拥有构建地下运输系统的能力。

自提进楼宇

京东物流城市规划业务部总经理赵斌还提出了一个设想：利用地下管廊与楼宇自动连接，实现货物全流程自动化流转，自提柜按户设定方便客户取件。

当前，快递自提柜主要设立在小区门口或楼下，并不方便用户存取快递。按照赵斌的设想，以后的自提柜可以设置在楼内，这样用户上下班就可以存取快递，为其带来便利性。

赵斌告诉记者，与地下物流运输系统相比，地上自提柜的改造更容易实现。这个设想也有可能在雄安新区成为现实。当前，京东在雄安新区设立了城市智能物流研究院，为雄安新区提供技术支持，从规划层面研究探索物流行业未来的发展模式，让智能物流体系更好地服务城市发展和居民生活。未来，该研究院还将以雄安新区为样本，助力更多城市的智能化升级与新区规划实施。

资料来源 任晓宁. "未来城市"雄安的智能物流畅想：快递地下走，自提进楼宇［EB/OL］.［2019-04-26］. http://www.eeo.com.cn/2019/0426/354443.shtml.

10.1.3 物流系统的要素

1）一般要素

现代物流系统的一般要素由三方面构成。

（1）劳动者要素

劳动者要素是现代物流系统的核心要素、第一要素。提高劳动者的素质，是建立一个合理化的现代物流系统并使它有效运转的根本。

（2）资金要素

交换是以货币为媒介的。实现交换的现代物流过程，实际也是资金的运动过程。同时，物流服务本身也需要以货币为媒介，现代物流系统建设是资本投入的一大领域，离开资金这一要素，现代物流系统不可能实现。

（3）物的要素

物的要素包括物流系统的劳动对象，即各种实物。缺此，现代物流系统便成为无本之木。物的要素还包括劳动工具、劳动手段，如各种物流设施、工具、消耗材料（燃料、保护材料）等。

2）功能要素

现代物流系统的功能要素指的是现代物流系统所具有的基本功能，这些基本功能有效地组合、联结在一起，便成为现代物流系统的总功能，便能合理、有效地实现物流系统的总目的。现代物流系统的功能要素一般认为有包装、装卸、储存保管、运输、流通加工、配送、物流信息等。

（1）包装功能要素

包装功能要素包括产品的出厂包装，生产过程中在制品、半成品的包装，以及在物流过程中的换装、分装、再包装等活动。

（2）装卸功能要素

装卸功能要素包括对输送、保管、包装、流通加工等物流活动进行衔接，以及在保管等活动中为检验、维护、保养所进行的装卸活动。伴随装卸活动的搬运一般也包括在这一活动中。

（3）储存保管功能要素

储存保管功能要素包括堆存、保管、保养、维护等活动。

（4）运输功能要素

运输功能要素包括供应及销售物流中的车、船、飞机等方式的运输，生产物流中的管道、传送带等方式的运输。

（5）流通加工功能要素

流通加工功能要素又称流通过程的辅助加工活动。这种加工活动不仅存在于社会流通过程中，也存在于企业内部的流通过程中。实际上，它是在物流过程口进行的辅助加工活动。企业、物资部门、商业部门为了弥补生产过程中加工程度的不足，以更有效地满足用户或本企业的需求、更好地衔接产需，往往需要进行这种加工活动。

（6）配送功能要素

配送是物流进入最终阶段，以送货形式完成社会物流并实现资源配置的活动。配送作为一种现代流通方式，集经营、服务、社会集中库存、分拣、装卸掇运于一身。

（7）物流信息功能要素

物流信息功能要素包括获得与上述各项活动有关的计划、预测、动态（运量、收、发、存数）的信息，以及有关的费用信息、生产信息、市场信息的活动。

上述功能要素中，运输及储存保管功能要素分别解决了供给者及需要者之间场所和时间分离的问题，分别是物流创造空间效用及时间效用的主要功能要素，因而在现代物流系统中处于主要地位。这两大功能要素也是传统储运的功能要素。

3）物质基础要素

现代物流系统的建立和运行，需要有大量的技术装备和手段。这些装备和手段就是物流系统的物质基础要素，它们的有机联系对现代物流系统的运行有决定意义，对实现物流系统某一方面的功能也是必不可少的。这些要素主要有：

（1）物流设施

它是现代物流系统运行的基础物质条件，包括物流站、场；物流中心、仓库；物流线路，如建筑物、公路、铁路、港口等。

（2）物流装备

它是保证现代物流系统运转起来的条件，包括仓库货架、进出库设备、加工设备、运输设备、装卸机械等。

（3）物流工具

它是现代物流系统运行的物质条件，包括包装工具、维护保养工具、办公设备等。

（4）信息技术及网络

它是掌握和传递物流信息的手段，根据所需信息水平的不同，包括通信设备及线路、传真设备、计算机及网络设备等。

（5）组织及管理

它是物流网络的软件，起着连接、调运、运筹、协调、指挥其他各要素以保障物流系统目的得以实现的作用。

案例链接 10-2　　　　　　　湖北优化国际物流通道体系建设

近年来，湖北依托长江黄金水道、国际铁路、国际机场等基础设施，构建起以近洋直航、江海联运、铁路直达、铁海联运、国际航空为支撑的国际物流体系，形成了联通欧美、辐射中亚、衔接日韩、链接东盟的中部陆海空通道。

在中西部内陆省份中，湖北口岸数量居第二位。该省围绕"一中心""一节点""双枢纽"，以点带线扩面，依托口岸拓展国际物流通道，通道建设不断完善。

2022 年，武汉阳逻港—俄罗斯东方港、黄石新港—韩国釜山国际直航航线、中老铁路（武汉—琅勃拉邦）国际货运班列开通，武汉—宁波铁海联运实现"一周两班"常态化运营。

湖北省商务厅数据显示，2022 年，湖北口岸工作迈上新台阶，进出口货运量（含转关）总计 1 543.21 万吨，同比增长 14.0%；出入境人员 13.73 万人次，同比增长 49.5%。

2023 年，湖北将持续优化国际物流通道体系，重点支持武汉—宁波、武汉—厦门、武汉—钦州、武汉—南沙铁海联运通道、武汉—俄罗斯东方港、武汉—东盟直航线路、武汉—老挝中欧班列等 7 条线路。

2021 年以来，不少企业加大在鄂投资布局，深度参与湖北国际物流发展，推进业务模式创新，开辟物流组织新赛道。武汉—宁波铁海联运等线路，2022 年出运量超 10 000 箱；该省首次以集装箱货运形式帮助新能源汽车出口，打通了湖北新能源汽车出口新路径；此外，还打通江西经武汉直达韩国釜山的物流通道、推进汉亚直航与中欧班列（武汉）实现对接。

湖北正推进现代物流体系和现代产业体系建设。湖北省省商务厅（省口岸办）表示，未来将重点探索物流服务产业的新模式。2023 年，将在产业与物流结合上探索创新，创新物流组织形式，帮助物流企业提升服务产业能力。同时，聚力提升通关效率，降低通关成本，优化口岸营商环境。

资料来源　鄢艳. 湖北将建"两纵两横"物流大通道［EB/OL］.［2023-03-27］. https://m. gmw.cn/2023-03/07/content_1303302595.htm.

4）支撑要素

现代物流系统的建立需要有许多支撑手段，尤其是在复杂的社会经济系统中，要确定现代物流系统的地位，要协调与其他系统的关系，这些要素必不可少。支撑要素主要包括：

（1）体制、制度

知识链接10-2

《国家物流枢纽布局和建设规划》推进与落实

物流系统的体制、制度决定物流系统的结构、组织、领导、管理方式。国家对其的控制、指挥和管理方式是现代物流系统的重要保障。有了这个支撑条件，现代物流系统才能确立其在国民经济中的地位。

（2）法律、规章

现代物流系统的运行，不可避免地涉及企业或人的权益问题，法律、规章一方面限制和规范物流系统的活动，使之与更大的系统相协调；另一方面给予各种保障，合同的执行、权益的划分、责任的确定都要靠法律、规章维系。

知识链接10-3

农村物流发展需要加快物流要素有效凝合

（3）行政、命令

现代物流系统和一般系统的不同之处在于，现代物流系统关系到国家军事、经济命脉，所以行政、命令等手段也常常是支持现代物流系统正常运转的要素。

（4）标准化系统

标准化系统是保证物流环节协调运行、现代物流系统与其他系统在技术上实现联结的重要支撑条件。

10.2 物流系统分析与评价

10.2.1 物流系统分析

物流系统分析是指从对象系统整体最优出发，在系统目标优先、确定系统准则的基础上，根据系统的目标要求，分析构成系统各级子系统的功能和相互关系，以及系统同环境的相互影响，寻求实现系统目标的最佳途径。物流系统分析贯穿于从系统构思、技术开发到制造安装、运输的全过程，其重点放在物流系统发展规划和系统设计阶段，具体包括：系统规划方案制订；生产力布局；厂址选择、库址选择、物流网点设置、交通运输网络设置等；工厂内（或库内、货场内）的合理布局；库存管理，对原材料、在制品、产成品进行数量控制；成本（费用）控制等。

进行物流系统分析时要运用科学的分析工具和计算方法，对系统的目的、功能、结构、环境、费用和效益等，进行充分、细致的调查研究，收集、比较、分析和处理有关数据，拟订若干可行方案，比较和评价物流结果，寻求使系统整体效益最佳和有限资源配备最佳的方案，为决策者做出最后抉择提供科学依据。

物流系统分析的目的在于通过分析，比较各种可行方案的功能、费用、效益和可靠性等各项技术、经济指标，向决策者提供可做出正确决策的资料和信息。所以，物流系统分析实际上就是在明确目的的前提下，分析和确定系统所应具备的功能和相应的环境条件。

1）物流系统分析的内容

（1）物流系统宏观环境分析

宏观环境指以国家宏观社会经济要素为基础，结合各行业的特点而制定的指标。一般来说，宏观环境主要包括四种：政治与法律环境、经济环境、社会环境和技术环境，即 PEST。对宏观环境进行分析，目的是确认和评价宏观因素对物流企业战略目标和战略选择的影响。

①政治与法律环境。政治与法律环境是指对企业经营具有现存的或潜在的作用与影响的政治力量，包括对企业经营活动加以限制或鼓励的法律、法规等。国家政策对产业和企业的影响非常大，就产业政策来说，国家确定的重点产业总是处于优先发展的地位，发展空间大；而非重点发展的产业，则发展速度较慢，甚至停滞不前。

自 20 世纪 90 年代起，我国各有关部门针对国内物流行业的发展出台了许多政策支持文件。1999 年，时任国务院副总理吴邦国指出"在我国逐步建立起专业化、社会化、现代化的物流服务网络体系"，确定了以现代物流网络为主的方向。2009 年国务院颁布我国物流业第一个国家层面的发展规划——《物流业调整和振兴规划》，目前已经到期。2014 年 10 月，国务院印发了《物流业发展中长期规划（2014—2020 年）》，提出到 2020 年基本建立现代物流服务体系，提升物流业标准化、信息化、智能化、集约化水平，提高经济整体运行效率和效益。该规划成为今后一个时期指导物流业发展的纲领性文件。

2019 年，结合"十纵十横"交通运输通道和国内物流大通道基本格局，选择 127 个具备一定基础条件的城市作为国家物流枢纽承载城市，规划建设 212 个国家物流枢纽，包括石家庄、保定等 41 个陆港型，天津、唐山等 30 个港口型，北京、天津等 23 个空港型，杭州、宁波等 47 个生产服务型，上海、南京等 55 个商贸服务型和黑河、丹东等 16 个陆上边境口岸型国家物流枢纽。提出到 2020 年布局建设 30 个左右国家物流枢纽；到 2025 年布局建设 150 个左右国家物流枢纽，推动全社会物流总费用与 GDP 的比率下降至 12% 左右；到 2035 年基本形成与现代化经济体系相适应的国家物流枢纽网络。中国经济快速发展的区域，离不开物流枢纽的综合配套建设。伴随着海陆空的全面协同，多个核心城市、节点城市的物流大枢纽的建设，成为支撑中国经济发展的关键。不管是生产制造服务型、贸易流通型、多式联运型，还是自贸区综合服务型等，在当下都具有举足轻重的价值。为未来的智能制造、智慧物流、智慧消费奠定了坚实的基础。

自 2009 年国家振兴物流规划，到 10 多年后的今天，各地方政府、各部门相继出台了一系列支持物流业发展的规划、政策、意见，如综合交通运输体系建设、城市配送体系建设、电子商务物流、跨境电子商务、物流标准化和信息化、农村和农业物流、工业物流和供应链、社区物流服务、农产品冷链物流、粮食物流、托盘共用系统建设、自由贸易试验区物流、丝绸之路经济带及京津冀一体化物流等。

②经济环境。经济环境对企业的经济活动有广泛而直接的影响。经济环境包括国民经济的发展速度、国民收入水平、消费水平和趋势、金融状况、经济运行的稳定性和周期性波动等。

经济环境中，首先要关注的是企业所在的国家或地区的宏观经济总体状况。反映宏观经济总体状况的关键指标是国内生产总值增长率。比较高的、健康的国内生产总值增长率表明国家经济运行状态良好。2018 年，我国国内生产总值首次超过 90 万亿元，同比增长 6.6%，增速较上年回落 0.2 个百分点。国民经济的快速发展，加速了全社会商品、信息和服务的流通，为物流企业的发展提供了广阔的空间。

对于从事跨国经营的物流企业来说，还应考虑关税种类及水平、国际贸易的支付方式、东道国政府对利润的控制、税收制度等经济因素。

③社会环境。社会环境包括社会中的文化传统、价值观念、教育水平、人口统计特征等。社会文化传统是人们在特定的社会环境中形成的习惯、风俗、观念、道德标准等，它的变化一般表现为渐进的甚至是潜移默化的，其核心是价值观念，对物流企业经营有重要的意义。价值观念会影响人们对企业目标、组织活动与组织本身认可与否。人口统计特征包括人口数量、密度、结构分布、地区分布、收入水平、教育程度等，影响着劳动力的供给及市场的需求。

我国是城乡二元结构，目前农村物流占社会总物流的比例很低，随着农村的发展，这一形势会有所改观。随着社会经济水平的提高，普通消费者的消费习惯也在跟着改变，如新型购物中心和网上商城消费越来越普遍，这些都很好地促进了物流业的发展。

④技术环境。技术往往是决定人类命运和社会进步的关键，技术水平及产业化程度的高低也是衡量一个国家和地区综合力量和发展水平的重要标志。企业的发展离不开技术，没有技术和产品创新，就没有企业的成长和进步。技术因素不仅包括那些革命性的发明创造，也包括与物流企业发展相关的新技术、新工艺、新材料及其发展趋势和应用前景。

技术因素是影响物流企业经营的众多因素中最活跃的因素。条码技术、射频技术和大数据等技术的应用使物流企业在运作方式、观念和竞争格局方面都发生了重大变化。

案例链接 10-3　　　　　　　新一代智能物流体系加快形成

南开大学经济与社会发展研究院院长、现代物流研究中心主任刘秉镰认为，伴随经济改革、技术创新、产业升级，各行各业物流需求日益增多。中国融入全球化市场后，电子商务等新的商业模式带来了新的物流需求。

"物流业发展呈现新模式、新技术、新特征、新格局四大变化。"刘秉镰说，在模式上，企业需要了解大数据、人工智能可能对未来物流业和服务对象产生的冲击。在技术上，人工智能、大数据等技术的快速发展推动了物流业创新升级，新一代立体化、智能化物流体系正加快形成。在特征上，产业融合与资源共享越来越明显。在格局上，物流业正加速升级并完善空间布局，提供更多智能服务和组织模式，持续对外开放。

DHL全球快递中国首席执行官吴东明说，消费者行为驱动着产品设计、生产和分销，这也给供应链带来了更大挑战，全球物流企业都想方设法让供应链变得更加智能、迅速和便捷。京东物流CEO王振辉也表示，物流企业正从简单追求提升搬运效率，转向搭建全球智能供应链。

刘秉镰指出，亚太地区正逐步成为世界贸易、物流中心，随着互联网、大数据与人工智能的广泛应用，物流行业正经历平台化创新，探索多领域协同的新供应链模式。当前，我国物流企业不仅极大地改变了消费者的日常生活，而且开始走向全球，搭建供应链基础网络。

有专家认为，中国供应链场景的复杂与多元让中国物流企业在模式创新及科技应用上具备了显著优势，应以此为引领，加快全球智能供应链基础网络建设，推动降本增效和产业升级，让全世界感受"中国速度"。

"我们的目标是在全球构建'双48小时'通路，实现中国48小时通达全球，并提升世界其他国家本地物流时效；同时，实现当地48小时送达，帮助中国制造走向全球、全球商品进入中国。"王振辉介绍，目前京东物流已逐步将服务在印度尼西亚、泰国、美国等落地。比如，在曼谷开通了"211限时达"服务，让当地消费者享受"上午下单，下午送达"。

雄牛资本创始合伙人李绪富说，供应链管理是许多企业的战略核心，是对传统产业价值链的一种重塑和颠覆，将释放出巨大价值。

"比如，我们与雀巢去年联合建设预测、销售和补货平台，不仅提升了双方供应链协同的力度，也大大减少了库存。"王振辉说，供应链管理的最终目的是通过减少库存，助力实体经济发展。

中国工程院院士陈湘生指出，城市物流是供应链基础网络的重要组成部分，也是未来智能物流的重要实现场景。目前，不少国家相继开展空间物流相关科学研究，以解决城市交通、安全、用地、成本效率等问题，自动物流系统将带来全新的工作与生活方式。

资料来源　黄鑫. 新一代智能物流体系加快形成［N］. 经济日报，2018-10-29（07）.

（2）物流系统行业环境分析

物流系统行业环境分析是指对物流业发展现状和发展动向等进行全面、深入和细致的分析。现代物流业所涉及的国民经济行业具体包括铁路运输业、道路运输业、水上运输业、装卸搬运及其他运输服务业、仓储业、批发业、零售业。

2022年，我国物流运行保持恢复态势，社会物流总额实现稳定增长，社会物流总费用与GDP的比率小幅提高。全国社会物流总额347.6万亿元，按可比价格计算，同比增长3.4%，物流需求规模再上新台阶，实现稳定增长。从构成看，工业品物流总额309.2万亿元，按可比价格计算，同比增长3.6%；农产品物流总额5.3万亿元，同比增长4.1%；再生资源物流总额3.1万亿元，同比增长18.5%；单位与居民物品物流总额12.0万亿元，同比增长3.4%；进口货物物流总额18.1万亿元，下降 4.6%。社会物流总费用 17.8 万亿元，同比增长 4.4%。社会物流总费用与 GDP 的比率为 14.7%，比上年提高 0.1 个百分点。从结构看，运输费用 9.55 万亿元，同比增长 4.0%；保管费用 5.95 万亿元，同比增长 5.3%；管理费用 2.26 万亿元，同比增长 3.7%；物流业总收入 12.7 万亿元，同比增长 4.7%。2012—2022 年社会物流总额及增长变化情况如图 10-2 所示。

知识链接 10-4

"一带一路"重塑全球物流模式

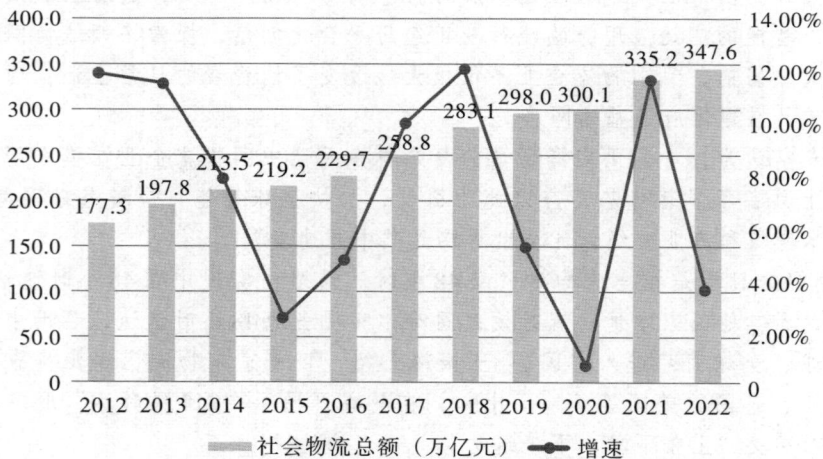

图 10-2　2012—2022 年社会物流总额及增长变化情况

数据来源　中国物流与采购联合会、国家发改委.

（3）物流系统微观环境分析

物流系统分析，除了要考虑特定的外部环境外，还要注意分析企业内部的微观环境。只有具备内部微观优势的企业，才能更好地实现企业效益。微观环境分析主要考虑的内容包括计划安排、设备利用、劳动力状况、成本核算及财务收支、市场分布、供货渠道、销售状况、库存物资状况、运输能力等。

边学边议 10-2

微观环境分析方法有哪些？

案例链接 10-4　　　从 13 天到 3 天，佳能再造物流系统

2013 年，佳能（中国）重点发展中国的西南市场。虽然佳能的生产力求实现本土化，但是与美国和日本的市场不同，中国幅员辽阔，物流行业发展不能适应市场的发展节奏，从苏州工厂到达西南市场的周期还是比较长的。

复印机从佳能的苏州工厂发出，通过陆运到达上海，之后经海运到达香港地区，再运往广州仓储中心，最后又通过陆运前往四川。顺利的话，复印机的四川之行需要接近半个月的时间。而随着西南市场的发展，佳能（中国）将西南市场的突破作为重点战略，整合物流体系成为当务之急。

佳能（中国）整合物流的挑战来自三点：第一，运输方式的改变，即如何缩减海运时间和流程，并建立周转仓库；第二，采取哪种运输方式能够缩减运输成本；第三，在改变运输方式之后，产品的外包装和内包装如何减少破损。

面临上述挑战，2014年，佳能（中国）的物流部门着手再造物流系统。

佳能（中国）物流负责人柴丸茂开始研究西南市场物流状态：虽然佳能在中国销售的打印机、复印机等尽可能实现本地化，即在本地进行生产，但是佳能的打印机、复印机等产品还是属于出口产品，需要经过通关等手续才能够进入中国市场销售，仅从苏州工厂销售出库就至少需要72小时的通关时间。佳能（中国）物流部门交来的方案显示，佳能最大的生产基地苏州生产的产品，最快也要绕行半个中国，历经13天才能够到达四川。很快，柴丸茂意识到，快速配货以提高市场竞争力，开通货物直发华西的快捷物流是当务之急。

佳能（苏州）有限公司是日本佳能于2001年在苏州新区注册成立的日本独资企业，是佳能最重要、最大的办公设备生产基地之一，主要产品为彩色数码复合机、复印机、打印机及周边设备，同时公司零配件管理中心向全世界提供佳能产品的零配件。苏州工厂生产的产品进入中国市场需要有一个通关的过程，即属于进口产品。

从更加宏观的角度看，佳能（中国）目前的物流网络情况是，货物从北京、上海及广州进口，分别进入该区域的仓库，依托北京、上海、广州及成都四大区域总部，面向华北、华东、华南及华西区进行物流派送。

在物流规划上，柴丸茂决定最先在四川建立一个仓储基地，保障四川市场的物流能够有序而安全地进行重建，而不是在物流重建过程中影响销售。作为开拓市场的重要举措之一，华西区域总部所在地成都的仓库从之前的1 000平方米扩充到了2 400平方米。

恰逢此时，他了解到一个情况：苏州工业园区和保税区也正在进行"服务革命"，即简化出关手续，为优质企业提供出关服务。

苏州工业园区首先告诉佳能一个好消息：佳能的工厂在中国属于双A类企业，在手续和抽检方面都可以简化。随后，在与中国铁路总公司的沟通中，铁路总公司提出，对佳能这样的大客户，可以采取上门服务方式，简化运输环节。

此时，一个通过陆路运输进口产品的构想在佳能（中国）物流部门负责人的脑海中初现轮廓——从苏州本地出关直运到成都。

之前佳能的办公产品从苏州到成都必须经苏州出口到香港地区再进口到广州，最后从广州转运成都，而新线路只需要在苏州国家高新区综合保税区完成所有手续即可。因此，新线路的通关环节由原来的三个口岸分别清关减少到由一个口岸全部完成清关工作，避免了同样的产品多次分别在不同口岸申报的环节，因此产品从工厂发货到完成通关手续仅需24小时。

2013年6月，柴丸茂密切关注着第一批通过苏州海关的商品，所有产品在苏州完成通关，仅仅用了不到72个小时。随后，佳能产品通过铁路，不到3天的时间，就被运送到了成都。

资料来源　索寒雪. 从13天到3天　佳能再造物流系统［N］. 中国经营报，2014-01-13.

2）物流系统分析的步骤

系统分析在整体系统建立过程中处于非常重要的地位，它起到承上启下的作用，特别是当系统中存在着不确定因素或相互矛盾的因素时更需要通过系统分析来保证，只有这样，才能避免技术上的大量返工和经济上的重大损失。物流系统分析的步骤通常包括明确物流系统的问题、收集内外部环境信息、确定物流系统目标、建立模型、系统优化、综合评价等，如图10-3所示。

图10-3　物流系统分析的步骤

（1）明确物流系统的问题

对某一系统进行分析时，首先必须明确所要分析的问题，如系统的目的和系统当前的状态等，分析问题的构成、范围，也就是要回答做什么、为什么要做。

（2）收集内外部环境信息

外部条件构成对系统的影响和约束，科学、技术、政治、经济、文化、教育、人口、气候、生态等构成系统的外部环境因素。环境独立于系统控制，对系统产生影响。进行系统分析时，要把握与系统发生物质、能量、信息交换的主要外部条件，作为系统的外部环境因素加以分析。内部环境分析主要是系统结构层次分析。在系统分析中，要重点研究各要素的特点、功能以及它们之间相互联系和作用的方式，把握系统的结构，特别是结构的层次性。复杂的系统要通过层次分析进行简化。

（3）确定物流系统目标

选定系统的总目标是系统分析的主要根据。确定目标时要遵循一般系统论原则，即整体性原则和相互联系的原则。

（4）建立模型

通过建模技术，建立问题的数学模型或其他形式的模型。模型不是系统本身，而是对系统的描述、模仿或抽象，反映实际系统的主要特征。利用模型预测每一方案可能产生的结果，并根据其结果说明各方案的优劣。

（5）系统优化

用最优化理论和方法，对所构造的系统模型进行最优化求解。收集足够的定量因素，用数学的方法建立数学模型，运用运筹学等技术寻求最佳方案，复杂问题可运用计算机求解。在定量优化的基础上，考虑定性因素进行综合、调整，使整体优化更符合实际。

（6）综合评价

对系统的若干方案进行优化后，还要进行综合评价。如果几个替代方案各有千秋，就需要按所制定的系统指标体系定出综合评价的标准，通过评价标准对各方案进行综合评价，确定各方案的优劣顺序，提供给决策者进行决策。

若决策者对上述方案不满意，则按前面的步骤对因素进行调整，重新分析。若决策者对方案满意，则实施之。

10.2.2　物流系统评价

物流系统评价，就是根据系统确定的目标，在系统调查和系统可行性研究的基础上，从技术、经济、环境和社会等主要方面，就各种系统设计方案能够满足需要的程度及其消耗和占用的资源进行评审，选出技术上先进、经济上合理、实施上可能的最优或最满意的方案。

要决定哪一个方案"最优"未必容易，尤其是对物流系统这样的外延模糊的复杂系统而言。因为对于复杂的物流系统来说，"最优"这个词的含义并不十分明确，而且评价某个物流系统方案是否为"最优"的标准也是随着时间而变化和发展的。以城市物流系统评价为例，一般只是从物流速度、物流费用、供应保证程度等技术、经济方面进行评价。

物流系统的评价一般要按以下步骤进行：

① 有明确的目的，整体把握物流系统现状，准确对待各要素对物流系统的影响，寻找系统的薄弱环节，明确实际与预定目标的差距。

② 建立合理的评价指标体系，其重点是整体系统的发展、系统功能的改善情况及薄弱环节与历史数据的比较等。

③ 选择可行的评价方案并建立合适的评价模型，这可以使评价更加公正和切合实际。

④ 综合评价。首先进行单项指标（如功能、经济效益、社会效益等方面）的评价，再按照一定的综合公式，将各单项指标进行综合，得出更高层次的指标价值，最后综合成大类指标的总价值。评价一个物流系统，指标一般包括经营管理、

技术性能、市场反应、时间效率、经济效益、社会效益等很多方面。

10.3　物流系统要素冲突

物流系统要素之间的关系是冲突、相持和协同的综合表现，说明系统内部的要素之间及系统与环境之间，既存在整体统一性，又存在个体差异性。物流系统构筑的关键是通过系统的权衡，解决好要素冲突，实现各要素之间的协同。

10.3.1　要素目标冲突

效益背反是物流系统中常见的现象。效益背反也称二律背反，指的是物流系统要素之间存在着损益的矛盾，即某一要素的优化和利益发生的同时，必然会存在另一个或另几个要素的利益损失，反之亦然。效益背反的特性体现了物流系统中一方利益的追求要以牺牲另一方的利益为代价。这种此消彼长、此盈彼亏的现象，在物流系统中随处可见。正是由于物流系统的效益背反现象，容易导致各环节之间的矛盾和冲突，因此更需要运用系统、科学的思想和方法，寻求物流系统的整体最优。

1）物流系统要素之间的目标冲突

物流系统中各功能要素独立存在时，各自的目标有互相冲突的地方。例如，运输功能要素追求的目标一般是及时、准确、安全、经济。为达到这一目标，企业通常会采用最优的运输方案，但在降低运输费用、提高运输效率的同时，可能会导致储存成本的增加。从储存的角度来看，为了达到降低库存水平的目的，企业可能会降低每次收货的数量，增加收货次数，缩短收货周期，或者宁可紧急订货，但这样就无法达到运输的经济规模，导致运输成本增加。

2）物流系统要素内部的目标冲突

物流系统的要素都是物流系统的子系统，如果将物流系统内部功能要素之间的目标冲突应用于任意一个子系统的话，物流系统要素内部也存在着类似的目标冲突。比如，采用铁路运输成本比较低但不够灵活；采用公路运输灵活性强，可提供"门到门"的服务，但长距离运输成本相当昂贵，且易污染和发生事故；采用航空运输速度快，不受地形的限制，但成本非常昂贵。因此，如果追求速度快、灵活性强，就要付出成本高的代价。由于任何运输方式都有其特定目标和优势，而且这些优势不能兼得，所以在选择运输方案时就要综合权衡。

3）物流系统要素与外部系统之间的目标冲突

物流系统本身也是一个更大系统中的子系统，物流系统要与外部系统发生联系，而构成物流系统环境的就是这些与物流系统处在同一层次的子系统。与物流系统一样，环境中的其他系统都有着特定的目标，这些目标之间的冲突也是普遍存在的，物流系统以这种方式同环境中的其他系统发生联系。但是，物流系统要素与外部系统之间的目标冲突不能在物流系统这个层次得到协调，必须在更高一个层次的系统中才能解决。

边学边议 10-3

举例说明要素目标冲突。

10.3.2 操作冲突

物流系统的各种要素都有各自的运作规律和标准，在还没有建立统一的物流运作规范和标准的情况下，由于要素之间在运作上不能互相适应对方的业务特点、流程、标准、规范、制度、票据格式等而产生的矛盾很普遍。

仅举托盘的例子来说明这一问题。托盘是以集装、堆放、搬运和运输的放置作为单元负荷的货物和制品的水平平台装置。如果商品在一个物流系统中都以托盘为基础来进行运输、储存等作业的话，可以减少装卸搬运次数，降低装卸搬运损失，减少中间作业量，提高作业效率，加快物流速度。但是，托盘是低值易耗品，物流系统的上游、中游和下游企业都使用自己的托盘，这些托盘可能在尺寸、材质、价格、使用寿命、质量、新旧程度、样式等方面存在差异。托盘的种类主要有木质的、塑料的、金属的。木质托盘是现在使用最广的，因为其价格便宜、结实；塑料托盘价格较贵，载重也较小，但是随着制造工艺的进步，一些高载重的塑料托盘已经出现，并逐渐取代木质托盘。金属托盘结实耐用，缺点是易腐蚀、价格较高。这样，不同企业使用的托盘不存在可比性，其直接后果是托盘不可流通，这就影响了托盘在物流中更好地发挥作用，而且使用托盘还会增加中间作业成本，因此很多企业干脆不用托盘。主导企业则强迫其他协作企业采用自己的托盘，这是一种推行物流托盘标准的方法，但并不一定是最佳的方法。

总之，要素之间的冲突时刻存在，企业建立物流系统的工作从某种意义上讲就是解决物流系统组成要素之间方方面面存在的冲突的过程，因此企业必须首先认识到这些冲突，然后找出解决这些冲突的办法。

10.3.3 要素产权冲突

一条供应链上的物流系统不可能由一个企业建立，而是由不同产权组织共同完成的。不管有多少个企业参与，供应链上的物流系统都有比较明晰的边界，一体化的物流系统希望有与这个系统边界一致的产权边界，但这是不可能实现的事情，这样，要素产权冲突就产生了。

以高速公路上设立的收费站为例。比如，2000 年 11 月 28 日开通的京沪高速公路，总长 1 262 千米，总投资 393.01 亿元，这条高速公路主线上设有 11 个收费站，按照各收费站的平均收费标准，一辆小汽车从北京至上海，需要交 535 元通行费。谁投资修建了这条公路，谁就要设立收费站收费，每一个收费站代表一个产权边界。从这么多的收费站来看，这根本就不是一条"连贯型"的"畅通"的公路，而是由 11 个独立路段组成的公路。这样在以京沪高速公路为主干线构成的物流系统

知识链接 10-5

物流运输系统
要素冲突

中，这种实际存在的产权多元性与物流系统希望的载体产权的统一性就产生了矛盾。

本章小结

物流系统是社会经济大系统中的一个子系统，是由有机联系的物流各要素组成的并能使物流总体趋于合理化的综合体。物流系统将一定时间、空间里所从事的物流事务和过程作为一个整体来处理，用系统的观点进行分析研究。物流系统是一个复杂而庞大的系统。物流系统化管理的基本目标，是实现物流合理化，以最低的费用支出完成商品实体从供应地向消费地的运动，使物流过程中各系统、各要素之间优化组合，协调运行，适应和促进商品经济的发展，从而取得最佳效益。

复习思考题

（1）什么是物流系统？物流系统有哪些特征？
（2）物流系统包括哪些要素？
（3）物流系统的目标是什么？
（4）简述物流系统的基本模式。
（5）什么是物流系统分析？它包括哪些内容？
（6）论述物流系统分析的步骤。

第10章
基础知识测试

案例分析题

地下物流系统分析

地下物流系统也称地下货运系统（underground freight transport system，UFTS），是指运用自动导向车（AGV）和两用卡车（DMT）等承载工具，通过大直径地下管道、隧道等运输通路，对固体货物实行输送的一种全新概念的运输和供应系统。20世纪90年代以来，利用地下物流系统进行货物运输的研究受到了西方发达国家的高度重视，并成为未来可持续发展的高新技术领域。

地下物流系统是一种具有革新意义的物流模式，一些发达国家，包括美国、德国、荷兰、日本等，针对该系统的可行性、网络规划、工程技术等方面展开了大量的研究和实践工作。研究表明，地下物流系统不仅具有速度快、准确性高等优势，而且是解决城市交通拥堵、减少环境污染、提高城市货物运输的通达性和质量的重要而有效的途径。地下物流系统能够满足循环经济的发展模式，符合资源节约型社会的发展要求，是我国城市可持续发展的必要选择。

1）日本

地下物流技术在人口相对集中、国土面积狭小的日本得到了广泛的关注。2000年，日本将地下物流技术列为未来10年政府重点研发的高新技术领域之一，主要致力于研究开通物流专用隧道并实现网络化，建立集散中心，形成地下物流系统。日本建设厅的公共设施研究院对东京的地下物流系统进行了 20 多年的研究，研究内容涉及东京地区地下物流系统的交通模拟、经济环境因素的作用分析以及地下物流系统的构建方式等诸多方面。拟建系统地下通道总长度达 201 千米，设有 106 个仓储设施，通过这些设施可以将地下物流系统与地上物流系统连接起来。系统建成之后能承担整个东京地区将近 36% 的货运量，地面车辆运行速度提高 30% 左右。运输网络分析结果显示，每天将会有超过 32 万辆车使用该系统；成本效益分析预计，系统每年的总收益能达到 12 亿日元，还包括降低车辆运行成本、减少行驶时间、降低事故发生率以及减少二氧化碳和氮化物的排放量带来的综合效益。该系统规模大、涵盖范围广，它的优点在于综合运用各学科知识，并与地理信息系统紧密结合，前期研究深入、透彻，保证系统的高效率、高质量、高经济效益以及高社会效益。

2）荷兰

建立专业的地下物流系统是荷兰发展城市地下物流系统的显著特点。荷兰首都阿姆斯特丹有着世界上最大的花卉供应市场，往返于机场和花卉市场的货物供应与配送完全依靠公路。对于一些时间要求很高的货物（如空运货物、鲜花、水果等），拥挤的公路交通将是巨大的威胁，供应和配送的滞期会严重影响货物的质量（鲜花耽搁 1 天贬值 15%）。因此，荷兰计划在机场和花卉市场之间建立一个专业的地下物流系统，整个花卉的运输过程全部在地下进行，只在目的地露出地面，以期达到快捷、安全的运输效果。它的特点是服务对象明确、针对性强，因此要求系统设计、构建和运行等过程必须全部按照货物的质量要求和标准来规划；其局限性在于建造费用高、工程量大。

3）德国

德国主要致力于将传统的地面交通和城市地下轨道交通共同组成未来城市立体化交通运输系统的研究与应用。德国研究的地下管道运输和供应系统快捷方便，能达到 36 千米/小时的恒定运输速度。它的主要特点是将地下物流系统与城市交通结合起来规划建设。其优点在于可以充分利用城市地下轨道交通已有的各种便利设施来开展地下物流运输配送，不需要重复建造地下物流系统所需要的轨道设施，从而达到"一物两用"的效果。该系统充分体现了轨道运输的优点，即污染物零排放、无噪声污染，且系统运行能耗低、成本低，运输工具寿命长、不需要频繁维修；其局限性主要表现为城市地下轨道交通与专业地下物流系统不完全相同，它以交通为主，若想利用城市现有交通设施必须在保证满足市民出行需求的前提下再来规划设计物流运输配送，这种规划不如全新的地下物流系统那样毫无限制。

资料来源 马仕，束昱. 地下物流在上海的发展前景研究［C］. 上海：中国土木工程学会第十二届年会暨隧道及地下工程分会第十四届年会论文集，2006.

问题：

简要谈谈什么是城市地下物流，它有何潜在优势。

第11章 供应链管理

第11章 ◀▶

学习目标

知识传授目标	能力培养目标	价值塑造目标	建议学时
➤了解供应链的产生 ➤理解供应链及供应链管理的含义 ➤理解QR和ECR的含义	➤能够运用供应链管理思想进行案例分析，归纳总结供应链管理的内涵	➤培养诚信品质，树立良好的信誉和形象，增强协调与合作意识、供应链道德风险防范意识	4

思政引入   传统供应链受困   智慧供应链成价值链重构的纽带

供应链是以客户需求为导向、以提高质量和效率为目标、以整合资源为手段，实现产品设计、采购、生产、销售、服务等全过程高效协同的组织形态。20世纪90年代以来，我国企业纷纷开始引入供应链管理思想。供应链管理的技术、模式与方法在许多行业都得到了普及和推广，在制造供应链、农产品供应链、服务供应链乃至军事供应链、应急供应链中都得到广泛应用。一些典型领域如电子商务、快递物流等的供应链创新模式与技术在全球已经开始领先。这些应用不仅有力提高了原有企业的生产效率和经营效益，也显著提升了社会经济运行质量，促进了民生发展。

然而，纵观我国供应链管理的应用进展，仍然存在两个重大的发展困境。一是传统的供应链运行模式受到技术应用不足的影响，信息孤岛现象严重，效率和效益的提升程度有限；二是传统供应链运行受到政府条块分割体制的多重影响，导致供应链无法畅通高效，运行成本高昂，难以充分发挥供应链管理对产业发展的重大价值。这两个明显的发展困境已经成为当前我国经济高质量发展的阻碍因素，传统的供应链管理模式与方法迫切需要改进与转型。

智慧供应链是以物流互联网和物流大数据为依托，以增强客户价值为导向，通过协同共享、创新模式和人工智能先进技术，实现产品设计、采购、生产、销售、服务等全过程高效协同的组织形态。其"智慧"的特征突出表现为基于现代智能技术和供应链技术的应用，供应链全程运作可以实现可视化、可感知和可调节等功能。智慧供应链通过柔性化管理、快速化响应和智慧化协同，实现供应链创新、生态、高效的发展目标。

第一，从科技层面上看，全球科技发展进入了智慧时代，供应链正在向智慧化方向迅速转型，为智慧技术应用提供了新的场景驱动。作为物流、商流、信息流、资金流等"四流合一"的供应链已经不再是劳动密集型组织的代名词，供应链正在向智慧化方向迅速转型，数字化、自动化和智能化发展成为不可阻挡的科技潮流，供应链已发展到与互联网、物联网深度融合的智慧供应链新阶段，以可视化、可感知和可调节功能为核心智慧特征的供应链发展趋势日益显现。

第二，从经济层面上看，中国经济进入高质量发展时期，智慧供应链成为经济发展提质增效的新支撑。党的十九大报告指出，我国经济已经由高速增长阶段转向高质量增长阶段，经济增长动力由要素投入向全要素生产率提升和创新驱动转型，和谐共生的绿色生态理念逐步成为发展潮流。因此，构建创新、生态、高效的供应链必须依靠智慧供应链技术，将智能技术和供应链管理技术有机结合，通过供应链全流程创新实现供应链高质量发展，满足经济建设提质增效的根本目标。

第三，从产业层面上看，我国进入了新旧动能转换的关键时期，智慧供应链发展成为新动能转换的引擎。作为党的十九大报告明确提出的经济增长六大新动能之一，供应链行业应抓住这个历史机遇，前瞻未来趋势，洞察市场需求，利用智慧供应链实现柔性化管理和快速响应，实现多维度颠覆式创新，形成新的持续发展模式，变革与再造旧动能，创新与发展新动能，适应新经济时代发展的要求。

第四，从市场层面上看，市场发展进入了消费主权时代，智慧供应链正成为价值链重构的新纽带。当前消费成为主导经济发展的决定性因素，按需生产的个性化服务方式成为新型生产模式，消费者体验成为赢得市场的关键因素，这意味着我国已经由供给侧主导时代进入了消费者主导时代。在这场新的价值链重构中，产业供应链在缩短，服务链在延长。智慧供应链作为供需双方的桥梁和纽带，通过智慧化的协同运作，最能切身感受到客户的体验和市场需求，从而在国民经济供给侧结构性改革及新的产业链、价值链重构中发挥更大的引领和推动作用。

资料来源 佚名. 传统供应链受困 智慧供应链成价值链重构的新纽带 [EB/OL]. (2018-12-04) [2023-06-20]. http://www.chinawuliu.com.cn/zixun/201812/04/336819.shtml.

问题：

请简要谈谈，"互联网+"时代智慧供应链战略会给企业未来发展带来什么样的积极影响？

案例导读   **风神公司对供应链的成功运作**

风神汽车有限公司（以下简称风神公司）是东风汽车公司、台湾裕隆汽车制造股份有限公司（裕隆集团为台湾地区第一大汽车制造厂，其市场占有率高达51%，年销量20万辆）、广州京安云豹汽车有限公司合资组建的，是由东风汽车公司控股的三资企业。在竞争日益激烈的大环境下，风神公司采用供应链管理思想和模式及其支持技术方法，取得了当年组建、当年获利的好成绩。通过供应链系统，风神公司建立了自己的竞争优势：通过与供应商、花都工厂、襄樊工厂等企业建立战略合作伙伴关系，优化了链上成员间的协同运作管理模式，实现了合作伙伴企业之间的信息共享，促进了物流通畅，提高了客户反应速度，创造了竞争中的时间和空间优势；通过设立中间仓库，实现了准时化采购，从而减少了各个环节上的库存量，避免了许多不必要的库存成本消耗；通过在全球范围内优化合作，各个节点企业将资源集中于核心业务，充分发挥其专业优势和核心能力，最大限度地减少了产品开发、生产、分销、服务的时间和空间距离，实现对客户需求的快速有效反应，大幅度缩短订货的提前期；通过战略合作，充分发挥链上企业的核心竞争力，实现优势互补和资源共享，共生出更强的整体核心竞争能力与竞争优势。风神公司目前的管理模式无疑是成功、有效的，值得深入研究和学习借鉴。

资料来源 马士华，陈仁志. 风神汽车公司成功应用供应链管理研究［EB/OL］. (2011-02-23)［2023-06-20］. http://www.vsharing.com/k/SCM/2011-2/641283_2.html.

问题：

通过本章的学习，请画出风神公司供应链的结构并分析其结构特征。

11.1 供应链和供应链管理概述

20世纪90年代以来，由于科学技术的飞速进步和生产力的快速发展，人们的消费水平不断提高，企业之间的竞争日益加剧，再加上政治、经济、社会环境的巨大变化，市场的不确定性大大增加，企业面临着缩短交货期、降低成本、提高产品质量和改进服务的压力。面对新的竞争环境，如何抓住市场机遇，快速、有效地满足顾客的个性化需求，提高顾客的满意度水平，这对传统企业管理运作模式提出了新的挑战。供应链管理是为适应这一环境而出现的一种新的管理理念和管理模式。

11.1.1 供应链概述

1）供应链的概念

供应链的概念最早来源于彼得·德鲁克提出的"经济链"，而后经由迈克尔·波特发展成为"价值链"，最终演变为"供应链"。

以陈列于零售店的啤酒为例，它是经过怎样的途径到达商店的呢？啤酒制造商生产啤酒，首先要采购大麦、啤酒花等原材料，并进行酿造。酿造好的啤酒需要通过各种流通渠道，快速运送到零售商店。一般而言，某一商品从生产地到达消费者手中，有如下厂商及相关人员依次参与：供货商、制造商、批发商、零售商。从商品的价值是在业务连锁中逐渐增值的角度看，这一过程可称为"价值链"；从满足消费者需求的业务连锁角度看，可称为"需求链"；从与供货密切相关的企业连锁角度看，可称为"供应链"。

国家标准《物流术语》对供应链（supply chain，SC）的定义是：生产及流通过程中，为了将产品或服务交付给最终用户，由上游与下游企业共同建立的网链状组织。

　　我国著名学者马士华在其《供应链管理》一书中认为：供应链是指围绕核心企业，通过对信息流、物流、资金流的控制，从采购原材料开始，制成中间产品以及最终产品，最后由销售网络把产品送到消费者手中，将供应商、制造商、分销商、零售商，直到最终用户连成一个整体的功能网链结构模式。它是一个范围更广的企业结构模式，包含了所有加盟的节点企业，从原材料的供应开始，经过链中不同企业的制造加工、组装、分销等过程，直到最终用户。一条完整的供应链应包括供应商（原材料供应商或零配件供应商）、制造商（加工厂或装配厂）、分销商（代理商或批发商）、零售商（大卖场、百货商店、超市、专卖店、便利店和杂货店）以及消费者。它不仅是一条连接供应商到用户的物流链、信息链、资金链，还是一条增值链，物料在供应链上因加工、包装、运输等过程而增加了价值，给相关企业都带来收益。

　　供应链概念经历了一个发展的过程。早期的观点认为供应链是制造企业中的一个内部过程，是指将采购的原材料和零部件，通过生产转换和销售等活动传递到用户的一个过程。传统的供应链概念局限于企业的内部操作，注重企业自身的资源利用。随着企业经营的进一步发展，供应链的概念范围扩大到了与其他企业的联系，注意到了供应链的外部环境。

2）供应链的构成要素

　　一般来说，构成供应链的基本要素包括：

　　① 供应商，指给生产厂家提供原材料或零部件的企业。

　　② 制造商，即厂家。厂家负责产品开发、生产和售后服务等。

　　③ 分销商，指为实现将产品送到经营地范围每一角落而设的产品流通代理企业。

　　④ 零售商，指将产品销售给消费者的企业。

　　⑤ 客户，即用户，最终的消费者。

　　供应链的结构示意图如图 11-1 所示。

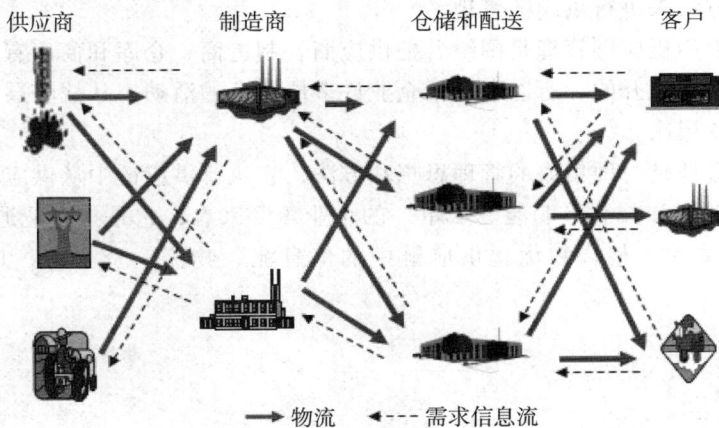

供应商　　　制造商　　　仓储和配送　　　客户

→ 物流　　----▶ 需求信息流

图 11-1　供应链结构示意图

边学边议 11-1

你从超市货架上取下的一瓶可口可乐，它是经过怎样的途径到你手上的？你认为供应链有什么特征？

11.1.2　供应链管理概述

1）供应链管理的概念

供应链管理的概念最早于 1982 年提出。凯斯·奥立弗和迈克尔·威波尔在《观察》杂志上发表《供应链管理：物流的更新战略》一文，首次提出了"供应链管理"这一概念。早期的观点认为供应链是制造企业的一个内部过程，强调供应链的外部交换，将供应链定义为"一个从初始原料供应开始，经过涉及对原材料的提炼和加工、制造、组装、分销、零售等过程的，从企业到最终消费者的整个交换链"。近年来，供应链的概念更加注重围绕核心企业的网链关系，我国标准物流术语和著名学者马士华也给出了供应链是网链结构的类似定义。

国家标准《物流术语》对供应链管理（supply chain management，SCM）的定义是：利用计算机网络技术全面规划供应链中的商流、物流、信息流、资金流等，并进行计划、组织、协调与控制等。

马士华对供应链管理的概念是从以下几个方面来把握的：

第一，供应链管理把对成本有影响和在产品满足顾客需求的过程中起作用的每一方都考虑在内，包括从供应商和制造工厂经过仓库和配送中心到批发商和零售商以及商店的全过程。

第二，供应链管理的目的在于追求效率和整个系统的费用有效性，使系统总成本达到最低。这个成本包括运输、配送成本，原材料、在制品和产成品的库存成本。因此，供应链管理的重点不在于简单地使运输成本达到最小或减少库存，而在于采用系统方法来进行供应链管理。

第三，因为供应链管理是围绕着把供应商、制造商、仓库和商店有效率地结合成一体这一问题展开的，所以它包括企业许多层次上的活动，从战略层次到战术层次一直到作业层次。

供应链管理是一种集成的管理思想和方法，它执行供应链中从供应商到最终用户的物流的计划和控制等职能。从单一的企业角度来看，它是指企业通过改善上、下游供应链关系，整合和优化供应链中的信息流、物流、资金流，以获得竞争优势。

边学边议 11-2

假设一个典型的企业想要增加 2 万元的利润，按大多数行业 2% 的标准净利润率计算，它必须要增加 100 万元的销售额。从供应链的角度如何增加 2 万元的利润？

案例链接 11-1　　　叮当快药与华润医药携手布局新零售

2019 年 1 月 28 日，叮当快药宣布与华润医药商业系内公司深化合作形式，结为战略合作伙伴，打通药品供应全链路，在医药新零售行业打响了 2019 年开年的第一枪。

这次合作并不是华润医药和叮当快药合作的起点。在此之前，华润医药旗下品牌药企就借助叮当快药的"到家+到店"多场景化服务体系试水新零售，通过线上线下品牌周等品牌营销，实现了产品销量的增长。华润医药商业系内公司进一步携手叮当快药，旨在推进双方深度战略合作，进一步赋能医药新零售。

华润医药商业相关负责人王勇接受记者采访时表示，此前的合作让他们看到了医药新零售的潜力。获客成本高、线上营销经验不足、用户服务亟待提升等是传统供应链企业遇到的问题。而借助这次的深入合作，依托叮当快药"百城千店"的新零售布局和深层次挖掘用户需求的数据能力，华润医药商业系内公司及华润医药旗下工业品牌将加速线上线下融合，与叮当快药携手共建便捷、可靠、专业的医药新零售生态圈。

叮当快药 CEO 俞雷表示，合作会从以下三个方面开展：第一，把华润医药旗下的商业品牌作为叮当快药的重点合作品牌，进行相应的数据化营销以及整合供应链；第二，叮当快药会和华润新龙形成库存共享体系，并致力于提升物流效率；第三，对叮当快药的会员体系和华润的产品体系进行大数据应用。"我们希望通过这些落地方案，给双方共同的用户带来价值提升，同时有效地缩短供应链，使得流通环节减少之后能够真正让利于民。"

至于如何具体做到"让利于民"，俞雷称，首先是合作有利于丰富药物品种，满足用户的需求；其次，在供应链范围内，形成高效的运作机制，通过压缩物流环节降低药物成本；此外，通过大数据分析，对用户做到精准推荐，使用户省时省力。

俞雷表示，叮当快药新零售模式的核心不仅是为消费者提供价值，还为上下游的关联企业提供价值，此次华润医药商业系内公司与叮当快药的合作也被看作一次品牌"1+1>2"的蜕变。未来叮当快药还将持续与华润医药等行业优秀企业加深合作，打通供应链、用户数据等多个维度，缩短医药商品流通环节，用新零售的模式持续为用户和行业创造价值，推动产业优化升级，实现共赢。

资料来源　佚名. 药品供应全链：叮当快药与华润医药携手布局新零售［EB/OL］.［2023-06-20］. http://www.chinawuliu.com.cn/zixun/201901/30/338299.shtml.

2）供应链管理与物流管理的联系和区别

20世纪90年代，学术界开始探讨供应链管理与传统物流管理的区别。

（1）供应链管理与物流管理的联系

供应链管理理论源于物流管理研究，经历了一个由传统物流管理到供应链管理的演化过程。事实上，供应链管理的概念与物流管理的概念密切相关，人们最初提出"供应链管理"一词，是用来强调在物流管理过程中，在减少企业内部库存的同时也应该考虑减少企业之间的库存。随着供应链管理思想越来越受到欢迎和重视，其管理视角早已拓宽，不仅仅着眼于降低库存，而是已伸展到企业内外的各个环节、各个角落。从某些场合下人们对供应链管理的描述看，它类似于穿越不同组织界限的、一体化的物流管理。

实质上，供应链管理战略的成功实施必然以成功的企业内部物流管理为基础。能够真正认识并率先提出供应链管理概念的也是一些具有丰富物流管理经验和先进物流管理水平的世界级顶尖企业，这些企业在研究企业发展战略的过程中发现，面临日益激烈化的市场竞争，仅靠一个企业和一种产品的力量已不足以占据优势，企业必须与它的原料供应商、产品分销商、第三方物流服务者等结成持久、紧密的联盟，共同建设高效率、低成本的供应链，才可以从容面对市场竞争，并取得最终胜利。正因为如此，英国著名物流专家马丁·克里斯托弗指出，"市场上只有供应链没有企业""21世纪的竞争不是企业和企业之间的竞争，而是供应链和供应链之间的竞争"。

（2）供应链管理与物流管理的区别

① 范围不同。物流管理是供应链管理的一个子集，两者并非同义词。物流管理在恰当的实施下，总是以点到点为目的的，而供应链管理将许多物流以外的功能穿越企业之间的界限整合起来，其功能超越了企业物流管理的范围。如企业的新产品开发，强大的产品开发能力可以成为企业有别于其对手的竞争优势，乃至成为促使其长期发展的核心竞争能力。而产品开发过程涉及方方面面的业务关系，包括营销理念、研发组织形式、制造能力、物流能力、筹资能力等。这些业务关系不仅仅是一个企业内部的，往往还涉及企业的众多供应商或经销商，以便缩短新产品进入市场的周期。这些都是供应链管理要整合的内容。显然，单从一个企业的物流管理的角度来考虑，很难想象它会将这么多的业务关系联系在一起。

② 对一体化的理解不同。从学科发展角度来看，供应链管理也不能简单地理解为一体化的物流管理。一体化的物流管理分为内部一体化和外部一体化两个阶段。目前，即使在物流管理发展较早的国家，许多企业也仅仅处于内部一体化的阶段，或者刚刚认识到结合企业外部力量的重要性。也正因为这样，一些学者才提出"供应链管理"这一概念，以使那些引领管理方法潮流的企业率先实施的外部一体化战略区别于传统企业内部的物流管理。要真正使供应链管理逐步发展成熟，成为一门内涵丰富的新型独立学科，就有必要将供应链管理与一体化物流管理加以区分，不能将供应链管理简单地视为一体化物流管理的代名词。许多西方学者认为，

在这一点上，学术界的研究往往落后于实践。一些实施供应链管理战略的世界顶级企业的高层管理者对供应链管理的理解和把握比研究者更为准确。正如供应链管理的定义所指出的那样，供应链管理所包含的内容比传统物流管理要广泛得多。在考察同样的问题时，从供应链管理的角度来看，视角更宽泛，立场更有高度。

③ 研究者的范围不同。供应链管理的研究者范围也比物流管理更为广泛。除了物流管理领域的研究者外，还有许多制造与运作管理的研究者也使用和研究供应链管理。他们对供应链管理研究的推进和重视绝不亚于物流管理的研究者们。

④ 学科体系的基础不同。供应链管理思想的形成和发展，是建立在多个学科体系（系统论、企业管理等）基础上的。其理论根基远远超越了传统物流管理的范围。正因为如此，供应链管理还涉及许多管理的理论和内容。它的内涵比传统的物流管理更丰富，覆盖面更加宽泛，而对企业内部单个物流环节的关注度就不如传统物流管理那么集中、考虑得那么细致了。

⑤ 优化的范围不同。供应链管理把对成本有影响和在产品满足顾客需求的过程中起作用的每一方都考虑在内，从供应商和制造工厂经过仓库和配送中心到零售商和顾客；而物流管理则只考虑自己的路径范围内的业务。物流管理主要涉及组织内部商品流动的最优化，而供应链管理强调仅有组织内部的合作和最优化是不够的。

⑥ 管理的角度不同。首先，物流管理主要从一个企业的角度考虑供应、存储和分销，把其他企业当作一种接口关系处理，没有深层次理解其他企业内的操作，企业之间只是简单的业务合作关系。而供应链管理的节点企业之间是一种战略合作关系，要求对供应链所有节点企业的活动进行紧密的协作控制，它们形成了一个动态联盟，具有"双赢"关系。其次，物流管理强调一个企业的局部性能优先，并且采用运筹学的方法分别独立研究相关的问题。通常，这些问题被独立地从它们的环境中分离出来，不考虑与其他企业功能的关系。而供应链管理将每个企业当作供应网络中的节点，在信息技术支持下，采用综合的方法研究相关的问题，通过紧密的功能协调追求多个企业的全局性能优化。最后，物流管理经常是面向操作层次的，而供应链管理更关心战略性的问题，侧重于全局模型、信息集成、组织结构和战略联盟等方面的问题。

案例链接11-2　　　　　物联云仓打造合作伙伴生态

　　2018年4月，物联云仓正式启动合作伙伴计划，截至2018年12月25日，物联云仓累计开发全国范围内重点服务商612家，签约合作伙伴81家，涉及食品、冷链、电商、日用品、服装、3C产品、家居家电、汽配、普通化工等多个行业，合作伙伴分布于上海、广州、成都、北京、武汉等全国27个重点物流节点城市，合作运营面积超过500万平方米。

物联云仓-合作伙伴计划是基于物联云仓的仓配网络大数据平台，联合全国范围内具备仓库、配送资源和能力的重要合作伙伴，构建专业高效的供应链服务体系和互利共赢的仓配生态体系，最终为客户提供一站式、个性化的仓储与配送服务。同时，在这个过程中，物联云仓通过提供大数据、科技、物资采购、供应链金融等多维度的增值服务，赋能合作伙伴实现更大的商业价值。

在合作伙伴层级方面，物联云仓根据其仓储运营面积、配送车队规模、业务线覆盖城市数量、运营经验等数据，将合作伙伴分为认证合作伙伴、金牌合作伙伴和战略合作伙伴三个等级，以便于物联云仓根据合作伙伴的业务范围、类别、能力等因素，为合作伙伴量体裁衣匹配客户资源。

2018年4月，合作伙伴计划启动伊始，物联云仓率先与中国仓储与配送协会达成战略合作，双方约定在行业数据分析、标准制定、信息化建设、认证评定、人才培训、市场活动等多个方面展开全面合作。

在合作过程中，物联云仓究竟可以为合作伙伴带来哪些利好？

首先，物联云仓作为全国性的互联网仓储综合服务平台，经过3年的运营发展，拥有超大的活跃流量。据统计，截至2018年10月，平台访问量超过560万次，月独立IP数最高峰超70万个，月均在线仓库需求超过100万平方米，平台累计合作仓储面积超过2.5亿平方米。而这些流量红利带来的无疑是合作伙伴整合推广的高曝光率和拓客渠道的增加，促进引流变现。当平台接收到客户业务需求的时候，将针对需求优先匹配合作伙伴资源，并在后期项目洽谈过程中，推进合作伙伴与客户双方有效沟通并最终达成合作。物联云仓已促成数个仓储配送项目落地，得到合作伙伴的高度认可。

其次，在系统科技方面，物联云仓还自主研发了50WMS（仓储管理系统）、50TMS（运配管理系统）等多个系统；并基于物联网与人工智能技术，推出物联传感云平台，助力实现仓储与物流的智能化监管。以"云端应用+线下服务"的SaaS服务模式，助力合作伙伴转型升级，全面降低合作伙伴信息化应用成本，让仓储、物流运营管理更加便捷、高效。

同时，物联云仓通过与大型金融机构合作，为合作伙伴提供个性化、便捷的供应链金融产品，帮助合作伙伴解决企业经营的后顾之忧。除此之外，物联云仓还联合顺丰集采为合作伙伴提供物资耗材的集中采购平台，省时、省心、省力、省钱，帮助合作伙伴更好地开展经营活动。

为了加强与合作伙伴的深度合作，物联云仓在全国十几个核心物流节点城市派驻城市经理，在此之上，物联云仓还将继续加大资源投入和团队建设力度，保持与合作伙伴的密切沟通联系，随时了解业务动态和发展方向，联合合作伙伴，更有针对性地为客户提供优质的解决方案，实现全面化的商业共赢。

资料来源　佚名．"智慧生态，合作共赢"——看物联云仓如何打造合作伙伴生态［EB/OL］．［2019-01-04］．http://www.chinawuliu.com.cn/zixun/201901/04/337687.shtml.

11.2 供应链管理的内容

11.2.1 供应链管理的四个主要领域

供应链管理主要涉及四个领域，即供应、生产计划、物流、需求，如图11-2所示。

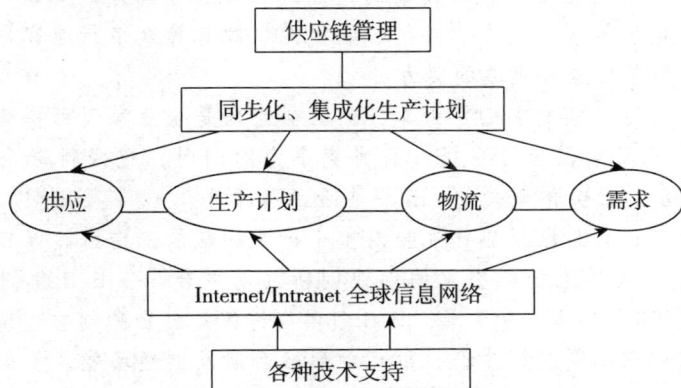

```
                    ┌──────────────┐
                    │  供应链管理   │
                    └──────────────┘
                           │
              ┌────────────────────────────┐
              │ 同步化、集成化生产计划      │
              └────────────────────────────┘

    ┌──────┐    ┌──────────┐    ┌──────┐    ┌──────┐
    │ 供应 │    │ 生产计划 │    │ 物流 │    │ 需求 │
    └──────┘    └──────────┘    └──────┘    └──────┘

        ┌────────────────────────────────────┐
        │ Internet/Intranet 全球信息网络      │
        └────────────────────────────────────┘

              ┌──────────────────┐
              │   各种技术支持     │
              └──────────────────┘
```

图 11-2 供应链管理的四个领域

供应链管理是以同步化、集成化生产计划为指导，以各种技术为支持，尤其以Internet/Intranet为依托，围绕供应、生产计划、物流、需求来实施的。供应链管理主要包括计划、合作、控制从供应商到用户的物料（零部件和成品等）和信息。供应链管理的目标在于提高用户服务水平和降低总的交易成本，并且寻求这两个目标之间的平衡。

在以上四个领域的基础上，供应链管理还涉及职能领域和辅助领域。职能领域主要包括产品工程、产品技术保证、采购、生产控制、库存控制、仓储管理、分销管理；辅助领域主要包括客户服务、制造、设计工程、会计核算、人力资源、市场营销。

案例链接 11-3　　　　供应链管理行业即将迎来新时代

科技创新是社会发展的重要引擎，也是应对经济全球化挑战的有力武器。在人工智能、大数据、云计算、物联网、5G等新兴技术的驱动下，科技赋能供应链管理服务，实现其智慧化变革已然"箭在弦上"。在此背景下，日日顺供应链近年来在科技应用上实现多项突破。

2022年5月，日日顺供应链在青岛落地全国首个5G大件智慧物流园区，让传统物流园区在数字化浪潮中，向数智化"新生"。园区围绕人员车辆的自动化登记、无感出入园区、无人巡检、5G智能仓、数字月台、智慧安防、智慧能源及园区导航等，实现全场景全时空感知和多维度智能监测，让各环节资源实现价值最大化。

同样在 2022 年，依托在科技创新与应用领域积累的智能化供应链管理经验，日日顺供应链助力三柏硕打造了国内首个运动器械智能仓，通过定制并应用智能硬件设备及仓储管理系统，实现仓内存储数字化、分拣自动化、取货无人化、出货智能化的全流程作业能力。进一步完善了三柏硕敏捷、柔性的一体化供应链体系，助力其提升市场响应速度、交付能力、服务效率等，成为其高效供应链管理中的重要一环。正是凭借这样一体化的供应链管理服务能力，日日顺供应链现已覆盖并赋能家电、家居、汽车、冷链、新能源、健身等众多行业客户，进一步展示了其在供应链管理服务领域的实力。

企业是推动可持续发展的主力军，而社会责任是企业实现可持续高质量发展的重要抓手。日日顺供应链在提升自身竞争力的同时，也践行着企业的社会责任，以实际行动向社会传递关爱，诠释企业品牌温度。

于行业而言，日日顺供应链注重对整个行业的赋能、造血。以日日顺供应链打造的国内首个大学生社群交互的创业创新共创平台——日日顺创客训练营为例，迄今已连续举办7届。7年来，日日顺供应链依托日日顺创客训练营不断深化与高校共建的创业创新社群生态，以产学研融合激发创新动能，不仅实现了"从知识到价值的跨越"，其涌现出的创新人才和创业项目正在成为企业乃至行业高质量发展的重要支撑。

资料来源　佚名. 日日顺 IPO：供应链管理行业即将迎来新时代 [EB/OL]. [2023-06-20]. https://www.headscm.com/Fingertip/detail/id/38021.html.

11.2.2　供应链管理的主要内容

供应链管理关心的并不仅仅是物料实体在供应链中的流动，除了企业内部与企业之间的运输问题和实物分销以外，供应链管理还包括以下主要内容：

① 战略性供应商和用户合作伙伴关系管理；

② 供应链产品需求预测和计划；

③ 供应链的设计（全球节点企业、资源、设备等的评价、选择和定位）；

④ 企业内部与企业之间的物料供应与需求管理；

⑤ 基于供应链管理的产品设计与制造管理、生产集成化计划、跟踪和控制；

⑥ 基于供应链的用户服务和物流（运输、库存、包装等）管理；

⑦ 企业间资金流管理（汇率、成本等问题）；

⑧ 基于 Internet/Intranet 的供应链交互信息管理等。

供应链管理注重总的物流成本（从原材料到最终产成品的费用）与用户服务水平之间的关系，为此要把供应链各个职能部门有机地结合在一起，从而最大限度地发挥供应链整体的力量，达到供应链企业群体获益的目的。

边学边议 11-3

供应链管理与优化的方法很多，并且每个企业都不尽相同。

（1）丰田、耐克、日产、麦当劳和苹果等公司的供应链管理都是从网链的角度来实施的。

（2）壳牌石油通过 IBM 的 Lotus Notes 开发了 SIMON（库存管理秩序网）信息系统，从而优化了它的供应链。

（3）利丰的供应链优化方法是在生产上对所有供应厂家的制造资源进行统一整合，作为一个整体来运作，它是基于整合供应商的角度来实施的。

（4）惠普打印机通过麦肯锡咨询在地理上重新规划企业的供销厂家分布，以充分满足客户需要，并降低经营成本，它是基于地理位置的选择。

（5）宝洁是通过宝供物流，采用分类的方法，与供应链运作的具体情况相适应，详细分类并采取有针对性的策略从而实现供应链的显著优化，它是基于分类的细化。

结合所学知识，画出上述公司的供应链结构图。

11.3 供应链管理方法

11.3.1 快速响应

1）快速响应的概念

快速响应（quick response，QR）最早是由美国的纺织服装业发展起来的一项供应链管理策略。由于日本和"亚洲四小龙"的崛起，自 20 世纪 70 年代后期开始，美国纺织品和服装的进口急剧增加，到 80 年代初期，进口商品大约占到纺织服装行业总销售量的 40%。针对这种情况，美国纺织服装企业一方面要求政府和国会采取措施阻止纺织品和服装的大量进口；另一方面进行设备投资来提高企业的生产率。但是，即使这样，廉价的进口纺织品和服装的市场占有率仍在不断上升，而本地生产的纺织品和服装的市场占有率连年下降。

为此，1984 年，美国服装、纺织以及化纤行业的一些主要的经销商成立了"用国货为荣委员会"。该委员会的任务是为购买美国生产的纺织品和服装的消费者提供更大的利益。该委员会一方面通过媒体宣传国产纺织品和服装的优点，采取共同的销售促进活动；另一方面委托零售业咨询公司 Kurt Salmon 从事提高竞争力的调查。1985 年，Kurt Salmon 公司在经过了大量充分的调查后指出，虽然纺织品和服装产业供应链上的很多企业都注重提高自身的效率，但是整个产业链的效率却很低。

整个服装供应链，从面料到做成服装并送达顾客手中的周期长达 66 周，而其中 40 周为仓储和运输时间。在纺织服装行业的整个生产销售过程中，仅有 5% 的时间用于加工和制造，其余95%的时间都用于储存、装卸、等待加工和运输。这样长的供应链，其问题不仅是各种费用过高，更重要的是建立在不精确需求预测上的市场和分销，因数量过多或过少造成非常大的损失。总损失每年可达25亿美元。

为此，Kurt Salmon公司提出的解决方案是：通过信息的共享以及生产商与零售商建立起战略联盟，确定能对消费者的需求做出迅速响应的体制，来实现销售额的增长，如图11-3所示。Kurt Salmon公司的上述意见最终形成了快速响应的产生、运用与发展流程。

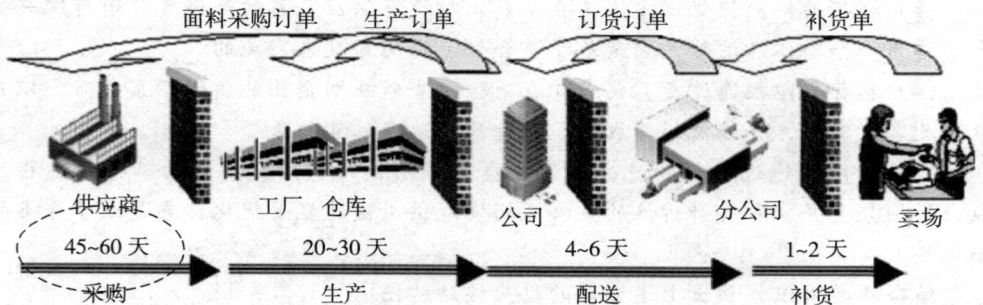

面料采购订单　生产订单　　　订货订单　　　补货单

供应商　　　工厂　仓库　　　公司　　　　分公司　　　卖场

45~60天　　20~30天　　4~6天　　1~2天

采购　　　生产　　　配送　　　补货

图11-3　服装行业快速响应示意图

通过采用条形码、在零售网点安装POS系统、在制造商和零售商之间采用标准的EDI传输信息、在企业之间实现信息共享，纺织服装行业大大提高了产品周转速度以及对顾客需求的反应能力。纺织服装行业QR策略的研究，关注季节性产品或具有高度不确定性的短生命周期产品，目标是降低生产和库存成本，其中部分是产品滞销和脱销的成本，策略是缩短制造商的补货提前时间，从而使零售商可以以少量库存试销，利用早期反馈的销售信息来改善SKU（不同花式、款式、面料）的预测，从而减少滞销和脱销的成本；制造商也可以调整生产计划以更好地匹配产出与需求，减少降价补贴、退货运输费、退货库存费等。制造商通过加强与零售商、分销商的合作，加速信息流动，保证信息共享、透明，了解最终顾客的真实消费需求，缩短订货提前期，并用高频率、小批量的订货模式代替低频率、大批量的订货模式，实现连续主动补货，加快对市场变化的响应。快速响应策略的实施在纺织服装行业产生了显著成效，见表11-1。

表11-1　　　　　　　　　　**快速响应策略的实施效果**

对象商品	实施快速响应的企业	零售商的快速响应效果
休闲裤	零售商：Walmart 服装生产厂家：Semiloe 面料生产厂家：Milliken	销售额：增加了31% 商品周转率：提高了30%
衬衫	零售商：J.C.Penney 服装生产厂家：Oxford 面料生产厂家：Burlinton	销售额：增加了59% 商品周转率：提高了90% 需求预测误差：减少了50%

国家标准《物流术语》对快速响应的定义是：在供应链中，为了实现共同的目标，通过零售商和生产厂家建立战略合作伙伴关系，利用 EDI 等信息技术进行信息交换与信息共享，用高频率、小批量配送方式来补充商品，以实现缩短交货周期、减少库存、提高顾客服务水平和企业竞争力为目的的一种供应链管理方法。

快速响应的内涵其实就是在供应链企业之间建立战略合作伙伴关系，整个供应链体系能及时对需求信息做出反应，为消费者提供高价值的商品或服务。它以消费者需求为驱动源，使供应链企业都可以降低供应链总成本，降低库存水平，提高信息共享水平，改善相互之间的交流，保持相互之间操作的一贯性，产生更大的竞争优势，从而实现供应链企业的财务、质量、产量、交货期、用户满意度指标和业绩改善，提高自身的收益。

边学边议 11-4

在美国食品业大规模构筑和发展供应链体系的同时，另一个产业——纤维纺织品业——也在如火如荼地开展供应链管理，并且在某种意义上，其进展比 ECR（efficient consumer response，有效客户响应）更快、更为深入，这种供应链管理的发展就是 QR。QR 是伴随着美国的国货运动而产生和发展的。在推动 QR 的过程中，美国的克特·萨尔蒙和沃尔玛发挥了极为重要的先驱和主导作用。

最初的 QR 策略主要是由零售商、服装生产商和纤维生产商三方组成的。当时，在美国积极推动 QR 的零售商主要有三家，即迪拉德百货店、J. C. 朋尼和沃尔玛。沃尔玛是推行 QR 的先驱，在纤维纺织品领域，它与休闲服装生产商塞米诺尔公司和面料生产商米尼肯公司结成了供应链管理体系，大大提高了参与各方的经营绩效，有力地提升了相关产品的竞争力，起到了良好的带动和示范作用。更为重要的是，沃尔玛通过自身 QR 的实现，大大推动了供应链管理中各种运作体系的标准化，并制定了行业统一的 EDI 标准和商品识别标准。除此之外，1983 年沃尔玛导入了 POS 系统，并且由于当时采用 UPI 条码，所以整个行业最早实现了产业链中的信息共享。到 1988 年沃尔玛与其他 7 家合作企业实现了 POS 系统的全店导入。所有这些都使得沃尔玛成为 QR 的主导者。

到 1993 年，沃尔玛与生产商之间的供应链管理已不仅仅限于信息和物流方面的管理与协调，而是逐渐延伸到了营销管理活动的各个方面。具体来看，沃尔玛每月向供应商递送一份长达 60 页的"商业计划"，其中包含生产商产品的分类管理、要求生产商专门为沃尔玛提供的营销战略等。但是，这种形式的合作并不完全顺利，1994 年沃尔玛再度向合作方发出了商品分类管理的要求。总之，无论是服装类产品还是非服装类产品，在沃尔玛的推动下，各企业都在积极地开展供应链管理，并试图通过产销之间的长期协作实现与其他连锁零售业之间的竞争差异。

资料来源　佚名. QR 在美国的发展 [EB/OL]. [2023-07-07]. http: //wenku. baidu. com/view/164aaceb551810a6f5248643.html.

问题：

沃尔玛是如何成为 QR 的主导者的？沃尔玛为推动供应链管理做了哪些工作？

2）快速响应的实施步骤

（1）条形码和 EDI

零售商首先必须安装条形码（UPC 码）、POS 扫描仪和 EDI 等技术设备，以加快 POS 机收款速度、获得更准确的销售数据并使信息沟通更加流畅。许多零售商和厂商都了解 EDI 的重要性，所以已经实施一些基本交易（如采购订单、发票等）的 EDI 业务，而且很多大型零售商也强制其供应商实施 EDI 来保证快速响应，但 EDI 的全面实施还需要时间。

（2）固定周期补货

QR 的自动补货要求供应商更快、更频繁地运送重新订购的商品，以保正店铺不缺货，从而提高销售额。自动补货是指基本商品销售预测的自动化。自动补货使用基于过去和目前的销售数据及其可能变化的软件进行定期预测，同时考虑目前的存货情况和其他一些因素，以确定订货量。自动补货是由零售商、批发商在仓库或店内进行的。

（3）先进的补货联盟

成立先进的补货联盟是为了保证补货业务的流畅。零售商和制造商联合起来检查、分析销售数据，制订关于未来需求的计划并做出预测，在保证有货和减少缺货的情况下降低库存水平。还可以进一步由制造商管理零售商的存货和补货，以加快库存周转速度，提高投资毛利率。

（4）零售空间管理

零售空间管理是指根据每个店铺的需求模式来规定其经营商品的花色品种和补货业务。一般来说，对于花色品种、数量、店内陈列及培训或激励售货员等决策，制造商也可以参与甚至制定。

（5）联合产品开发

这一步的重点不再是一般商品和季节商品，而是服装等生命周期很短的商品。制造商和零售商联合开发新产品，其关系的密切程度超过了购买与销售的业务关系，缩短了从新产品概念到新产品上市的时间，而且可以经常在店内对新产品进行试销。

（6）快速响应的集成

通过重新设计业务流程，将前五个步骤的工作和企业的整体业务集成起来，以支持企业的整体战略。这一步骤要求零售商和制造商重新设计其整个组织、业绩评估系统、业务流程和信息系统，设计的中心围绕着消费者而不是传统的企业职能展开，所以它们需要集成的信息技术。

案例链接 11-4	雅戈尔"智能云仓"

在高 13 米、面积 3 500 平方米的蜂巢状"多穿立体库"里，126 辆穿梭车、7 台提升机不停地忙碌着，根据订单从 5 万多个品类中快速挑选出与订单相对应的服装，送入自动化设备进行分拣、复核、打包……这里，平均每分钟有 60 个快件整装待发。

中邮服饰 1 号智能云仓是由纺织服装龙头企业雅戈尔集团与中国邮政宁波分公司（以下简称"宁波邮政"）共同打造的，集智能化、标准化、自动化为一体的全国服饰标杆仓，2021 年 6 月完成一期工程，占地面积 7 万平方米。2022 年 11 月 1 日至 2 日中午，该智能云仓共接收快件 4.7 万余件，发货率达 91.7%。

"以宁波地区消费者为例，最快一单从下单到送达实现了 2 小时内完成。"徐斌说，为迎接"双十一"大考，智能云仓提前做好设备维护、人手调配、入库准备等工作。

据了解，智能云仓通过采用"中央仓+直通仓"模式，在数字化、自动化、信息化、智能化一体赋能下，可承担雅戈尔集团旗下 4 个服装品牌的总仓、华东区域 5 省 1 市的总仓以及电商总仓等线上线下的仓储管理及物流配送。智慧赋能下，拣选模式从传统的"人到货"转变为高效便捷的"货到人"。

宁波中邮雅戈尔项目部经理徐斌介绍："智能云仓采用高密度多穿蜂巢存储、货到人拣选技术、自动搬运机器人拣选、'电子标签拣选+播种技术'以及射频技术等多种自动化设备，以提高仓储自动化、智能化水平。"

现场看到，智能云仓一期共分 4 层：一层布局应用多层穿梭车系统、线上货到人拣选和退货系统、收货 RFID 通道机等；二层为线上货到人拣选与包装系统、自动搬运机器人拣选系统、机械臂自动拆码垛系统等；三、四层则为传输设备。楼层间布局螺旋提升机、循环提升机等垂直输送设备，由此提高整体效率。

以仓储发货环节中十分关键的前端拣货为例，传统的拣货体系中，由人工拉着拣货车到库位拣货，随后拉回复核台扫描打包。"而在智能云仓，雅戈尔的服装自工厂进入多穿立体库后，我们会根据电脑系统的指示自动进入拣选台，随后进入复核环节。工作人员只要在电脑前等待货物前来接受复核，确认信息无误后就能进入塑封包装程序，经过自动化包装就可以到达指定位置，等待装车出发。"徐斌说。偌大的智能云仓内，多穿立体库、机械臂、AGV 运输小车等一系列智能化装备各司其职、井然有序，只有少数员工在现场负责操作系统设备。目前，智能云仓的库存容积已达到 380 万件以上，可同时分拣 5 万个以上 SKU（即品类的商品）。其中，入库方面每天能处理 4 万件以上；出库方面，电商 B2C 每天能处理 5 万单以上，线下 B2B 每天能处理 3 万件以上，而人工可比常规拣选节省一半以上。此外值得一提的是，智能云仓的仓储工艺设计以"提高存储密度，节约人力成本"为前提，库房采用太阳能光伏发电满足园区用电需求，突出绿色环保理念。

资料来源　佚名. 走进石碶雅戈尔"智能云仓"，最快 2 小时送达！[EB/OL].［2022-11-29］. http://www.haishu.gov.cn/art/2022/11/29/art_1229116290_58972556.html.。

11.3.2 有效客户响应

在20世纪60年代和70年代，因为消费者食品支出的降低，美国日杂百货业的销售增长率放慢，为了保持自己的销售额和不断增长的市场份额，生产商和零售商展开了激烈的竞争。竞争的重心是品牌、商品、经销渠道以及大量的广告和促销。在零售商和生产商的交易关系中生产商占据支配地位。进入80年代特别是到了90年代以后，在零售商和生产商的交易关系中，零售商开始占据主导地位，竞争的重心转向流通中心、商家自有品牌、供应链效率和POS系统，使得供应链各个环节间的成本不断转移，供应链整体成本上升。从零售商的角度来看，新的零售业态如仓储商店、折扣店大量涌现，日杂百货业的竞争更趋激烈，它们开始寻找新的管理方法。从生产商角度来看，为了获得销售渠道，直接或间接降价牺牲了厂家自身利益，它们希望与零售商结成更为紧密的联盟，这对双方都有利。另外，从消费者的角度来看，过度竞争忽视了消费者的需求：质量高、新鲜、服务好和价格合理。许多企业通过诱导性广告和促销来吸引消费者转移品牌。

在此背景下，美国食品市场营销协会（简称FMI）联合COCA-COLA、P&G、Safeway Store等六家企业与流通咨询企业Kurt Salmon Associates一起组成研究小组，对食品业的供应链进行调查、总结、分析，于1993年1月提出了改进该行业供应链管理的详细报告。在该报告中系统地提出有效客户响应（efficient consumer response，ECR）的概念体系。经过美国食品市场营销协会的大力宣传，有效客户响应的概念被零售商和制造商所接纳并广泛地应用于实践。

1）有效客户响应的概念

国家标准《物流术语》中对有效顾客响应的定义是：通过生产厂家、批发商和零售商等供应链组成各方相互协调和合作，实现以更好、更快且成本更低的服务满足消费者需要的目的的一种供应链管理策略。

ECR强调供应商和零售商的合作，尤其在企业间竞争加剧和需求多样化发展的今天，产销之间迫切需要建立相互信赖、相互促进的协作关系，通过现代化的信息手段，协调彼此的生产、经营和物流管理活动，进而在最短的时间内应对客户需求变化。

ECR是零售企业满足客户需求的解决方案和核心技术，最终目标是建立一个具有高效反应能力和以客户需求为基础的系统，使零售商及供应商以业务伙伴方式合作，提高整个供应链的效率，降低整个系统的成本、库存和物资储备，同时为客户提供更好的服务。

在当今中国，制造商和零售商为渠道费用而激烈博弈，零售业中企业关系日趋恶化，消费者利益受到损害。ECR是真正做到以消费者为核心，转变制造商与零售商对立统一的买卖关系，实现供应与需求一整套流程转变方法的有效途径，日益被制造商和零售商所重视。

边学边议 11-5

2004年的格力与国美之争一直是营销界热衷的话题，概括一下，有两种观点：

其一，格力必败，原因是格力代表的是传统的渠道模式，已经是"廉颇老矣"，国美是新兴家电连锁模式的代表，二者角力，自然是"新胜老"。持此类观点的人颇有占主流地位的意味。

其二，持此类观点的人认为格力应该这样做，甚至拍手称快，颇有劳苦大众翻身做主人的欣慰，毕竟在近些年的厂商博弈中，商家收取的名目繁多的费用早令厂家不堪重负。

事件回顾，如图11-4所示。

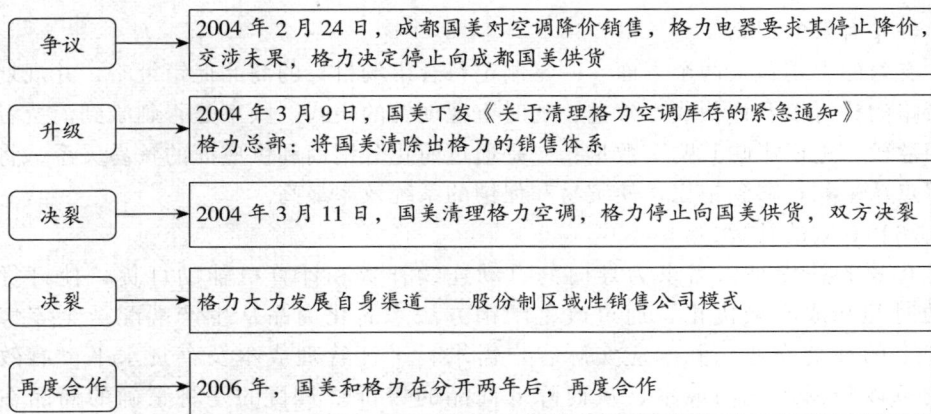

争议	→	2004年2月24日，成都国美对空调降价销售，格力电器要求其停止降价，交涉未果，格力决定停止向成都国美供货
升级	→	2004年3月9日，国美下发《关于清理格力空调库存的紧急通知》格力总部：将国美清除出格力的销售体系
决裂	→	2004年3月11日，国美清理格力空调，格力停止向国美供货，双方决裂
决裂	→	格力大力发展自身渠道——股份制区域性销售公司模式
再度合作	→	2006年，国美和格力在分开两年后，再度合作

图11-4　国美与格力之争事件发展图

资料来源　马瑞光. 渠道革命下的格力国美之争［J］. 赢周刊，2007（2）.

问题：分别从格力和国美两方面分析说明其纷争的内在含义和产生的效应。

2）有效客户响应的实施要素

ECR概念的提出者认为ECR的实施是一个过程，这个过程主要由贯穿供应链的4个核心要素构成，见表11-2。这四个核心要素是：有效的空间管理、有效的促销、有效的补货和有效的新产品导入。

表11-2　　　　　　　　　　　　ECR四大要素

有效的空间管理	通过有效利用店铺的空间和店内布局，最大限度地提高商品的获利能力，如建立空间管理系统、有效的商品分类等
有效的促销	通过简化分销商和供应商的贸易关系，使贸易和促销的系统效率最高，如消费者广告（优惠券、货架上标明促销）、贸易促销（远期购买、转移购买）
有效的补货	从生产线到收款台，通过EDI、以需求为导向的自动连续补货和计算机辅助订货等技术手段，使补货系统的时间和成本最优化，从而降低商品的售价
有效的新产品导入	通过采集和分享供应链伙伴时效性强、更加准确的购买数据，提高新产品的成功率

（1）有效的空间管理

有效的空间管理，其目的是通过有效利用店铺的空间布局来最大限度地提高商品的获利能力。零售商通过计算机化的空间管理系统来提高货架的利用率。有效的商品分类要求店铺储存消费者需要的商品，把商品范围限制在销售率高的商品上，这样可以提高所有商品的销售业绩。商品品种的决策，要求企业必须了解消费者的意见。通过消费者调查获得的信息，能有力地帮助企业了解消费者的购买行为。企业应经常监测店内空间分配情况，以确定商品的销售业绩。通过分析各种商品的投资回报率，企业可以了解商品的销售趋势，以便对商品的空间分配进行适当的调整，以保证商品的销售能够实现事先确定的投资收益水平。

（2）有效的促销

有效的促销包括两个方面：一是制定符合市场目标的商品促销策略，并规划促销策略的执行以及评估成本效益，随时审视促销的模式、频率是否刺激到消费者的购买欲望，进而影响其购买数量；二是通过简化分销商和供应商的贸易关系，将经营重点从采购转移到销售，使贸易和促销的系统效率最高。

（3）有效的补货

有效的补货是以需求为导向的自动连续补货和计算机辅助订货，使订货系统的时间和成本最优化，通过改善配销方法来简化商品从生产端配送至零售点货架上的补货作业，并响应实际客户需求，平衡管理成本及存货水平。有效的补货可以降低系统的成本，从而降低商品的售价。其目的是将正确的商品在正确的时间和正确的地点，以正确的数量和最有效的方式呈现给消费者。有效的补货的构成要素包括POS机扫描、店铺商品预测、店铺的电子收货系统、商品的价格和促销数据库、动态的计算机辅助订货系统、集成的采购订单管理、厂商订单履行系统、动态的配送系统、仓库电子收货、直接出货、自动化的会计系统和议付。

（4）有效的新产品导入

有效的新产品导入是通过采集和分享供应链伙伴间时效性强的、更加准确的购买数据，提高新产品的成功率。任何一个行业的新产品导入都是一项重要的创造价值的业务。它们为消费者带来了新的兴趣、快乐，为企业创造了新的业务机会。有效的新产品导入要求消费者和零售商尽早接触到这种产品。首要的策略就是零售商和生产商应为了双方共同的利益而紧密合作，包括把新产品放在一些店铺内进行试销，然后按照消费者的类型分析试销的结果，再根据这个信息决定如何处理该新产品，是淘汰产品、改进产品、改进营销技术还是采用不同的分销策略。

ECR即高效消费者响应，也被称为高效客户响应、有效客户反应，旨在消除供应链各环节库存过剩和降低不必要的成本，以满足消费者需求。其最终目标是建立一个响应式的、由消费者驱动的系统，强调整体视野的必要性，通过供应链贸易伙伴协同合作，协调贸易伙伴间的生产、物流、营销活动，从而实现在最短的时间内，以最低的成本满足消费者需求变化。

中国ECR委员会由中国物品编码中心于2001年发起成立，凭借国际、国内零供企业的大力支持和具有中国特色的协作模式，建立了一整套相对成熟并适合中国市场的ECR运营模式。2021年是中国ECR委员会成立的20周年。从成立至今，经过行业专家、实施企业的不断探索，中国ECR委员会从学习借鉴时期到协作应用时期，发展到现在的引领和大平台时期，持续为零供双方在品类管理、联合预测与补货、托盘运输管理、全渠道、数字化供应链等方面提供支持，不仅促进了业务效益的提升，更从实践应用中发现不足并及时地革新和完善。

在2019年中国ECR大会上，行业专家、学者、零供领军企业围绕"数字协同新智零供"主题展开深入探讨，并指出：云计算、大数据、物联网、人工智能、区块链等新技术将会推动万物互联，引发产业融合，在这样的大趋势下，零售业创新变革离不开数字化转型。

2021年全国零售业创新发展现场会，要求大力发展以供应链为核心的新型品牌连锁，加快零售业数字化转型，发挥大型零售企业"以大带小"的促进作用，推进零售业跨界融合、线下线上融合，提升供应链效能，促进降本增效，实现零售业高质量发展。

在企业数字化转型的时代，ECR将会不断探索为消费者提供价值的新方法，帮助零供更好地实现协同发展及数字化企业转型。

资料来源　冯丹蕾，姚驰，赵晨. ECR助推零供数字化发展［J］. 条码与信息系统，2021（1）：42-45.

11.3.3　QR与ECR的比较

1）QR与ECR的差异

QR主要集中在一般商品和纺织服装业，其主要目标是对客户的需求做出快速反应，并快速补货。ECR主要以食品杂货业为对象，其主要目标是降低供应链各环节的成本，提高效率。这是因为食品杂货业与纺织服装业经营的产品的特点不同：食品杂货业经营的产品多是一些功能型产品，每一种产品的寿命相对较长（生鲜食品除外），因此订购数量过多（或过少）的损失相对较小。纺织服装业经营的产品多属创新型产品，每一种产品的寿命相对较短，因此订购数量过多（或过少）造成的损失相对较大。

QR与ECR的差异具体表现为以下几个方面：

（1）侧重点不同

QR 侧重于缩短交货提前期，快速响应客户需求；ECR 侧重于减少和消除供应链的浪费，提高供应链运行的有效性。

（2）管理方法不同

QR 主要借助信息技术实现快速补货，通过联合产品开发缩短产品上市时间；ECR 除新产品快速有效引入外，还实行有效商品管理、有效促销活动。

（3）适用的行业不同

QR 适用于产品单位价值高、季节性强、可替代性差、购买频率低的行业；ECR 适用于产品单位价值低、库存周转率高、毛利少、可替代性强、购买频率高的行业。

（4）改革的重点不同

QR 改革的重点是补货和订货的速度，目的是最大限度地消除缺货，并且只在商品有需求时才去采购。ECR 改革的重点是效率和成本。

2）QR 与 ECR 的共同特征

知识链接 11-2

制造业的三大
变革新趋势

QR 与 ECR 的共同特征表现为超越企业之间的界限，通过合作追求物流效率最大化，具体表现在以下三个方面：

① 贸易伙伴间商业信息的共享；

② 商品供应方进一步涉足零售业，提供高质量的物流服务；

③ 企业间的订货、发货业务全部通过 EDI 来进行，实现订货数据或出货数据的无纸化传送。

本章小结

供应链管理作为现代企业管理中一种有效的管理模式，是增强企业竞争力的重要手段。它的产生和发展源于企业面临的市场环境由供应商（卖方）主导变为客户（买方）主导、信息技术和电子商务快速发展、产品生命周期不断缩短、市场竞争日益激烈等背景。供应链管理在国内外得到了广泛的应用，并迅速转化为生产力，成为推动企业发展的巨大动力。

复习思考题

第 11 章
基础知识测试

（1）什么是供应链？什么是供应链管理？

（2）简述供应链管理与物流管理的联系和区别。

（3）QR 的含义是什么？实施 QR 有哪些步骤？

（4）ECR 的含义是什么？实施 ECR 有哪些要素？

（5）简述 QR 和 ECR 的差异。

案例分析题

服装供应链，产业互联网的机会在哪里？

1）服装行业的矛盾

（1）用户追求穿着个性化与供应链端规模化生产、反应慢、制造成本高的矛盾。以往从品牌端自上而下的推式供应链已无法适应消费者的需求，需要变为以消费者为驱动的拉式供应链。

（2）用户追求高性价比的服装与服装品牌加价率高的矛盾。

（3）产品更新换代周期短与库存问题严重的矛盾。库存是服装行业的老大难问题，自2012年起，各个服装品牌的库存积压严重，存货周转率直线下滑，存货/总营收的比例维持在25%～30%的高水平。

2）服装供应链存在两个趋势

（1）服装供应链从长生产周期的订货会模式向快反模式转变势在必行。

（2）现阶段国内服装品牌加价率过高，供应链存在改革空间。

中国拥有世界上最大的服装生产和消费市场，从需求端来看，中国服装零售内销市场有1.5万亿元人民币的市场规模。从供给端来看，中国每年生产近800亿米面料，服装数量近300亿件，服装出口额近2 000亿美元。

中国服装产业在过去30多年经历了高速增长—库存积压—存货出清—重新增长的周期，也经历了外贸和内需交替驱动的两个阶段，发展愈加成熟。然而，中国服装产业非常分散且缺少巨头，除了安踏和申洲国际以外还没有百亿美元市值的公司，具有国际影响力的品牌和产品也很少。我们研究发现，服装行业整体供应链条的信息化和数据智能化水平很低，这既是挑战，也是创业者和投资人的机会。

在分析服装行业时，我们注意到了服装的产业链条和流程，其属于人力密集型产业，服装的设计、生产和流转过程有许多细碎的分解动作。服装产业链条比较简单但很长，参与方非常多且分散，且企业大部分是中小企业，广泛分布在全国各地，这些中小企业在产品研发和信息化方面投入都非常有限，导致整个行业的信息化和数据化水平都较低。产能端在过去的几年里受到去库存、人力成本增加和贸易摩擦的影响，并没有得到很好的增长。所以，效率提升将是未来竞争的核心。在流通端，因为本身的线下属性和数据的稀疏，也仍处于非常低效的状态。

3）服装产业各环节的现状和机会

（1）面辅料市场

由于用户需求的个性化趋势越发明显，催生服装快反供应链的需求，而其中面辅料的不确定性是制约服装快反的一大因素，生产商不得不从多渠道采购，这使得面辅料交易呈现更加碎片化的趋势。面辅料交易的信息不对称程度非常高，且层层加价。生产环节分散、周期长，与服装厂难以形成高效协同。由此可见，面辅料行业的B2B平台的机会明显，而且有机会从流通领域切入生产环节。百布已经成为此领域的领先者。

（2）服装批发市场

服装批发市场交易链条长，各个环节层层加价，但二批的价值（核心是选品、现货、账期）很难被替代。行业周转速度快，单个二批平均每2周更换100%库存。近年来线下批发市场在萎缩，线上渗透率逐步提升。受物理条件限制，线下服装门店/网店的线下采购可选择的SKU有限：大部分线下服装门店/网店每月至少去批发市场采购一次，批发市场凌晨4点开门，现场非常混乱；而近乎随着城市治理的整顿，线下批发市场逐渐迁往市郊，加上线下服装门店/网店在线上采购行为增强，批发商面临客流不足的问题。我们认为，服装B2B平台在控制好履约交付的情况下可以给服装零售商创造出更好的采购体验，将在未来占据较大的市场份额。

（3）服装厂

服装厂当前信息化程度比较低，产能的好坏主要依赖各层管理人员的职业素养。其从业人员受教育程度普遍偏低，工作环境和人员素质不适合配备太复杂的系统。快速反应能力的要求逐渐提高是服装厂面临的主要挑战，要解决这个问题除了面辅料（已在前文提到）外，还需要更多的系统和数据的支撑，如加强软硬件建设，实现工厂的信息化和数据化，将从产能端提升生产效率，增加供应链柔性。我们认为，有机会出现一个柔性的服装供应链平台，通过链接分发给信息化改造后的工厂，这样能实现高效的服装生产和交付。

4）服装的"产业互联网"机会

（1）提高物料供应的确定性，并降低其中的生产和流通成本，建立主料、辅料和服装现货的B2B交易平台（如百布）；

（2）建立更为高效的生产模式：生产端的单点效率提升，如智能缝纫机、智能验布机等；

（3）通过软硬件提升产业链单点/点与点之间的信息交互效率和生产效率，有成为平台的机会。

资料来源　佘炀杰，张星辰. 深度：数据解析服装供应链，产业互联网的机会在哪里？［EB/OL］.［2023-06-19］. https://www.headscm.com/Fingertip/detail/id/4232.html.

问题：

当前，制约服装行业发展的因素有哪些？结合某服装品牌的案例，分析服装行业发展的路径。

第4篇 综合篇

第12章 ◀▶ 第三方物流

学习目标

知识传授目标	能力培养目标	价值塑造目标	建议学时
➤了解第三方物流的产生 ➤理解第三方物流的含义、基本特征和类型 ➤理解第三方物流的发展战略	➤理解第三方物流的发展现状及未来的发展趋势	➤了解第三方物流企业所处的整体经营环境，对所学专业、职业发展有前瞻性认识	2

思政引入　　　　　　　　　第三方物流的发展

随着信息一体化的不断发展和经济全球化进程的不断加快，物流和网络已成为当今炙手可热的事物。作为服务性行业的快递物流迎来了飞速发展的时期，其网络信息化也取得了前所未有的发展。当今世界，无论是发达国家，还是发展中国家，都在发展现代物流业，尤其是第三方物流服务业。目前，发达国家物流业发展已经比较成熟，发展中国家物流业处于相对落后的状态。中国物流大国的地位基本确立但远非强国，需求旺盛并将长期保持，全面开放格局形成、竞争激烈，地域性和行业性不均衡态势明显，增长方式粗放，总体滞后于经济社会发展的要求。

发达国家的企业普遍专注于价值链中的核心环节，积极推进企业内部物流活动社会化。近年来，仓储、运输和配送等环节已经成为各国物流外包的重点。物流外包促进了第三方物流的迅速增长，并成为物流业发展中的一个新兴领域。发达国家第三方物流呈现出以下几大特点：一是第三方物流企业普遍以满足客户需求为出发点和落脚点，追求"在正确的时间、以正确的数量、用正确的价格、采用正确的方式、把正确的产品（或服务）送到正确地点的正确客户手中"。二是服务的专业化。例如，美国的第三方物流企业一般都有自己明确的行业定位。三是专业化基础上的综合化。例如，运输企业介入仓储服务、多式联运、门到门、海运企业上岸、货运代理企业下海、互为代理或在全球范围内的网络扩张。

建立和完善现代物流体系，需要现代管理信息系统作为支撑。目前我国现代物流管理信息化程度还比较低，存在的主要问题有：一是主要信息技术，如虚拟网络技术等尚未很好地应用于现代物流企业经营管理中；二是信息资源尚未得到充分利用，信息资源还未完全实现共享，管理信息网（包括监管网）还未全面实现互联互通；三是我国现代物流公共信息平台尚未全面建立，各有关部门的管理体制问题和企业对物流管理信息的重要性认识不足。

早在20世纪80年代，跨国物流企业就开始进入中国。2001年中国加入世界贸易组织后，物流业进一步扩大了对外开放，加速与国际市场接轨。从2006年起，外资企业可以在中国自行设立分销网络，独立经营物流业务。中国巨大的物流市场和开放的格局促使跨国物流公司加快了在中国的布局，其借助资金、技术和管理等优势，从原先主要以合资为主逐步走向独资，从单一业务走向综合物流业务，从集中于中心城市物流业务向构筑全国性物流网络全方位展开。迄今，国外著名物流企业大都进入了国内物流市场，不仅在快递、航空物流等高端市场占据主导地位，而且向传统物流领域渗透和扩张，中国物流业面临越来越激烈的竞争。

2022年12月，国务院办公厅发布了《"十四五"现代物流发展规划》，这是在深入学习贯彻党的二十大精神、全面开启社会主义现代化强国建设新征程的关键时期发布的一个十分重要的关于物流业发展的专项规划。该规划以习近平新时代中国特色社会主义思想为指导，明确了"十四五"时期推进物流业高质量发展的战略导向和总体思路，围绕"明确新方向、培育新动能、挖掘新潜力"，对未来一段时期物流业发展进行系统谋划、统筹安排，是加快物流业转型升级、提质增效、创新发展的纲领性文件和行动指南。

资料来源　王毅博．2023年中国物流行业发展趋势分析［EB/OL］．［2023-06-28］．https://www.chinairn.com/scfx/20230419/114435127.shtml.

问题：

结合你所知道的第三方物流企业，简要谈谈第三方物流企业的发展趋势。

案例导读　　　　顺丰、京东等第三方物流企业抢食万亿级大蛋糕

长期以来，我国的医药物流领域一直由国有企业垄断。近年来随着市场热度兴起，再加上互联网、电子商务的从旁促进，医药物流领域的格局开始发生变化。一些专业的第三方物流企业相继进入医药行业，分食万亿级大蛋糕。

医药物流市场规模不断扩大，市场诱惑下的行业竞争也变得愈发激烈，中国邮政、顺丰、京东等第三方物流巨头纷纷加速进军步伐。

中国邮政是最早涉足医药物流配送领域的第三方物流机构之一，早在2006年宁夏回族自治区邮政速递物流有限公司便参与承担了宁夏回族自治区的药品配送任务，并很快获得了药品经营质量管理规范（GSP）认证证书。之后，中国邮政还相继在甘肃、内蒙古、安徽等地试点药品配送。2015年，中国邮政旗下医药公司又被福建省选为基本药物配送企业。

顺丰集团在2014年单独成立了医药物流事业部，并在同一年成立了冷运事业部，专注食品和医药冷链配送。目前，顺丰医药也已取得了GSP认证及第三方物流

许可。2019年1月，顺丰速运北京分公司与北京医院最终确定医院物流全方位解决方案，并达成深度合作意向。

京东集团在2013年自建了京东医药物流。发展至今，京东医药物流已经在山东、湖南等省份开展业务，并和国药集团、红运堂等多家医药公司达成合作。2019年3月，京东医药物流与北京华鸿有限公司签署合作协议，双方将在仓储管理、配送服务等医药物流领域展开合作。值得一提的是，国际物流巨头DHL也瞄准了我国医药物流市场，与上海医药集团达成战略合作。

然而，在市场大战如火如荼地进行时，其原有的弊端和新生的问题也在制约着行业发展。就医药运输中关键的冷链体系而言，其仍处于尚未建设完整的阶段。医药冷链物流成本居高不下、基础设施较落后、信息化程度较低、市场监管体系不完善等难题都亟待解决。

此外，从整体上来看，医药物流市场还存在相关标准缺乏、标准规范不统一以及覆盖率偏低等痛点。鉴于医药物流的特殊性，其流通渠道向来环节多且较为复杂，因此一些问题如果不能得到及时解决的话，势必也会导致资源浪费、成本偏高等问题。据悉，目前国内医药物流利润率仅有0.6%~0.7%。

资料来源　佚名. 医药物流寡头垄断 顺丰、京东等第三方物流如何抢食万亿级大蛋糕［EB/OL］.［2023-06-20］. https://www.xianjichina.com/special/detail_389937.html.

问题：

请根据案例背景分析第三方物流企业如何布局医药行业？

12.1　第三方物流概述

随着经济全球化步伐的加快，现代科学技术尤其是信息技术和通信技术的快速发展，现代物流模式的改变成为企业降低成本、提高竞争力的重要手段之一。第三方物流服务在物流服务中有很多方面的优越性，成为国民经济的增长点。

12.1.1　第三方物流的含义

1）第三方物流的定义

"第三方物流"（third-party logistics，TPL/3PL）一词于20世纪80年代后期开始盛行，最早出现在1988年美国物流管理委员会的一项顾客服务调查中，被描述为"物流服务提供者"。随着市场竞争的加剧以及对效率的追求，组织之间的社会分工越来越细。企业为了提高核心竞争力、降低成本，越来越愿意将自己不熟悉的业务分包给其他社会组织。正因为如此，一些条件较好的从事与物流相关的运输、仓储、货代等业务的企业开始拓展自己的传统业务，进入物流系统，逐渐成长为能够提供部分或全部物流服务的企业。我们把这种服务称为"第三方物流"。

第三方物流是相对"第一方"发货人和"第二方"收货人而言的，是由第三方物流企业来承担物流活动的一种物流形态。3PL 既不属于第一方，也不属于第二方，而是通过与第一方或第二方的合作来提供专业化的物流服务。它不拥有商品，不参与商品的买卖，而是为客户提供以合同为约束、以结盟为基础的，系列化、个性化、信息化的物流代理服务。随着信息技术和经济全球化的发展，越来越多的产品在世界范围内生产、销售、流通、消费，物流活动日益庞大和复杂，而第一、二方物流的组织和经营方式已不能完全满足社会需要；同时，为参与世界性竞争，企业必须确立核心竞争力，加强供应链管理，降低物流成本，把不属于核心业务的物流活动外包出去。于是，第三方物流应运而生。

根据国家标准《物流术语》，第三方物流是由独立于物流服务供需双方之外且以物流服务为主营业务的组织提供物流服务的模式。

美国的学者对于第三方物流的定义是：通过合同的方式确定回报，承担货主企业全部或一部分物流活动的企业。所提供的服务形态可以分为与运营相关的服务、与管理相关的服务以及两者兼而有之的服务三种类型。无论哪种形态都必须高于过去的公共运输业者和契约运输业者所提供的服务。

日本的学者对于第三方物流的观点是：第一方是制造商、批发商、零售商，第二方是运输、仓储业者（持运输、仓储手段的物流业者），第三方为不持有运输、仓储手段的商社、信息企业。之所以对不持有运输、仓储手段进行强调，是因为第三方的特征集中体现在为货主企业提供物流系统设计方案上。

2）第三方物流的主要标志

（1）有提供现代化的、系统的物流服务的企业素质。

（2）可以向货主提供包括供应链物流在内的全程物流服务和定制化服务的物流活动。

（3）不是货主与物流服务提供商偶然的、一次性的物流服务活动，而是采取委托–承包形式的长期的物流活动。

（4）不是向货主提供一般性物流服务，而是提供增值物流服务的现代化物流活动。

3）第三方物流的形式

企业将物流业务对外委托给第三方物流的形式主要有以下三种：

（1）货主企业自己从事物流系统设计、库存管理、物流信息管理等管理性工作，而将货物运输、保管等具体的物流作业活动委托给外部的物流企业。

（2）由物流企业将其自主开发设计的物流系统提供给货主企业，并承担物流作业活动。

（3）由物流企业站在货主企业的角度为其设计物流系统，并对系统运营承担责任。

案例链接12-1　　　　　　　中国快递巨头混战中东

世界杯之热，让外界对中东的电商市场关注度又高了起来。

在过去十年，中东富庶的海湾六国吸引了大批的跨境电商玩家。除了中国跨境电商企业，国际电商巨头亚马逊和中东当地资本扶持的电商企业的加入，也使中东的电商市场多样化起来。

但是，中东电商巨头的活跃，似乎并没有带动与之配套的本地物流体系的建设。

中东地区多为沙漠和山丘的自然地貌，让物流网点铺设成本居高不下，加之历史原因导致中东地区的门牌号不清晰、本地人对时间管理不佳、线上支付习惯没有养成，"最后一公里"的配送问题一直是中东物流市场的难点。

最近几年，当地政府越发重视电商行业的发展，电商企业也意识到物流是发展的一大瓶颈，中东的物流痛点才开始有所缓解，也为中国物流巨头创造了想象空间。

于是，国门之外，又能看到中国物流巨头齐聚中东的奇幻场景。

作为国内出海脚步较快的快递品牌之一，顺丰速运2020年就在阿联酋迪拜成立了顺丰中东公司，并在沙特阿拉伯等中东其他国家成立了本土合资公司，建立本地派送网络。配合阿里巴巴全球化业务的菜鸟则主要专注于布局骨干物流网，迪拜成为菜鸟全球六大e-Hub（物流枢纽）的核心节点。极兔速递则快速起网，乘胜追击；圆通等多家企业共同签约负责的"一带一路"重要站点迪拜站的建设也在进行中。

另外，不可忽视的一大事实是，中东已有Aramex等多家老牌"本地选手"。

在不看好中东市场的人们眼中，这里地缘环境复杂；在看好这一市场的人眼中，中东是一片未来可期的"掘金热土"，中东物流市场可谓充满机遇与挑战。中国的物流巨头们正在中东"混战"，它们能有多少胜算，又能否开疆拓土？

即使中国快递物流的效率碾压全球大多数国家，但中东也仍是一块难啃的骨头，在当地开展业务，本土化仍然是一件需要长时间解决的事情。能否拿下中东物流市场这门注定难啃但潜力巨大的生意，可能就要看"玩家们"有多大的决心，愿意做多少脏活、累活了。

资料来源　周逸斐. 布局：中国快递巨头混战中东［EB/OL］.［2023-06-20］. https://www.headscm.com/Fingertip/detail/id/34385.html.

12.1.2　第三方物流的基本特征

1）关系合同化

首先，第三方物流是通过契约形式来规范物流经营者与物流消费者之间关系的。物流经营者根据契约的要求，提供多种功能直至全方位一体化物流服务，并以契约来管理所提供的物流服务活动及其过程。其次，第三方物流发展物流联盟也是通过契约的形式来明确各成员之间的权责利关系的。

2）服务个性化

首先，随着时代的不断发展以及物品之间的快速流通，不同的物流消费者存在不同的物流服务要求，第三方物流需要根据消费者在企业形象、业务流程、产品特征、需求特征、竞争需要等方面的不同要求，提供针对性强的个性化物流服务和增值服务。其次，第三方物流企业受市场竞争、物流资源、物流能力的影响需要形成核心业务，不断强化所提供物流服务的个性化和特色化，以增强市场竞争能力。

3）功能专业化

第三方物流所提供的是专业的物流服务，第三方物流企业是专门的物流服务公司，所以从物流设计、物流操作过程、物流技术工具、物流设施到物流管理都必须体现专门化和专业化水平，这既是物流消费者的需要，也是第三方物流自身发展的基本要求。

4）管理系统化

具有系统的物流功能是第三方物流产生和发展的基本要求，第三方物流需要建立现代管理系统才能满足运行和发展的需要。

5）信息网络化

信息技术是第三方物流发展的基础。在物流服务过程中，信息技术的发展使物流服务供需双方实现了信息实时共享，促进了物流管理的科学化，极大地提高了物流效率和物流效益。

12.1.3　第三方物流企业的运作模式

1）传统外包型物流运作模式

最简单、普通的物流运作模式是第三方物流企业独立承包一家或多家生产商或经销商的部分或全部物流业务。企业将物流业务外包给第三方，可以降低库存，甚至达到"零库存"，节约物流成本，同时可精简部门，集中资金、设备于核心业务，提高企业竞争力。第三方物流企业以契约形式与客户建立长期合作关系，保证了自己稳定的业务量，避免了设备闲置。这种模式以生产商或经销商为中心，第三方物流企业几乎不需要专门添置设备和业务训练，管理过程简单。订单由产销双方完成，第三方物流企业只完成承包服务，不介入企业的生产和销售计划。

目前，我国大多数物流业务就是采用这种模式，实际上这种模式比传统的运输、仓储业并没有先进多少。这种模式以生产商或经销商为中心，第三方物流企业之间缺少协作，没有实现更大范围内的资源优化。这种模式最大的缺陷是生产企业、销售企业、第三方物流企业之间缺少沟通的信息平台，易造成生产的盲目性和运力的浪费或不足，以及库存结构的不合理。据统计，目前物流市场以分包为主，总代理比例较少，难以形成规模效应。

2）战略联盟型物流运作模式

这种模式是指第三方物流企业包括运输、仓储、信息经营者等以契约形式结成战略联盟，内部信息共享、相互间协作，形成第三方物流网络系统。联盟可包括同城和异地的各类运输企业、场站、仓储经营者等。理论上，联盟规模越大，可获得的总体效益越大。在信息处理方面，联盟企业可以共同租用某信息经营商的信息平台，由信息经营商负责收集处理信息，也可连接联盟内部各成员的共享数据库，实现信息共享和信息沟通。目前，我国一些电子商务网站普遍采用这种模式。

与第一种模式相比，这种模式有两方面的改善：首先，系统中加入了信息平台，实现了信息共享和信息沟通，各成员依据信息制订运营计划，在联盟内部优化资源，同时信息平台可作为交易系统，用于完成产销双方的订单交付和对第三方物流服务的预订购买。其次，联盟内部各成员开展协作，在联盟内部通用某些票据，可减少中间手续，提高效率，使得供应链衔接更顺畅。例如，联盟内部的运输企业合作，实现多式联运、一票到底，可大大节约运输成本。

3）组建综合物流公司或集团

综合物流公司集成了物流的多种功能——仓储、运输、配送、信息处理和其他辅助功能，如包装、装卸、流通加工等，组建完成各相应功能的部门，大大扩展了物流服务范围，对上游生产商可提供产品代理、管理服务和原材料供应，对下游经销商可全权代理其配货送货业务，同时完成商流、信息流、资金流、物流的传递。

综合物流公司必须进行整体网络设计，即确定每一种设施的数量、地理位置、各自承担的工作。其中，信息中心的系统设计和功能设计以及配送中心的选址流程设计都是非常重要的问题。物流信息系统的基本功能应包括信息采集、信息处理、调控和管理。

综合物流公司是第三方物流发展的趋势，其组建方式有多种，目前我国正处在探索阶段，同时要注意避免重复建设、资源浪费的问题。

12.1.4 第三方物流与传统物流的区别

1）服务功能上的区别

第三方物流提供功能完备的全方位、一体化物流服务，而传统物流只提供仓储或运输单项功能的服务。

2）物流成本上的区别

第三方物流由于具有规模经济性、先进的管理方法和技术等优点，物流成本较低；而传统物流对资源利用率低，管理方法也比较落后，物流成本较高。

3）信息共享程度上的区别

第三方物流在每个环节的物流信息都能透明地与其他环节共享，共享程度较高；传统物流的信息利用率较低，各环节不能共享有关的信息资源。

4）增值服务上的区别

第三方物流可以提供订单处理、库存管理、流通加工等增值服务；而传统物流只能提供较少的增值服务，很多时候达不到客户的要求。

边学边议 12-1

古代的物流机构大致由驿站、民信局和镖局三种形式组成，它们与现代的第三方物流有什么区别？

12.1.5 第三方物流的类型

1）按第三方物流企业的来源构成分类

（1）在传统仓储、运输、货代等企业基础上转型而来的第三方物流企业。目前这类物流企业占主导地位，占据较大市场份额。

（2）从工商企业原有物流服务职能剥离出来的第三方物流企业。传统工商企业为了实现对渠道网络的控制，往往自建物流系统，所有的物流资源属于企业。随着加强核心竞争力的管理理念的普及，部分企业将物流业务以外包的形式剥离，原来负责物流业务的子公司逐步独立并社会化。这类企业利用原有的物流网络资源，依靠与客户"先天"的亲密合作关系，运用现代经营管理理念，逐步走向专业化、社会化。

（3）由不同企业之间物流资源互补式联营而产生的第三方物流企业。这有两种形式：一是企业与第三方物流企业联营设立一家新的物流企业。企业一般以原有物流资源入股，对新设企业有一定的控股权，并在一定程度上参与经营。第三方物流企业一般对新设企业行使经营权，全面负责建立、运行新设企业的物流系统。二是能够资源互补的不同行业的企业联手进军物流领域。

（4）新创办的第三方物流企业。近年来，随着我国的经济发展，我国出现了大量新创立的现代物流企业。这些企业多为民营企业或中外合资企业。

2）按第三方物流企业的资本归属分类

（1）外国独资和中外合资物流企业。随着我国对外开放的深入，国外物流公司以独资和合资方式进入中国物流领域，逐渐向中国物流市场渗透。它们具有丰富的行业知识和实际运营经验，与国际物流客户有良好关系，有先进的IT系统，还有来自总部的强有力的财务支持。

（2）民营物流企业。我国民营物流企业多成立于20世纪90年代以后，是物流行业中最具朝气的第三方物流企业。它们在地域、服务和客户方面相对集中，效率相对较高，机制灵活，发展迅速，如建发物流、大田物流等。

（3）国有物流企业。我国多数国有物流企业是借助原有物流资源发展而来的，近年来也出现了一些新的国有第三方物流企业，如陕西省物流集团、广西现代物流集团等。

3）按第三方物流企业物流服务功能的主要特征分类

（1）运输型物流企业，即以从事货物运输服务为主，包含其他物流服务活动，具备一定规模的实体企业。企业的主要业务活动是为客户提供门到门运输、门到站运输、站到门运输、站到站运输等服务，以货物运输为主。根据客户需求，运输型物流企业也可以提供物流功能一体化服务。

（2）仓储型物流企业，即以从事区域性仓储型服务为主，包含其他物流服务活动，具备一定规模的实体企业。企业以为客户提供货物存储、保管、中转等仓储服务以及配送服务为主，还可以为客户提供其他仓储增值服务，如商品经销、流通加工等。

（3）综合服务型物流企业，即从事多种物流服务活动，并可以根据客户的需求提供物流一体化服务，具备一定规模的实体企业。其业务范围广泛，可以为客户提供运输、货运代理、仓储、配送等多种物流服务项目，并能够为客户提供一类或几类产品契约性一体化物流服务，为客户定制整合物流资源的解决方案，以及提供物流咨询服务。

4）按第三方物流企业资源占有的多少分类

（1）资产基础型物流企业。这类企业有自己的运输、仓储设施设备，包括车辆、仓库等，为各个行业的用户提供标准的运输或仓储服务。我国大部分第三方物流企业都属于资产基础型第三方物流企业，如中远物流、中外运等。

（2）非资产基础型第三方物流企业。这类企业是一种物流管理公司，自己不拥有或仅通过租赁方式取得运输、仓储设施设备，以人才、信息和先进的物流管理系统作为向客户提供服务的手段，并以此作为自身的核心竞争力。由于这类企业不拥有需要高额投资和经营费用的物流设施、装备，而是灵活运用其他企业的生产力，这就需要进行有效的管理和组织，因此信息技术的支撑是十分重要的。

12.2 第三方物流的发展动力与战略

12.2.1 第三方物流发展的动力与产生的原因

从物流服务的需求方来看，对高水平服务的需求是物流外包的主要动力，企业可以减少对物流设施的投资，克服内部劳动效率不高的问题。除了以上利益驱动因素外，物流功能的日趋复杂化和全球化、库存单位的增加、流通渠道的脆弱性、产品周期的缩短，以及第三方物流的应用有利于客户的整合及供应链的建立，都是促进第三方物流发展的因素。

从物流服务的供给方来看，在大多数国家和地区，基础的仓储和运输行业的竞争越来越激烈，企业的利润率不断下降，同时，一些管制条件的放松和市场的进一步开放，促使物流服务提供商进一步拓宽业务领域。基础服务提供商改造成综合物流公司，增加了许多增值服务内容。这可以提高物流企业的专业化水平，使其进入门槛更高的细分市场，还可以使企业与客户订立的长期合同的履行得到保证，也有利于保持与客户的长期合作，增强物流企业的财务稳定性。

12.2.2　第三方物流创造的利益及运作价值

1) 第三方物流创造的利益

第三方物流创造的利益可以简要概括为作业利益、经济利益、管理利益、战略利益。

（1）作业利益。一方面，第三方物流企业可以为客户提供专业的物流服务。如果客户自行组织物流活动，或局限于开展物流活动所需要的专业知识，或局限于自身的技术条件，要解决这些问题，往往需要投入大量的资金。另一方面，第三方物流企业可以帮助客户改善内部管理运作，增强物流活动的灵活性，提高物流作业的质量和服务水平，使物流作业更加高效。

（2）经济利益。为客户带来直接的经济利益是第三方物流服务存在的基础。一般而言，物流活动成本的降低主要是通过规模化的运作和节约劳动力成本实现的。客户将物流业务交给第三方物流企业，可以将不变的成本转变成可变的成本，又可以避免盲目投资物流活动而产生的额外费用，从而为企业降低成本，带来直接的经济利益。

（3）管理利益。第三方物流服务还可以为客户带来管理利益。一方面，客户可以委托第三方物流企业对其物流活动进行规范化的管理；另一方面，客户可以全权将物流业务交给第三方物流企业，减少物流管理产生的一系列仓储费用、人工成本等。

（4）战略利益。第三方物流服务能够增强客户的灵活性，具有战略意义，包括地理范围跨度的灵活性（设点或撤销）及根据环境变化进行调整的灵活性，并且能够让客户集中资源和精力在主业的管理上，助力其战略发展。

2) 第三方物流创造的运作价值

面对激烈的市场竞争，第三方物流企业面临的主要挑战是为客户提供比其自身运作物流更高的价值。第三方物流的运作价值一般是从提高物流运作效率、整合客户运作、横向或者纵向整合、发展客户运作等方面产生的。

（1）提高运作效率

物流运作效率的提高意味着对每一个物流环节进行优化升级。例如，仓储的运作效率取决于足够的设施、设备及熟练的运作技能。第三方物流企业首先要能够协调连续的物流活动，其次要有较强的协调和沟通技能。

（2）整合客户运作

第三方物流企业提高运作价值的另一个方面是引入多客户运作，在开拓新客户的同时，对已有的客户资源进行整合。第三方物流企业对客户的整合运作难度较高，需要不断运用新兴的信息技术与运作技能，如果整合成功，其规模经济效益是递增的。

（3）横向或者纵向整合

在纵向上，第三方物流企业可以通过购买具有成本和服务优势的单项物流功能作业或资源，发展同单一物流功能提供商的关系，从而专注于自己的核心能力，这也是创造价值的一个方面。在横向上，第三方物流企业可以和业务互补的公司联合为客户服务，扩大为客户提供服务的领域。

（4）发展客户运作

这种方式接近传统意义上的物流咨询公司所做的工作，所不同的是第三方物流企业要自己开发解决方案并完成运作。这种增值活动的驱动力在于客户自身的业务过程，所增加的价值就是对供应链的管理与整合。

12.2.3　第三方物流的发展形式、途径与战略

1）第三方物流发展的基本形式

我国于20世纪90年代引进第三方物流的概念，从最初的雏形到现在的蓬勃发展，第三方物流企业的发展有两种基本方式：

（1）渐进式发展。通过物流业务不断壮大自身力量，积累资源和运作管理经验，再发展成为专业物流仓储集成经营者，为中小企业提供全面的物流服务。

（2）跨越式发展。通过与中小企业建立联盟进行资源整合，迅速壮大物流服务能力，超常规发展为专业化第三方物流企业。

2）第三方物流发展的途径

（1）政策途径。中小企业发展第三方物流业务存在一定的障碍，需要各级政府从金融、税收政策等方面营造有利于发展的政策环境，并切实扶持和指导中小企业积极重组和发挥资源整合力量，促进第三方物流的发展。

（2）市场途径。随着中小企业的发展，其物流需求不断增长，物流企业应深入研究中小企业物流的发展规律，以需求为导向，迅速有效地拉动第三方物流的发展。

（3）企业途径。物流发展能够创造价值和利益，是驱动物流企业主导自身发展第三方物流的基本动力。

（4）社会途径。发展第三方物流需要全社会的积极协作和支持，在社会各方力量的作用下，实现产业联动，全面发展。

3）第三方物流发展的战略

（1）资源战略。物流企业发展第三方物流，需要集中把握和有效运用企业经营资源，主要表现在：首先，准确认识和深入分析企业经营资源的基本状况，正确选择第三方物流发展的方向；其次，积极探索企业资源的有效配置方式，有力提升第三方物流发展的速度；最后，认真研究企业资源的可持续发展问题，确保第三方物流的健康发展。此外，中小企业实施资源战略，应以供应链管理重构业务流程，把握资源转换方式，不断提高资源产出效益，构筑第三方物流发展优势。

（2）联盟战略。物流企业发展第三方物流需要本着"优势互补、利益共享"

的原则，借助产权方式、契约方式相互合作，共同拓展物流市场，降低物流成本，提高物流效益。首先是物流资源的联盟：将中小企业分散的物流资源、物流功能要素通过一定的方式联合在一起，形成物流一体化的资源优势。其次是物流地理区域和行业范围的联盟：根据各行各业中小企业的特性，在一定地理区域或一定行业范围内实行物流联盟，形成高效运作体系。最后是与中小企业建立发展第三方物流的联盟：通过组建服务协会，协调和指导物流企业与中小企业在发展第三方物流中的各种关系。

（3）服务战略。物流企业发展第三方物流必须依托中小企业的发展，做到"来自中小企业、服务中小企业"。主要把握三点：第一，必须依据中小企业的实际需要，设计和提供个性化物流服务。第二，必须关注市场需求变化，提供保障企业产品质量的服务措施。第三，必须深刻理解中小企业物流规律，提供完善的物流运作与管理服务。

（4）创新战略。物流的发展过程就是一个不断创新的过程。物流企业发展第三方物流，实施创新战略，首先要创新观念，打破传统思想，借鉴国际先进的物流管理思想，与中小企业实践有机结合起来，探索具有中小企业物流特色的新思想和新方法。其次要创新组织，充分运用现代信息技术手段，借助中小企业数量大、范围广的特点，建立网络化物流新型组织。再次要创新服务，深入研究中小企业物流需求，通过引进、模仿和创新物流技术手段，设计、创新和提供有效的物流服务。最后要创新制度，既要建立以产权制度为核心的现代企业制度，也要根据发展需要建立完善、合理的物流管理体制。

（5）品牌战略。物流企业发展第三方物流必须确立品牌战略，充分发挥品牌效应，获取良好效益。首先要树立物流发展的精品名牌意识，严格制定各项物流质量标准，不断提高物流服务水平。其次要引进先进技术手段，设计出物流服务的精品内容、名牌项目。最后要强化物流技术与管理人员素质培训，建立优秀的物流人才队伍，确保企业品牌战略的实现。

（6）信息化战略。广泛应用信息技术、加快科技创新和标准化是构建现代物流体系的重要内容，也是提高物流服务效率的重要技术保障。第三方物流的发展是建立在物流运营的低成本和高效率的基础上的，先进实用的物流信息技术不仅可拓展物流企业的盈利空间，也使得第三方物流在市场竞争中具有更大的优势，从而促进整个第三方物流业的发展。

12.3　第三方物流的发展趋势和挑战

12.3.1　行业规模效应明显，发展空间大

作为服务商贸活动的中间产业，物流行业对商品流动的效率有很高的要求，而当下物流企业的小规模、碎片化、粗放式发展，极大地限制了物流行业效率的提

升。空间上，传统物流各种交通运输方式由于受分段、分头管理模式的影响长期处于相互分割、独立发展状态，大多数物流企业只能分段提供物流服务，全社会的物流过程被分割开来，分段运行，利益链加长，效率降低，物流成本大大增加；物流网络缺乏规划，不利于形成社会化的物流系统和跨区域、跨行业的物流网络。产业链上，传统物流模式从事简单的专项服务，运输、仓储等功能是分割的、单一的；当物流活动分散在不同企业和不同部门时，各种物流要素很难充分发挥其应有的作用。

随着第三方物流企业的发展，物流行业规模化是大势所趋，行业整合必将加速。第三方物流服务商将众多分散的货物集中起来，通过信息技术处理大量的物流信息，统筹安排，优化配送路线，有效降低车辆空载率。同时，货物仓储由静态管理变为动态管理，周转率加快，仓储设施使用效率大大提高，物流服务的成本大大降低。随着业务规模的扩大，单件货物的物流成本呈不断下降趋势，第三方物流服务具有规模经济效益递增的显著特征。

交通物流是经济循环"大动脉"。数据显示，2022年，我国社会物流总额达347.6万亿元，同比增长3.4%，我国物流市场规模连续7年位居全球第一。2020年以来，我国社会物流总额增速持续高于GDP增速，物流需求系数持续提升，物流需求规模实现稳定增长。

"十四五"期间，我国物流业仍处于增量阶段，仍有足够的发展动力与拓展空间。在构建现代物流体系、由"物流大国"迈向"物流强国"的新征程中，我国物流业迎来新的发展机遇。

12.3.2 第三方物流面临的主要挑战

远瞩咨询的《2022年全球第三方物流（3PL）行业分析》报告显示，2022年全球第三方物流服务提供商面临的主要挑战包括物流市场容量萎缩带来的压力，寻找、留住、培训合格的劳动力，运营成本上升，技术投资，合规/法规等问题。我国第三方物流面临的主要挑战如下：

1）需求不振

2022年，全国社会物流总额为347.6万亿元，同比增长3.4%，其中在第二季度因疫情影响有所回落。2023年以来，随着经济活力的恢复，物流需求逐步向好，但也需要考虑波动因素。

2）运力沉淀

运力的稳定性直接影响第三方物流企业的服务品质，在需求不稳定的情况下，很难平衡供需，因此第三方物流企业需要花费较大的精力来维护优良的运力资源，做到资源的有效、饱和利用。

3）成本控制

物流成本的控制直接影响物流企业的利润，也反映出物流运行的效率。社会物流总费用占GDP的比重一般用来衡量社会物流成本水平及现代化水平，比重越低表明社会总物流效率越高，物流行业的现代化水平越高。2012—2022年，我国社会物流总费用占GDP的比重由19%降至14.7%，但与发达经济体相比依然存在较大的差距，如美国是7%，欧盟是6%，都比我国低一半以上。

4）技术升级

随着制造业的数字化转型，物流服务被要求更广泛、更深入地介入到其供应链的全程，提供更全面的一体化服务。这就要求物流服务随之进行技术升级，实现与制造业的数字化供应链系统深度对接，并提供更先进的智能仓储、物流可视化服务。

知识链接12-1

第三方物流
企业经营模式

本章小结

第三方物流通过与第一方或第二方的合作来提供专业化的物流服务，它不生产产品，不参与商品的买卖，而是为客户提供以合同为约束、以结盟为基础的，系列化、个性化、信息化的物流代理服务。第三方物流已经成为国内外企业提升物流与供应链效率的主要方法之一。现代第三方物流是由传统运输与仓储业发展而来的新的产业形态。第三方物流企业与制造业、商业企业建立长期关系合作解决具体问题，这种战略联盟关系使双方都获利。

复习思考题

（1）什么是第三方物流？它的特征是什么？
（2）简述第三方物流发展的动力与产生的原因。
（3）第三方物流发展的基本方式有哪些？
（4）第三方物流发展的途径有哪些？
（5）简述第三方物流发展的战略。

第12章
基础知识测试

案例分析题

京东航空入场，航空货运市场竞争加剧？

随着经济发展、科技进步以及消费者购物方式的变化，近20年来我国电子商务行业飞速发展。作为我国首屈一指的电商平台，京东集团的成功与其2007年成立京东物流集团自建物流息息相关。2022年5月，江苏京东货运航空有限公司公共航空运输企业经营许可证公示，标志着京东集团的航空货运之路即将开启。京东货运航空正式运营后将成为我国首家电商平台成立的货运航空公司，新主体的加入也将为我国航空货运市场带来新的活力。

1）租赁货机运力起步，自有航空公司即将展翅翱翔

京东集团要将京东物流打造成为全球领先的以供应链为基础的技术与服务企业，航空货运是其必须深耕的领域。在航空货运行业，航空运力的使用是关键。

京东物流在借鉴亚马逊前期使用第三方运力的基础上，结合我国国情，加快了获得运营许可、引进货机运力并独立运营货运航空公司的步伐。

2018年11月，京东物流使用天津货运航空波音737货机执飞首条定期货运航线（天津—广州航线），后来又陆续使用长龙航空、龙浩航空等航空公司的货运飞机以及东方航空、首都航空、安哥拉航空等国内外航空公司的"客改货"飞机执飞货运航线。在使用第三方运力过程中，京东物流与航空公司在执飞机场、运营航线、执飞航班频次、合作期限等方面并不能始终达成一致。作为包机人，京东物流在航空运力使用方面的话语权并不强。

鉴于使用第三方运力的弊端，以及国内没有专业飞机租赁公司能够长期合作，京东物流加快收购在航空货运领域经验丰富的公司，并成立自有货运航空公司。

2020年8月，京东物流以30亿元收购在干线运输和航空货运方面优势明显的跨越速运集团有限公司（简称跨越速运）。2022年6月，京东物流将所持跨越速运股份由55.1%增至63.58%。跨越速运成立于2007年，是我国限时速运领域的开拓者，目前拥有17架货运包机，航线贯穿我国南北。

2019年9月，江苏京东货运航空有限公司注册成立，京东集团占股75%。2022年5月，中国民用航空局官网对为江苏京东货运航空有限公司颁发公共航空运输企业经营许可证进行公示。根据公示，京东货运航空将引进3架波音737货机。据了解，该公司将于8月正式起航。

京东物流由使用第三方运力改为自建货运航空公司，不但可以减少中间环节，提高物流效率，还可以将航空与公路、铁路以及海运结合起来，实现多式联运，提高供应链的整体竞争力，更好地满足客户多样化的需求。

2）科技引领发展，物流基础设施升级

与传统航空货运企业不同，国内外知名电商类和快递类物流企业都将自身定位为技术驱动型企业，持续在科技创新上投入巨资。根据京东物流财报，2021年京东物流在技术研发方面的投入达到28亿元，同比增长36.9%，占总收入的2.7%。2018—2021年，京东物流技术研发投入高达81亿元，这在国内物流企业中位于前列。

目前，京东物流已经构建了一套全面的智能物流体系，实现了服务自动化、运营数字化及决策智能化。无人仓、自动搬运机器人、分拣机器人、智能快递车、无人车、无人机等智能设备的使用提升了京东物流在仓储、运输、分拣及配送等环节的效率；京东物流自主研发的仓储、运输及订单管理系统等则支持客户供应链实现全数字化。

物流无人机赛道是国内外技术驱动型物流企业研发竞争的重点，顺丰速运、京东集团等企业在大型无人机应用场景下不断探索，科技水平全球领先。京东物流自主研制的"京蜓"自转旋翼支线物流无人机相关适航科目的飞行测试已经获得成功。无人机技术的不断升级将进一步推动京东物流构建涵盖末端配送、支线和干线的三级无人机智能物流体系。

2022 年 6 月 28 日，京东物流与南航物流宣布共建一体化智能航空物流平台，平台将聚焦航空货运、现代仓储、电商贸易与供应链管理四大业务。结合南航物流先进的航空货邮运输操作系统和京东物流丰富的智慧化仓储配送经验，此次强强合作将为京东物流深入拓展航空物流业务提供优质切入口，也将为航空货运向供应链前后端延伸提供良好契机。

一直以来，京东物流致力于成为全球最值得信赖的供应链基础设施服务商。其提供优质供应链服务的基石是仓储网络、综合运输网络、"最后一公里"配送网络、大件网络、冷链物流网络和跨境物流网络。截至 2022 年 3 月 31 日，京东物流运营仓库约 1 400 个，自营车队规模超过 1.8 万辆，航空货运航线超过 1 000 条，已经建成高度协同的多层级物流基础设施和仓配网络。

京东集团从 2018 年开始谋划航空货运枢纽建设。同年 12 月，京东集团与江苏省南通市政府签署战略合作框架协议，将京东物流全球航空货运枢纽落户南通。2019 年 12 月，投资 200 亿元的京东全球航空货运枢纽华东地区项目在南通开工。2020 年 10 月，京东与安徽省芜湖市政府签署全面战略合作协议，投资 950 亿元的京东全球航空货运超级枢纽港落户芜湖。

货机在空中的顺畅运行与机场完善的设施设备以及强大的地面集疏运能力密不可分。无论是京东南通全球航空货运枢纽，还是京东芜湖全球航空货运超级枢纽港，都是为京东物流在航空货运领域的发展壮大做准备。

3）争夺第三方物流业务，航空物流市场竞争加剧

与阿里巴巴电商平台轻资产、通过整合"四通一达"等多家快递公司服务其电商平台不同，京东电商平台建成不久就意识到物流的重要作用，选择了资金投入大的自建物流道路。自建物流的初衷是为了更好地服务电商平台，实现商品快速及时送达客户的目标。经过 10 余年建设，京东物流凭借完善的仓储、运输和配送体系，特别是优质的"最后一公里"服务成为国内名列前茅的电商平台，也让物流成为京东集团的核心竞争力。

随着经济环境的变化和业务范围的扩大，京东物流不再满足于仅服务电商平台本身，承接外部客户成为京东物流的选择。京东物流财报显示，2021 年京东物流外部客户全年收入达到 591 亿元，占总收入的 56.5%，比例首次超过 50%；2022 年第一季度，京东物流外部客户收入达到 159.6 亿元，占总收入的 58.4%，比重持续上升。

2022 年 3 月 13 日，京东物流发布公告，以 89.76 亿元收购德邦物流 66.49% 的股份，双方将在快递快运、跨境、仓储与供应链等领域展开深度战略合作。德邦物流在制造业拥有较大的客户群和强大的服务能力，可丰富京东物流的服务产品和客户群，助力京东物流从消费端、流通端到生产端一体化供应链的拓展。

外部客户的拓展增加了服务对象的多样性。京东物流在航空货运领域的谋篇布局意味着京东物流不但已经与顺丰速运、圆通速递等拥有运力的快递公司成为竞争对手，还将与中国国际货运航空有限公司、中国货运航空有限公司、中国南方航空货运有限公司、天津货运航空有限公司等传统货运航空公司一较高下。

与顺丰速运和圆通速递相比，京东物流在航空货运领域的布局较晚。目前，顺丰航空和圆通航空的机队均已形成一定规模，顺丰航空的货机已经达到73架，圆通航空有10架。

货机购入或者租赁既需要匹配企业货物运输需求，也需要提前向飞机制造商或者租赁公司预订。因此，京东物流的货机机队距离形成规模还有很长的路要走。在航空货运枢纽方面，京东集团的货运枢纽仍处于建设起步阶段，而顺丰集团主导的湖北鄂州花湖机场已完成校飞、试飞工作，即将投用，圆通集团的浙江嘉兴全球航空物流枢纽项目也在如火如荼地建设。

与传统货运航空公司相比，京东物流的优势既体现在包括仓储运输配送及多式联运在内的整体供应链上，又体现在拥有客户资源和货源渠道上。这也是传统货运航空公司在混改时引进供应链上下游企业的重要原因。京东物流在航空货运领域涉及的运力引进、航线安排、地面保障等方面与传统货运航空公司相比缺乏经验，但随着京东货运航空的展翅翱翔，这些问题或将迎刃而解。

资料来源　陈洧洧. 商战：京东航空入场，航空货运市场竞争加剧？[N]. 中国民航报，2022-07-15.

问题：

在航空货运枢纽运营上，京东物流是借鉴联邦快递集团或者美国联合包裹服务公司采用轮辐式集散模式，还是参考亚马逊公司建立网状航线网络模式，抑或是探索出一条更适合自身的货运枢纽运营之路？请结合案例，谈谈你的看法。

国际物流

学习目标

知识传授目标	能力培养目标	价值塑造目标	建议学时
➤了解国际物流的产生 ➤理解国际物流的含义、基本特点和类型 ➤理解国际物流的主要业务	➤了解并掌握国际贸易和国际物流的关系 ➤理解国际物流和国内物流的关系以及发展趋势	➤培养家国情怀和国际视野，激发探索科学前沿、服务国家战略的奋斗精神	2

思政引入 　　　　　　　　　跨境物流正历经哪些变革

　　经历疫情之后，中国的出海力量正在发生根本性、结构性的变化，亚马逊封店等事件进一步推动中国品牌出海和中国电商平台崛起，并逐渐壮大成为非常耀眼的一股力量。

　　之前在跨境电商领域，中国贡献更多的是卖家，如今不仅有类似于TikTok这样的流量平台，还有以SHEIN、Temu等为代表的电商平台。中国企业在跨境电商产业链条上的角色越来越丰富完整，这将对跨境电商及跨境电商物流产生较大影响。

　　比如电商平台，随着增量的变化，采取了集中物流采购的形式，集中采购在某种意义上会加大跨境电商物流行业的集中度。而品牌商会更多以线上线下多渠道销售为目标，进而使卡车转运的比重超越一件代发的比重。中小卖家将面临平台竞争造成的空间压缩，更多卖家将逐渐向供应链端靠拢。

　　未来，以下几类电商品类出海将会面临较大的发展机遇：

　　第一，消费电子类。依托长期积累的强大优势，消费电子出海正在从品类、场景、商业模式进行更具创新的探索，甚至会诞生出更多的全球性消费品牌。

　　第二，时尚类。目前，"华流"掀起，中国快时尚品牌出海定位差异化竞争，解锁新兴细分赛道，争做全球时尚的弄潮儿，其中又以SHEIN为典型代表。

　　第三，智能家居类。中国的智能家居产品在全球市场的渗透率都非常高。更高的渗透率带来更多机会点，吸引更多中国智能家居企业出海。而在智能家电和智能安防品类中，细分赛道众多且碎片化，在海外市场的容量上限也更高，国内公司出海将会有更多的可能性实现弯道超车。

全渠道品牌商出海，针对的是线上线下整个零售市场，需要经营渠道以及背后的供应链服务能力。这要求物流服务从简单的运输服务向合同物流和供应链解决方案转变，单纯的专线物流、仓储履约服务已满足不了需求。

相应地，物流服务内容也会变得更加繁杂，包括国际干线服务、清关服务、2B仓储及调拨服务（卡车转运）、2C配送服务、信息化服务及合规、供应链规划及路径优化、配套服务（退货重派、维修服务能力）等，而且大型品牌商往往愿意建立自己的合同物流体系，所以品牌商会掌握更多的话语权。在这样的情况下，物流服务商将面临更大的挑战和更多的不确定性。

除了平台和卖家的变迁外，我国的外贸形势也发生了很大的变化，特别是过去3年间。2022年，中国的半成品出口对外贸的贡献占比，对美国已超过40%，对欧盟已超过60%，对《区域全面经济伙伴关系协定》（RCEP）的成员国基本都在60%以上，中国外贸转型已经悄然发生。另外，从美国与各个国家的进口数据来看，美国从中国进口的增速已经远低于东南亚国家、韩国等。这些对市场、卖家和物流服务商形成较大影响。

目前来看，区域化供应链已经成形。相比于几十年没有改变的WTO贸易框架，各地的自由贸易协定逐渐盛行，而自由贸易协定带来的关税差异是企业控制点本时无法改变的，再加上地缘政治变化，区域化供应链将会对物流行业产生非常深刻的影响。

短期内，由于货量下降，价格竞争激烈，同时，成本刚性上涨，包括海外人工成本、运输成本、海外仓储成本等，都将给跨境物流企业带来较大挑战。这时考验的是企业的资金运营能力、持续融资能力、产能扩张的节奏控制等。行业会逐步进入长周期发展，折旧成为成本底线，盈利要靠解耦。所谓解耦，就是把全链条的环节解耦剖析，判断每个环节如何做到最优，不仅要做全链条，更要每个链条都具备竞争力。

资料来源 李聪. 复盘：商流变迁、供应链重塑、品牌出海下，跨境物流正历经哪些变革？[EB/OL].［2023-06-20］. https://www.headscm.com/Fingertip/detail/id/37551.html.

问题：

在零售去库存、电商平台和卖家变迁、外贸形势等多重变化下，跨境物流行业将迎来哪些变革？

案例导读　　　　最快4天送达澳大利亚，圆通是怎样做到的？

《中国-澳大利亚自由贸易协定》签订后，中澳两国出口产品大部分都已实现关税互免。2022年，中澳贸易总额已超过2 200亿美元。据统计，95%的澳大利亚人会选择线上购物，包括抖音、拼多多等电商企业也已进驻澳大利亚。

对于许多跨境电商卖家而言，物流问题是不得不面对的痛点——澳大利亚地广人稀，配送时效长，物流费用高。来自中国的卖家想要和其本土企业竞争，物流是一个必须解决的问题。

经过多年深耕，圆通速递已经在澳大利亚搭建起一张覆盖全澳的快递网络。围绕悉尼、堪培拉、墨尔本、凯恩斯、达尔文等华人主要聚居区，圆通速递与当地多家知名连锁保健品超市及快递店合作，开设超过40个快递站点，解决国际物流"终端一公里"问题，为百万人提供便捷、高效的国际寄递服务。

作为跨境电商重要区域，澳大利亚也是圆通速递最早进入的区域。2015年，圆通速递启动全球速递项目，同年澳大利亚子公司宣告成立。

2020年7月，为了优化服务质量，提高售后保障能力，打造差异化的产品体验，圆通速递澳大利亚子公司在经历战略重组后，开始官方直营的运作模式，并引入在澳大利亚拥有丰富物流和航空资源的 Wiseway Logistics（万纬国际货运公司）作为策略性股东，深度布局澳大利亚市场。

截至目前，圆通速递在澳大利亚已拥有悉尼、墨尔本两大集运中心及5个海外仓，总面积超过 10 000 平方米，逾80辆车队规模，以及深耕多年的稳定节点资源，让圆通速递有信心保证澳大利亚至中国包裹"15日必达时效"。

2023年，圆通速递在澳大利亚地区的派送时效和成本又有了新突破。随着直营模式启动和圆通速递中-澳航空专线开通，在每周28班的中澳航班加持下，不仅寄件的成本下降了一半，全链路的时效反而比去年同期快了3~5天。现在，从中国寄往澳大利亚的快递，最快仅需4天即可送达到户。

伴随跨境电商的走热，圆通速递也与不少电商平台达成战略合作。自2020年以来，圆通速递澳大利亚子公司成为抖音、京东、菜鸟在澳大利亚的独家合作伙伴和指定海外仓，让来自澳大利亚的乳制品、保健品与国内的小商品能够更快地流通两地。而圆通速递澳大利亚子公司交出的成绩，在菜鸟全球合作伙伴中，时效保障名列前茅。

此外，作为原材料出口大国，圆通速递澳大利亚子公司也为不少在澳的制造业、采矿业等华企提供耗材运输等在内的跨境物流服务。

下一步，圆通速递澳大利亚子公司将在澳大利亚加大部署末端派送力量。更多穿着圆通制服的快递小哥，将出现在澳大利亚的大街小巷，拉近在澳华人华企与国内的距离。

资料来源　物流指闻. 幕后：最快4天送达澳大利亚，圆通是怎样做到的？[EB/OL].
[2023-06-20]. https://www.headscm.com/Fingertip/detail/id/37762.html.

问题：

请简要谈谈圆通是怎样布局国际物流的。

13.1 国际物流概述

13.1.1 国际物流的含义及特点

1）国际物流的含义

国际物流又称全球物流，是指物品从一个国家（地区）的供应地向另一个国家（地区）的接收地的实体流动过程。具体是指，消费与生产在两个或两个以上不同的国家（地区）进行交易时，为了克服两者之间的距离，对物资进行运输的一种国际交易，从而实现国际商品交易的最终目的，即实现卖方交付单证、货物和收取货款，买方接受单证、支付货款和收取货物的贸易对流条件。

国际物流是国内物流的延伸和进一步拓展，是跨越国界的、流通范围扩大了的"物的流通"，是实现货物在两个或两个以上国家（地区）间的物理性移动而发生的国际贸易活动。国际物流从本质上看是按照国际分工协作的原则，依照国际惯例，利用国际化的物流网络、物流设施和物流技术，实现货物在国家（地区）间的流动和交换，以促进区域经济的发展和世界资源优化配置。

2）国际物流的主要特点

（1）物流环境存在差异。国际物流的一个非常重要的特点是各国物流环境的差异，尤其是物流软环境的差异。因为不同国家的物流适用的法律不同，国际物流的复杂性远高于一国的国内物流，甚至会阻断国际物流。不同国家的经济和科技发展水平不同，国际物流处于不同科技条件的支撑下，有些地区甚至根本无法应用某些技术而使国际物流全系统的水平下降。不同国家（地区）的不同标准，也造成国家（地区）间"接轨"的困难，使国际物流系统难以建立。不同国家（地区）的人文风俗也使国际物流的发展受到很大局限。因此，物流环境的差异使一个国际物流系统需要在多个有不同法律、人文、习俗、语言、科技、设施的环境下运行，这无疑会大大增加物流的难度和系统的复杂性。

（2）物流系统范围广。物流本身的功能要素、系统与外界的沟通就是复杂的，国际物流再在这个复杂系统上增加不同国家（地区）的要素，不仅地域和空间更加广阔，而且所涉及的内外因素更多，所需的时间更长，其直接后果是难度和复杂性增加，风险增大。当然，也正是因为如此，国际物流只有引入现代化系统之后，其效果才会更显著。例如，开通某个"大陆桥"之后，国际物流速度会成倍提高，效益显著增加。

（3）国际物流必须有国际化信息系统的支持。国际化信息系统是国际物流尤其是国际联运非常重要的支持手段。建立国际信息系统的难度在于：一是管理困难；二是投资巨大。此外，不同国家（地区）的物流信息水平有高有低，使得信息系统的建立更为困难。当前，建立国际物流信息系统的办法之一是和各国海关的公共信息系统联机，以及时掌握各个港口、机场和联运线路、站场的实际状况，为供应或销售物流决策提供支持。国际物流是最早发展电子数据交换（EDI）的领域，以EDI 为基础的国际物流对物流的国际化产生了重大影响。

（4）国际物流的标准化要求较高。要使国际物流畅通起来，统一标准是非常重要的，可以说，如果没有统一的标准，国际物流水平是提不高的。目前，美国、欧洲基本实现了物流工具、设施的统一标准，如托盘采用 1 000 毫米×1 200 毫米规格，集装箱有几种统一的规格，还有统一的条码技术等，这样一来，大大降低了物流费用和转运的难度。而不向这些标准靠拢的国家（地区），必然会在转运、换车底等许多方面耗费时间和费用，从而降低其国际竞争能力。在物流信息传递技术方面，欧洲各国不仅实现了企业内部的标准化，而且实现了企业之间及欧洲统一市场的标准化，这就使欧洲各国之间的物流系统更简单、更有效。

案例链接 13-1　　　　　极兔速递环球有限公司

从起家海外到打通国内所有电商平台，从名不见经传到撼动物流行业巨头，极兔速递环球有限公司（以下简称极兔）不仅改写了国内头部快递公司的既有格局，也逐渐成为电商时代的国际快递巨头。胡润 2022 年 8 月发布的《2022 年中全球独角兽榜》显示，极兔估值高达 1 300 亿元，在众多已上市的快递企业中，仅次于顺丰控股和中通快递两大国内快递龙头。一路疾驰的极兔，仅用了 8 年时间便追上了"通达系"数十年的资源和积累。

在极兔身后，我们可以看到一家成立仅 6 年却跻身极兔前三大机构股东的投资机构——ATM Capital。这是一家中国背景、专注于东南亚市场的风险投资机构，总部位于雅加达，并在雅加达、新加坡、北京三地设立了办公室，当前共管理四只基金，在管规模逾 10 亿美元。基金重点关注东南亚新经济四大历史性增长机会：电子商务及其配套基础设施（包括物流）、消费零售、金融科技、新能源。

ATM Capital 创始人屈田在创办 ATM Capital 之前，投资主要聚焦在移动互联网、消费互联网领域。他的团队 2017 年到东南亚考察后发现，这里的移动互联网、消费互联网赛道，要么就是为时尚早不够成熟，要么就是已有巨头盘踞、难以入局，但他们看到了东南亚电商的繁荣景象，预判支付、物流、供应链等电商上下游基础设施肯定有发展前景，东南亚未来可能会伴随电商市场的蓬勃兴旺发展出物流巨头，进而通过细致的市场调研和团队接触，最终选择投资了极兔。

屈田认为，在东南亚，以电商和物流为代表，这两大行业的市场规模可能还有 5～10 倍的增长空间，但主要是现在的几大巨头吞下市场份额。在电商领域，有 Shopee、Lazada、印度尼西亚本土电商 Tokopedia、TikTok Shop 四大巨头，再想创造出新的电商大平台机会不太多；在物流领域，主要就是极兔占据江山，其他独立第三方快递公司想来分一杯羹也不太容易。

资料来源　李小天. 幕后：投出极兔后，他说"得印尼者得东南亚" [EB/OL]. [2023-08-08]. https://www.headscm.com/Fingertip/detail/id/38602.html.

13.1.2　国际物流的产生和发展

国际物流是伴随着国际贸易的发展而发展的，是国际贸易的具体实现途径和方式。在买卖双方达成国际货物买卖合同之后，如何在一定成本条件下，使合同规定的货物按质、按量，准时而无差错地从卖方处所转移到买方处所或其指定地点，也就成为国际物流的核心业务内容。国际物流的有效运作不仅能够提升一国产品在国际市场上的竞争能力，促进一国对外贸易的发展，而且能够起到有效满足本国经济、技术、教育发展的需要。在第二次世界大战之前，国际贸易的概念和运作方法都是较为简单的，发达国家从发展中国家以低价采购大量原材料，又以高价向发展中国家销售制成品，双方之间的贸易极为不平等。第二次世界大战以后，随着跨国投资的兴起、发展中国家生产力水平的提高，发达国家与发展中国家之间的贸易以及跨国企业内部的国际贸易发展迅速，国际贸易总量以及运作水平有了新的变化，为了适应这一变化，国际物流在数量、规模以及技术上有了长足的发展。

国际物流的发展经历了以下几个阶段：

第一阶段：20世纪50年代至80年代初。这一阶段，物流设施和物流技术得到了极大的发展，建立了配送中心，广泛运用电子计算机进行管理，出现了立体无人仓库，一些国家（地区）建立了物流标准化体系等。物流系统的改善促进了国际贸易的发展，物流活动已经超出了一国范围，但物流国际化的趋势还没有得到人们的重视。

第二阶段：20世纪80年代初至90年代初。随着经济、技术的发展和国际经济往来的日益扩大，物流国际化成为世界性的趋势。美国密歇根州立大学教授波索克斯认为，进入80年代，美国经济已经失去了兴旺发展的势头，陷入长期倒退的危机之中，因此，必须强调改善国际性物流管理，降低产品成本，并且要改善服务，扩大销售，在激烈的国际竞争中获得胜利。

第三阶段：20世纪90年代初至今。这一阶段，国际物流的概念和重要性已为各国政府和外贸部门所普遍接受。贸易伙伴遍布全球，必然要求物流国际化，即物流设施国际化、物流技术国际化、物流服务国际化、货物运输国际化、包装国际化和流通加工国际化等。世界各国广泛开展国际物流理论和实践方面的大胆探索。人们已经形成共识：只有广泛开展国际物流合作，才能促进世界经济繁荣。

边学边议 13-1

随着国际物流数字化的转型进入深水区，其发展已不是简单的将线下业务放在线上受理，而是利用数字技术对国际物流的全流程进行模式再造。请结合当前国际物流数字化转型的现状分析其发展的新业态模式有哪些？

13.1.3　国际物流的分类

根据划分标准的不同，国际物流可以分为不同的类型。

1）根据货物在国与国间的流向分类

根据货物在国与国间的流向分类，国际物流可分为进口物流和出口物流。进口物流是指服务于一国货物进口时的国际物流，出口物流是指服务于一国货物出口时的国际物流。由于各国在物流进出口政策，特别是海关管理制度上的差异，进口物流与出口物流既有交叉的业务环节，也存在不同的业务环节，需要区别对待。

2）根据货物流动关税区域分类

根据货物流动关税区域分类，国际物流可以分为不同国家间的物流和不同经济区域间的物流。区域经济是当今世界经济发展的一大特征。比如，欧盟国家属于同一关税区，其成员国之间的物流运作与成员国和其他国家或经济区域间的物流运作在方式和环节上都有很大的差异。

3）根据跨国运送货物的特征分类

根据跨国运送货物的特征分类，国际物流可以分为国际军火物流、国际商品物流、国际邮品物流、国际援助或救助物资物流、国际展品物流和废弃物物流等。

13.2　国际物流的运作

13.2.1　国际物流运输方式

国际物流的运输方式包括国际航空运输、国际海上运输、国际铁路运输、国际公路运输、集装箱运输、国际多式联运等。

1）国际航空运输

国际航空运输是指使用飞机、直升机及其他航空器运送人员、货物、邮件的一种运输方式，旅客、行李、货物和邮件的始发、中途和终点站中有一点在一国境外，主要在国际航线上进行。国际航空运输主要包括班机运输、包机运输、集中托运和航空快递业务。

2）国际海上运输

国际海上运输是指承运人按照海上货物运输合同的约定，以海运船舶作为运载工具，以收取运费作为报酬，将托运人托运的货物经海路由一国（地区）港口运送至另一国港口的行为。国际海上运输是国际贸易中最主要的运输方式，国际贸易总运量中的三分之二以上都是通过海运方式运输的。国际海运业务分为班轮运输和租船运输两大类。

3）国际公路运输

国际公路运输是指国际货物借助一定的运载工具，沿着公路做跨及两个或两个以上国家（地区）的移动过程，起重要的衔接作用。国际公路运输既是一个独立的

知识链接13-1

TIR系统

运输体系，也是车站、港口和机场集散物资的重要手段，它是沟通生产和消费的桥梁和纽带，没有公路运输的衔接，铁路、水路、航空运输就不能正常进行。

4）国际铁路运输

国际铁路运输是指在有关的国际条约规定下，由两个或两个以上不同国家（地区）的铁路当局联合起来，使用一份统一的国际联运单据，经过两个或两个以上国家完成一票货物的全程铁路运输。国际铁路运输在国际贸易中是仅次于海运的一种主要运输方式。

5）集装箱运输

集装箱运输是指以集装箱这种大型容器为载体，将货物集合组装成集装单元，以便在现代流通领域内运用大型装卸机械和大型载运车辆进行装卸、搬运作业和完成运输任务，从而更好地实现货物"门到门"运输的一种新型、高效率和高效益的运输方式。集装箱运输适用于海洋运输、铁路运输和国际多式联运。

6）国际多式联运

国际多式联运是在集装箱运输的基础上产生和发展起来的，是多式联运经营人根据运输合同在至少两种不同运输方式下，从一国（地区）接管地到另一国（地区）指定交货地的货物运输方式。

案例链接13-2　廊坊"中吉乌"国际多式联运新通道正式开通

2023年7月4日上午，随着一声汽笛长鸣，一列满载中工国际、中铁一局重要项目建设物资的班列，从中国铁路北京局集团有限公司北京货运中心廊坊北铁路货场始发，将通过国际多式联运方式最终运抵乌兹别克斯坦首都塔什干，这标志着廊坊"中吉乌"国际多式联运新通道正式开通。

此次班列共3个40英尺集装箱和38辆敞车，货品主要有管桁架、保温管等，货物总重量1 000余吨。本次班列当天从中国铁路北京局集团有限公司北京货运中心廊坊北铁路货场始发，通过铁路运输运抵新疆喀什，换装跨国公路运输，经伊尔克什坦口岸出境，途经吉尔吉斯斯坦奥什站，再换装境外铁路运往塔什干，全程约6 000公里，预计运行时间约12天。

"以廊坊为始发地的'中吉乌'国际多式联运，大大缩短了运输时间，提高了物流效率。"中工国际工程股份有限公司副总经理闫海禄说，此次班列的开通，是落实2023年中国—中亚峰会会议精神的具体举措，将加强中工国际以及京津冀地区与乌兹别克斯坦的贸易、工程业务往来。

"廊坊—喀什—吉尔吉斯斯坦—乌兹别克斯坦多式联运通道，可以将货物很快转运至南亚国家，以及土库曼斯坦、阿塞拜疆、格鲁吉亚、土耳其等国家，还延伸到欧洲各国。"乌兹别克斯坦铁路集装箱公司董事长卡米利亚诺夫·阿卜杜马利克·阿卜杜瓦希多维奇说。这条走廊将有力促进中乌双方经贸关系的发展，为中乌两国友好合作关系发展提供有力支撑和保障。

"采用国际多式联运，在确保高效运输的同时，可降低运输成本，疏解口岸拥堵，实现'门到门'全程服务，更快捷、更高效、更低碳，也更安全。"负责运营此次班列的泰通国际运输（廊坊）有限公司董事长楚轩介绍，他们将在2023年陆续开通阿富汗、土库曼斯坦、伊朗等新线路，并逐步实现班列的常态化和稳定化运行。

廊坊地处京津雄"黄金三角"中心腹地，发展现代商贸物流业优势明显。下一步，该市将进一步探索国际多式联运新模式，丰富多式联运的路径和方式，持续优化中欧（中亚）班列以及廊坊"中吉乌"国际多式联运通道管理和服务机制，提升综合运作水平和工作效率，着力打造具有廊坊特色的国际物流品牌，积极融入"一带一路"建设，为廊坊加快打造世界现代商贸物流中心奠定坚实基础。

资料来源　刘杰，方素菊. 廊坊"中吉乌"国际多式联运新通道正式开通 [N]. 河北日报，2023-07-05（03）.

13.2.2　国际物流运作的主要业务

1）进出口业务

（1）发货人（shipper）。在进口业务中，发货人严格地讲是原材料供应商或企业代理产品的原厂家。在有些情况下，发货人也可能是供应商或厂家在当地的经销商。在出口业务中，许多企业没有进出口权而不能自行进出口，国际货运的发货人经常是出口代理商（进出口公司）。有时，进出口业务人员会发现某些运单上的发货人既不是供应商或厂家，也不是它们的当地经销商，而是货运公司或货运代理。这主要是在货运环节产生了主运单和分运单所致。在这种情况下，主运单上显示的发货人往往是货运代理。

（2）货运代理（forwarder）。随着国际贸易的发展，货运业务日益复杂，货运代理角色应运而生。当前，许多货运代理逐渐演变成了第三方物流公司。

（3）承运人代理（shipping agent）。承运人代理主要替承运人（如船公司、航空公司）在港口安排接泊、装卸、补给等业务，有时代理承运人签发运单。承运人代理在海运中较为常见，而在空运中较为少见。有的承运人代理也从事货代业务。

（4）承运人（carrier）。承运人主要指船公司或航空公司，是实施运输的主体。虽然有的承运人也直接面对货主，但多数情况下货主不直接与其打交道，而是直接与承运人代理接洽。

（5）报关行（broker）。虽然各国（地区）对进出口货物的管制政策有所不同，但基本上各国（地区）海关都要求对进出口货物进行申报。有些货主有自己的报关人员，这时就不需要报关行的介入。许多货运代理也有报关资格，也不需要单独的报关行介入。报关行或货运代理提供报关服务，都需要货主提供必要的单据，产生关税单后，由货主缴纳关税（在中国还有海关代收的进口货物增值税），由货主自行提货或由服务机构代为提送货，一般很少有报关行垫付关税。有的报关行还提供代为商检等服务。

（6）收货人（consignee）。运单上所指的收货人情况较为复杂。有时，最终的收货人（如代理商）并不体现在运单上。运单上的收货人往往是进口商，而在"Notify Party"（通知人）上显示的可能是真实的收货人。另外，在复杂的货运情况下，主运单和分运单上所示的收货人的意义有所不同。分运单上的收货人往往是最终的收货人，而主运单上的收货人往往是货运代理。

2）国际运输

由于国际运输中货物需要跨越国境，且多为长途运输，货物在途时间往往较长且一旦赴运就很难更改目的地，这就限制了企业物流运作的弹性。企业在进行跨国经营时必须具有较高的市场预测能力，以保证将正确数量的正确货物在正确的时间内配送到目标市场；否则就会导致有些市场断货，而有些市场则有过剩库存。企业如果将一定数量的商品运到目标市场，再进行不同市场之间的调货，就会造成大量的额外开支，并造成供需时间不一致，长此以往必然削弱企业的竞争能力。

随着现代通信手段的进步和专业物流企业服务水平的提高，已经有一些物流企业利用卫星全球定位系统对货物进行全程监控，并可以对在途货物重新调度，使货主可根据市场需求情况重新进行库存定位，随时修改货物目的地，避免地区性调货带来的额外成本，使企业的配送效率得到极大提高。

3）库存与仓储管理

国际货运的存货管理已成为最关键也最有挑战性的物流活动之一。由于距离远、港口工作拖延、海关拖延以及转运时间长，仓库需要保有比国内物流更多的存货，这必然会提高存货的成本，而政府对外贸的管制政策及关税政策也会带来存货管理的问题，进出口公司不得不保有额外存货以应对断货情况。

国际仓储与国内仓储功能相同，包括收货、转运、配货及发送等，但人们通常更重视货物在仓库系统中的快速运转。

4）包装

保护性包装在国际物流中所起的作用比国内物流更为重要，由于货物在途时间长、搬运次数多、气候变化等，跨国性经营产品的包装会大幅增加物流成本，其中一部分是由于特殊的包装要求，另一部分是标签和包装标志方面的原因。由于目的地不同，标签要求也不相同，各地对产品标签有许多不同的规定，其目的在于：①使货主遵守现行产品标准；②对添加剂的使用加以限制和控制；③禁止使用误导性信息；④建立对产品的标准说明。

5）物料搬运

物料搬运系统在全球各地都不相同，澳大利亚、新西兰、中国香港、新加坡等国家和地区的物料搬运系统是世界上最先进的系统，均已实现机械化或自动化。然而，许多发展中国家的物料搬运系统仍然以人工为主，仓库和工厂中的产品搬运效率很低，并且对某些货物无法处理。

6）信息作业

国际物流中的信息作业主要涉及物流过程中各种单据传输的电子化、在途货物的跟踪定位以及市场信息的跨国传递，主要通信手段包括电子数据交换、计算机网络以及人造卫星通信系统。

尽管许多发达国家已建立起复杂的物流信息系统，但许多第三世界国家仍停留在纸和笔的年代，上述先进系统在这些国家根本就无法利用，这不仅造成了企业物流国际化运作中的信息传递受阻，也使这些落后国家在国际物流网络中只能处于附属地位。

13.2.3　国际物流运作的主要环节

国际物流运作由一系列相互影响、相互制约的环节构成一个有机整体，有明确的系统目标，并受到外界环境的影响和制约。以商品出口为例，在国际物流运行系统中，商品出口的物流运作主要包括三个阶段：

第一个阶段主要包括出口方进行的集货、备员、到证（接到买方开来的信用证）、到船、编制出口货物运输计划等。

第二个阶段主要包括商品出口前的加工整理、包装、储存、运输，商品进港、装船、制单、交单，报关、报检等。

第三个阶段主要包括买方收货，交单结汇，提供各种服务，理赔、索赔等。

在这三个阶段中，国际物流系统通过国际市场的信息来引导和协调，采用先进的流通技术与组织方式，按照国际惯例和国际上通行的运作规程来组织流通过程，完成各环节的运作，使整个物流系统协调运行，高效实现系统目标。相对于国内物流系统，国际物流系统更容易受到国际政治、经济、技术、政策、法令、风俗习惯等因素的制约和干扰，因此必须提高系统对环境的适应能力。

13.3　国际物流的发展

随着经济全球化向纵深发展，处于全球化环境中的企业都必须在其竞争战略分析中考虑世界环境，不能忽视其他国家（地区）的经济发展趋向或技术创新。就总体和长远而言，经济全球化有利于世界经济的发展，它推动国际贸易的高速增长，有助于国际贸易在更大范围内实现供求平衡，也有助于生产要素在全球范围内的合理配置，必然带动物流全球化。这是国际物流发展的大环境。

全球物流运作的环境远比国内物流复杂，可以用 4 个 D 来概括，即距离（distance）、单证（documentation）、文化差异（diversity in culture）和顾客需求（demands of customers），即在不同的国家和地区，物流活动的距离更长、单证更复杂、在产品和服务上顾客需求差异性更大，并要满足各种文化差异。

13.3.1　集装箱运输的发展方向

随着国际贸易和国际航运业务的发展，有条件的国家和地区都十分重视能接纳国际航运船舶的港口的建设，把港口视为通向世界的门户。港口发展模式随着世界经济贸易发展的变化而不断演进，大致经历了三个阶段。

20世纪50年代以前，港口作为国际航运的起始港和目的港，主要服务于国际贸易，起着货物装卸、储存和中转的功能，同时为到港船舶提供物资供应和维修等服务。城以港兴、港以城荣，随着国际贸易的发展，靠泊国际船舶和接卸国际贸易货物的港口所在地逐步发展成繁荣的商业贸易城市。

20世纪50年代以后，世界经济出现了国际分工的格局，即国际贸易不再局限于将本国或本地区的产品销往其他国家和地区，而是经济发达国家将原料从产地运往本国进行生产，然后将制成品销往全球各地。要发展这样的国际分工格局，必须满足以下条件：

① 原料产地的产品质量好，值得经过长途运输运往目的地进行加工，如中东的石油，巴西和澳大利亚的铁矿石等。

② 经济发达国家具有雄厚的资金和掌握技术的高素质人才，足以发展资金和技术密集型的大型工业企业，如炼油厂、钢铁厂、发电厂、汽车制造厂等。

③ 要有运输成本低廉的运输工具，以补偿远距离运输所增加的运输费用，10万~30万吨载重的大型油轮和运矿石的散货船投入使用，通过规模经济效益，大大降低了运输成本。例如，日本用几十万吨载重的大型油轮从中东运输石油的成本比在沿海地区用小型油轮运输的成本还低。

④ 有接纳大型船舶的深水港湾。第二次世界大战以后，经济发达国家，如西欧国家和日本，在重建战争中被毁坏的港口时，充分利用临海深水岸线的良好条件和大型船舶海运成本低廉的特点，发挥深水海港的区位优势，将发展中国家（地区）优质、廉价的原料和能源运到临海港口，建设大型的临海工业区。这次国际分工和全球经济的资源优化配置，对部分国家（地区）战后经济的迅速恢复和高速增长起了巨大的推动作用，对世界经济的发展也产生了促进作用。

在新经济时代，发展中国家（地区）自己加工原材料、制造并输出普通工业品；发达国家则转而生产和输出高科技产品和知识产品，特别是控制高科技产品和知识产品的研究与开发。一般工业品的生产和销售由跨国公司根据资源优化配置的原则在全球范围内组织进行，全球将出现原工业社会国际分工格局与新经济时代新一轮国际分工格局并存的局面。由于发展中国家（地区）经济发展的需要，大宗原料和能源的国际运输仍将占有重要地位，但全球物流发展的主流将是集装箱运输，当前全球集装箱运输量的快速增长印证了这一点。

从我国万吨级及以上集装箱港口泊位建设情况来看，2010—2021年总体呈现波动增加态势，到2021年底超过360个，反映出国内大型集装箱港口基础设施建设逐年完善。

从沿海港口集装箱吞吐量来看，根据交通运输部的统计数据，2016—2022 年，全国主要沿海港口集装箱吞吐量逐年增长，从 2016 年的 1.9 亿 TEU（标准箱）左右增长至 2022 年的 2.6 亿 TEU 以上。

根据中国集装箱行业协会资料，2021 年，全国港口集装箱铁水联运量超过 750 万 TEU，涨幅超过 30%；2022 年上半年，沿海主要港口完成铁水联运超过 420 万 TEU，铁路集疏运占港口集疏运比例普遍增长，我国集装箱多式联运实现规模和质量的持续提升。

2022 年，全国港口集装箱吞吐量前十名分别为上海港、宁波舟山港、深圳港、青岛港、广州港、天津港、厦门港、苏州港、北部湾港、日照港。其中，上海港以 4 730 万 TEU 吞吐量位居全球港口第一。

根据交通运输部发布的《综合运输服务"十四五"发展规划》，"十四五"时期，我国着力完善集装箱公铁联运衔接设施，推进铁路、内河集装箱运输比重和集装箱铁水联运比重大幅提升，其中重点提出集装箱铁水联运量年均增长 15% 以上。

在经济新常态下，我国交通运输发展机遇和挑战并存，而集装箱运输业在持续落实降本增效的同时，逐渐向集约化、智能化和绿色化等方向发展。[①]

13.3.2 国际物流发展的支撑体系

1）经济全球化是国际物流发展的基础

国际环境的变化要求人们从更长远的视角看待全球物流竞争。对于国际企业来说，全球物流网络是为全球价值链服务的系统，网络中的各部门应在高度组织下各司其职。在这个物流网络中要建立若干个关键节点（通常称物流中心），不仅要求高效的物流硬件设施、合适的信息技术和不断创新的信息系统，更需要对各个节点进行准确的战略定位，还必须对整个物流网络进行科学规划并付诸实施。

2）信息与通信技术是国际物流发展必备的技术条件

技术的更新实质上也是一种经济活动，市场经济活动与科技开发活动相互作用，必然引发技术的创新。全球化的物流系统需要众多企业及各国政府、国际组织的广泛合作，而这种合作离不开信息技术的发展与应用。信息技术在国际物流发展中起到十分重要的作用，一个国家（地区）的信息基础设施的建设及普及程度往往能反映该国（地区）的物流竞争力，智能化运输系统及信息高速公路能增强一个国家（地区）的国际物流竞争力。

3）国际物流发展中的环境保护需要国际合作

在全球环保意识日益增强的前提下，交通运输系统尤其是公路运输系统面临着许多环境问题，如噪声污染、废气排放等，而承担公路货运的载重车辆则被人们认为是造成这一系列问题的主要源头。要把全球物流系统对环境的损害降到最低，光靠一家公司或一个国家政府不可能实现，而需要所有公司、各国政府及国际组织在

---

① 前瞻产业研究院. 2023 年中国集装箱运输行业全景图谱［R］. 深圳：前瞻产业研究院，2023.

许多领域开展更为广泛的合作，寻找一种平衡方式，如物流硬件设施、信息基础设施等不仅能为发达国家参与全球竞争打下良好的基础，而且能促进发展中国家（地区）经济与社会的可持续发展。

4）国际物流健康发展需要各国政府的大力支持

可持续发展的要求给物流系统的设计和运行带来了巨大影响，许多跨国公司及国家（地区）政府纷纷在可持续发展的条件下提出了物流新概念，发展物流新技术。

（1）物流的全球化。站在全球资源优化的角度考虑一个地区的物流网络系统，如新加坡、釜山、上海、香港等城市以实际行动参与亚太地区物流中心的竞争。

（2）物流系统的重新整合。为提高运输效率，降低成本，并降低对环境的损害，配送中心及联运等物流方式在许多国家的物流业中得到了迅速发展，第三方物流服务成为新的经济增长点。

（3）对再生资源的重视。再生资源引起越来越多国家政府和企业的重视，这也是影响全球经济可持续发展的重要因素。

5）国际物流发展需要物流理论的支持和国际机构的努力推进

世界各国物流理论工作者积极呼吁各国物流发展要走全球化道路，以推进物流现代化的进程；国际组织也组织专业人士认真地研究、探索物流国际合作之路，国际供应链协会、国际采购与物流联盟、亚太地区物流联盟等国际组织正在努力推动国际物流的发展。

总之，全球化是国际物流发展的必然趋势，中国企业将直接面临国际物流市场的激烈竞争。因此，在研究和制定我国经济结构调整的规划时，必须对这一发展趋势有充分的认识，使我国物流业更健康地发展。

本章小结

全球经济一体化和供应链化的趋势不断增强，各国（地区）在国际供应链上的合作与交往日益密切。在国际经济活动中，生产、流通和消费三个环节之间存在密切的联系。国际物流的实质是按国际分工协作的原则，依照国际惯例，利用国际化的物流网络、物流设施和物流技术，实现货物在国家（地区）间的流动与交换，以促进区域经济的发展和世界资源的优化配置。国际物流是国内物流的延伸，是国际贸易的必然组成部分，各国（地区）之间的贸易最终都需要通过国际物流来实现。

复习思考题

（1）何谓国际物流？相比于国内物流，它主要有哪些特点？
（2）举例说明国际物流运作的主要业务活动。
（3）说明国际物流发展的支撑体系。

第13章
基础知识测试

案例分析题

美国联合包裹服务公司（UPS）

UPS 是一家大型的国际快递公司，它除了自身拥有几百架货物运输飞机之外，还租用了几百架货物运输飞机，每天运输量达 1 000 多万件。UPS 在世界各地建立了 10 多个航空运输中转中心，在 200 多个国家和地区建立了几万个快递中心，员工达几十万人，年营业额高达几百亿美元，在世界快递公司中享有较高的声誉。UPS 是从事信函、文件及包裹快速传递业务的公司，它在世界各国和地区取得了进出的航空权。在中国，它建立了许多快递中心，充分利用高科技手段树立了迅速安全、物流服务内容广泛的企业品牌形象。

问题：

（1）为什么说 UPS 是一家国际物流企业？它与一般的运输物流企业有什么不同？

（2）UPS 在各地开设快递业务与当地的地理环境、风俗习惯、消费观念、收入水平是否有关？

（3）UPS 是否需要建立许多仓库？

学习目标

知识传授目标	能力培养目标	价值塑造目标	建议学时
➤了解生态物流的产生及发展历程 ➤理解循环物流、绿色物流和低碳物流的含义	➤对比分析循环物流、绿色物流和低碳物流 ➤理解生态物流的发展现状及未来的发展趋势	➤树立低碳、环保和可持续发展的意识	2

思政引入　　　　现代物流的初心、责任和未来

1）现代物流的初心

现代物流应该是有温度的物流，有温度指的是现代物流必须重视服务体验。

物流首先是服务业，服务业最核心的应该是做好服务，服务创造价值才是物流业的初心。遗憾的是，现在物流行业讲服务的不多了，大家都在讲如何降成本，都在讲黑科技，都在讲速度快……

服务创造价值体现在三个方面：一是通过服务为客户创造价值；二是通过服务为自身创造价值；三是服务全过程让人有良好的体验，感受到温暖。

"不忘初心，方得始终"，牢牢把握物流业"做好服务"这个初心，才是我们最需要树立的发展理念。

物流业的一个中心是服务，两个基本点是成本与效益，这是现代物流的基本路线，要坚持100年不动摇。

怎么才能做好服务？首先需要研究和满足客户需求，要为客户提供超预期的服务体验。客户对物流服务的需求是分层次的，我们提供的物流服务也要分层次。

显然，一味地降物流服务成本做不好服务。根据现代物流的基本路线，我们应该是在既定的物流服务水平下，追求物流系统的服务成本最优。之所以强调物流服务成本最优，而不是最低，一是因为我们物流业也需要有合适的利润，我们要与客户实现双赢，二是因为物流降低成本的核心要义是通过服务为客户降低成本和创造价值。

2）现代物流的责任

实现绿色发展，就是说现代物流要有颜色！绿色满园，春光明媚，绿色物流，服务社会！

我们一直致力于推进中国绿色物流落地实施，致力于把物流大地铺满绿色，因此，我们提出了中国绿色仓储与配送行动计划，这是中国第一份绿色物流可落地实施的行动方案！

绿色仓储与配送行动计划提出了绿色物流实施的四大解决方案，分别是：绿色仓储设施解决方案，绿色物流技术与装备解决方案，绿色物流包装解决方案，绿色物流管理创新与模式创新解决方案。这是绿色物流落地的解决方案。

绿色仓储与配送行动计划从数百项绿色物流节能降耗措施中选择了能复制、可推广，推广实施可以立竿见影，绿色节能效果突出的十大绿色仓储与配送重点措施，这是绿色物流落地的行动措施。

绿色仓储与配送行动计划还研究了绿色物流的市场机制，提出了后市场机制、市场传导机制和碳交易机制等关于推进绿色物流可持续发展的长效机制，激活这些机制，就可以保证绿色物流可持续发展，春光常在。

3）现代物流的未来

有颜色，有温度，还需要有生命，有生命的物流很好玩。那么，如何让现代物流有生命呢？

链接沟通了信息，信息产生了大数据，大数据处理和不断学习涌现了智能，智能推动了智慧物流发展，智慧物流让物流系统有了生命觉醒。

随着物联网深度链接，大数据实时生成，大数据的处理与物流系统的计算与学习推动了智慧物流的发展。智慧物流由三个系统组成：大数据、云计算等催生了物流大脑，形成了智慧物流思维系统；互联网+、物联网技术应用、CPS的深入发展，推动了智慧物流神经网络，形成了智慧物流信息传输与处理系统；无人机、机器人、自动分拣、自动仓库、无人叉车、无人卡车等智能和自动化设备，则形成了智慧物流的执行系统。

资料来源　王继祥. 思考：都说不忘初心，现代物流的初心是什么？［EB/OL］.［2023-06-20］. https://www.headscm.com/Fingertip/detail/id/34591.html.

问题：

请简要谈谈现代物流的责任。

案例导读　　　　　广东推进港口"近零碳码头"建设

2023年6月，为全面推动广东绿色港口建设，奋力推进全省港口高质量发展，助力建设国际一流的广东港口，广东交通运输厅印发了《广东省绿色港口行动计划（2023—2025年）》（以下简称《行动计划》），广东将选择重点港口码头开展"近零碳码头"示范建设。

根据《行动计划》，广东"近零碳码头"示范建设将采取优化能源消费结构、应用节能低碳技术、改进生产工艺组织、加强节能减排管理、港口运营服务智慧化等措施，提高新能源和可再生能源的应用比例及能源利用效率，使港口二氧化碳间接排放不断降低，直接排放逐步趋近于零；因地制宜建设"风、光、氢"等多源融合绿色能源供给系统，码头装卸设备、水平运输设备、生产辅助设备等逐步采用绿色能源；应用综合能耗及碳排放监测技术，对码头各类能源消耗及碳排放进行实时统计分析。

同时，广东将大力推行港口全过程绿色发展，将绿色低碳发展理念落实到港口基础设施规划、设计、建设、运营和维护全过程，合理避让具有重要生态功能的国土空间；组织开展港口碳达峰路径政策、绿色港口建设标准规范等研究；强化港口能耗、碳排放和污染物排放统计监测；鼓励专业化集装箱码头开展港口大气污染物和二氧化碳排放清单编制；支持专业化码头企业对照《绿色港口等级评价标准》（JTS/T105-4—2020），积极开展绿色港口等级评价工作，查找绿色港口建设差距，明确建设路径和方法。

《行动计划》指出，到2025年，广东港口绿色低碳生产方式初步形成，与资源环境协调发展水平稳步提升，基本实现：港口资源利用效率明显提高，集疏运体系绿色高效，用能结构显著优化，污染防治取得新成效，绿色管理能力明显提升，生态保护措施全面落实，港口绿色发展水平总体适应交通强省建设的阶段性要求。

资料来源　龙巍. 广东推进"近零碳码头"建设［N］. 中国水运报，2023-06-07（01）.

问题：

通过本章的学习，谈谈你所知道的零碳行动。

14.1　生态物流概述

由于自然环境不断恶化，人类的生存和发展空间受到威胁，环境保护是现代物流业发展首先要解决的问题。生态物流要求自然环境与物流经济发展之间取得平衡，实现抑制物流对环境影响的效果，并使物流效用最大化，这种物流管理系统能够促进合理消费与经济共同发展。生态物流是从环境角度对物流体系进行重组，强调了自然环境与经济发展必须保持平衡，体现了企业物流管理系统必须向绿色化方向发展。党的二十大报告指出，我们要推进美丽中国建设，坚持山水林田湖草沙一体化保护和系统治理，统筹产业结构调整、污染治理、生态保护、应对气候变化，协同推进降碳、减污、扩绿、增长，推进生态优先、节约集约、绿色低碳发展。

14.1.1　生态物流的含义

生态物流（environmental logistic）是在生态学原理指导下，以降低对环境的污染、减少资源消耗为目标，利用先进的物流技术实现物流业发展的经济效益、社会效益和生态效益的系统。它是集交叉性、多层次性、时段性和地域性特征于一体的综合性学科。

物流业生态化发展是指在自然环境承载力范围内，依据生态经济学的方法，对物流和生态两大系统进行耦合优化，在有效保护生态环境的同时促进物流业可持续发展。

在追求社会经济可持续发展的进程中，物流业的发展对人类与自然和谐发展以及对生态系统的稳定性和持续性有很深的影响：一是物流业本身所涉及的区域范围广而复杂；二是物流业属于关联产业，其对相关产业及经济发展的影响深远。因此，物流业是最能体现生态化的产业，生态物流由此兴起。

当前，物流业的发展在很大程度上是以破坏资源和环境为代价的，这受经济发展、人的思维模式、市场现状等因素的影响，但是良性的生态物流发展可以兼顾经济发展和生态保护。生态物流业的发展可以同时实现以下三重目标：一是满足物流供需双方的现实需求及利益目标；二是带动相关产业的发展，促进当地经济的健康发展；三是保护环境和自然资源。由此，物流业生态化转型能有效减少资源消耗、减轻环境污染，使物流活动与社会、生态效益相协调，这不仅是现代物流的发展趋势，更是社会经济可持续发展的必然要求。

14.1.2　生态物流的内涵

生态物流以降低对环境的污染、减少资源消耗为目的，其内涵是强调全局和长远的利益，使物流活动与社会生态效益相互协调，尽可能在实现物流效益最大化的同时，使环境污染最小化。具体表现在以下几个方面：

1）生态物流是适应社会经济发展的必然趋势

随着"十三五"规划中"生态文明建设"概念的提出，生态物流已经成为物流业发展的必然趋势，它强调增强企业的社会责任，减少资源浪费，符合社会经济发展的潮流，是实现经济发展与环境保护协调融合的必然要求。

2）生态物流是在可持续发展的基础上追求企业利润最大化

企业的发展以利润最大化为目标，生态物流的发展不但能够起到环境保护的作用，而且能够维持企业可持续发展，不仅有助于降低企业的生产成本，给企业发展带来巨大的经济效益，还有利于企业提高自己的信誉度，延伸自己的品牌价值和产品周期，从而提升企业的市场核心竞争力。

3）生态物流是循环经济中不能忽视的重要环节

传统物流仅仅是将产品从产地按一定方式运输到目的地的单一流程，而生态物流是传统物流方式与逆向物流结合形成的一种循环经济活动。逆向物流注重废物回收和再生能源回收利用，是传统物流的一个反向过程。生态物流与循环经济相辅相成，生态物流是循环经济中不能忽视的重要环节。

14.1.3　生态物流发展的积极意义

从需求角度看，生态物流满足了消费群体更高层次的精神需求。随着信息革命和电子商务的不断深化，无论是作为企业需求还是作为个体消费需求，物流业越来越贴近人们的生活。物流业不仅可以通过传统物流服务实现发展，还可以通过物流延伸，提升用户体验，促进销售。比如，顺丰速运通过微信或 App 向客户提供查询追踪服务，获取客户信息，实现精准营销，不但积累了大量快递客户，还让客户获得了良好体验。可见，企业可以通过物流为渠道成功推进目录式营销，掌握每个社区人群的大数据，整合各物流需求方的关注点，打造物流需求方高层服务的有价值平台，这将提高客户忠诚度。消费群体更加注重物流体验，希望提升生活品质的精神需求也更为强烈。当前，生态物流的消费需要在不断向现实需求转化，市场潜力巨大。

从供给角度讲，生态物流供给者更愿意提供高品质的服务。物流业作为第三产业，不仅可以提供基本物流作业，还可以利用自身的优势提供更多种类、更高层次的延伸服务。在低端业务同质化倾向严重的当下，物流企业更愿意提供高品质的物流服务，不仅因为其投资回报率更高，企业乐于投资，更重要的是企业可以通过增值服务提升在同行业中的市场竞争实力，在消费群体中树立一定的知名度和美誉度。同时，物流产品具有很强的"乘数效应"，可以带动相关产业的发展，直接或间接地提供大量的就业机会，提高地区生产总值、政府税收，对地区经济发展具有很大的推动作用。

因此，生态物流会给物流供需双方带来直接的利益，物流供给方能够并愿意提供高品质的产品和服务；物流需求方能体验到高性价比的产品和服务，实现资源配置合理化和经济效益最大化。生态物流也兼顾相关群体（包括政府和社会民众）的利益，这也体现了生态物流在系统运行过程中兼顾公平的经济学原则。另外，生态物流作为一种新的经济发展模式，在做到"减量化、循环化、可持续发展"的同时，实现了改善人类生存环境、生态增长与经济发展"多赢"的良好局面。

14.2　循环物流

循环物流是指从循环经济角度出发，通过对产品物流与废弃物物流进行有机整合实现资源重复再利用的资源节约型、环境友好型的物流过程，是通过整合、重构产品物流与废弃物物流的过程实现以资源循环利用率最大为首要目标的物流模式。

14.2.1　循环物流的基本含义

循环物流是循环经济的重要组成部分，是指在物的流动过程中，通过物质的循环机制实现资源和废旧物资循环再利用，达到解决资源短缺和减少对环境破坏的目的。循环物流也是绿色物流，它强调从循环经济和环境保护的角度对物流体系进行改进，在物流活动中融入资源、环境可持续发展理念，谋求降低环境污染、减少资源消耗，形成与环境共生的物流系统。

14.2.2　循环物流的基本特征

1）循环物流是一个或多个完整的双向物质循环过程

完整的循环物流由两种流向渠道构成：一种是物通过生产—流通—消费途径，满足消费者的需要，这是物流流向的主渠道，称为正向物流或动脉物流；另一种是合理处置物流衍生物所产生的物流流向渠道，如回收、分拣、净化、提纯、商业或维修退回、包装等再加工、再利用和废弃物处理等，其流动的方向与前者相反，故称为逆向物流或静脉物流。动脉和静脉在"心脏"衔接，完成物流的一次完美循环。

2）循环物流是同循环经济相适应的一种物流模式

循环物流重视环境保护，追求的是社会效益和企业效益最佳平衡的双赢和多赢的物流机制，它强调按照可持续发展的要求，把进入物流过程的物品（产品、不合格品、废品）都视为资源，借助先进资源回收技术，对资源尽可能反复利用，实现资源、物资循环的封闭性和循环性，从根源上解决环境污染问题，减少了对自然界的索取，从源头上减少对环境的破坏，实现经济和社会可持续和谐发展。

3）循环物流关注的不仅仅是经济利益

非循环物流是物质资料从供给者到需求者的物理运动，是创造时间价值、场所价值和一定的加工价值的活动。传统物流无论是正向物流还是逆向物流，其单项物流重视的都是经济利益，属于经济物流。而循环物流不单关注短期的经济效益，更加关注的是长远的环境效益和社会效益，在物流领域实现全社会的可持续发展。

边学边议 14-1

请举例说明什么是回收物流和废弃物物流。

14.2.3　循环物流的运作模式

循环物流是按照"自然资源—原材料供应商—产品生产商—产品销售商—消费者—再生资源"反馈式循环过程运作的，可分为基于供应链的循环物流运作模式和基于产品生命周期的循环物流运作模式。

1）基于供应链的循环物流运作模式

基于供应链的循环物流包括供应物流、生产物流、销售物流、回收物流、退货物流以及废弃物物流等。原材料供应商是循环物流的始端，所以原材料供应商向生产商提供的原材料质量直接影响产品的减量化设计和制造。生产商把对原材料的性能要求通过信息流的方式传递给原材料供应商，然后供应商根据这些要求发货。在产品销售和使用的阶段，消费者可以将退、换货品和报废品直接送到生产企业设立的回收中心，也可以交给分销商，由分销商集中受理，再运往回收中心进行回收处理。在回收中心，有缺陷的产品和废弃产品经过一系列复杂的分类、检测、分拆等过程，变成三种类型的物品——能维修再利用的、能再循环的和报废处理的，分别进入不同的循环渠道。

2）基于产品生命周期的循环物流运作模式

为了响应可持续发展的要求，企业应该从产品原材料的采购阶段开始，制定绿色供应物流、绿色生产物流、绿色销售物流、产品回收以及废弃物处理等绿色化策略，形成基于产品生命周期的循环物流运作模式。

具体运作过程如下：生产企业选出符合其标准的绿色供应商，并将所需的原材料信息传递给供应商，供应商根据这些信息将原材料送至生产企业。生产企业进行绿色设计、绿色生产以及绿色包装，最终形成绿色产品，生产过程中的边角废料直接进入内部回收处理系统进行再循环。绿色产品经过绿色销售渠道，交给第三方物流企业进行专业化的运输和配送。产品的生命末端也就是消费者使用的末端。

案例链接 14-1　　　　　　　菜鸟升级绿色回箱行动

2023年6月5日即世界环境日当天，菜鸟宣布正式升级绿色回收模式，推出"618万物回收节"。此次活动将之前的单一品类的纸箱回收升级为多品类、多模态的万物回收，菜鸟联手品牌商家开启旧衣、旧鞋和旧书回收等新项目。

菜鸟方面表示，旧衣、旧鞋、旧书回收和消费者日常生活更为贴近，作为推动消费者进行绿色回收的新尝试，增加回收品类将进一步普及绿色环保理念。同时，万物回收计划将使菜鸟在订单、包装、运输、仓储、回收等五个环节形成全链路绿色物流解决方案的基础上，重塑外部绿色回收链路，进一步促成循环经济。活动中，消费者可以通过在菜鸟驿站扫描站内二维码等方式，进入菜鸟 App 绿色家园频道，选择对应品类，实现万物回收。菜鸟快递员将上门取货，帮助旧物换新。尤其特别的一点是，选择参与特步鞋服回收的消费者，可以参与领取数千份环保袋与特步环保商品抵用券，而对参与旧书回收的消费者，天猫图书准备了千本新书供免费换新。

据了解，2016年菜鸟便率先在业内发起了绿色行动——"回箱计划"，通过在菜鸟驿站设置绿色回收箱，将菜鸟驿站变成了物流领域践行低碳循环的"毛细血管"。

目前，菜鸟已形成了纸箱回收的良性循环机制，消费者通过菜鸟驿站寄出的快递，有一半都使用了旧快递包装。无法二次使用的纸箱，则会被打成纸浆再制成作业本，由公益机构送给小学生。2022年3月至今，在菜鸟驿站被数字化记录回收的快递纸箱就有 2 300 余万个；而在菜鸟绿色家园，消费者也已给中西部的山区小学共捐出30余万本快递包装再造的练习册。

资料来源　Logclub. 菜鸟升级绿色回箱行动，推出"618万物回收节"［EB/OL］.［2023-06-20］. http://www.logclub.com/articleInfo/NjM2MTU=.

14.3 绿色物流

14.3.1 绿色物流的含义

绿色物流（environmental logistics）使物流资源得到充分利用。从管理学的角度讲，绿色物流是指为了实现顾客满意，连接绿色需求主体和绿色供给主体，克服空间和时间限制的有效、快速的绿色商品和服务的绿色经济管理活动过程。绿色物流里的绿色是一个特定的形象用语，它泛指保护地球生态环境的活动、行为、计划、思想和观念在物流及其管理活动中的体现。

国家标准《物流术语》指出，绿色物流是通过充分利用物流资源、采用先进的物流技术，合理规划和实施运输、储存、装卸、搬运、包装、流通加工、配送、信息处理等物流活动，降低物流活动对环境影响的过程。

绿色物流是以经济学一般原理为基础，建立在可持续发展理论、生态经济学理论、生态伦理学理论、外部成本内部化理论和物流绩效评估基础上的物流科学发展观。

边学边议 14-2

绿色物流涉及哪些基础理论？

14.3.2 绿色物流的内涵

与传统物流相比，绿色物流在目标、行为主体、活动范围及理论基础四个方面都有自身的显著特点。绿色物流的理论基础更广，包括可持续发展理论、生态经济学理论和生态伦理学理论；绿色物流的行为主体更多，不仅包括专业的物流企业，还包括产品供应链上的制造企业和分销企业，以及不同级别的政府和物流行政主管部门等；绿色物流的活动范围更广，不仅包括商品生产的绿色化，还包括物流作业环节和物流管理全过程的绿色化；绿色物流的最终目标是可持续性发展，实现该目标的准则不仅是经济利益，还包括社会利益和环境利益，并且是这些利益的统一。

1）集约资源

这是绿色物流的本质内容，也是物流业发展的主要指导思想之一。通过整合现有资源，优化资源配置，企业可以提高资源利用率，减少资源浪费。

2）绿色运输

运输过程中的燃油消耗和尾气排放是物流活动造成环境污染的主要原因之一，因此，要想打造绿色物流，首先要对运输线路进行合理布局与规划，通过缩短运输路线、提高车辆装载率等措施，实现节能减排的目标。另外，还要注重对运输车辆的养护，使用清洁燃料，减少能耗及尾气排放。

3）绿色仓储

绿色仓储一方面要求仓库选址合理，有利于节约运输成本；另一方面要求仓储布局科学，使仓库得以充分利用，实现仓储面积利用的最大化，降低仓储成本。

4）绿色包装

包装是物流活动的一个重要环节，绿色包装可以提高包装材料的回收利用率，有效控制资源消耗，避免环境污染。

5）废弃物物流

废弃物物流是指在经济活动中失去原有价值的物品，根据实际需要对其进行搜集、分类、加工、包装、搬运、储存等，然后分送到专门处理场所形成的物品流动。

14.3.3　绿色物流实施策略

1）树立绿色物流观念

发展绿色物流需要全社会的共同努力，这样才能为绿色物流的推行提供良好的发展环境和舆论环境。政府需要出台相关法律法规和政策，引导企业进行物流管理系统的改造，鼓励企业对物流活动进行外包运作，整合现有的物流资源，提高物流资源的利用率。物流企业要树立"既环保又经济，绿色物流带动绿色消费"的新观念，企业要将眼前利益和长远利益相结合，养成节约观念。

2）推行绿色物流经营

物流企业要从保护环境的角度制定绿色经营管理策略，以推动绿色物流进一步发展。

（1）选择绿色运输。例如，合理规划网点及配送中心、优化配送路线、提高共同配送率、提高往返载货率；改变运输方式，由公路运输转向铁路运输或海上运输；使用绿色工具，降低废气排放量等。

（2）提倡绿色包装。包装不仅是商品卫士，也是商品进入市场的通行证。绿色包装要醒目环保，还应符合4R要求，即少耗材（reduction）、可再用（reuse）、可回收（reclaim）和可再循环（recycle）。

（3）开展绿色流通加工。由分散加工转向专业集中加工，以规模作业方式提高资源利用率，减少环境污染；集中处理流通加工中产生的边角废料，减少废弃物污染，等等。

（4）搜集和管理绿色信息。物流不仅是商品在空间上的转移，也包括相关信息的搜集、整理、储存和利用。绿色物流要求搜集、整理、储存的都是各种绿色信息，并及时将其运用于物流中，促进物流业的进一步绿色化。

3）开发绿色物流技术

绿色物流的发展离不开绿色物流技术的应用和开发。没有先进物流技术的发展，就没有现代物流的立身之地；同样，没有先进绿色物流技术的发展，就没有绿色物流的立身之地。我国的物流技术与绿色要求有较大的差距，如在物流机械化、自动化、信息化及网络化方面，与西方发达国家的物流技术相比，有 10 年至 20 年的差距。因此，我们要大力开发绿色物流技术，否则绿色物流就无从谈起。

4）制定绿色物流法规

绿色物流是当今经济可持续发展的一个重要组成部分，它对社会经济的发展和人类生活质量的提高具有重要意义。正因为如此，绿色物流的实施不仅是企业的事情，还必须从政府约束的角度，对现有的物流体制进行改革。

一些发达国家的政府非常重视制定政策法规，在宏观上对绿色物流进行管理和控制，如控制物流活动的污染发生源、限制交通流量等，有些规定相当具体、严厉。物流活动的污染发生源主要表现在：运输工具的废气排放污染空气，流通加工的废水排放污染水质，一次性包装的丢弃污染环境，等等。国际标准化组织制定的 ISO14025 环境标志国际标准也已经颁布执行。

5）加强对绿色物流人才的培养

绿色物流作为新生事物，对营运筹划人员和各类专业人员的素质要求较高，因此，要实现绿色物流的目标，培养和造就一批熟悉绿色理论和实务的物流人才是当务之急。

案例链接 14-2   发挥数字化优势　践行绿色低碳可持续发展

2023 年 5 月 29 日，百世集团发布《2022 企业社会责任报告》。该报告介绍了百世集团 2022 年履行社会责任的情况，回顾了该集团在过去一年中，在全球范围内参与社会公益，为客户、消费者、员工提供发展保障，并通过数智化运营推进绿色物流发展的情况。

百世集团持续发挥研发优势，打造强大的数字化能力，深度应用大数据、人工智能、区块链等先进技术，推动供应链数智化转型升级，帮助客户实现降本增效，为消费者提供高效优质的供应链服务。2022 年，百世集团利用区块链技术进一步推动了绿色低碳运营。百世集团将快递运营管理系统与区块链技术应用结合，在百世云仓的仓配交接环节已实现 100% 无纸化揽收，并大幅提升了运营效率和数据安全性。2022 年全年百世集团减少 850 万张 A4 纸消耗，节省人工及存储空间成本超 150 万元，减少碳排放量 108 吨。

作为中国及东南亚领先的智慧供应链解决方案和物流服务提供商，百世集团 2022 年总收入为 77.4 亿元，业务遍及 8 个国家和地区，在东南亚 4 个国家实现快递网络的全境覆盖，为客户提供跨境物流及海外仓配服务，并持续搭建中国、东南亚与北美间的 B2B2C 和跨境业务网络，实现可持续发展。

资料来源　佚名. 百世集团 2022ESG 报告：发挥数字化优势　践行绿色低碳可持续发展 [EB/OL]．[2023-06-20]．https://www.headscm.com/Fingertip/detail/id/38101.html.

14.4 低碳物流

低碳物流的兴起归功于低碳革命和哥本哈根环境大会对绿色环保的大力倡导。随着气候问题日益严重，全球化的低碳革命兴起，人类因此进入低碳新纪元，即以"低能耗、低污染、低排放"为基础的全新时代。物流作为高端服务业的重要组成部分，也必须走低碳化道路，着力发展绿色物流、低碳物流和智能信息化。

低碳物流是指在低碳经济的要求下，一种能够实现可持续发展的物流运营模式。低碳物流并不是要求物流企业一味地减少能源消耗，盲目追求降低碳排放，而是意在提升行业内的能源使用效率。其本质就是通过科学化、标准化、信息化等手段同时实现行业发展和低碳环保的要求。

对于所有身处物流领域的企业来说，"低碳物流"不仅是一个口号，更是未来重要的发展机遇。企业发展低碳物流，不仅是一份责任，也是未来持续经营的必经之路。

14.4.1 低碳物流的含义

低碳物流是在低碳经济背景下产生的新型物流运营模式，是在物流过程中以低污染、低能耗、低排放为目标，以资源节约型、环境友好型社会为基本理念，在物流行为主体物流活动减量化、物流要素合理化的基础上，利用能效技术、温室气体减排技术以及可再生能源技术等减少物流活动中的碳排放，降低物流活动对环境的污染，进而提高物流作业效率的新型物流发展模式。低碳物流主要包括运输低碳化、仓储低碳化、流通加工低碳化、包装低碳化、装卸搬运低碳化和废弃物回收等。低碳物流的目标是实现低碳经济，保证社会经济的可持续发展。

低碳经济的内涵是，在可持续发展理论的指导下，通过生产和能源技术创新，以及产业转型的方式，以低能耗、低污染和低排放的经济模式，用低碳能源替代高碳能源，减少温室气体排放，进而实现经济社会发展与生态环境保持双赢的发展模式。

低碳经济的实质是能源高效利用、清洁利用和低碳或者无碳能源开发，其核心是能源技术创新、制度创新和人类生存发展概念的根本性转变。目前，世界各国都在积极响应低碳经济，同时，低碳经济也是国际经济发展模式研究的热点领域之一。

边学边议 14-3

想实现低碳物流，企业需要做些什么？有哪些难点需要攻克？

14.4.2 低碳物流的特点[①]

低碳物流的特点主要表现为以下几个方面:

1) 系统性

系统是为了实现既定的目的而由不同的若干要素组成的,这些要素之间相互作用和相互影响,组成一个有机整体。低碳物流是以低能耗、低污染、低排放为目标,由低碳运输、低碳仓储、低碳包装等功能要素所组成的系统。从系统观点来看,低碳物流系统的各个环节都要实现低碳,其整体实现了对现有资源的最充分利用,才符合低碳物流的内涵。低碳物流系统既是物流系统的一个子系统,其本身也是由多个子系统,如低碳运输子系统、低碳仓储子系统、低碳包装子系统等构成的。这些子系统之间也存在物流系统固有的"效益背反"现象,相互影响。另外,低碳物流系统会受到外部环境的影响,外部环境对低碳物流的实施起到约束或推动作用。

2) 双向性

同循环物流一样,低碳物流也具有双向性,包括正向物流的低碳化与逆向物流的低碳化。正向物流低碳化是指通过"生产—流通—消费"的路径满足消费者需求的物的流向过程中所有活动的低碳化;逆向物流低碳化是指物在正向物流过程中产生了各类衍生物,合理处置这些衍生物所产生的物流活动的低碳化,主要包括回收、分拣、净化、提纯、商业或维修退回、包装等再加工、再利用和废弃物处理等环节的低碳化。

3) 多目的性

为了实现可持续发展的最终目标,低碳物流不仅要追求经济利益,还应注重消费者利益、社会利益和生态环境利益。从系统观点来看,这四个利益往往是相互制约、相互冲突的。低碳物流需要在多个目标之间进行平衡,其中生态环境利益是实现其他目标的保证,也是低碳物流得以实现的关键。

4) 统一标准性

低碳物流要求在不同的物流功能环节制定各类标准,统一协调,提高低碳物流系统管理水平。另外,低碳物流所使用的能效技术、可再生能源和节能减排技术在国家层面也制定了统一的标准。"双碳"标准体系正在加快建设。标准化是低碳物流发展的基础。低碳物流标准化对降低物流成本、提高物流资源利用率、节能减排具有决定性作用。

5) 技术先进性

低碳物流以能效技术、可再生能源技术和温室气体减排技术的开发和运用为核心。低碳物流的实现离不开先进技术的应用。这些技术可以是硬技术,也可以是软技术。硬技术包含物流设备,如叉车、托盘、货架、分拣机、绿色运输车等的使

---

① 徐旭. 低碳物流的内涵、特征及发展模式 [J]. 商业研究,2011 (4): 183-187.

用，软技术主要指先进、合适的软件、操作方法、作业标准和业务流程等。没有先进技术的转化和应用，很难实现低碳物流。

边学边议 14-4

低碳物流的主要环节有哪些？

14.4.3 低碳物流实施策略

1）制定低碳物流政策体系

低碳物流的推行离不开各级政府的引导与规范，政府应加快推进我国物流管理体制改革，通过环境立法、制定低碳补贴政策、税收减免与金融扶持等措施，激励和引导物流企业降低碳排放，同时，规范物流市场准入，建立健全低碳物流认证标准和执行监管体系，加大对高碳排放物流企业的惩罚力度，严格限制和监督物流企业的碳排放行为。

2）加强低碳物流技术研发

在引进、吸收、借鉴国外先进低碳物流技术的基础上，注重物流技术的自主研发、创新与推广，加强对低碳环保的物流技术设备的开发，解决运输与仓储中的保温、制冷等节能技术或装备问题，为物流业向低碳转型提供强有力的技术支撑。

3）推进低碳物流智能信息化

加快物流信息化建设，充分利用互联网、云技术、物联网等先进技术，发展智慧物流、云仓储等以信息为主导的先进技术，有效降低空载率、折返率等无效运输，促进多式联运与协同配送发展。

知识链接 14-1

零碳物流园

本章小结

随着经济社会发展水平的不断提高，物流业在现代经济社会中的地位愈发重要，物流业发展与生态环境保护之间出现效益背反的现象。生态物流从环境角度对物流体系进行重组，强调自然环境与经济发展必须保持平衡，企业物流管理系统必须向绿色化、可循环化、低碳化方向发展。

复习思考题

（1）什么是生态物流？发展生态物流的积极作用是什么？

（2）什么是循环物流？简述循环物流的基本特征。

（3）什么是绿色物流？举例谈谈绿色物流的活动。

（4）什么是低碳物流？简述发展低碳物流的意义。

第 14 章
基础知识测试

案例分析题

顺丰多重举措推进"零碳未来"

多年以来，顺丰通过科技创新，在快递的容器包装、运输、转运等多层面融入绿色理念，以此提升资源利用率，降低碳排放和能源消耗，践行环保社会责任。顺丰"零碳未来"计划通过整合各项绿色环保举措、打造数智碳管理平台、构建标准碳管理体系，将绿色价值延伸至产业链，帮助合作伙伴加速低碳转型，实现绿色发展，共建"零碳未来"。

1）科技助力，数智碳管理平台升级上线

顺丰在人工智能、大数据、机器人、物联网、物流地图、智慧包装等前沿科技领域进行前瞻性布局，结合新能源应用，将科技力量注入每个快件的全生命周期，助力"收转运派"全流程提质增效和低碳减排。

在末端收派环节，顺丰应用自研大、小型无人机扩大业务投送范围，提供高效率、高经济性且低碳的物流服务。在中转环节，顺丰基于大数据，最优配置仓储资源，引进全自动分拣和场地管理系统，提升仓储和转运效率，提高能源使用效率。在运输环节，顺丰应用智能地图进行运输路线规划，结合快件时效、距离等因素，通过智能算法提供路径最优解。同时，顺丰依托大数据分析和深度学习技术，整合货运路线与运力资源，实现车辆与货物的精准匹配，提升陆地运输效率。

2）创新开发，推动绿色包装的落地应用

顺丰坚定落实邮政快递业生态环保"9917"工程和快递包装治理"绿色化、减量化、可循环、可降解"的具体要求，加大研发投入，寻求绿色包装材料的技术创新、变革与应用，并不断探索循环包装精细化运营，与产业链上下游合作，促进绿色包装发展。

顺丰自2018年起自主研发并推出碳中和产品丰多宝（π-box）循环包装箱，并于2021年进行了二次升级。升级后的循环包装箱采用了更易回收的单一材料PP蜂窝板材，并使用自锁底折叠结构和全箱体魔术粘贴合模式，免去使用胶带纸、拉链等易耗材料。丰多宝从2021年7月1日起试点投放运营，截至2021年12月底已投放72万个，实现280万次循环使用。2022年，丰多宝循环包装箱保有量超过220万个。

3）空运+陆运，实现绿色节能运输组合拳

顺丰通过"绿色机队"+新能源汽车的组合拳来提升能源的利用效率，减少每一个包裹的温室气体排放。

在航空运输方面，顺丰打造低能耗、高效率"绿色机队"，引进747/757/767等满载情况下燃料效率更高、每吨载重每小时油耗更低的大型货机，并通过航路"截弯取直"、二次放行等一系列措施，持续降低飞机能耗。

在陆运方面，顺丰批量采购新能源汽车、氢燃料轻型卡车及液化天然气

（LNG）牵引车，并通过多种途径加大新能源车辆的投入和使用。截至2021年底，新能源车辆投放已覆盖215个城市。此外，顺丰也在探索液化天然气车辆的推广应用。

顺丰参与建设的湖北鄂州花湖机场项目，以领先的绿色理念，从项目设计、建设和施工至项目运营全流程，打造绿色物流网络：引入智慧能源管控平台，实现能源从源端到末端的全程管控，利用算法模型实现能源协调和优化，预计可将机场综合能耗效率提高10%，属行业首例。

4）携手消费者，探索建立快递行业碳普惠机制

顺丰积极在社会层面推行环保理念，倡导低碳生活、增强减碳意识，希望企业和消费者都能积极参与循环包装箱的使用，让快递废弃物更少，让环境更美。

顺丰于2020年起提出"箱"伴计划，发起创意纸箱改造行动，激发用户动手对旧纸箱进行改造再利用，同时传递变"废"为宝的环保理念。2021年，顺丰"箱"伴计划在上海、广州、深圳等地落地，投放了数十万个限定版顺丰创意纸箱，让更多普通用户零门槛、零难度地参与到环保行动中来。

资料来源　佚名. 绿色理念贯穿快件全流程，顺丰多重举措推进"零碳未来"［EB/OL］.［2023-06-20］. https://www.headscm.com/Fingertip/detail/id/29143.html.

问题：

顺丰通过哪些举措推进"零碳未来"？

参考文献

［1］舒辉．物流学［M］．2版．北京：机械工业出版社，2023.

［2］吴智峰，林颖，严敏琳．现代物流［M］．成都：西南交通大学出版社，2023.

［3］霍艳芳，齐二石．智慧物流与智慧供应链［M］．北京：清华大学出版社，2023.

［4］何俊梅．物流管理概论［M］．3版．北京：机械工业出版社，2023.

［5］胡建波，许丹，谢庆红．物流概论［M］．3版．成都：西南财经大学出版社，2023.

［6］吴会杰．现代物流管理概论［M］．2版．西安：西安交通大学出版社，2022.

［7］杨希玲，张永恒．物流管理概论［M］．北京：中国轻工业出版社，2022.

［8］王伟．物流管理概论［M］．3版．北京：中国铁道出版社，2022.

［9］曹宝亚，苏卫东，杨利娟．物流管理概论［M］．2版．西安：西安电子科技大学出版社，2022.

［10］周兴建，黎继子，周业旺，等．现代物流管理概论［M］．2版．北京：中国纺织出版社，2022.

［11］海峰，谭颖．现代物流概论［M］．2版．武汉：武汉大学出版社，2021.

［12］刘磊．物流学概论［M］．2版．北京：中国人民大学出版社，2019.

［13］翟学智，王强．现代物流管理概论［M］．2版．北京：中国水利水电出版社，2019.

［14］胡建波，宋殿辉，张园园，等．现代物流概论［M］．北京：清华大学出版社，2019.

［15］高音，何娜，常青平．物流概论［M］．南京：南京大学出版社，2019.

［16］程国全，王转，张向良，等．物流系统规划概论［M］．北京：清华大学出版社，2019.

［17］王欣兰．现代物流管理概论［M］．3版．北京：北京交通大学出版社，2018.

［18］程艳霞．现代物流管理概论［M］．武汉：华中科技大学出版社，2018.

［19］李严锋，解琨. 物流管理概论［M］. 2版. 北京：科学出版社，2017.

［20］刘斌，余倩. 物流管理概论［M］. 2版. 大连：大连理工大学出版社，2017.

［21］霍红，牟维哲. 物流学概论［M］. 2版. 北京：中国人民大学出版社，2017.

［22］周启蕾，许笑平. 物流学概论［M］. 4版. 北京：清华大学出版社，2017.

［23］季永青，江建达. 物流运输管理：理论、实务、案例、实训［M］. 2版. 大连：东北财经大学出版社，2015.

［24］李虹. 物流运输实务［M］. 北京：机械工业出版社，2015.

［25］姜苹，王秀荣，张媛. 运输组织管理［M］. 北京：清华大学出版社，2015.

［26］张文彦，郭凯明. 物流基础［M］. 北京：机械工业出版社，2015.

［27］陆靖，刘彬斌. 物流学概论［M］. 北京：中国石化出版社，2015.

［28］钱廷仙. 现代物流管理［M］. 北京：高等教育出版社，2015.

［29］任晶，潘玥舟，马志平. 物流管理［M］. 北京：清华大学出版社，2015.

［30］朱煜. 物流学概论［M］. 北京：机械工业出版社，2015.

［31］中国物流与采购联合会，中国物流学会. 中国物流发展报告（2014—2015）［M］. 北京：中国财富出版社，2015.

［32］王红艳. 现代物流概论［M］. 北京：机械工业出版社，2015.

［33］田肇云. 现代物流管理［M］. 北京：机械工业出版社，2015.

［34］王自勤. 物流基础［M］. 北京：中国人民大学出版社，2015.

［35］刘雪梅. 集装箱运输与多式联运实务［M］. 北京：机械工业出版社，2015.

［36］刘助忠. 物流学概论［M］. 北京：高等教育出版社，2015.

［37］田源. 仓储管理［M］. 2版. 北京：机械工业出版社，2015.

［38］张洪革. 仓储与配送管理：理论、实务、案例、实训［M］. 大连：东北财经大学出版社，2015.

［39］杜文. 物流运输与配送管理［M］. 北京：机械工业出版社，2015.

［40］孙海梅. 物流信息技术与应用［M］. 北京：机械工业出版社，2015.

［41］傅莉萍. 运输管理［M］. 北京：清华大学出版社，2015.

［42］李严锋，张丽娟. 现代物流管理［M］. 3版. 大连：东北财经大学出版社，2015.

［43］吴承健. 物流学概论［M］. 杭州：浙江大学出版社，2014.

［44］施丽华，刘娜. 现代物流管理［M］. 北京：清华大学出版社，2014

［45］沈文天. 配送管理［M］. 北京：中国人民大学出版社，2014.

［46］王桂花，高文华. 供应链管理［M］. 2版. 北京：中国人民大学出版社，2014.

［47］朱新民. 物流运输管理［M］. 3版. 大连：东北财经大学出版社 2014.